teps
달인이 되는 법
final 청해

TEPS 달인이 되는 법 Final 청해

저자 | 남윤이
초판 1쇄 발행 | 2008년 3월 10일
초판 5쇄 발행 | 2010년 7월 20일

발행인 | 박효상
편집 | 강성실, 김은선, 정혜미
영업 | 이종선, 이태호, 이전희
출판등록 | 제 10-1835호
발행처 | 사람in
주소 | 121-839 서울시 마포구 서교동 378-16 4F
전화 | 02) 338-3555(代)
팩스 | 02) 338-3545
E-mail | esaramin@nate.com
Homepage | www.saramin.com

만든 사람들
표지 디자인 | 장선숙
내지 디자인 | 한현식
Native Consultant | Joel Park, Arton Briza

● 책값은 표지 뒷면에 있습니다.
● 파본은 바꾸어 드립니다.

ⓒ남윤이 2008

ISBN 978-89-6049-070-3 18740
ISBN 978-89-6049-041-3 (세트)

teps
달인이 되는 법
final 청해
남윤이

머리말

〈TEPS 달인이 되는 법-기본 종합〉을 낸지 엊그제 같은데 벌써 Final 출간을 앞두게 되었습니다. 〈TEPS 달인이 되는 법-기본 종합〉은 TEPS를 처음 접하시는 분들에게 전체적인 유형과 함께 기본기를 다질 수 있는 책이었던 반면 이번에 출간하는 Final은 더 많은 기출 변형 문제를 접하시고 싶은 분들을 위해 집필하였습니다. 〈TEPS 달인이 되는 법-기본 종합〉을 통해 기본을 다졌지만 막상 문제에 적용을 못하시는 분들을 위해 거의 6회분 360개의 문제를 4주간 계획적으로 풀어봄으로써 고득점을 얻을 수 있도록 구성된 교재입니다. 모든 파트가 골고루 섞인 실전 시험의 난이도로 구성된 문제를 풀어 보시기 때문에 이 교재를 통해 고득점을 향한 실력을 쌓는 발판을 마련하실 수 있을 것입니다.

실전에서 TEPS를 공부하는 많은 학생들을 보면서 그들이 어려워하고 필요로 하는 것을 몸소 체험하게 되었고, 그것을 바탕으로 이러한 교재들을 집필할 수 있게 되었습니다. 좋은 교사는 정답을 가르쳐 주는 것이 아니라 정답의 방향과 길을 제시하는 것이라 생각합니다. 아무쪼록 이 교재가 TEPS를 준비하는 모든 학생들에게 등대와 같이 방향을 제시하는 책이 되길 기대합니다.

First of all, all the glory to God.
This book could never have been completed without the support and help from my family and friends. They are the people whom I can always rely on, and they are always there for me in times of need. My parents influenced me to become who I am and what I am today. Without their love and trust I would have never been able to take my first steps in each area. They have never questioned my decisions, and have always showed love and support.

To my colleagues, I thank you for always offering a lending hand and making the work environment so pleasant. Also, I'd like to extend my thanks to Miss Hwang, Joel, Anton, Mr. Yoon, and Mr. Jeon.It is a blessing to have the trust and support of so many special people throughout my life.

남윤이

Contents

청해 Listening Comprehension

1st Week

2nd Week

3rd Week

4th Week

Contents

어휘 Vocabulary

1st Week

2nd Week

3rd Week

4th Week

독해 Reading Comprehension

1st Week

2nd Week

3rd Week

4th Week

이 책의 특징

이 책은 TEPS 청해의 완벽한 마무리를 위한 최종 실전서이다. 청해 출제 유형을 20개로 정리해서 출제 포인트를 확인할 수 있고, 실전에 가장 가까운 기출 문제와 예상 문제로 충분히 연습한 다음 1회분 모의고사로 최종 점검을 할 수 있도록 구성했다.

1. 20일로 TEPS를 마무리할 수 있다

20개의 유형 정리로 TEPS 어휘를 유형별로 완벽하게 정리했다. 실전 시험을 앞두고 모든 파트를 매일 골고루 풀어 봄으로써 실전에 대한 감을 키우도록 한다. 마지막에 실전 모의고사 1회분을 풀어봄으로써 실전을 단기간에 대비한다. 이론적 기반은 있으나 TEPS 유형에 아직 익숙하지 않아 실전 시험에서 실력 발휘를 제대로 못하는 학습자는 어휘 유형을 빠르게 파악할 수 있고 문제를 풀면서 충분히 유형 연습을 할 수 있다.

2. 실전에 가장 가까운 문제를 풀 수 있다

최근 3년간의 기출 문제를 완벽하게 분석해서 각 파트별 비율에 맞게 문제를 구성했다. 6회분 360문제는 TEPS 고득점을 위해 엄선된 문제이다. 학습자는 기출 변형 Catch Up, 예상 문제 Build Up, 1회분 모의고사 Final Check 문제를 풀면서 정기 시험과 유사한 문제 유형을 익힐 수 있다.

3. 전문 TEPS 강사의 노하우를 배울 수 있다

매월 TEPS 정기 시험을 보는 전문 강사가 TEPS의 특징과 TEPS에서 요구하는 공부 방식을 담았다. 학습자는 TEPS의 특징과 TEPS에서 요구하는 공부 방식을 배울 수 있다.

4. Handy Book을 통해 부족한 부분을 보완할 수 있다

청해 고득점은 힘들고 어렵다. 그러나 청해 고득점의 관건이 청취 실력에 달려 있기 때문에 등한시할 수만도 없다. 청해 Handy Book은 본문 Extension과 Build Up Part 1·2문제의 핵심 표현을 모아놓아 시험 패턴을 자연스럽게 익힐 수 있게 하였다. 특히 질문과 답이 되는 부분만을 정리했으므로 자연스럽게 회화 연습을 할 수 있다. 음원은 사람in홈페이지(www.saramin.com)에서 다운로드 받을 수 있다.

이 책의 구성 및 활용

TEPS 청해를 20일에 끝낼 수 있게 다음 구성에 따라 학습한다.

1. 핵심 정리 20

시험에 자주 출제되는 TEPS 핵심 포인트 20개를 유형별로 정리했다. 20개의 유형 정리를 Cafch Up과 Build Up 문제를 통해 확인한다면 시험 전에 TEPS 청해 중요 유형을 빠르게 정리할 수 있을 것이다.

2. 기출로 감을 익히는 Catch Up

기출변형 문제로 실제 시험문제와 가장 가까운 지문들을 다뤄볼 수 있다. 텝스 청해 영역의 각 파트별로 정리하여 실전감각을 더욱 익히도록 하였다.

3. 핵심 어휘를 정리하는 Extension

Catch Up에 나온 핵심 단어와 표현을 음성을 들으면서 캐취하는 훈련을 할 수 있게 딕테이션 코너를 만들었다.

4. 예상 문제로 실전 감각을 익히는 Build Up

텝스 청해 영역 4개 파트의 다양한 유형의 문제를 다뤘다. 실전에 대비할 수 있는 연습이 충분히 되도록 하였다.

5. 최종 실전 점검 Final Check

청해 1회분 모의고사를 실었다. 난이도는 정기시험과 동일하다. 실전 난이도와 유형의 문제를 통하여 실전에 대비할 수 있고, 정확한 자기 실력을 파악할 수 있다.

6. 한 눈에 보는 정답 및 해설

본문의 내용과 함께 지문과 해석, 해설을 〈정답 및 해설〉에 모두 실어 문제 풀이와 보충 학습을 〈정답 및 해설〉 한 권만으로도 가능하게 했다.

TEPS 청해 유형 및 형식

TEPS의 구성

TEPS는 청해, 문법, 어휘, 독해 4개 영역에 걸쳐 총 200문항으로 구성되어 있으며 시험 시간은 140분이다. 만점은 문항 반응 이론(IRT)에 따라 채점하기 때문에 전부 맞아도 990점이고 모두 틀려도 10점은 나온다.

영역	PART별 내용	문항 수	시간/배점
청 해 Listening Comprehension	Part Ⅰ : 문장 하나를 듣고 이어질 대화 고르기	15	55분/396점
	Part Ⅱ : 3문장의 대화를 듣고 이어질 대화 고르기	15	
	Part Ⅲ : 6-8문장의 대화를 듣고 질문에 해답하는 답 고르기	15	
	Part Ⅳ : 단문의 내용을 듣고 질문에 해당하는 답 고르기	15	
문 법 Grammar	Part Ⅰ : 대화문의 빈칸에 적절한 표현 고르기	20	25분/99점
	Part Ⅱ : 문장의 빈칸에 적절한 표현 고르기	20	
	Part Ⅲ : 대화에서 어법상 틀리거나 어색한 부분 고르기	5	
	Part Ⅳ : 단문에서 어법상 틀리거나 어색한 부분 고르기	5	
어 휘 Vocabulary	Part Ⅰ : 대화문의 빈칸에 적절한 단어 고르기	25	15분/99점
	Part Ⅱ : 단문의 빈칸에 적절한 단어 고르기	25	
독 해 Reading Comprehension	Part Ⅰ : 지문을 읽고 지문의 빈칸에 들어갈 내용 고르기	16	45분/396점
	Part Ⅱ : 지문을 읽고 질문에 가장 적절한 내용 고르기	21	
	Part Ⅲ : 지문을 읽고 문맥상 어색한 내용 고르기	3	
총계	13개 PART	200	140분/990점

청해(Listening Comprehension) 60문항

정확한 청해 능력을 측정하기 위하여 문제와 보기 문항을 문제지에 인쇄하지 않고 들려줌으로써 자연스러운 의사 소통의 인지과정을 최대한 반영하였다. 다양한 의사소통 기능(Communicative Functions)의 대화와 다양한 상황(공고, 방송, 일상 업무 상황, 대학 교양 수준의 강의 등)을 이해하는 데 필요한 전반적인 청해력을 측정하기 위해 대화문(dialogue)과 담화문(monologue)의 소재를 균형 있게 다루었다.

PART 1	15문항

Listen and choose the most appropriate response.

W: How about talking over lunch on Wednesday?
M: ______________________________________

(a) Sounds good She'd love it.
(b) Tell me about it.
(c) Sorry. I have an appointment. What about Friday?
(d) Fine. Thanks.

Part 1은 질의응답 문제를 다루며 한 번만 들려준다. 내용 자체는 단순하고 기본적인 수준의 생활 영어 표현으로 구성되어 있지만 교과서적인 지식보다는 재빠른 상황 판단 능력을 요구한다. 따라서 이 파트에서는 속도 적응 능력뿐만 아니라 순발력 있는 상황 판단 능력이 요구된다.

PART 2	15문항

Listen and choose the most appropriate response.

M: How come you know so much about fashion?
W: Actually, my sister is a model.
M: Wow! How long has she been in the industry?
M: ______________________________________

(a) She wants to be a fashion designer.
(b) About two years.
(c) Last year she did.
(d) Modeling is a tough job.

Part 2는 짧은 대화 문제로 두 사람이 A-B-A-B 순으로 보통 속도로 대화하는 형식이며 소요 시간은 약 12초 전후로 짧게 구성되어 있다. Part 1과 마찬가지로 한 번만 들려주는 부분이다.

<table><tr><td>**PART 3**</td><td>15문항</td></tr></table>

Listen and choose the correct answer to the question.

M: Hello. I'd like to file a complaint with the city.
W: What is the complaint in regards to?
M: About the condition of Canal Street. I drove down the road this morning, and my car sustained a large amount of damage.
W: Did you run into something?
M: No, I drove through an unavoidable pothole and my car got two flat tires.
W: Okay, you're going to have to fill out this form. Someone will call you next week about compensation for the damages.
M: I have to wait one week!

Q. What can be inferred from the conversation?

(a) The man works for the city.
(b) The man is upset about the situation.
(c) Many of the city's streets are in bad condition.
(d) The man is a bad driver.

Part 3는 앞의 두 파트에 비해 다소 긴 대화를 들려 준다. 대신 대화 부분과 질문을 들려 준 뒤 다시 한 번 대화 부분을 들려 주기 때문에 길이가 긴 데 비해 많이 어렵다고는 할 수 없다.

<table><tr><td>**PART 4**</td><td>15문항</td></tr></table>

Listen and choose the correct answer to the question.

This year the University has enrolled 25% more foreign students than it has any year in the past. The administration hopes that this will help diversify campus life and activities, as well as participation. We would remind all students to welcome foreign students and make them feel at home on campus and in the city. As with any foreign visitors, our foreign students will be bringing with them pieces of their own cultures, and they may be unaware of certain aspects of our culture. Teach them and learn from them and then this year promises to offer many exciting opportunities for students of all ethnicities.

Q. What can be inferred from the announcement?

(a) The foreign students will not integrate well into campus life.
(b) The administration does not support campus activities.
(c) All students can grow from multicultural experiences if they work together.
(d) The administration concerns itself only with academics.

Part 4는 담화문을 다룬다. 영어권 나라에서 영어로 뉴스를 듣거나 강의를 들을 때와 비슷한 상황을 설정하여 얼마나 잘 이해하는지를 측정하는 부분이다. 이야기의 주제, 목적, 화제, 세부 사항 및 이를 근거로 한 추론 등을 다룬다. 직청 직해 실력, 즉 들으면서 곧바로 내용을 이해할 수 있는지를 잘 평가해 주는 부분이다.

TEPS	TOEIC	TOEFL(CBT)	TOEFL(iBT)
951 ~	980 ~	287 ~	117 ~
901 ~ 950	950 ~ 975	273 ~ 287	111 ~ 117
851 ~ 900	910 ~ 945	253 ~ 273	101 ~ 111
801 ~ 850	875 ~ 905	247 ~ 253	98 ~ 101
751 ~ 800	835 ~ 870	237 ~ 247	92 ~ 98
701 ~ 750	790 ~ 830	223 ~ 237	84 ~ 92
651 ~ 700	750 ~ 785	213 ~ 223	79 ~ 84
601 ~ 650	705 ~ 745	204 ~ 213	76 ~ 79
551 ~ 600	650 ~ 700	193 ~ 207	69 ~ 76
501 ~ 550	600 ~ 645	177 ~ 193	62 ~ 69
451 ~ 500	545 ~ 595	167 ~ 177	58 ~ 62
400 ~ 450	490 ~ 540	163 ~ 167	57 ~ 58

※CBT와 iBT 점수 비교는 ETS 발표를 참고했습니다.

LISTENING
COMPREHENSION
Week 1

Day 1

1. 답은 paraphrasing이 원칙이기 때문에 본문의 단어가 선택지에 나오면 답이 아닐 확률이 높다.
2. Part II에서는 마지막 A의 말에 집중하자.
3. Part IV에서 주제를 묻는 질문에는 대부분 처음과 마지막 부분에 답이 숨겨져 있다.

Day 2

1. 모르는 단어에 집중하지 말고 말하는 사람의 뉘앙스를 파악해라.
2. 의문사 없는 의문문에서는 대답 이외에 추가 답변이 내용과 일치하는지 끝까지 주의 깊게 듣는다.
3. Part IV에서 광고의 경우 마지막 부분에서 제품의 특성과 함께 무엇이 광고됐는지 유추할 수 있는 경우가 많다.

Day 3

1. Part III에서는 남녀의 성을 구분해서 잘 듣고 선택지에서 성(性)이 혼동되어 사용되지 않았는지 주의한다.
2. Part I~III까지의 대화는 어느 정도 정형화되어 있다.
3. 가장 무난한 반응이 답이 될 때가 많다.

Day 4

1. 의문사 의문문 중 가장 많이 나오는 what의 종류를 파악한다.
2. What으로 시작하는 관용적인 의문문을 알아둔다.
   Why don't you~?(제안), What would you say ~?(제안)
3. What's it like~?는 상태를 나타내는 표현이다.

Day 5

1. 의문사 〈how + 형용사/부사〉는 '방법'이 아니라 '정도'를 나타낸다.
2. 'Me, neither.'는 부정문에서 '나도 역시 그렇다'는 의미를 갖는다.
3. Part I~III의 대화체에서는 남자와 여자의 관계를 생각하면서 들으면 도움이 된다.

DAY 1

답은 paraphrasing이 원칙이다

청해에서 답을 고를 때 본문에 나온 단어가 나오면 답이 아닐 확률이 높다. 똑같은 단어를 선택지에 사용해서 발음 상의 혼동으로 오답을 유도하는 경우가 많기 때문이다. 아래 문제에서도 핵심 단어 train crash라는 단어를 답에서 는 railway accident로 바꾸었다.

Example

W: Did you hear the news?
M: What? The train crash?
W: Yeah, they say it was the first train crash in the region.
M: I know. Fortunately, there seems to be no fatalities.
W: No, that's what they thought at first.
M: What do you mean?
W: The latest news says there are at least three casualties.

Q. What is the main topic of the conversation?

(a) Three casualties from the train crash
(b) A news report about a railway accident in the region
(c) How many people were on the train
(d) The new train schedule

해석 W: 그 뉴스 들었어?
M: 뭐? 기차 충돌 사고?
W: 응, 그 지역에서 일어난 첫 번째 기차 사고였대.
M: 알아. 그래도 다행히 사망자는 없는 것 같아.
W: 아니 그건 처음에 그렇게 생각했던 거고.
M: 무슨 뜻이야?
W: 최근 뉴스에서는 적어도 세 명의 사망자가 있다고 하더라고.

해석 이 대화의 주제는 무엇인가?
(a) 기차 충돌 사고에서 생긴 세 명의 사망자
(b) 그 지역에서 일어난 기차 충돌 사고에 관한 뉴스 보도
(c) 기차에 얼마나 많은 사람이 탔는지
(d) 새 기차 시간표

해설 남자와 여자는 그 지역에서 처음으로 생긴 기차 충돌 사고(they say it was the first train crash in the region)에 대해 서 이야기하고 있다. (a)는 대화 내용과 일치하기는(The latest news says there are at least three casualties.)하 지만 주제라고 보기에는 너무 지엽적인 내용이다. 그러므로 주제를 묻고 있는 이 질문에는 (b)가 가장 적절한 답이다.

어휘 fatality 사망자 수, 재난, 참사 causality 사망자 수

Catch Up

청해 각 파트에 출제되었던 문제를 풀어 봄으로써 문제 유형을 확실
하게 파악해 두자.

🎧1-1

Part I   Choose the most appropriate response to the statement.

1.   (a)   (b)   (c)   (d)

Part II   Choose the appropriate response to complete the conversation.

2.   (a)   (b)   (c)   (d)

Part III   Choose the option that best answers the question.

3.   (a)   (b)   (c)   (d)

Part IV   Choose the option that best answers the question.

4.   (a)   (b)   (c)   (d)

Answers

Catch Up에서 푼 문제의 해석과 해설을 점검한다.

1

M: What are you so excited about?
W: ＿＿＿＿＿＿＿＿＿＿

(a) I'm glad to hear that.
(b) It's my birthday today.
(c) I'm going to take my test tomorrow.
(d) I don't want to hear about it.

M: 너 왜 그리 기분이 좋니?
W: ＿＿＿＿＿＿＿＿

(a) 그렇다니 나도 기쁘다.
(b) 오늘이 내 생일이야.
(c) 내일 시험을 보거든.
(d) 듣고 싶지 않아.

해설 남자는 여자가 기분이 좋은 이유를 묻고 있다. (a)는 상대방이 칭찬을 해 줄 때 '그런 말을 듣게 되어 기쁘다'는 뜻이다. 여기서는 이유의 응답이 나와야 하므로 적절치 않다. 또한 시험을 보는 것에 대해서는 excited한 것이 아니라 nervous(떨린)의 감정이 생기는 것이므로 (c) 역시 정답이 될 수 없다. 그러므로 생일이어서 기분이 좋다는 (b)가 가장 적절하다.

2

W: Hi, may I speak to Steve?
M: May I ask who's calling?
W: His classmate, Jessica Lamb.
M: ＿＿＿＿＿＿＿＿＿＿

(a) Oh, I'll let him know you called.
(b) Sorry, he usually picks up the phone.
(c) He's on his way home.
(d) OK, I'll go and get him for you.

W: 안녕하세요? 스티브와 통화할 수 있을까요?
M: 누구시죠?
W: 학교 친구 제시카 램이에요.
M: ＿＿＿＿＿＿＿

(a) 오, 그한테 네가 전화했었다고 말할게.
(b) 미안해. 그가 보통 전화를 받아.
(c) 그는 지금 집에 가는 중이야.
(d) 알았어요. 그를 불러오죠.

해설 여자가 스티브에게 전화하고, 남자는 여자에게 스티브를 바꿔 주는 내용이 담겨 있다. (b)에서 he usually picks up the phone이란 '반복되는 습관'을 나타내서 '그가 보통 전화를 받는다'는 뜻으로 남자의 반응이 될 수 없다. (c)에서 on one's way는 '~하는 도중'이란 뜻으로 그가 집에 오는 길이어서 집에 없다면 여자가 스티브를 바꿔 달라고 했을 때 이미 이 상황을 얘기했을 것이다. 그러므로 여기서는 그를 바꿔 주겠다는 (d)가 가장 적절하다.

3

M: Have you seen Kevin's finger?
W: No, what happened?
M: It's all bruised up.
W: How did that happen?
M: He said that he jammed it in a door.
W: Wow, that must have really hurt!

M : 케빈의 손가락 봤어?
W : 아니, 무슨 일 있었어?
M : 다 멍이 들었어.
W : 어떻게 그런 일이 생겼대?
M : 문에 손이 끼었대.
W : 어머. 많이 아팠겠다!

Q. What is the conversation about?

(a) Kevin jamming a door shut
(b) Kevin getting paint on his finger
(c) Kevin injuring his finger
(d) Kevin spilling jam on a door

이 대화는 무엇에 관한 것인가?

(a) 문을 닫다가 문을 끼게 만든 케빈
(b) 손가락을 칠한 케빈
(c) 손가락을 다친 케빈
(d) 문에 잼을 엎지르는 케빈

해설 남자는 여자에게 케빈의 손가락을 봤는지 묻고 있고 못 봤다는 여자에게 그가 문에 손이 끼여 다쳤다는 이야기를 하고 있다(He said that he jammed it in a door). 이러한 상황을 통해서 이들이 손가락을 다친 케빈에 대해서 이야기하고 있음을 알 수 있으므로 (c)가 정답이 된다. (a)는 Kevin jammed a door shut.으로 여기서 jam은 '(기계 따위를 고장내어) 움직이지 않게 하다' 라는 뜻이다. 그러므로 이 문장은 '케빈이 문을 잘못 닫아서 열리지 않게 했다' 는 뜻으로 손가락이 문에 낀 상황과 헷갈리지 않도록 주의한다.

4

All of you are here to learn how to act. I will be able to teach you about acting, but memorizing the lines is something you'll have to do on your own. Here's some advice. If you have a script to learn, first record all of the lines except for yours by leaving gaps in the recording for your own lines. This might be rather difficult initially, but if you want to perfect your lines you're going to have to know them inside out.

여러분 모두는 연기를 배우기 위해 이곳에 왔습니다. 제가 여러분에게 연기에 대해 가르쳐드릴 수는 있습니다. 그러나 대사를 외우는 것은 여러분이 스스로 해야 하는 것입니다. 약간의 조언을 해드리겠습니다. 여러분이 외울 대본이 있다면 먼저 여러분의 대사 부분을 위해 녹음에 간격을 두면서 여러분의 부분을 제외하고 나머지 다른 대사 부분만 녹음하십시오. 이것은 처음에 다소 어려울 것입니다. 그러나 여러분의 대사를 완벽하게 하고 싶다면 여러분은 그것을 구석까지 샅샅이 알아야 할 것입니다.

Q. What is the talk mainly about?

(a) How to become an actor
(b) How to read a script
(c) A method for actors to learn their lines
(d) A method for actors to understand the script

이 강연은 주로 무엇에 관한 것인가?

(a) 연기자가 되는 법
(b) 대본 읽는 법
(c) 연기자들이 그들의 대사를 외우는 방법
(d) 연기자들이 대본을 이해하는 방법

해설 두 번째 문장을 보면 대사를 외우는 것은 스스로 해야 될 일이라고 하면서 약간의 조언을 말해 주고 있다(but memorizing the lines is something you'll have to do on your own. Here's some advice). 이 부분을 보면 이 강연은 연기자들이 그들의 대사를 외우는 방법에 대해 주로 다루고 있음을 알 수 있다. 대사를 외우는 방법과 대본을 읽는 것은 다르므로 (b)와 헷갈리지 않도록 주의한다. 그러므로 이 강연의 주제로는 (c)가 정답이 된다.

어휘 **on one's own** 스스로 **initially** 처음에는 **inside out** 구석까지 샅샅이

Answers

1. (b) 2. (d) 3. (c) 4. (c)

Extension 

핵심 단어나 표현을 들어내는 훈련을 하는 코너입니다. 음성을 듣고
빈칸에 맞는 단어와 표현을 써 넣으세요.

1-2

1

M: What are you so excited about?
W: _______________________________________

2

W : Hi, may I speak to Steve?
M : May I ask who's calling?
W : His classmate, Jessica Lamb.
M : _______________________________________

3

M: _______________________________________
W: No, what happened?
M: It's all bruised up.
W: How did that happen?
M: _______________________________________
W: Wow, that must have really hurt!

4

All of you are here to _______________________________________. I will be able to
teach you about acting, but _______________________________________ is something
_______________________________________. Here's some advice. If you have a
script to learn, first _______________________________________ by leaving gaps in the
recording for your own lines. This might be rather difficult initially, but if you want to
perfect your lines you're going to have to know them inside out.

정답 182p

Build Up

앞에서 익혔던 유형을 기억하면서 실제 시험 형식을 통해 유형을
최종적으로 점검해 보자.

🎧 1-3

Part I　Choose the most appropriate response to the statement.

1.　(a)　　(b)　　(c)　　(d)

2.　(a)　　(b)　　(c)　　(d)

3.　(a)　　(b)　　(c)　　(d)

Part II　Choose the appropriate response to complete the conversation.

4.　(a)　　(b)　　(c)　　(d)

5.　(a)　　(b)　　(c)　　(d)

6.　(a)　　(b)　　(c)　　(d)

Part III　Choose the option that best answers the question.

7.　(a)　　(b)　　(c)　　(d)

8.　(a)　　(b)　　(c)　　(d)

9.　(a)　　(b)　　(c)　　(d)

Part IV　Choose the option that best answers the question.

10.　(a)　　(b)　　(c)　　(d)

11.　(a)　　(b)　　(c)　　(d)

정답 182p

LISTENING
COMPREHENSION
Week 1

Day 1

1. 답은 paraphrasing이 원칙이기 때문에 본문의 단어가 선택지에 나오면 답이 아닐 확률이 높다.
2. Part II에서는 마지막 A의 말에 집중하자.
3. Part IV에서 주제를 묻는 질문에는 대부분 처음과 마지막 부분에 답이 숨겨져 있다.

Day 2

1. 모르는 단어에 집중하지 말고 말하는 사람의 뉘앙스를 파악해라.
2. 의문사 없는 의문문에서는 대답 이외에 추가 답변이 내용과 일치하는지 끝까지 주의 깊게 듣는다.
3. Part IV에서 광고의 경우 마지막 부분에서 제품의 특성과 함께 무엇이 광고됐는지 유추할 수 있는 경우가 많다.

Day 3

1. Part III에서는 남녀의 성을 구분해서 잘 듣고 선택지에서 성(性)이 혼동되어 사용되지 않았는지 주의한다.
2. Part I~III까지의 대화는 어느 정도 정형화되어 있다.
3. 가장 무난한 반응이 답이 될 때가 많다.

Day 4

1. 의문사 의문문 중 가장 많이 나오는 what의 종류를 파악한다.
2. What으로 시작하는 관용적인 의문문을 알아둔다.
   Why don't you~?(제안), What would you say ~?(제안)
3. What's it like~?는 상태를 나타내는 표현이다.

Day 5

1. 의문사 〈how + 형용사/부사〉는 '방법' 이 아니라 '정도' 를 나타낸다.
2. 'Me, neither.' 는 부정문에서 '나도 역시 그렇다' 는 의미를 갖는다.
3. Part I~III의 대화체에서는 남자와 여자의 관계를 생각하면서 들으면 도움이 된다.

DAY 2
모르는 단어에 대처하는 법

TEPS 청해에서는 외워야 하는 어구가 답으로 나오지 않는 편이며 본문에도 어려운 단어가 많이 나오지 않는 편이다. 그러나 수험생들에게는 모르는 단어나 표현이 늘 있기 마련이다. 그렇다면 이렇게 모르는 핵심 단어나 어구에 대처하는 법을 알아야 한다. 난이도가 있는 단어일 경우 추가 지문을 통해 그것을 설명하는 경우가 대부분이며 그것으로 그 단어를 유추하는 연습을 해야 한다.

아래 예문에서도 snug(의복 등이 맞는)가 핵심 단어이며 이 의미를 안다면 답을 쉽게 고르겠지만 모른다 하더라도 too라는 부사를 통해서 '너무 (snug)하다'라는 의미가 되므로 부정적인 의미임을 알 수 있다. TEPS 청해에서 본문에 난이도가 있는 핵심 단어가 나오면 보통 선택지는 까다롭지 않으므로 여기서도 (b)의 답을 쉽게 고를 수 있다.

Example

M: These jeans are a little too snug.
W: ___________________________

(a) It doesn't ring a bell.
(b) Try another size.
(c) I don't want to go that far.
(d) It's not mine.

해석 M: 이 청바지는 너무 꼭 맞아.
W: ___________________________

(a) 생각나지 않아.
(b) 다른 사이즈를 입어봐.
(c) 그렇게까지 하고 싶지는 않아.
(d) 내 것이 아니야.

해설 바지가 너무 꼭 맞는다는 남자의 말에 대한 여자의 적절한 반응을 고르는 문제이다. snug는 '(의복 등이) 맞는'이란 의미를 가지고 있다. (a)에서 ring a bell은 '생각이 나다'라는 의미를 지니고 있다. 여기서는 '생각이 나질 않는다, 모르겠다'라는 의미로 쓰였으므로 여자의 응답으로는 적절하지 않다. 그러므로 다른 사이즈를 입어보라는 (b)가 가장 적절한 응답이 된다.

Catch Up

청해 각 파트에 출제되었던 문제를 풀어 봄으로써 문제 유형을 확실
하게 파악해 두자.

2-1

Part I   Choose the most appropriate response to the statement.

   1.   (a)   (b)   (c)   (d)

Part II   Choose the appropriate response to complete the conversation.

   2.   (a)   (b)   (c)   (d)

Part III   Choose the option that best answers the question.

   3.   (a)   (b)   (c)   (d)

Part IV   Choose the option that best answers the question.

   4.   (a)   (b)   (c)   (d)

Catch Up에서 푼 문제의 해석과 해설을 점검한다.

1

W: Peter got into Harvard Law School.
M: _______________

(a) That's awful.
(b) Did he bring the case to a lawyer?
(c) That's good news.
(d) Yes, he is nice as usual.

W: 피터가 하버드 법대에 들어갔대.
M: _______________

(a) 그것 참 끔찍하다.
(b) 그가 그 사건을 변호사에게 가져왔니?
(c) 좋은 소식이구나.
(d) 그래, 그는 평소처럼 좋아.

해설 get into는 '~에 들어가다' 라는 뜻이 있다. 여기서는 '입학하다' 라는 의미로 쓰였다. 이와 비슷한 뜻으로는 get admitted to가 있다. 피터가 하버드 법대에 들어갔다는 소식을 듣고 여자는 축하 메시지가 담긴 응답을 하는 것이 가장 적절하다. 다른 가능한 답으로는 Good for him. / I'm happy for him. 등이 올 수 있겠다.

2

W: Would you like a ride home?
M: Certainly. Thanks.
W: You usually take a bus to get home, right?
M: _______________

(a) I need to go home right away.
(b) I used to. How did you know that?
(c) I live in a small studio apartment.
(d) I'll call you when I get home.

W: 집까지 태워다 줄까요?
M: 좋아요. 감사합니다.
W: 보통은 버스 타고 집에 가죠?
M: _______________

(a) 저는 집에 바로 가야 해요.
(b) 그랬었죠. 어떻게 알았어요?
(c) 나는 작은 원룸에서 살아요.
(d) 집에 도착하면 전화할게요.

해설 마지막 여자는 남자에게 보통 버스를 타고 가느냐는 여부에 대해서 묻고 있다. 이에 대한 반응으로 남자는 '그랬었다' 는 응답을 보인다. 여기서 〈used to+V〉는 과거에 했던 습관을 나타내는 표현으로 더 이상 하지 않는 습관을 말할 때 쓰인다. (a)나 (d)는 마지막 여자의 말에 나온 단어인 home을 넣어서 혼동을 주는 선택지들이다. 그러나 의미가 내용과 전혀 맞지 않음을 알 수 있다.

3

W: Oh, no!
M: What's up? Something wrong?
W: Yes. I think I accidentally erased all my files.
M: Are they important ones? What happened?
W: I don't know what just happened. I must have touched some wrong buttons.
M: Let me take a look at it. I might be able to do something about it.
W: I really hope so.
M: I'll give it my best shot.

W: 어머, 안돼!
M: 무슨 일이야? 뭔가 잘못됐어?
W: 응. 내가 내 파일들을 실수로 다 지운 거 같아.
M: 중요한 것들이야? 어떻게 된 거야?
W: 나도 무슨 일인지 모르겠어. 내가 뭔가 잘못 눌렀던 게 분명해.
M: 내가 한번 볼게. 내가 뭔가 할 수 있을지 몰라.
W: 정말 그러길 바란다.
M: 최선을 다 해볼게.

<table>
<tr>
<td>

Q. **What are the speakers discussing?**

(a) The latest model of a computer
(b) How to log on to the Internet
(c) A mistake the woman made while using her computer
(d) How to repair a computer that has broken down

</td>
<td>

화자들은 무엇에 대해 의논하고 있는가?

(a) 최신 컴퓨터 모델
(b) 인터넷에 접속하는 방법
(c) 여자가 컴퓨터를 쓰는 동안 저지른 실수
(d) 망가진 컴퓨터를 고치는 방법

</td>
</tr>
</table>

 **해설** 여자가 실수로 파일을 지운 것 같다고(I think I accidentally erased all my files.) 얘기했지 컴퓨터를 고장낸 것은 아니기 때문에 (d)는 정답이 될 수 없다. 여자의 실수에 대해 남자는 자신이 할 수 있는 한 최선을 다하겠다고 말하고 있으므로(I'll give it my best shot.) 여자가 저지른 실수에 대해서 말한 (c)가 정답이 된다.

어휘 **accidentally** 실수로 **give one's best shot** 최선을 다하다

4

<table>
<tr>
<td>

You're lying on an idyllic sun-drenched beach. You look over your shoulders and see your children running around happy. You might get what you need in the end: a nice family vacation and a beautiful tan. It's relaxing and healthy. Formulated with the innovative ingredients, UV Protection & Care: The Ultimate Tan will leave your skin dewy fresh and protect you against damaging sun rays. How about it? One for you and your family.

</td>
<td>

당신은 햇빛이 강하게 내리쬐는 한가로운 해변에 누워있습니다. 어깨 건너를 보니 당신의 아이들이 행복하게 뛰어다니는 것이 보입니다. 결국엔 당신이 원하는 것을 얻을 수 있을 겁니다. 즐거운 가족 휴가와 아름다운 선탠을 말입니다. 이것은 나른하고 건강합니다. 이것은 자외선 차단과 보호를 하는 혁신적인 재료로 구성되었습니다. 선탠의 궁극적인 목적은 당신의 피부를 촉촉하고 상쾌하게 유지시키고 태양열로부터 보호하는 것입니다. 이것은 어떠세요? 당신과 당신의 가족을 위해 하나 구입하십시오.

</td>
</tr>
</table>

<table>
<tr>
<td>

Q. **What is being advertised?**

(a) A family beach resort
(b) A new swimming pool
(c) A sun protection cream
(d) A thirst quenching drink

</td>
<td>

무엇이 광고되었는가?

(a) 가족 휴양 리조트
(b) 새 수영장
(c) 태양 보호 크림
(d) 갈증을 해소하는 음료수

</td>
</tr>
</table>

해설 다섯 번째 문장에 보면 이것이(제품이) 자외선 차단과 보호를 하는 혁신적인 재료로 구성되었다고 말하고 있다. 그러면서 피부를 촉촉하고 상쾌하게 유지하면서 태양열로부터 보호하는 선탠을 위해 이것을 구입하라고 말하고 있다(Formulated with the innovative ingredients, UV Protection & Care: The Ultimate Tan will leave your skin dewy fresh and protect you against damaging sun rays. How about it? One for you and your family). 이를 통해 태양 보호 크림을 광고하고 있음을 알 수 있으므로 정답은 c가 된다.

어휘 **idyllic** 한가로운 **sun drenched** 햇빛이 강하게 내리쬐는 **Formulate** 공식화 하다 **dewy** 이슬 같은, 상쾌한 **quench** (갈증을)가시게 하다

Answers

1. (c) 2. (b) 3. (c) 4. (c)

Extension 

핵심 단어나 표현을 들어내는 훈련을 하는 코너입니다. 음성을 듣고
빈칸에 맞는 단어와 표현을 써 넣으세요.

2-2

1

W: Peter got into Harvard Law School.
M: ___________________________________

2

W: Would you like a ride home?
M: Certainly. Thanks.
W: You usually take a bus to get home, right?
M: ___________________________________

3

W: Oh, no!
M: What's up? Something wrong?
W: Yes. ___________________________________
M: Are they important ones? What happened?
W: I don't know what just happened. I must have touched some wrong buttons.
M: Let me take a look at it. I might be able to do something about it.
W: I really hope so.
M: ___________________________________

4

You're lying on an idyllic ___________________________. You look over your shoulders
and see your children running around happy. You might get what you need in the end:
___________________________. It's relaxing and healthy. Or is it,
really? Formulated with the innovative ingredients, UV Protection & Care: The Ultimate
Tan will leave your skin dewy fresh and ___________________________. How
about it? One for you and your family.

정답 185p

Build Up

앞에서 익혔던 유형을 기억하면서 실제 시험 형식을 통해 유형을
최종적으로 점검해 보자.

🎧 2-3

Part I   Choose the most appropriate response to the statement.

  1. (a)   (b)   (c)   (d)

  2. (a)   (b)   (c)   (d)

  3. (a)   (b)   (c)   (d)

Part II   Choose the appropriate response to complete the conversation.

  4. (a)   (b)   (c)   (d)

  5. (a)   (b)   (c)   (d)

  6. (a)   (b)   (c)   (d)

Part III Choose the option that best answers the question.

  7. (a)   (b)   (c)   (d)

  8. (a)   (b)   (c)   (d)

  9. (a)   (b)   (c)   (d)

Part IV Choose the option that best answers the question.

  10. (a)   (b)   (c)   (d)

  11. (a)   (b)   (c)   (d)

정답 186p

LISTENING
COMPREHENSION
Week 1

Day 1

1. 답은 paraphrasing이 원칙이기 때문에 본문의 단어가 선택지에 나오면 답이 아닐 확률이 높다.
2. Part II에서는 마지막 A의 말에 집중하자.
3. Part IV에서 주제를 묻는 질문에는 대부분 처음과 마지막 부분에 답이 숨겨져 있다.

Day 2

1. 모르는 단어에 집중하지 말고 말하는 사람의 뉘앙스를 파악해라.
2. 의문사 없는 의문문에서는 대답 이외에 추가 답변이 내용과 일치하는지 끝까지 주의 깊게 듣는다.
3. Part IV에서 광고의 경우 마지막 부분에서 제품의 특성과 함께 무엇이 광고됐는지 유추할 수 있는 경우가 많다.

Day 3

1. Part III에서는 남녀의 성을 구분해서 잘 듣고 선택지에서 성(性)이 혼동되어 사용되지 않았는지 주의한다.
2. Part I~III까지의 대화는 어느 정도 정형화 되어 있다.
3. 가장 무난한 반응이 답이 될 때가 많다.

Day 4

1. 의문사 의문문 중 가장 많이 나오는 what의 종류를 파악한다.
2. What으로 시작하는 관용적인 의문문을 알아둔다.
   Why don't you~?(제안), What would you say ~?(제안)
3. What's it like~?는 상태를 나타내는 표현이다.

Day 5

1. 의문사 〈how + 형용사/부사〉는 '방법'이 아니라 '정도'를 나타낸다.
2. 'Me, neither.'는 부정문에서 '나도 역시 그렇다'는 의미를 갖는다.
3. Part I~III의 대화체에서는 남자와 여자의 관계를 생각하면서 들으면 도움이 된다.

DAY 3
Part Ⅲ에서 선택지의 성의 일치를 주의하라

Part Ⅲ에는 남자와 여자의 대화가 나온다. 이때 남자와 여자가 한 일에 대해서 성(性)을 바꾸어 본문에 내용을 일치시키는 경우가 있다. 주어가 잘못된 것을 모르고 본문의 내용과 일치하는 것에 치중하여 오답을 고르게 되는 경우가 있으니 주의해야 한다. 아래 예문에서도 선택지 (c)가 그렇게 남녀의 성을 바꾼 예가 되겠다.

Example

W: Hello, sir. What can I do for you?
M: Yes, could you recommend a hotel commanding a great view of the city?
W: I'd recommend the Prince hotel.
M: Is it far away from here?
W: No, you can take a taxi across the street. It's only a five minute drive.
M: Thank you very much. You've been a great help.

Q. What is mainly happening in the conversation?

(a) The man is asking the font desk for directions to the hotel.
(b) The man is checking into the Prince hotel.
(c) The woman is looking for a reasonable hotel.
(d) The man is asking the woman to recommend a hotel.

해석 W: 안녕하세요, 무엇을 도와드릴까요?
M: 네, 시내 전망이 잘 보이는 호텔을 추천해 주시겠습니까?
W: 프린스 호텔을 추천해 드리죠.
M: 여기서 멉니까?
W: 아니요, 길 건너편에서 택시를 타고 가시면 됩니다. 차로 5분 거리밖에 되지 않습니다.
M: 감사합니다. 정말 많은 도움이 됐어요.

질문 이 대화에서 주로 일어나고 있는 것은 무엇인가?
(a) 남자는 호텔의 방향을 프론트 데스트에서 묻고 있다.
(b) 남자는 프린스 호텔에 체크인하고 있다.
(c) 여자는 적당한 호텔을 찾고 있다.
(d) 남자는 여자에게 호텔을 추천해 줄 것을 문의하고 있다.

해설 남자는 대화 첫 부분에서 여자에게 시내 전망이 잘 보이는 호텔을 추천해 달라고 부탁하고 있다(could you recommend a hotel commanding a great view of the city?). 이에 대해 여자는 위치와 함께 호텔을 추천해 주고 있다. 그러므로 이 대화의 주제로 가장 적합한 것은 (d)가 된다. (c)는 주어의 성별을 다르게 해서 혼동을 주는 오답이다. 여자가 호텔을 찾고 있는 것이 아니라 남자가 호텔을 찾고 있는 것이므로 성별을 바꾼 오답을 조심하도록 한다.

어휘 command (경치를) 내다 보다, 내려다 보다 ex) a house commanding a fine view 전망이 좋은 집

Catch Up

청해 각 파트에 출제되었던 문제를 풀어 봄으로써 문제 유형을 확실
하게 파악해 두자.

🎧3-1

Part I Choose the most appropriate response to the statement.

  1. (a)   (b)   (c)   (d)

Part II Choose the appropriate response to complete the conversation.

  2. (a)   (b)   (c)   (d)

Part III Choose the option that best answers the question.

  3. (a)   (b)   (c)   (d)

Part IV Choose the option that best answers the question.

  4. (a)   (b)   (c)   (d)

Answers

Catch Up에서 푼 문제의 해석과 해설을 점검한다.

1

M: How much is a round-trip ticket to New York City? W: _____________ (a) It's only about 20 miles from here. (b) It will probably take at least three days. (c) That will be $47. (d) I'll bring whatever you need.	M: 뉴욕까지 가는 왕복 티켓이 얼마입니까? W: _____________ (a) 여기서 겨우 20마일 정도 떨어져 있어요. (b) 적어도 3일은 걸릴 거예요. (c) 47달러입니다. (d) 당신이 필요한 것은 무엇이든 가져갈게요.

해설　How much~?로 가격을 묻는 의문문이다. 이에 대해서 가격에 대한 대답을 하는 (c)가 가장 적절하다. (a)는 How far~?와 같이 거리를 묻는 질문에 대한 응답이고, (b)는 How long~?에 대한 기간을 묻는 질문의 응답으로 적절하다. round ticket은 '왕복 티켓' 을 의미하고 편도 티켓은 one-way ticket임을 알아두자.

2

M: Why the long face? W: I just found out that I failed the test. M: That's too bad. W: _____________ (a) I am waiting for my result, too. (b) He's doing just fine. (c) Problem solved. (d) It's okay, there's always next time.	M: 왜 그리 우울해? W: 시험에서 떨어졌어. M: 안됐구나. W: _____________ (a) 나도 결과를 기다리는 중이야. (b) 그는 잘 하고 있어. (c) 문제가 풀렸어. (d) 괜찮아, 항상 다음이 있잖아.

해설　Why the long face?의 원래 문장은 Why are you wearing the long face?로 '왜 그렇게 우울한 표정이냐?' 라는 의미이다. 비슷한 뜻으로는 Why (are you) so blue?가 있다. 여기서는 여자가 시험에 떨어져서 우울해하는 것을 보고 남자가 유감의 뜻을 전하고 있다(That's too bad). 유감의 뜻을 전하는 남자의 말에 가장 적절한 반응을 골라야 하는데 이에 대해 '다음 기회가 있으니 괜찮다' 고 말하는 (d)가 가장 적절하다. 여자는 이미 시험 결과를 받았으므로 (a)와 같이 미래를 나타내는 표현은 시제상 맞지 않고, (b)는 주어가 '그(he)' 이므로 내용과 일치하지 않는다.

3

W: Excuse me, could you give me a hand? M: Sure, why not? W: I wish I could carry this heavy bag myself, but I can't. M: Okay. No problem. Where to? W: Just over there. Thank you so much.	W: 실례합니다. 저 좀 도와주시겠어요? M: 그럼요, 물론이죠. W: 이 무거운 가방을 저 혼자 옮기려고 하는데 할 수가 없네요. M: 알겠습니다. 어디로 가야 하죠? W: 저쪽에요. 정말 감사합니다.

Q. **What is the man doing in the conversation?**

(a) Selling a bag to the woman
(b) Recommending where to put the heavy bag
(c) Helping the woman carry a bag
(d) Trying to ask the woman for directions

남자가 이 대화에서 하고 있는 것은 무엇인가?

(a) 여자에게 가방을 파는 것
(b) 어디에 그 무거운 가방을 두어야 하는지 추천하는 것
(c) 여자가 가방을 나르도록 도와주는 것
(d) 여자에게 방향을 물어보는 것

해설 도와달라는 여자의 부탁에 남자가 흔쾌히 부탁을 들어주고 있음을 알 수 있다(Okay. No problem. Where to?). 그러므로 남자가 하는 일은 여자가 가방 나르는 것을 도와준다는 (c)가 가장 적절하다. (a)와 (b)는 bag이라는 핵심 단어를 동일하게 사용하여 리스닝의 혼란을 초래하려 하는 것이므로 동일 단어의 쓰임에 주의해야 한다.

4

Hello, class. This morning we're going to review some of the submitted homework which was to finish writing out the answers for the questions on page 15 in your textbook. I have selected three of the best answers. I'm going to ask the students who wrote them to come out and read their brilliant answers. By doing this, all of us will get to learn from our peers while having a chance to learn a little more about what is in line for us in the next two weeks.

안녕하세요, 여러분. 오늘 아침에는 여러분 교재 15페이지에 있는 질문에 대한 답변을 써낸 숙제 중 몇 개를 검토할 것입니다. 베스트 답안 중에 세 개를 뽑았습니다. 나는 그것들을 써 낸 학생들에게 그들의 멋진 답안을 나와서 읽도록 부탁할 것입니다. 이렇게 함으로써 우리 모두는 다음 2주 후에 무엇이 우리에게 주어질 것인지에 대해 좀 더 배우는 기회를 가지면서 학급 친구로부터도 배우게 될 것입니다.

Q **What is the instructor's main point?**

(a) Students should have submitted their homework two weeks ago.
(b) Reviewing what you learned is more important than studying ahead.
(c) Two weeks is too short to cover all the questions in the textbook.
(d) Sharing good answers will be helpful for students.

이 강사의 주요 요점은 무엇인가?

(a) 학생들은 숙제를 2주 전에 제출했어야 했다.
(b) 배운 것을 복습하는 것은 미리 공부하는 것보다 더 중요하다.
(c) 교재에 있는 모든 문제를 다루기에 2주는 너무 짧다.
(d) 좋은 대답을 공유하는 것은 학생들에게 도움이 될 것이다.

해설 마지막 문장을 보면 모범 답안을 보면서 앞으로 그들에게 무엇이 주어지게 될지를 알게 되는 기회와 함께 같은 반 친구들에게서도 배우게 될 것이라고 말하고 있다(By doing this, all of us will get to learn from our peers while having a chance to learn a little more about what is in line for us in the next two weeks). 그러므로 좋은 답안을 공유하는 것이 학생들에게 도움이 될 것이라는 (d)가 가장 적절한 대답이다. 나머지 선택지는 본문에 언급된 바가 없다.

Answers

1. (c) 2. (d) 3. (c) 4. (d)

Extension

핵심 단어나 표현을 들어내는 훈련을 하는 코너입니다. 음성을 듣고
빈칸에 맞는 단어와 표현을 써 넣으세요.

3-2

1

M: How much is a round-trip ticket to New York City?
W: ________________________________

2

M: Why the long face?
W: I just found out that I failed the test.
M: That's too bad.
W: ________________________________

3

W: Excuseme, ________________________________
M: Sure, why not?
W: I wish I could carry this heavy bag myself, but I can't.
M: ________________________________
W: Just over there. Thank you so much.

4

Hello, class. This morning we're going to ________________________________ which
was to finish writing out the answers for the questions on page 15 in your textbook.
________________________________. I'm going to
ask the students who wrote them to come out and read their brilliant answers. By doing
this, all of us will get to learn from our peers while having a chance ________________________________
________________________ in the next two weeks.

정답 189p

Build Up

앞에서 익혔던 유형을 기억하면서 실제 시험 형식을 통해 유형을
최종적으로 점검해 보자.

🎧3-3

Part I Choose the most appropriate response to the statement.

1. (a)   (b)   (c)   (d)
2. (a)   (b)   (c)   (d)
3. (a)   (b)   (c)   (d)

Part II Choose the appropriate response to complete the conversation.

4. (a)   (b)   (c)   (d)
5. (a)   (b)   (c)   (d)
6. (a)   (b)   (c)   (d)

Part III Choose the option that best answers the question.

7. (a)   (b)   (c)   (d)
8. (a)   (b)   (c)   (d)
9. (a)   (b)   (c)   (d)

Part IV Choose the option that best answers the question.

10. (a)   (b)   (c)   (d)
11. (a)   (b)   (c)   (d)

정답 189p

LISTENING
COMPREHENSION
Week 1

Day 1

1. 답은 paraphrasing이 원칙이기 때문에 본문의 단어가 선택지에 나오면 답이 아닐 확률이 높다.
2. Part II에서는 마지막 A의 말에 집중하자.
3. Part IV에서 주제를 묻는 질문에는 대부분 처음과 마지막 부분에 답이 숨겨져 있다.

Day 2

1. 모르는 단어에 집중하지 말고 말하는 사람의 뉘앙스를 파악해라.
2. 의문사 없는 의문문에서는 대답 이외에 추가 답변이 내용과 일치하는지 끝까지 주의 깊게 듣는다.
3. Part IV에서 광고의 경우 마지막 부분의 제품의 특성과 함께 무엇이 광고됐는지 유추할 수 있는 경우가 많다.

Day 3

1. Part III에서는 남녀의 성을 구분해서 잘 듣고 선택지에서 성(性)이 혼동되어 사용되지 않았는지 주의한다.
2. Part I~III까지의 대화는 어느 정도 정형화되어 있다.
3. 가장 무난한 반응이 답이 될 때가 많다.

Day 4

1. 의문사 의문문 중 가장 많이 나오는 what의 종류를 파악한다.
2. What으로 시작하는 관용적인 의문문을 알아둔다.
   Why don't you~?(제안), What would you say ~?(제안)
3. What's it like~?는 상태를 나타내는 표현이다.

Day 5

1. 의문사 〈how + 형용사/부사〉는 '방법'이 아니라 '정도'를 나타낸다.
2. 'Me, neither.'는 부정문에서 '나도 역시 그렇다'는 의미를 갖는다.
3. Part I~III의 대화체에서는 남자와 여자의 관계를 생각하면서 들으면 도움이 된다.

DAY 4

Part I & II에서 의문사 What

Part I & II에서는 평균 3-4개의 의문사 의문문이 나오는데 의문사 중 가장 많은 비중을 차지하는 것이 What이다. What did the professor just say?와 같이 '무엇'을 묻는 질문도 있지만 그 외의 의미를 갖는 What의 질문 유형들도 있어 What으로 시작되는 문제의 유형을 익혀 두면 큰 도움이 되므로 What으로 시작하는 몇 가지 의문문을 알아두도록 하자. What do you think of~?(의견), What brings you here?(이유, 목적), What made~?(이유), What time~?(시간), What kind of~?(종류) 등이 있다. 아래 예문도 What으로 시작하지만 '무엇'이라기 보다는 '이유'를 묻는 질문이 된다.

Example

M: What are you so excited about?
W: _______________________

    (a) I'm glad to hear that.
    (b) It's my birthday today.
    (c) I'm going to take my test tomorrow.
    (d) I don't want to hear about it.

해석 M: 너 왜 그리 기분이 좋니?
    W: _______________.
    (a) 그렇다니 나도 기쁘다.
    (b) 오늘이 내 생일이야.
    (c) 내일 시험을 보거든.
    (d) 듣고 싶지 않아.

해설 남자는 여자가 기분이 좋은 이유를 묻고 있다. (a)는 상대방이 칭찬을 해 줄 때 '그런 말을 듣게 되어 기쁘다'는 뜻이다. 여기서는 이유의 응답이 나와야 하므로 적절치 않다. 또한 시험을 보는 것에 대해서는 'excited'한 것이 아니라 'nervous(떨린)'의 감정이 생기는 것이므로 (c)는 정답이 될 수 없다. 그러므로 생일이어서 기분이 좋다는 (b)가 가장 적절하다.

Catch Up

🎧 4-1

Part I   Choose the most appropriate response to the statement.

1. (a)   (b)   (c)   (d)

Part II   Choose the appropriate response to complete the conversation.

2. (a)   (b)   (c)   (d)

Part III   Choose the option that best answers the question.

3. (a)   (b)   (c)   (d)

Part IV   Choose the option that best answers the question.

4. (a)   (b)   (c)   (d)

Answers

Catch Up에서 푼 문제의 해석과 해설을 점검한다.

1

W: Bye, Joshua, it was nice talking to you.
M: _______________

  (a) Good to see you, too.
  (b) How have you been?
  (c) The pleasure was all mine.
  (d) We should do this now.

W: 안녕, 죠수아, 만나서 반가웠어.
M: _______________

  (a) 나도 만나서 반가워요.
  (b) 어떻게 지냈니?
  (c) 나도 반가웠어.
  (d) 지금 이것을 해야 돼요.

해설 여자의 말(it was nice talking to you)을 통해 헤어질 때의 장면임을 알 수 있다. (a)는 처음 만났을 때 하는 인사가 된다. 헤어질 때 하는 인사에 대한 남자의 응답을 골라야 하므로 (c)가 가장 적절하다. 이에 Nice meeting you too.라고 해도 가능한 대답이 된다.

2

M: Did you have fun in Mexico?
W: Not really. I felt so out of place.
M: Why, what happened?
W: _______________

  (a) Right around the corner.
  (b) The weather was great.
  (c) I had to walk all day.
  (d) No one understood me.

M: 멕시코에서 재미있었니?
W: 아니 별로. 나와 어울리지 않는 느낌이었어.
M: 왜? 무슨 일 있었어?
W: _______________

  (a) 모퉁이 돌아서 바로.
  (b) 날씨가 좋았어.
  (c) 하루 종일 걸어야 했어.
  (d) 아무도 나를 이해 못하더라고.

해설 out of place는 '어울리지 않은, 적당한 자리가 아닌' 이란 뜻이 있다. 여자는 멕시코 여행이 자신에게 맞지 않은 느낌이 들었다고 한다. 그 이유를 묻는 남자의 질문에 대한 응답을 고르는 문제로 '하루 종일 걸어야 했다' 는 (c)와 같은 대답은 여행이 자신에게 맞지 않았던 이유로는 적절하지 않다. 그러므로 '아무도 나를 이해하지 못해서 여행이 별로였다' 는 (d)가 가장 적절한 답이다.

3

M: I heard you're going to the United States soon.
W: No, it's Canada I'm going to.
M: Oh, sorry. So what are you going to be doing there?
W: I'm taking a few courses at a university there.
M: As an exchange student?
W: That's right. I met all the requirements to be one.

M: 네가 미국에 곧 갈 거라고 들었어.
W: 아니야. 내가 가는 곳은 캐나다야.
M: 아, 미안. 거기서 뭐 할 거야?
W: 대학에서 수업을 몇 개 들을 거야.
M: 교환학생이니?
W: 맞아. 조건이 다 충족됐거든.

Q. What is the conversation mainly about?

(a) Landmarks in Canada
(b) How to become an exchange student
(c) What the requirements are
(d) The woman's plans for Canada

이 대화는 주로 무엇에 관한 것인가?

(a) 캐나다의 대표 건축물
(b) 교환학생이 되는 방법
(c) 필요한 조건이 무엇인지
(d) 캐나다로 가는 여자의 계획

해설 여자가 캐나다에 교환학생으로 간다는 얘기를 남자와 하고 있는 대화문이다. 여자가 교환학생으로 캐나다에 가는 것은 맞지만 (c)에서 처럼 어떻게 교환학생이 되는지 얘기하고 있지는 않다. 또한 필요한 조건이 다 맞아서 (I met all the requirements to be one.) 교환학생으로 캐나다에 가지만 요구 조건이 무엇인지에 대해서는 언급된 바가 없으므로 (d)도 정답이 아니다. 그러므로 '캐나다로 가는 여자의 계획' 이라고 한 (d)가 주제로서 가장 적합한 답이다.

4

Welcome to Hudson High School, everyone. Today we got together to talk about a few adjustments in our curriculum. Based on the survey carried out for the last two weeks, we found out that most of the students would be very interested in learning more about their ethnic culture. Accordingly, the school committee decided to offer culture studies as one of the junior high and high school electives.

허드슨 고등학교에 오신 여러분을 환영합니다. 우리는 교과 과정을 몇 가지 조정하는 것에 대하여 이야기하기 위해서 모였습니다. 지난 2주간 실행되었던 설문조사에 근거하면 학생 대부분이 민족 문화를 배우고 싶어함을 알 수 있었습니다. 따라서 교육 위원회는 중·고등학교 선택과목의 하나로 문화 연구 과목을 제공하기로 결정했습니다.

Q. What is the speaker mainly talking about?

(a) The regular executive meeting
(b) How long it took to carry out a survey
(c) A new subject for students
(d) The new facilities added to the high school

화자는 주로 무엇에 대하여 말하고 있는가?

(a) 정기 간부 모임
(b) 설문조사가 얼마나 걸렸는지
(c) 학생들을 위한 새로운 과목
(d) 그 고등학교에 생기는 새 시설들

해설 두 번째 문장을 보면 모임의 목적이 교과 과정의 조정임을 알 수 있다(Today we got together to talk about a few adjustments in our curriculum). 설문조사에 대해서도 언급되긴 했지만 주요 안건이 아니기 때문에 (b)는 정답이 될 수 없다. 또한 새로 생긴 시설이 아닌 새로 생긴 과목에 대해서 이야기를 하고 있으므로 (c)가 정답이 된다.

어휘 **adjustment** 조정, 조절 **ethnic** 민족의 **junior high (school)** 중학교 **elective** 선택 과목

Answers

1. (c) 2. (d) 3. (d) 4. (c)

Extension 

핵심 단어나 표현을 들어내는 훈련을 하는 코너입니다. 음성을 듣고
빈칸에 맞는 단어와 표현을 써 넣으세요.

4-2

1

M: Bye, Joshua, it was nice talking to you.
W: _______________________________

2

M: Did you have fun in Mexico?
W: Not really. I felt so out of place.
M: Why, what happened?
W: _______________________________

3

M: I heard you're going to the United States soon.
W: No, _______________________________.
M: Oh, sorry. So what are you going to be doing there?
W: I'm taking a few courses at a university there.
M: _______________________________
W: That's right. I met all the requirements to be one.

4

Welcome to Hudson High School, everyone. Today we got together _______________________________
_______________________________. Based on the survey carried out
for the last two weeks, we found out that most of the _______________________________
_______________________________.
Accordingly, the school committee _______________________________
as one of the junior high and high school electives.

정답 193p

Build Up

앞에서 익혔던 유형을 기억하면서 실제 시험 형식을 통해 유형을
최종적으로 점검해 보자.

4-3

Part I　Choose the most appropriate response to the statement.

1.　(a)　　(b)　　(c)　　(d)

2.　(a)　　(b)　　(c)　　(d)

3.　(a)　　(b)　　(c)　　(d)

Part II　Choose the appropriate response to complete the conversation.

4.　(a)　　(b)　　(c)　　(d)

5.　(a)　　(b)　　(c)　　(d)

6.　(a)　　(b)　　(c)　　(d)

Part III　Choose the option that best answers the question.

7.　(a)　　(b)　　(c)　　(d)

8.　(a)　　(b)　　(c)　　(d)

9.　(a)　　(b)　　(c)　　(d)

Part IV　Choose the option that best answers the question.

10.　(a)　　(b)　　(c)　　(d)

11.　(a)　　(b)　　(c)　　(d)

정답 193p

LISTENING
COMPREHENSION
Week 1

| **Day 1** | 1. 답은 paraphrasing이 원칙이기 때문에 본문의 단어가 선택지에 나오면 답이 아닐 확률이 높다.
2. Part II에서는 마지막 A의 말에 집중하자.
3. Part IV에서 주제를 묻는 질문에는 대부분 처음과 마지막 부분에 답이 숨겨져 있다. |

| **Day 2** | 1. 모르는 단어에 집중하지 말고 말하는 사람의 뉘앙스를 파악해라.
2. 의문사 없는 의문문에서는 대답 이외에 추가 답변이 내용과 일치하는지 끝까지 주의 깊게 듣는다.
3. Part IV에서 광고의 경우 마지막 부분에서 제품의 특성과 함께 무엇이 광고됐는지 유추할 수 있는 경우가 많다. |

| **Day 3** | 1. Part III에서는 남녀의 성을 구분해서 잘 듣고 선택지에서 성(性)이 혼동되어 사용되지 않았는지 주의한다.
2. Part I~III까지의 대화는 어느 정도 정형화되어 있다.
3. 가장 무난한 반응이 답이 될 때가 많다. |

| **Day 4** | 1. 의문사 의문문 중 가장 많이 나오는 what의 종류를 파악한다.
2. What으로 시작하는 관용적인 의문문을 알아둔다.
　　Why don't you~? (제안), What would you say ~? (제안)
3. What's it like~?는 상태를 나타내는 표현이다. |

| **Day 5** | 1. 의문사 〈how + 형용사/부사〉는 '방법'이 아니라 '정도'를 나타낸다.
2. 'Me, neither.'는 부정문에서 '나도 역시 그렇다'는 의미를 갖는다.
3. Part I~III의 대화체에서는 남자와 여자의 관계를 생각하면서 들으면 도움이 된다. |

DAY 5

Part I & II에서 의문사 How

How로 시작하는 의문문은 What으로 시작하는 의문사 의문문 다음으로 비중이 높다. How는 '어떻게' 라는 방법 이외에 형용사나 부사와 결합하여 '정도' 를 나타내기도 한다. 그러므로 How까지만 듣지 말고 이어지는 단어까지 주의 깊게 들어 하나의 단위로 이해하도록 한다. How~?(방법), How much~?(양), How many~?(수), How long~?(기간), How hard~?(힘듦의 정도) 등이 있다. 아래 예문의 질문(How do you like your job?)도 자신의 일을 얼마나 좋아하는지 '정도' 를 묻고 있다.

Example

M: May I ask what you do for a living now?
W: Certainly. I'm a bartender.
M: That's nice. How do you like your job?
W: _______________________

(a) In the neighborhood.
(b) It's not too bad.
(c) I have to make drinks for customers.
(d) It's far from the truth.

해석 M: 지금 무슨 일 하시는지 여쭤봐도 될까요?
W: 그럼요. 저는 바텐더예요.
M: 멋지군요. 일은 어때요?
W: _______________________

(a) 근처에서.
(b) 아주 나쁘지는 않아요.
(c) 손님들을 위해서 마실 것을 만들어야 해요.
(d) 그건 사실과 멀어.

해설 남자의 마지막 질문은 여자가 자신의 일을 어떻게 생각하는지를 묻는 질문이다. (a)는 장소를 묻는 질문에 대한 대답이며, (c)는 What(무엇)에 대한 대답으로 적절하다. 그러므로 '아주 나쁘지 않다' 는 만족감을 나타낸 (b)가 가장 적절한 대답이 된다.

Catch Up

청해 각 파트에 출제되었던 문제를 풀어 봄으로써 문제 유형을 확실
하게 파악해 두자.

5-1

Part I   Choose the most appropriate response to the statement.

   1.   (a)　　(b)　　(c)　　(d)

Part II   Choose the appropriate response to complete the conversation.

   2.   (a)　　(b)　　(c)　　(d)

Part III   Choose the option that best answers the question.

   3.   (a)　　(b)　　(c)　　(d)

Part IV   Choose the option that best answers the question.

   4.   (a)　　(b)　　(c)　　(d)

Answers

Catch Up에서 푼 문제의 해석과 해설을 점검한다.

1

M: Cathy, I didn't expect to see you here. W: ________________________________ (a) I'm fine, thanks. (b) It's quite inappropriate. (c) Me, neither. How have you been? (d) I didn't know what to say.	M: 캐시, 너를 여기서 볼 줄은 몰랐어. W: ________________________ (a) 좋아. 고마워. (b) 그건 매우 부적절한데. (c) 나도 마찬가지야. 어떻게 지냈어? (d) 뭐라고 얘기해야 할지 몰랐어.

해설   남자의 말을 통해서 여자를 우연히 만나게 된 것임을 알 수 있다. 남자의 이러한 말에 대한 반응으로 가장 적절한 것은 (c)라고 할 수 있다. (c)에서 Me, neither.는 부정문에 대한 동의의 표현으로 '나도 역시'라는 의미를 지니고 있다. 긍정문에서는 Me, too.라고 대답한다. 이렇게 우연히 만났을 때 What a pleasant surprise(이렇게 만나게 돼서 반갑다)!라고 대답할 수도 있다.

2

M: May I ask what you do for a living now? W: Certainly. I'm a bartender. M: That's nice. How do you like your job? W: ________________________ (a) In the neighborhood. (b) It's not too bad. (c) I have to make drinks for customers. (d) It's far from the truth.	M: 지금 무슨 일 하시는 여쭤봐도 될까요? W: 그럼요. 저는 바텐더에요. M: 멋지군요. 일은 어때요? W: ________________________ (a) 근처에서. (b) 아주 나쁘지는 않아요. (c) 손님들을 위해서 마실 것을 만들어야 해요. (d) 그건 사실과 멀어.

해설   남자의 마지막 질문을 여자가 자신의 일을 어떻게 생각하는지를 묻는 질문이다. (a)는 장소를 묻는 질문에 대한 대답이며, (c)는 What(무엇)에 대한 대답으로 적절하다. 그러므로 '아주 나쁘지 않다'는 만족감을 나타낸 (b)가 가장 적절한 대답이 된다.

3

W: Could you do me a favor? M: Yes, of course. W: I really need to return this book that I borrowed. M: No sweat. It's from the local library, right? W: Yes. I can't thank you enough.	W: 부탁 좀 들어줄 수 있어? M: 물론이지. W: 이 빌린 책을 반납해야 하거든. M: 문제없어. 이거 동네 도서관에서 빌려온 거 맞지? W: 응. 정말 고맙다.

Q. What is mainly happening in the conversation?

(a) The woman is returning a book.
(b) The man is looking for a book.
(c) The woman is asking a favor of the man.
(d) The woman is complaining about her schedule.

이 대화에서 주로 일어나는 것은 무엇인가?

(a) 여자가 책을 돌려주고 있다.
(b) 남자가 책을 찾고 있다.
(c) 여자가 남자에게 부탁을 하고 있다.
(d) 여자가 자신의 일정에 대해 불평하고 있다.

해설 여자는 남자에게 자신이 빌린 책을 반납해 달라고 부탁하고 있고 남자는 그것을 흔쾌히 들어주고 있는 상황이 이 대화의 주요 상황이겠다. 그러므로 여자가 남자에게 부탁하고 있다는 (c)가 가장 적절한 대답이 된다. No sweat.은 '문제없다, 간단한 일' 이란 뜻을 지니고 있다. 여기서 부탁을 하는 질문의 유형을 익혀 둘 필요가 있다. Could you do me a favor?/ Can I ask you for a favor?/ Can I ask a favor of you? 등이 있다.

4

Today I'm going to introduce some simple rules you can use to save on gas. First of all, keep your engine tuned and your tires inflated to proper pressure. Next, you can also save a lot of money, much more than you expect, just by comparing prices at different stations. Another good way is to pump gas yourself and use the lowest octane necessary which can be found in your owner's manual.

오늘 저는 휘발유를 절약할 수 있는 몇 가지 간단한 방법에 대해서 소개해 드릴 것입니다. 먼저 엔진을 정비하고 타이어를 적당한 압력으로 팽팽하게 유지시키십시오. 다음으로는 주유소의 기름값을 비교함으로써 여러분이 예상하는 것보다 훨씬 많은 돈을 절약할 수 있습니다. 또 다른 방법으로는 본인이 직접 주유하시고 차 설명서에서 찾을 수 있는 가장 낮은 옥탄을 사용하세요.

Q. What is the speaker mainly talking about?

(a) Comparing different gasoline prices
(b) How to read the manual
(c) Saving money on gasoline
(d) Keeping your car well-maintained

화자는 주로 무엇에 관하여 말하고 있는가?

(a) 휘발유 가격을 비교하는 것
(b) 설명서를 읽는 방법
(c) 휘발유와 관련된 지출을 절약하는 것
(d) 당신의 차를 잘 유지하는 것

해설 첫 번째 문장에서 이 담화의 주제가 휘발유를 절약할 수 있는 방법을 소개하는 것임을 알 수 있다(Today I'm going to introduce some simple rules you can use to save on gas). (a)는 휘발유값을 절약하는 하나의 방법으로 지엽적인 내용이기 때문에 전체 주제로 보기는 힘들다. (d)는 차를 잘 유지하는 것이 목적이 아니라 휘발유값 지출을 절약하는 것이 목적이므로 정답이 될 수 없다.

어휘 tune (엔진 등을 고성능으로) 조정하다, 정비하다 inflated 팽팽한

Answers

1. (c) 2. (b) 3. (c) 4. (c)

Extension 

▶▶ 1

M: Cathy, I didn't expect to see you here.
W: ___________________________________

2

M: May I ask what you do for a living now?
W: Certainly. I'm a bartender.
M: That's nice. How do you like your job?
W: ___________

3

W: ___________________________________
M: Yes, of course.
W: ___________________________________
M: No sweat. It's from the local library, right?
W: Yes. I can't thank you enough.

4

Today I'm going to introduce _______________________________________.
First of all, _______________________________________ to proper
pressure. Next, you can also save a lot of money, much more than you expect, just by
_______________________________________. Another good way is
_______________________________ which can be found in your owner's manual.

정답 197p

Build Up

앞에서 익혔던 유형을 기억하면서 실제 시험 형식을 통해 유형을
최종적으로 점검해 보자.

🎧5-3

Part I Choose the most appropriate response to the statement.

   1. (a) (b) (c) (d)

   2. (a) (b) (c) (d)

   3. (a) (b) (c) (d)

Part II Choose the appropriate response to complete the conversation.

   4. (a) (b) (c) (d)

   5. (a) (b) (c) (d)

   6. (a) (b) (c) (d)

Part III Choose the option that best answers the question.

   7. (a) (b) (c) (d)

   8. (a) (b) (c) (d)

   9. (a) (b) (c) (d)

Part IV Choose the option that best answers the question.

   10. (a) (b) (c) (d)

   11. (a) (b) (c) (d)

정답 197p

LISTENING
COMPREHENSION
Week 2

<table>
<tr><td>Day 6</td><td>

1. 그 밖의 의문사(when, where, why, who, which)들의 의미를 파악해 둔다.
2. 간접의문문일 경우 의문사가 뒤에 나오니 후반부를 주의해서 듣는다.
3. 의문사 when으로 시작하는 경우, 시제에 주의하여 정답을 고르도록 한다.

</td></tr>
</table>

<table>
<tr><td>Day 7</td><td>

1. 의문사 관용표현을 익혀둔다.
   What about~?/ How about~?(제안), **What if~?**(가정),
   How come~?(이유), **What for~?**(목적)
2. 의문사 의문문의 관용표현은 보통 Part II나 Part III에 나온다.
3. 의문사 의문문의 경우 그 의문사에 대한 대답 이외에 '모른다' 는 등의 대답도 할 수 있다.

</td></tr>
</table>

<table>
<tr><td>Day 8</td><td>

1. 의문사 의문문에서는 절대 Yes나 No로 대답할 수 없다.
2. 의문사 없는 의문문에서는 조동사를 일치시켜 대답해야 한다.
   예를 들어 Have you seen the movie?에 No, I don't.로 대답할 수 없다.
3. 길의 방향을 묻는 질문의 유형을 파악해 둔다.
   Could you tell me where~? / Could you direct me to~?

</td></tr>
</table>

<table>
<tr><td>Day 9</td><td>

1. 의문사가 없는 의문문에서 Yes나 No의 대답은 생략 가능하다.
2. 의문사가 없는 의문문에서 Yes나 No이외의 대답이 가능하다.
   예를 들어 I'm not sure. / Let me check my schedule and get back to you.
3. Part III에서 두 사람의 관계를 파악하면 도움이 된다.

</td></tr>
</table>

<table>
<tr><td>Day 10</td><td>

1. Should I~? 질문에 B의 의견을 제시하는 대답이 주로 나온다.
2. Part III와 IV의 질문의 유형을 파악해 둔다.
3. Part IV에서 자신이 아는 토픽의 내용이 나오더라도 기존의 상식에 근거하지 말고 지문의 내용에 충실해서 듣도록 한다.

</td></tr>
</table>

DAY 6

Part I & II에서 그 밖의 의문사 의문문

What이나 How를 제외한 나머지 기본 의문사를 익혀 두어야 한다. 다른 기본 의문사에는 When, Where, Why, Who, Which등이 있다. 이러한 의문사가 간접의문문으로 표현될 수도 있으니 이러한 문장에도 익숙해지도록 한다. 예를 들어 〈Could you tell me / Do you know + 의문사 + 주어 + 동사 ~ ?〉와 같이 간접의문문으로 나오면 간접의문문의 의문사가 핵심 정보가 되므로 주의하도록 한다. 또한 when으로 시작되는 의문문에서는 '시제'를 주의하여 듣도록 한다. 아래 나오는 예문도 '시제'를 주의해서 들어야 하는 문제이다.

Example

W: Are you going to Sue's wedding this Saturday?
M: Probably not. I'll be going away for business.
W: Too bad. When are you leaving?
M: ______________________

(a) I'm going to Tokyo.
(b) They are leaving soon.
(c) Yesterday afternoon.
(d) Sometime this week.

해석 W: 이번 주 토요일에 수의 결혼식에 갈 거니?
M: 아마도 못 갈 것 같아. 출장을 갈 거거든.
W: 안됐다. 언제 떠나니?
M: ______________________

(a) 도쿄로 갈 거야.
(b) 그들은 곧 떠날 거야.
(c) 어제 오후에.
(d) 이번 주 중에.

해설 여자가 남자에게 수의 결혼식 참석 여부를 묻자 남자는 출장 때문에 못 갈 것 같다고 말한다. 이에 대해 여자는 남자에게 언제 떠나는지 묻고 있다. 그러므로 이번 주 중(Sometime this week.)이라고 답한 (d)가 가장 적절한 답이 된다. Sometime this week.은 아직 정확한 요일이 정해지진 않았지만 이번 주 안으로 떠난다는 의미가 된다. (c)는 과거시제이므로 내용과 시제가 맞지 않아 답이 될 수 없다.

Catch Up

청해 각 Part에 출제되었던 문제를 풀어 봄으로써 문제 유형을 확실
하게 파악해 두자.

 6-1

Part I Choose the most appropriate response to the statement.

   1.   (a)   (b)   (c)   (d)

Part II Choose the appropriate response to complete the conversation.

   2.   (a)   (b)   (c)   (d)

Part III Choose the option that best answers the question.

   3.   (a)   (b)   (c)   (d)

Part IV Choose the option that best answers the question.

   4.   (a)   (b)   (c)   (d)

Answers

Catch Up에서 푼 문제의 해석과 해설을 점검한다.

1

M: These jeans are a little too snug. W: __________________________ 　(a) It doesn't ring a bell. 　(b) Try another size. 　(c) I don't want to go that far. 　(d) It's not mine.	M: 이 청바지는 너무 꼭 맞아. W: ______________ 　(a) 생각나지 않아. 　(b) 다른 사이즈를 입어봐. 　(c) 그렇게까지 하고 싶지는 않아. 　(d) 내 것이 아니야.

해설　바지가 너무 꼭 맞는다는 남자의 말에 대한 여자의 적절한 반응을 고르는 문제이다. snug는 '(의복 등이) 맞는' 이란 의미를 가지고 있다. (a)에서 ring a bell은 '생각이 나다' 라는 의미를 지니고 있다. 여기서는 '생각이 나질 않는다, 모르겠다' 라는 의미로 쓰였으므로 여자의 응답으로는 적절하지 않다. 그러므로 다른 사이즈를 입어 보라는 (b)가 가장 적절한 응답이 된다.

2

M: What are you doing there? W: Nothing much. I was just listening to some music. M: What kind? W: ____________________________ 　(a) It's not an issue. 　(b) There are three different types. 　(c) It's called rock. 　(d) Rock is my favorite.	M: 거기서 뭐 하고 있니? W: 별거 아니야. 그냥 음악 듣고 있었어. M: 어떤 종류? W: ______________ 　(a) 별거 아니야. 　(b) 세 가지 다른 종류가 있어. 　(c) 락 음악. 　(d) 락은 내가 가장 좋아하는 음악이야.

해설　남자의 마지막 질문이 어떤 종류의 음악을 듣고 있냐는 것이다(What kind (of music were you listening to)?). (b)는 세 가지 종류가 있다는 뜻으로 상식적으로 세 가지 음악을 동시에 들을 수는 없으므로 정답이 될 수 없다. 또한 (d)는 What's your favorite music?에 대한 대답으로 적절하다. 그러므로 '락 음악' 이라고 대답하는 (c)가 가장 적절한 대답이 된다.

3

M: Oh, no. W: What's wrong? M: Now it's raining, I just realized I forgot my umbrella. W: You can just go back and get it, right? M: No, I think I left it somewhere else. W: Where did you leave it? M: I have no idea.	M: 안돼! W: 무슨 일이야? M: 지금 비가 오는데 우산이 없다는 걸 막 알았어. W: 다시 가서 가져 오면 되지 않아? M: 아니, 내 생각엔 어딘가에 우산을 두고 온 것 같아. W: 어디다 뒀는데? M: 모르겠어.

Q. What is the man's problem?

(a) He broke his umbrella.
(b) He has lost her umbrella.
(c) He doesn't like rainy weather.
(d) He forgot to bring his umbrella with him.

남자의 문제는 무엇인가?

(a) 남자는 자신의 우산을 망가뜨렸다.
(b) 남자는 여자의 우산을 잃어버렸다.
(c) 남자는 비 오는 날씨를 좋아하지 않는다.
(d) 남자는 우산을 챙기는 것을 잊었다.

해설 남자는 우산을 잃어버렸고 어디에다 두었는지 모르고 있다(I think I left it somewhere else). (a)와 (c)는 내용상 맞지 않고, 남자는 자신의 우산을 잃어버렸지(I just realized that I forgot my umbrella.) 여자의 우산을 잃어버린 것이 아니므로 (b)도 정답이 될 수 없다. 그러므로 (d)가 가장 적절한 답이 된다.

4

The country's most recognized name in fitness, Jackson's Gym offers everything from state-of-the-art equipment to a friendly staff to help you achieve the best results when working out. We pride ourselves on the reputation for the most exciting group classes, which includes kickboxing, yoga, swimming, pilates, and many more. Come and join them for yourself. They're mind-blowing.

우리나라에서 피트니스에 있어서 인지도가 가장 높은 Jackson's Gym에서는 최신 운동기구부터 당신이 운동할 때 가장 좋은 결과를 얻는 데 도움을 주는 친절한 직원까지 모든 것을 제공해 드립니다. 저희는 킥복싱, 요가, 필라테스 등 가장 흥미로운 수업을 제공한다는 명성에 자부심을 가지고 있습니다. 직접 오셔서 가입하십시오. 정말 환상적입니다.

Q. What is mainly being advertised about Jackson's Gym?

(a) Its unique workout programs
(b) Its state-of-the-art amenities
(c) Its fun and enjoyable group classes
(d) Its friendly and helpful trainers

Jackson's Gym의 무엇에 대해 주로 광고되고 있는가?

(a) 독특한 운동 프로그램
(b) 최신 편의 시설들
(c) 재밌고 즐거운 수업들
(d) 친절하고 도움이 되는 트레이너들

해설 두 번째 문장에 보면 킥복싱, 요가, 필라테스 등의 재밌는 수업을 제공한다는 명성에 자부심을 가진다고 말하고 있다(We pride ourselves on the reputation for the most exciting group classes, which includes kickboxing, yoga, swimming, pilates, and many more). 이 부분을 통해 이 체육관이 재미있고 즐거운 수업들에 포커스를 맞추어 광고하고 있음을 알 수 있다. 그러므로 정답은 (c)가 된다. 이러한 운동 프로그램이 독특한지(unique) 여부는 알 수 없으므로 (a)는 정답이 될 수 없다. 또한 (d)의 내용은 본문에 언급이 되기 했지만 이 내용을 주로 광고하는 것이 아니기 때문에 세부사항으로 봐야 한다.

어휘 **state-of-the-art** 최신의 **mind-blowing** 압도하는

Answers

1. (b) 2. (c) 3. (d) 4. (c)

Extension

핵심 단어나 표현을 들어내는 훈련을 하는 코너입니다. 음성을 듣고
빈칸에 맞는 단어와 표현을 써 넣으세요.

6-2

1

M: These jeans are a little too snug.
W: ______________

2

M: What are you doing there?
W: Nothing much. I was just listening to some music.
M: What kind?
W: ______________

3

M: Oh, no.
W: What's wrong?
M: Now it's raining, ______________________________
W: You can just go back and get it, right?
M: ______________________________
W: Where did you leave it?
M: I have no idea.

4

The country's most recognized name in fitness, ______________ offers everything
from ______________________________ to help you achieve the
best results when working out. We pride ourselves on the reputation for the most
exciting group ______________________________
______________. Come and join them for yourself. They're mind-blowing.

정답 201p

Build Up

앞에서 익혔던 유형을 기억하면서 실제 시험 형식을 통해 유형을
최종적으로 점검해 보자.

🎧6-3

Part I   Choose the most appropriate response to the statement.

  1. (a)   (b)   (c)   (d)

  2. (a)   (b)   (c)   (d)

  3. (a)   (b)   (c)   (d)

Part II   Choose the appropriate response to complete the conversation.

  4. (a)   (b)   (c)   (d)

  5. (a)   (b)   (c)   (d)

  6. (a)   (b)   (c)   (d)

Part III   Choose the option that best answers the question.

  7. (a)   (b)   (c)   (d)

  8. (a)   (b)   (c)   (d)

  9. (a)   (b)   (c)   (d)

Part IV   Choose the option that best answers the question.

  10. (a)   (b)   (c)   (d)

  11. (a)   (b)   (c)   (d)

정답 201p

LISTENING
COMPREHENSION
Week 2

Day 6

1. 그 밖의 의문사(when, where, why, who, which)들의 의미를 파악해 둔다.
2. 간접의문문일 경우 의문사가 뒤에 나오니 후반부를 주의해서 듣는다.
3. 의문사 when으로 시작하는 경우, 시제에 주의하여 정답을 고르도록 한다.

Day 7

1. 의문사 관용표현을 익혀둔다.
   What about~?/ How about~?(제안), What if~?(가정), How come~?(이유), What for~?(목적)
2. 의문사 의문문의 관용표현은 보통 Part II나 Part III에 나온다.
3. 의문사 의문문의 경우 그 의문사에 대한 대답 이외에 '모른다' 는 등의 대답도 할 수 있다.

Day 8

1. 의문사 의문문에서는 절대 Yes나 No로 대답할 수 없다.
2. 의문사 없는 의문문에서는 조동사를 일치시켜 대답해야 한다.
   예를 들어 Have you seen the movie?에 No, I don't.로 대답할 수 없다.
3. 길의 방향을 묻는 질문의 유형을 파악해 둔다.
   Could you tell me where~? / Could you direct me to~?

Day 9

1. 의문사가 없는 의문문에서 Yes나 No의 대답은 생략 가능하다.
2. 의문사가 없는 의문문에서 Yes나 No이외의 대답이 가능하다.
   예를 들어 I'm not sure. / Let me check my schedule and get back to you.
3. Part III에서 두 사람의 관계를 파악하면 도움이 된다.

Day 10

1. Should I~? 질문에 B의 의견을 제시하는 대답이 주로 나온다.
2. Part III와 IV의 질문의 유형을 파악해 둔다.
3. Part IV에서 자신이 아는 토픽의 내용이 나오더라도 기존의 상식에 근거하지 말고 지문의 내용에 충실해서 듣도록 한다.

DAY 7
Part I & II에서 의문사 관용표현

의문사가 나온다고 해도 그 의문사에 대한 정보를 얻고자 하는 질문이 아닌 경우도 있다. 예를 들어 How come you ate all the sandwiches?라고 물었을 때 How come은 How did it come that의 축약형으로 '어째서, 왜'라는 의미를 가지고 있다. 여기서도 '어떻게 네가 그 샌드위치를 모두 먹을 수 있느냐?'고 따지듯이 묻는 질문에 대한 답을 골라야 한다. 그러므로 Sorry, but they tasted good(미안해, 그렇지만 너무 맛있었어).라고 대답할 수 있다. 의문사의 관용적인 표현들을 알아 두면 답을 고르는 데 도움이 된다.

What about~?(제안)   **How about~?**(제안)
Why don't you~?(제안)   **What would you say~?**(제안)
What if~?(가정)   **How come~?**(이유)
What's it like~?(상태)   **What for~?**(목적)

Example

W: It's sweltering hot, today.
M: You can say that again.
W: What do you say we go for a drive?
M: ___________________.

(a) That would be cheating.
(b) That's a great idea.
(c) Yes, it was fantastic.
(d) Her license has been revoked.

해석 W: 오늘 찌는 듯이 덥다.
M: 네 말이 맞아.
W: 드라이브 가는 거 어때요?
M: ___________.

(a) 그건 속임수예요.
(b) 그것 참 좋네요.
(c) 그래요, 환상적이었어요.
(d) 그녀의 면허는 취소됐어요.

해설 여자가 드라이브를 제안하고 있다. What do you say~는 '~하는 게 어때'라는 제안의 의미를 지니고 있다. 이 제안에 대한 적절한 응답을 고르는 문제로 여기서는 (b)가 가장 적절하다. 제안에 대한 응답으로는 (c)처럼 Yes나 No로 대답할 수 없다. 또한 (c)에서는 추가 답변의 시제도 과거(it was fantastic)이므로 적절치 않다.

어휘 **sweltering** 찌는 듯이 **revoke** 취소하다, 폐지하다

Catch Up

청해 각 파트에 출제되었던 문제를 풀어 봄으로써 문제 유형을 확실
하게 파악해 두자.

7-1

Part I Choose the most appropriate response to the statement.

1. (a) (b) (c) (d)

Part II Choose the appropriate response to complete the conversation.

2. (a) (b) (c) (d)

Part III Choose the option that best answers the question.

3. (a) (b) (c) (d)

Part IV Choose the option that best answers the question.

4. (a) (b) (c) (d)

Answers

Catch Up에서 푼 문제의 해석과 해설을 점검한다.

1

M: You're an amazing singer.
W: ____________________________
   (a) That's not so amazing.
   (b) I apologize.
   (c) I have two more songs.
   (d) Thank you. I practice every day.
	M: 너는 노래를 참 잘하는구나.
	W: _________________
	   (a) 그렇게 잘하진 않아.
	   (b) 미안해.
	   (c) 노래 두 곡이 더 있어요.
	   (d) 고마워. 매일 연습해.

해설   남자가 여자에게 노래를 정말 잘한다고 칭찬해 주고 있다. 칭찬에 대한 응답으로 고맙다(Thank you.)고 말하면서 연습을 하고 있다고 추가 답변을 하는 (d)가 가장 적절한 답이 된다. 가능한 답으로는 Thanks for the compliment(칭찬해 줘서 고맙다).가 있다.

2

W: Excuse me, is it okay if I take pictures in here?
M: Sorry, you can't.
W: Even if I don't use flash?
M: __________________
   (a) I'll be back in a flash.
   (b) I'm afraid not.
   (c) That was really off-the-wall.
   (d) Just go straight.
	W: 실례합니다만 여기서 사진을 찍어도 될까요?
	M: 죄송합니다만 안 됩니다.
	W: 플래쉬를 사용하지 않아도요?
	M: _____________
	   (a) 금방 돌아올게.
	   (b) 네, 안 됩니다.
	   (c) 그것은 정말 이상했어.
	   (d) 그냥 쭉 가세요.

해설   마지막에 여자가 플래쉬를 사용하지 않으면 사진을 찍어도 되는지 묻고 있다. 이에 대한 응답으로는 (b)가 가장 적절하다. (b)에서 not은 be afraid와 함께 부정하는 문, 절, 동사 등의 생략 대용어로 쓰였다. be afraid 이외에 think, suppose, believe, hope, expect 등도 같은 구문에 사용된다. 예를 들어, Is he sick? – I think not(=I think he's not sick). (a)에서 in a flash는 '금방, 눈 깜짝할 사이에'라는 의미이므로 발음 때문에 혼동해서는 안 된다. (c)에서 off-the-wall은 '이상한(strange, weird)'의 의미가 있다.

3

M: Where shall we go to see a movie? W: Can't we just go to the theater nearby? M: We could, but the seats are quite uncomfortable. W: Okay. Then let's go downtown. M: Do you have a theater in mind? W: Not really, but I'm sure we can find one there.	M: 어디서 영화 볼까? W: 우리 그냥 가까운 극장 가서 볼 수 없니? M: 그럴 수도 있지만 좌석이 꽤 불편하잖아. W: 그래. 그렇다면 시내로 가자. M: 생각해 둔 극장 있어? W: 아니 별로. 근데 거기서 금새 찾을 수 있을 거야.

해설 여자가 남자에게 가까운 곳에서 영화를 볼 것을 제안하자 남자는 지역 극장은 좌석이 불편하다고 말한다. 이에 둘은 시내에 가서 영화를 보기로 결정한다. 그러므로 이 대화의 주제는 '어디서 영화를 볼지'라고 답한 (c)가 가장 적절하다. 남자는 좌석이 불편하다는 말을 하긴 했지만 왜 불편한지 이유를 언급하지 않았기 때문에 (a)는 정답이 아니다. 또한 시내에서 영화를 보는 것이 확실하기 때문에 '시내에서 무엇을 할지'라고 답한 (b)도 정답이 될 수 없다.

4

<table>
<tr><td>

May I have your attention, please? Dr. Yang, an expert in the field of oriental medicine, is scheduled to have a lecture here on September 5, but might not be able to join us due to an adverse situation back in his country. **However, he reassured us via e-mail that he would be visiting our school as soon as possible; preferably within this semester. He would like to send an apology for any inconvenience.**

</td><td>

모두 주목해 주시기 바랍니다. 한의학계의 전문가이신 양 박사님께서 9월 5일 강의를 하시기 위해서 이곳으로 오시기로 되어 있었지만 고국의 역경 때문에 오실 수 없으실지도 모르겠습니다. 그러나 이메일로 확답 주시길 가능한 한 빨리, 가급적이면 이번 학기 내로 우리 학교를 방문하시겠다고 하셨습니다. 박사님께서는 이러한 불편을 초래한 것에 대해 죄송스런 맘을 전하고 싶어하십니다.

</td></tr>
</table>

해설 두 번째 문장에 보면 이 학교에서 강연을 하기로 되어 있던 양 박사가 고국에서의 피치 못할 상황 때문에 강연을 취소하게 될 것 같다는 소식을 알리고 있다(Dr. Yang, an expert in the field of oriental medicine, is scheduled to have a lecture here on September 5, but might not be able to join us due to an adverse situation back in his country). 이 부분을 통해 이 공고의 주제를 파악할 수 있다. 그러므로 (b)의 '예정된 강연의 취소'가 주제로 가장 적절하다. 강연자가 고국의 어떤 불운한 상황으로 강연하지 못할 것(due to an adverse situation back in his country)이라고 언급은 하고 있지만 이것이 무엇인지에 대해서는 언급하지 않았으므로 (a)는 정답이 될 수 없다. 나머지 선택지의 내용은 본문에 언급된 바가 없으므로 정답이 될 수 없다.

어휘 **oriental medicine** 한의학 **adverse** 불리한, 불운한 **reassure** 안심시키다, 재보증하다 **downfall** 폭락, 몰락

Answers

1. (d) 2. (b) 3. (c) 4. (b)

Extension 

핵심 단어나 표현을 들어내는 훈련을 하는 코너입니다. 음성을 듣고
빈칸에 맞는 단어와 표현을 써 넣으세요.

7-2

1

M: You're an amazing singer.
W: _______________________________________

2

W: Excuse me, is it okay if I take pictures in here?
M: Sorry, you can't.
W: Even if I don't use flash?
M: _________________________

3

M: Where shall we go to see a movie?
W: ____
M: We could, but the seats are quite uncomfortable.
W: ____
M: Do you have a theater in mind?
W: Not really, but I'm sure we can find one there.

4

May I have your attention, please? Dr. Yang, ____,
is scheduled to have a lecture here on September 5, but ____
____. However, he reassured
us via e-mail that ____;
preferably within this semester. He would like to send an apology for any
inconvenience.

정답 204p

Build Up

앞에서 익혔던 유형을 기억하면서 실제 시험 형식을 통해 유형을
최종적으로 점검해 보자.

7-3

Part I   Choose the most appropriate response to the statement.

  1.　(a)　　(b)　　(c)　　(d)

  2.　(a)　　(b)　　(c)　　(d)

  3.　(a)　　(b)　　(c)　　(d)

Part II   Choose the appropriate response to complete the conversation.

  4.　(a)　　(b)　　(c)　　(d)

  5.　(a)　　(b)　　(c)　　(d)

  6.　(a)　　(b)　　(c)　　(d)

Part III   Choose the option that best answers the question.

  7.　(a)　　(b)　　(c)　　(d)

  8.　(a)　　(b)　　(c)　　(d)

  9.　(a)　　(b)　　(c)　　(d)

Part IV   Choose the option that best answers the question.

  10.　(a)　　(b)　　(c)　　(d)

  11.　(a)　　(b)　　(c)　　(d)

정답 205p

Day 6	1. 그 밖의 의문사(when, where, why, who, which)들의 의미를 파악해 둔다.
	2. 간접의문문일 경우 의문사가 뒤에 나오니 후반부를 주의해서 듣는다.
	3. 의문사 when으로 시작하는 경우, 시제에 주의하여 정답을 고르도록 한다. 

Day 7	1. 의문사 관용표현을 익혀둔다.
	What about~?/ How about~?(제안), What if~?(가정), How come~?(이유), What for~?(목적)
	2. 의문사 의문문의 관용표현은 보통 Part II나 Part III에 나온다.
	3. 의문사 의문문의 경우 그 의문사에 대한 대답 이외에 '모른다' 는 등의 대답도 할 수 있다. 

Day 8	1. 의문사 의문문에서는 절대 Yes나 No로 대답할 수 없다.
	2. 의문사 없는 의문문에서는 조동사를 일치시켜 대답해야 한다. 예를 들어 Have you seen the movie?에 No, I don't.로 대답할 수 없다.
	3. 길의 방향을 묻는 질문의 유형을 파악해 둔다. Could you tell me where~? / Could you direct me to~? 

Day 9	1. 의문사가 없는 의문문에서 Yes나 No의 대답은 생략 가능하다.
	2. 의문사가 없는 의문문에서 Yes나 No이외의 대답이 가능하다. 예를 들어 I'm not sure. / Let me check my schedule and get back to you.
	3. Part III에서 두 사람의 관계를 파악하면 도움이 된다. 

Day 10	1. Should I~? 질문에 B의 의견을 제시하는 대답이 주로 나온다.
	2. Part III와 IV의 질문 유형을 파악해 둔다.
	3. Part IV에서 자신이 아는 토픽의 내용이 나오더라도 기존의 상식에 근거하지 말고 지문의 내용에 충실해서 듣도록 한다. 

DAY 8

의문사 의문문에서는 절대로 Yes나 No로 대답할 수 없다

의문사 의문문에서 주의해야 할 것 중에 하나가 바로 Yes나 No로 대답할 수 없다는 사실이다. 추가 답변을 내용과 일치하게 하고 Yes나 No로 대답하여 오답으로 선택하게끔 하는 유형의 문제에 조심하도록 한다.

Example

M: How is your headache?
W: ________________

    (a) It's gone now, thanks.
    (b) Take this medicine.
    (c) Yes, no need to worry.
    (d) Fine by me.

해석 M: 두통은 어떠니?
      W: ________________

      (a) 지금은 괜찮아. 고마워.
      (b) 이 약을 먹어봐.
      (c) 응, 걱정할 필요 없어.
      (d) 나는 괜찮아.

해설 두통이 어떠냐는 남자의 질문에 대한 여자의 응답을 고르는 문제이다. 이에 '지금은 다 나았다'는 (a)가 정답이 된다. 이 질문은 의문사 의문문이기 때문에 (c)처럼 Yes나 No로 대답할 수 없다. 그러므로 추가 답변이 질문에 대한 응답으로 적절하지만 정답이 될 수 없다. (d)는 That's OK with me.란 의미이다.

Catch Up

청해 각 파트에 출제되었던 문제를 풀어 봄으로써 문제 유형을 확실
하게 파악해 두자.

🎧 8-1

Part I   Choose the most appropriate response to the statement.

   1. (a)   (b)   (c)   (d)

Part II   Choose the appropriate response to complete the conversation.

   2. (a)   (b)   (c)   (d)

Part III Choose the option that best answers the question.

   3. (a)   (b)   (c)   (d)

Part IV Choose the option that best answers the question.

   4. (a)   (b)   (c)   (d)

Answers

Catch Up에서 푼 문제의 해석과 해설을 점검한다.

1

W: Excuse me, could you direct me to the nearest subway station?

M: ________________________________

(a) A subway should come along any minute now.
(b) You'd better hurry up.
(c) You can't miss it.
(d) It's on the corner of the next block.

W: 실례합니다. 가장 가까운 지하철 역이 어디 있는지 알려 주실 수 있으세요?

M: ________________________________

(a) 지하철이 금방 올 것입니다.
(b) 서두르는 것이 나을 겁니다.
(c) 금방 찾으실 수 있어요.
(d) 다음 블록의 모퉁이에 있습니다.

해설 여자는 가장 가까운 지하철 역이 어디 있는지를 묻고 있다. 이에 대해 방향을 가르쳐 준 (d)가 가장 적절한 답이 된다. (c)에서 You can't miss it.은 '그것을 절대로 놓칠 수 없다'는 뜻으로 '(목적지를) 찾기 쉽다'는 것을 의미한다. 방향을 가르쳐 준 후에 할 수 있는 말이다. (a)와 (b)는 내용상 방향을 묻는 질문의 답으로 적절치 않다.

2

W: It's a nice party, isn't it?
M: It sure is. I especially like the music.
W: I didn't know you were into this kind of music.
M: ________________________________

(a) I need to go now.
(b) Not my cup of tea.
(c) I've always been.
(d) At a formal party.

W: 정말 멋진 파티지?
M: 응. 특히 음악이 맘에 든다.
W: 네가 이런 종류의 음악을 좋아하는 줄 몰랐는데.
M: ________________________________

(a) 지금 가야 해요.
(b) 내 취향은 아니에요.
(c) 항상 좋아했어.
(d) 형식을 차린 파티에서.

해설 여자는 파티에서 나오는 음악이 남자의 취향이었는지 몰랐다는 말을 하고 있다. be into~는 '~에 빠지다, 좋아하다'라는 의미가 있다. 남자는 이미 파티 음악이 특히 좋다고 말했으므로 항상 그러한 음악을 좋아했다는 (c)가 가장 적절하다. (b)에서 one's cup of tea는 '~의 취향'이라는 뜻으로 여기서는 '내 취향이 아니다'라는 의미로 쓰였는데 앞에서 이미 그 음악이 좋다고 했으므로 (b)가 답이 되기는 논리상 힘들다.

3

W: Did you hear the school will raise the tuition once again?
M: Yes, I heard.
W: Is that fair? They raised it just last year.
M: They say the expected education budget cuts left them no choice.
W: Yeah, but not by 7 percent. This is too much.
M: I don't know. Maybe they'll use it to good use.

W: 학교에서 등록금을 한 번 더 올린다는 소식 들었어?
M: 응, 들었어.
W: 이게 공정한 거니? 작년에도 올렸었잖아.
M: 그들이 말하길 예상되는 교육 예산 절감 때문에 어쩔 수 없대.
W: 그래, 그렇지만 7퍼센트까지는 아니지. 너무 많아.
M: 나도 모르겠다. 아마 그것을 잘 사용할 거야.

Q. What is the main topic of the conversation?

(a) The strike against raising the tuition fees
(b) The expected education budget cuts
(c) The increase in the tuition fees
(d) The school's lack of efforts to improve its facilities

이 대화의 주제는 무엇인가?

(a) 등록금 인상에 반대하는 파업
(b) 예상되는 교육 예산 절감
(c) 등록금 인상
(d) 시설을 개선하는 학교 당국의 노력 부족

해설 여자와 남자는 학교 등록금 인상에 대해서 이야기하고 있다. 여자는 등록금 인상에 대해서 약간 비판적인 어조로 이야기하는 반면 남자는 등록금 인상에 대해 약간은 우호적인 어조로 이야기하고 있다. 그러므로 대화 주제로 적절한 것은 (c)가 된다. 남자와 여자 모두 등록금 인상에 대한 파업에 대해서는 언급한 바가 없으므로 (a)는 정답이 아니다. (d)도 대화에서 언급된 바가 없고, (b)는 학교가 등록금을 인상할 수 밖에 없는 요인으로 남자가 언급한 적은 있지만 전체적인 대화의 주제가 되지 않으므로 정답이 아니다.

4

This is basically a very intense and hard-core action movie. It was a lot different from other action movies I starred in. Every single person in a scene was an actor or an actress, not a professional stunt man, and we had to be in perfect step with each other. We would keep shooting a scene for three or four days and then start screening different cuts until we were totally satisfied with what we saw.

이 영화는 기본적으로 매우 강한 하드 코어 액션 영화입니다. 이 영화는 제가 예전에 주연했던 다른 액션 영화들과는 많이 다릅니다. 모든 영화 장면은 전문적인 스턴트맨이 아닌 배우와 여배우들이 했으며 서로가 완벽히 보조를 맞추어야 했습니다. 한 장면을 사나흘 동안 찍었고 우리가 스스로 완전히 만족할 때까지 다른 장면들을 골라내기 시작했습니다.

Q. What is the speaker mainly talking about?

(a) His experience with the movie he just finished
(b) His motivation to be a film editor
(c) The reason why he likes action movies
(d) His determination to be a stunt man

화자는 주로 무엇에 대해서 이야기하고 있는가?

(a) 그가 막 마친 영화에 대한 경험
(b) 영화 편집감독이 되기로 한 동기
(c) 그가 액션 영화를 좋아하는 이유
(d) 스턴트맨이 되기로 한 그의 결심

해설 두 번째 문장에서 그는 이번에 찍은 영화가 그가 기존에 주연했던 액션 영화들과 다르다고 언급하면서(It was a lot different from other action movies I starred in.) 그 영화 경험에 대해 자세히 소개해 주고 있다. 그러므로 화자는 자신이 막 찍은 영화 경험에 대해서 이야기하고 있다고 한 (a)가 정답이 된다. 그가 액션 영화 배우임을 내용상 알 수 있으므로 나머지 선택지들은 정답이 될 수 없다.

어휘 **star in** 주연하다 **screen** 선발하다, 가려내다

Answers

1. (d) 2. (c) 3. (c) 4. (a)

핵심 단어나 표현을 들어내는 훈련을 하는 코너입니다. 음성을 듣고
빈칸에 맞는 단어와 표현을 써 넣으세요.

8-2

1

W: Excuse me, could you direct me to the nearest subway station?
M: ____

2

W: It's a nice party, isn't it?
M: It sure is. I especially like the music.
W: I didn't know you were into this kind of music.
M: ____________________________

3

W: Did you hear the school will raise the tuition once again?
M: Yes, I heard.
W: Is that fair? They raised it just last year.
M: ____
W: Yeah, but not by 7 percent. This is too much.
M: ____________________________________

4

This is basically a very intense and hard-core action movie. It was a lot ______________
________________________________. Every single person in a
scene was an actor or an actress, ______________________________, and we had
to be in perfect step with each other. We would keep ______________________
and then start ____
____________________.

정답 208p

Build Up

앞에서 익혔던 유형을 기억하면서 실제 시험 형식을 통해 유형을
최종적으로 점검해 보자.

🎧 8-3

Part I   Choose the most appropriate response to the statement.

1. (a)   (b)   (c)   (d)
2. (a)   (b)   (c)   (d)
3. (a)   (b)   (c)   (d)

Part II   Choose the appropriate response to complete the conversation.

4. (a)   (b)   (c)   (d)
5. (a)   (b)   (c)   (d)
6. (a)   (b)   (c)   (d)

Part III   Choose the option that best answers the question.

7. (a)   (b)   (c)   (d)
8. (a)   (b)   (c)   (d)
9. (a)   (b)   (c)   (d)

Part IV   Choose the option that best answers the question.

10. (a)   (b)   (c)   (d)
11. (a)   (b)   (c)   (d)

정답 208p

LISTENING
COMPREHENSION
Week 2

Day 6	1. 그 밖의 의문사(when, where, why, who, which)들의 의미를 파악해 둔다.
	2. 간접의문문일 경우 의문사가 뒤에 나오니 후반부를 주의해서 듣는다.
	3. 의문사 when으로 시작하는 경우, 시제에 주의하여 정답을 고르도록 한다.

Day 7	1. 의문사 관용표현을 익혀둔다.
	What about~?/ How about~?(제안), What if~?(가정), How come~?(이유), What for~?(목적)
	2. 의문사 의문문의 관용표현은 보통 Part II나 Part III에 나온다.
	3. 의문사 의문문의 경우 그 의문사에 대한 대답 이외에 '모른다' 는 등의 대답도 할 수 있다.

Day 8	1. 의문사 의문문에서는 절대 Yes나 No로 대답할 수 없다.
	2. 의문사 없는 의문문에서는 조동사를 일치시켜 대답해야 한다. 예를 들어 Have you seen the movie?에 No, I don't.로 대답할 수 없다.
	3. 길의 방향을 묻는 질문의 유형을 파악해 둔다. Could you tell me where~? / Could you direct me to~?

Day 9	1. 의문사가 없는 의문문에서 Yes나 No의 대답은 생략 가능하다.
	2. 의문사가 없는 의문문에서 Yes나 No이외의 대답이 가능하다. 예를 들어 I'm not sure. / Let me check my schedule and get back to you.
	3. Part III에서 두 사람의 관계를 파악하면 도움이 된다.

Day 10	1. Should I~? 질문에 B의 의견을 제시하는 대답이 주로 나온다.
	2. Part III와 IV의 질문 유형을 파악해 둔다.
	3. Part IV에서 자신이 아는 토픽의 내용이 나오더라도 기존의 상식에 근거하지 말고 지문의 내용에 충실해서 듣도록 한다.

DAY 9

의문사가 없는 의문문에서 대답할 때 Yes나 No가 생략된 답변이 많다

의문사가 없는 의문문을 영어로 Yes or No questions라고 한다. 즉 Yes나 No로 대답할 수 있는 의문문을 가리킨다. 그러나 TEPS에서는 Yes나 No의 대답을 생략한 채 응답하는 경우가 대부분이기 때문에 Yes나 No로 대답하는 오답에 현혹되지 않도록 주의해야 한다. 또한 사과의 뜻이 담긴 거절이나 나쁜 소식 등을 전할 때 I'm afraid로 대답하면 부정의 대답이 되는 것도 알아두자. 예를 들어 Could I use your phone(전화 좀 사용해도 될까요)?이라는 질문에 I'm afraid not. I'm expecting a call(미안하지만 안 돼요. 전화를 기다리는 중이거든요).라고 대답할 수 있다.

Example

W: Are you coming to Ron's birthday party this Saturday?
M: _______________________

(a) I've been there already.
(b) No, I don't.
(c) I sure am.
(d) Let me check his schedule.

해석 W: 이번 주 토요일에 론의 생일 파티에 올 거니?
M: _______________

(a) 거기에 이미 갔었어.
(b) 아니.
(c) 그럼 물론이지.
(d) 그의 스케줄을 확인해 볼게.

해설 여자가 남자에게 론의 생일 파티에 오는지 여부를 묻고 있다. 이에 확실히 간다고 대답한 (c)가 가장 적절한 응답이 된다. (b)는 우리말로는 맞는 것 같지만 동사의 쓰임이 잘못 되었다. (c)처럼 확실히 가겠다고 대답할 수도 있지만 Let me check my schedule. 이라고 보류의 대답을 할 수도 있음을 알아 두자.

Catch Up

청해 각 파트에 출제되었던 문제를 풀어 봄으로써 문제 유형을 확실
하게 파악해 두자.

Part I   Choose the most appropriate response to the statement.

  1.   (a)   (b)   (c)   (d)

Part II   Choose the appropriate response to complete the conversation.

  2.   (a)   (b)   (c)   (d)

Part III   Choose the option that best answers the question.

  3.   (a)   (b)   (c)   (d)

Part IV   Choose the option that best answers the question.

  4.   (a)   (b)   (c)   (d)

Answers

Catch Up에서 푼 문제의 해석과 해설을 점검한다.

1

W: Are you coming to Ron's birthday party this Saturday? M: _______________ 　(a) I've been there already. 　(b) No, I don't. 　(c) I sure am. 　(d) Let me check his schedule.	W: 이번 주 토요일에 론의 생일 파티에 올 거니? M: _____________ 　(a) 거기에 이미 갔었어. 　(b) 아니. 　(C) 그럼 물론이지. 　(d) 그의 스케줄을 확인해 볼게.

해설　여자는 남자가 론의 생일 파티에 오는지 여부를 묻고 있다. 이에 확실이 간다고 대답한 (c)가 가장 적절한 응답이 된다. (b)는 한국말 번역으로 맞는 것 같지만 동사의 쓰임이 잘못 되었다. Are you ~로 묻는 질문에는 Yes, I am 혹은 No, I'm not 둘 중의 하나로밖에 대답될 수 없다. (c)처럼 확실히 가겠다고 대답할 수 도 있지만 Let me check my schedule이라고 보류의 대답을 할 수도 있음을 알아두자.

2

M: Hello, may I speak to Mr. Jones please? W: I'm afraid he just stepped out. Would you care to leave a message? M: Yes, please. Tell him Mario called. He'll know what's up. W: ______________________ 　(a) I'll get back as soon as possible. 　(b) I'll make sure he gets the message. 　(c) He's not in town. 　(d) I'll bet you're right.	M: 안녕하세요, 존슨 씨와 통화할 수 있을까요? W: 죄송하지만 방금 나가셨는데요. 메시지를 남기시겠어요? M: 네, 그렇게 해 주세요. 마리오가 전화했었다고 전해 주세요. 무슨 일로 전화했는지 알 겁니다. W: _________________ 　(a) 가능하면 빨리 돌아오겠습니다. 　(b) 꼭 전해 드릴게요. 　(c) 그는 시내에 없습니다. 　(d) 당신 말이 확실히 맞아요.

해설　남자는 존슨과 통화를 하고 싶어 하지만 그는 지금 출타 중이다. 이에 여자가 남자에게 메시지를 남기겠냐고 묻자 남자가 메시지를 남기고 있다. 이에 대한 응답으로는 메시지를 전달하겠다는 응답밖에 나올 수 없는 상황이다. 그러므로 (b)가 가장 적절한 응답이 된다. I'll give him the message(그에게 메시지를 전할게요).라고 대답할 수 있음도 알아 두자.

3

M: Hi, Sara. It's James. W: James! How are you doing? M: Fine, thanks. I'm calling to invite you to one of our performances this Friday night. W: You know I'll be there. What time does the show start? M: It's supposed to start at 7. W: Okay then, I'll see you this Friday, James.	M: 안녕, 사라. 나 제임스야. W: 제임스! 어떻게 지내? M: 좋아. 고마워. 이번 금요일 저녁에 있는 우리 공연에 초대하려고 전화했어. W: 꼭 가야지. 쇼가 몇 시에 시작하는데? M: 7시에 시작이야. W: 알았어. 금요일에 보자.

<table>
<tr><td>

Q. What is the main topic of the conversation?

(a) Agreeing to be part of the performance
(b) Asking the woman what time the show starts
(c) Asking the woman to check out a show
(d) Letting the woman know about the man's schedule

</td><td>

이 대화의 주제는 무엇인가?

(a) 공연에서 뭔가 하는 데 동의하고 있다.
(b) 여자에게 쇼가 몇 시에 시작하는지 묻고 있다.
(c) 여자에게 쇼를 보러 갈지 묻고 있다.
(d) 여자에게 남자의 스케줄에 대해서 알려 주고 있다.

</td></tr>
</table>

해설 대화의 중반 정도에서 남자는 여자에게 전화 건 목적을 말하고 있다(I'm calling to invite you to one of our performances this Friday night). 이를 통해 남자가 여자에게 쇼를 볼지 여부를 묻고 있다는 (c)가 정답임을 알 수 있다. 여자에게 남자의 공연을 초대하는 것이지 남자의 스케줄을 가르쳐 주는 것은 아니므로 (d)는 정답이 될 수 없다.

4

<table>
<tr><td>

Urban sprawl, which can be defined as the spreading of a city and its suburbs over rural land, has been the center of a national debate for a while. There are general concerns that this constant development will soon lead to degrading environmental outcomes. This negative perspective on the matter comes from the fact that people depend on automobiles because of the low-density in and out of the communities. This heavy reliance on automobiles will increase traffic on the whole and therefore automobile emissions.

</td><td>

도시와 교외의 확산이 농촌으로 확산된다는 의미의 도시 스프롤 현상은 잠시 동안 전국적인 논쟁의 중심이었다. 이러한 계속적인 개발은 환경의 질을 떨어뜨리는 결과를 곧 초래하게 할 것이라는 일반적인 염려가 있다. 이 문제에 관한 부정적인 관점은 사람들이 지역 안팎의 낮은 인구 밀도 때문에 자동차에 의존한다는 사실에서 유래한다. 자동차에 대한 이러한 의존은 전체 교통량을 증가시키고 결국 자동차 방출물도 증가시킬 것이다.

</td></tr>
</table>

<table>
<tr><td>

Q. What is the main topic of the lecture?

(a) There's concern about the urban sprawl's negative effect on the environment
(b) Automobiles will give impetus to the current urban sprawl.
(c) Urban sprawl has been happening at an alarming rate for a while.
(d) Urban sprawl has to be controlled by the government as soon as possible.

</td><td>

이 강연의 주제는 무엇인가?

(a) 도시 스프롤 현상이 환경에 끼치는 부정적인 영향에 대한 걱정이 있다.
(b) 자동차는 현재 도시 스프롤 현상을 촉진시킬 것이다.
(c) 도시 스프롤 현상은 잠시 동안 놀랄 만한 속도록 일어났다.
(d) 도시 스프롤 현상은 가능하면 빨리 정부에 의해 규제되어야 한다.

</td></tr>
</table>

해설 두 번째 문장을 보면 도시 스프롤 현상이 환경에 부정적인 영향을 초래할 것이라고 말하고 있다. 그러므로 이 강연의 주제는 (a)가 가장 적절하다. 자동차가 도시 스프롤 현상을 촉진시키는 것이 아니라 도시 스프롤 현상으로 인해 자동차의 사용이 많아졌으므로 (b)는 정답이 될 수 없다.

Answers

1. (c) 2. (b) 3. (c) 4. (a)

1

W: Are you coming to Ron's birthday party this Saturday?
M: ___________

2

M: Hello, may I speak to Mr. Jones please?
W: I'm afraid he just stepped out. Would you care to leave a message?
M: Yes, please. Tell him Mario called. He'll know what's up.
W: ____

3

M: Hi, Sara. It's James.
W: James! How are you doing?
M: Fine, thanks. ____
W: You know I'll be there. What time does the show start?
M: It's supposed to start at 7.
W: Okay then, I'll see you this Friday, James.

4

Urban sprawl, which can be defined as ________________________________
______, has been the center of a national debate for a while. There are general concerns
that this constant development will soon ____.
This negative perspective on the matter comes from the fact that people ______________
____.
This heavy reliance on automobiles will increase traffic on the whole and therefore
automobile emissions.

정답 213p

Build Up

앞에서 익혔던 유형을 기억하면서 실제 시험 형식을 통해 유형을
최종적으로 점검해 보자.

🎧9-3

Part I   Choose the most appropriate response to the statement.

1. (a)   (b)   (c)   (d)
2. (a)   (b)   (c)   (d)
3. (a)   (b)   (c)   (d)

Part II   Choose the appropriate response to complete the conversation.

4. (a)   (b)   (c)   (d)
5. (a)   (b)   (c)   (d)
6. (a)   (b)   (c)   (d)

Part III   Choose the option that best answers the question.

7. (a)   (b)   (c)   (d)
8. (a)   (b)   (c)   (d)
9. (a)   (b)   (c)   (d)

Part IV   Choose the option that best answers the question.

10. (a)   (b)   (c)   (d)
11. (a)   (b)   (c)   (d)

정답 213p

LISTENING
COMPREHENSION
Week 2

Day 6

1. 그 밖의 의문사(when, where, why, who, which)들의 의미를 파악해 둔다.
2. 간접의문문일 경우 의문사가 뒤에 나오니 후반부를 주의해서 듣는다.
3. 의문사 when으로 시작하는 경우, 시제에 주의하여 정답을 고르도록 한다.

Day 7

1. 의문사 관용표현을 익혀둔다.
   What about~?/ How about~?(제안), What if~?(가정),
   How come~?(이유), What for~?(목적)
2. 의문사 의문문의 관용표현은 보통 Part Ⅱ나 Part Ⅲ에 나온다.
3. 의문사 의문문의 경우 그 의문사에 대한 대답 이외에 '모른다' 는 
   등의 대답도 할 수 있다.

Day 8

1. 의문사 의문문에서는 절대 Yes나 No로 대답할 수 없다.
2. 의문사 없는 의문문에서는 조동사를 일치시켜 대답해야 한다.
   예를 들어 Have you seen the movie?에 No, I don't.로
   대답할 수 없다.
3. 길의 방향을 묻는 질문의 유형을 파악해 둔다. 
   Could you tell me where~? / Could you direct me to~?

Day 9

1. 의문사가 없는 의문문에서 Yes나 No의 대답은 생략 가능하다.
2. 의문사가 없는 의문문에서 Yes나 No이외의 대답이 가능하다.
   예를 들어 I'm not sure. / Let me check my schedule
   and get back to you.
3. Part Ⅲ에서 두 사람의 관계를 파악하면 도움이 된다. 

Day 10

1. Should I~? 질문에 B의 의견을 제시하는 대답이 주로 나온다.
2. Part Ⅲ와 Ⅳ의 질문의 유형을 파악해 둔다.
3. Part Ⅳ에서 자신이 아는 토픽의 내용이 나오더라도 기존의 상식에 근거하지 말고 지문의 내용에 충실해서 들도록 한다.

DAY 10

Should I~? 질문에는 B의 의견을 제시하는 대답이 주로 나온다

Should I~?는 '내가 ~해야 할까요?'라고 상대방의 제안을 구하는 질문이다. 의문사와 결합해 How many should I take(몇 개를 가져가야 하나요)?, What should I do(무엇을 해야 하나요)? 등의 질문이 될 수도 있다. 그러므로 Should I~?의 질문에 대해서는 상대방이 제안을 하는 대답이 답으로 나온다.

Example

M: Did you hear that Ben lost his cellphone?
W: No, where did he last use it?
M: I'm not sure, should we help him look for it?
W: ______________________

(a) Maybe he found it.
(b) Yes, I think we should.
(c) It's not very important.
(d) His battery ran low.

해석   M: 벤이 휴대폰 잃어버렸다는 소식 들었어?
W: 아니, 어디서 마지막으로 사용했대?
M: 잘 모르겠어. 우리가 찾는 거 도와줘야 하지 않을까?
W: ______________________

(a) 아마 찾았을 거야.
(b) 응, 그래야 한다고 생각해.
(c) 이건 그렇게 중요치 않아.
(d) 그의 배터리가 거의 없어.

해설   남자의 마지막 말은 should we~?라는 질문으로 의견을 묻고 있다. 이에 대해 그것은 중요하지 않다는 (c)는 성의 없는 대답으로 정답이 될 수 없다. 그러므로 그래야 한다고 생각한다는 (b)가 가장 적절한 대답이 된다.

Catch Up

청해 각 파트에 출제되었던 문제를 풀어 봄으로써 문제 유형을 확실
하게 파악해 두자.

🎧 10-1

Part I Choose the most appropriate response to the statement.

   1. (a)   (b)   (c)   (d)

Part II Choose the appropriate response to complete the conversation.

   2. (a)   (b)   (c)   (d)

Part III Choose the option that best answers the question.

   3. (a)   (b)   (c)   (d)

Part IV Choose the option that best answers the question.

   4. (a)   (b)   (c)   (d)

1

W: Why am I the only one who is cleaning up?
M: ________________

   (a) You left the door completely open.
   (b) Because it is clean.
   (c) You're the one who made the mess.
   (d) You're right about that.

W: 왜 나만 청소를 해야 해?
M: ________________

   (a) 너는 문을 완전히 열어 놓고 나갔어.
   (b) 왜냐면 깨끗하니까.
   (c) 네가 어지럽힌 사람이니까.
   (d) 네 말이 맞아.

해설 여자는 왜 자신만 청소를 해야 하냐고 이유를 묻고 있다. 이유에 대한 답으로 because를 쓸 수도 있지만 (c)와 같이 쓰지 않을 수 있음도 알아두자. (b)는 because라는 접속사로 문장을 시작하긴 했지만 내용이 질문과 일치하지 않아서 답이 될 수 없다. 또한 남자는 이유를 묻는 것이지 주장을 하는 것이 아니므로 (d)와 같은 답변도 나올 수 없다.

2

W: What are you doing this weekend?
M: My friends and I are thinking about going to a beach.
W: The weather forecast said it might rain the whole weekend.
M: ________________

   (a) I'll give you a rain check on that.
   (b) I don't know when we will come back.
   (c) We might have to change our plan then.
   (d) Only on Monday.

W: 이번 주말에 뭐 하니?
M: 친구들과 바닷가에 갈까 생각 중이야.
W: 기상 예보에서 주말 내내 비가 올 거라고 했어.
M: ________________

   (a) 그것을 다음으로 미뤄야겠다.
   (b) 우리가 언제 돌아올지 몰라.
   (c) 그렇다면 계획을 바꿔야 할지도 모르겠다.
   (d) 월요일에만.

해설 (a)에서 give a rain check은 '약속을 다음 기회로 미루다' 라는 뜻을 가지고 있다. rain이란 단어로 혼동해서는 안 된다. 여기서는 여자가 남자에게 주말 계획을 묻고 있고 남자는 친구들과 바닷가에 갈 계획이라고 말한다. 이에 대해 비가 올 수 있다는 기상 예보를 전하는 여자의 말에 대한 남자의 응답을 고르는 문제이다. 그러므로 계획을 수정해야 할 것 같다는 (c)가 가장 적절한 응답이 된다.

3

M: Hello, Armand's garage. How can I help you?
W: Yes, hi. My name is Kerry Hunter.
M: Ms. Hunter. It seems like you left your car with us yesterday.
W: Yes, I was just wondering when my car would be ready to go.
M: I'm afraid it might take a few more days until we get the parts we need.
W: I'd really appreciate it if you could have it done as soon as possible.

M: Armand 정비소입니다. 무엇을 도와드릴까요?
W: 네. 제 이름은 케리 헌터예요.
M: 헌터 씨. 어제 저희에게 차를 맡기셨군요.
W: 네. 제 차 수리가 언제 끝나는지 궁금해서요.
M: 죄송하지만 필요한 부품을 구할 때까지 며칠 정도 더 걸릴 것 같은데요.
W: 가능한 빨리 고쳐주시면 정말 감사드리겠습니다.

Q. Why did the woman call Armand's garage?

(a) To check up on her employees
(b) To ask when her car will be available
(c) To tell the man she has the necessary parts
(d) To see when she has to turn the car in

여자는 Armand정비소에 왜 전화를 했는가?

(a) 그녀의 직원들을 체크하기 위해서
(b) 그녀의 차를 언제 가져가도 되는지 묻기 위해서
(c) 필요한 부품들을 그녀가 가지고 있다고 남자에게 말하기 위해서
(d) 그녀가 차를 언제 돌려줘야 하는지 알기 위해서

해설 여자는 정비소에 차를 맡긴 고객이고 남자는 Armand 정비소의 직원으로 보인다. 여자는 대화 중간쯤에 자신의 차 수리가 언제 끝나는지 알고 싶다고 전화의 목적을 말하고 있다(I was just wondering when my car would be ready to go). 그러므로 여자의 전화 목적에 대한 대답으로 (b)가 정답이 된다. 또한 여자는 차를 맡긴 고객이므로 여자가 차를 돌려주는 것이 아니다. 그러므로 (d)는 정답이 될 수 없다.

4

Today's lecture will be based on the famous painter, Vincent Van Gogh. At around 1880, he started to paint at the age of 30. Although he did have a brief amount of schooling, he was mostly self-taught. In 1888, his brother, Theo, introduced him to famous artists in Paris as he began to grow as an artist. Van Gogh began experimenting with different brush techniques while using brighter and more vivid colors due to the influence of such artists as Degas, Gaugin, Seurat, and Toulouse-Lautrec.

오늘의 강의는 유명한 화가 빈센트 반 고흐에 관한 것입니다. 1880년 그의 나이 30세에 그림을 그리기 시작했습니다. 그는 약간의 학교 교육을 받긴 했지만 대부분은 독학했습니다. 1888년 그가 예술가로서 성장하기 시작했을 때 그의 남동생 테오는 그를 파리의 유명한 예술가들에게 소개시켜 주었습니다. 드가, 고갱, 쇠라, 툴루즈 로트렉과 같은 예술가의 영향으로 반 고흐는 더 밝고 생생한 색깔을 사용하면서 다양한 붓 기법을 실험하기 시작했습니다.

Q. Which is correct according to the lecture?

(a) Van Gogh is the most famous artist in the world.
(b) Van Gogh's techniques were influenced by many artists.
(c) Van Gogh's brother, Theo, was his biggest influence.
(d) Van Gogh lived a vivid life in Paris.

이 강의에 따르면 어떤 것이 맞는가?

(a) 반 고흐는 세계에서 가장 유명한 예술가이다.
(b) 반 고흐의 기법은 많은 예술가의 영향을 받았다.
(c) 반 고흐의 남동생 테오는 그에게 가장 영향력을 미친 사람이었다.
(d) 반 고흐는 파리에서 활기찬 삶을 살았다.

해설 마지막 문장에 보면 반 고흐는 드가, 고갱 등 예술가들의 영향력으로 더 밝고 생생한 색상을 사용하고 다양한 붓 기법을 시도했다고 말하고 있다(Van Gogh began experimenting with different brush techniques while using brighter and more vivid colors due to the influence of such artists as Degas, Gaugin, Seurat, and Toulouse-Lautrec). 그러므로 반 고흐의 기법이 많은 예술가의 영향을 받았다는 (b)가 정답이 된다. 반 고흐의 동생 테오가 그를 예술가에게 소개는 시켜주었지만 그에게 가장 영향력이 있는 사람이었는지는 알 수 없으므로 (c)는 정답이 될 수 없다.

Answers

1. (c) 2. (c) 3. (b) 4. (b)

# **Extension** 

핵심 단어나 표현을 들어내는 훈련을 하는 코너입니다. 음성을 듣고
빈칸에 맞는 단어와 표현을 써 넣으세요.

10-2

1

W: Why am I the only one who is cleaning up?
M: ___________________________________

2

W: What are you doing this weekend?
M: My friends and I are thinking about going to a beach.
W: The weather forecast said it might rain the whole weekend.
M: ___________________________________

3

M: Hello, Armand's garage. How can I help you?
W: Yes, hi. My name is Kerry Hunter.
M: Ms. Hunter. It seems like you left your car with us yesterday.
W: Yes, ___________________________________
M: I'm afraid it might take a few more days until we get the parts we need.
W: I'd really appreciate it if you could have ___________________________________

4

Today's lecture will ___________________________________, Vincent Van Gogh. At
around 1880, he started to paint at the age of 30. Although he did have a brief amount
of schooling, ___________________________________. In 1888, his brother, Theo,
introduced him to famous artists in Paris as he began to grow as an artist. Van Gogh
began ___________________________________
and more vivid colors due to the influence of such artists as Degas, Gaugin, Seurat, and
Toulouse-Lautrec.

정답 216p

Build Up

앞에서 익혔던 유형을 기억하면서 실제 시험 형식을 통해 유형을
최종적으로 점검해 보자.

🎧 10-3

Part I Choose the most appropriate response to the statement.

1. (a) (b) (c) (d)
2. (a) (b) (c) (d)
3. (a) (b) (c) (d)

Part II Choose the appropriate response to complete the conversation.

4. (a) (b) (c) (d)
5. (a) (b) (c) (d)
6. (a) (b) (c) (d)

Part III Choose the option that best answers the question.

7. (a) (b) (c) (d)
8. (a) (b) (c) (d)
9. (a) (b) (c) (d)

Part IV Choose the option that best answers the question.

10. (a) (b) (c) (d)
11. (a) (b) (c) (d)

정답 216p

LISTENING
COMPREHENSION
Week 3

Day 11	1. Part I & II 평서문에서 인사 문제는 반드시 맞혀야 한다.
	2. 인사 관련 대화에서는 만남과 헤어질 때 하는 표현 정도를 숙지한다.
	3. 인사, 안부 관련 대화에서는 시제가 중요하다.

Day 12	1. Part I &II 평서문에서 축하 상황을 알아둔다.
	2. 승진한 상황은 시험에 자주 출제된다. I got a promotion.
	3. 축하 상황의 반응은 제한되어 있다.
	Congratulations. / I'm happy for you. / Good for you.
	/ You must be very happy.

Day 13	1. Part I & II에서 초대나 제안 관련 표현을 숙지해 둔다.
	2. 초대나 제안의 거절은 정중하게 한다.
	3. Do you mind~?의 요청을 구하는 질문에는 Yes는 거절의 뜻이고, No는 허락의 뜻이다.

Day 14	1. 제안이나 의견에 동의하는 표현을 익혀둔다.
	2. 칭찬에 고맙다는 내용 이외의 대답도 나올 수 있다.
	3. 자주 나오는 동의의 표현: You can say that again. / You are telling me. / Tell me about it. / Exactly. / Definitely. / I couldn't agree with you more.

Day 15	1. 격려나 위로 상황의 응답도 어느 정도 정형화돼 있으므로 알아둔다.
	2. Part III와 Part IV를 들을 때 첫 번째는 전체 주제 파악에 초점을 둔다.
	3. Part III와 Part IV를 들을 때 두 번째는 세부사항과 추론 관련 문제일 경우 간단한 메모가 도움이 된다.

DAY 11

Part I & II에서 평서문 상황별 유형 – 인사

Part I & II에서 가장 많은 비중을 차지하는 것이 평서문이다. 평서문의 유형은 너무 막연하기 때문에 수험생들이 가장 어려워하는 부분이나 자주 출제되는 내용과 응답을 유형별로 알아두면 큰 도움이 된다.

인사의 내용은 만나서 하는 인사와 헤어질 때 하는 인사에서 시제의 차이 정도를 구별하여 알아두면 어렵지 않게 답을 고를 수 있다.

만나서 하는 인사와 응답
A: Hi, I'm Jenny, your new partner. Glad to know you.
B: I'm glad to see you. / Same here. / Nice to meet you too.

헤어질 때 인사와 응답
A: It was nice meeting/talking to you.
B: It was my pleasure.

Example

W: Bye Joshua, it was nice talking to you.
M: ________________________________

(a) Good to see you, too.
(b) How have you been?
(c) The pleasure was all mine.
(d) We should do this now.

해석 M: 안녕, 죠수아, 만나서 반가웠어.
W: ________________

(a) 나도 역시 만나서 반가워요.
(b) 어떻게 지냈니?
(c) 나도 역시 반가웠어.
(d) 우리는 지금 이것을 해야 돼요.

해설 여자의 말(it was nice talking to you)을 통해 헤어질 때의 장면임을 알 수 있다. (a)는 처음 만났을 때 하는 인사가 된다. 헤어질 때 하는 인사에 대한 남자의 응답을 골라야 하므로 (c)가 가장 적절하다. 이에 Nice meeting you too라고 해도 가능한 대답이 된다.

Catch Up

청해 각 파트에 출제되었던 문제를 풀어 봄으로써 문제 유형을 확실
하게 파악해 두자.

🎧 11-1

Part I   Choose the most appropriate response to the statement.

1.   (a)   (b)   (c)   (d)

Part II   Choose the appropriate response to complete the conversation.

2.   (a)   (b)   (c)   (d)

Part III   Choose the option that best answers the question.

3.   (a)   (b)   (c)   (d)

Part IV   Choose the option that best answers the question.

4.   (a)   (b)   (c)   (d)

Answers

Catch Up에서 푼 문제의 해석과 해설을 점검한다.

1

M: How is your headache? W: ___________________ (a) It's gone now, thanks. (b) Take this medicine. (c) Yes, no need to worry. (d) Fine by me.	M: 두통은 어떠니? W: _________________ (a) 지금은 괜찮아. 고마워. (b) 이 약을 먹어봐. (c) 응, 걱정할 필요 없어. (d) 나는 괜찮아.

해설 두통이 어떠냐는 남자의 질문에 대한 여자의 응답을 고르는 문제이다. 이에 '지금은 다 나았다' 는 (a)가 정답이 된다. 이 질문은 의문사 의문문이기 때문에 (c)처럼 yes나 no로 대답할 수가 없다. 그러므로 추가 답변이 질문에 대한 응답으로 적절하지만 정답이 될 수 없다. (d)는 That's ok with me란 의미이다.

2

M: You look all hot under the collar. W: It's because someone stole my MP3 player. M: You forgot to take it with you? W: ___________________ (a) I had the battery recharged. (b) I accidentally left it at the gym. (c) I'm sorry to hear that. (d) I love listening to music on my MP3 player.	M: 너 몹시 화나 보인다. W: 누군가 내 MP3 플레이어를 훔쳐갔어. M: 챙기는 걸 잊었니? W: _________________ (a) 배터리를 충전했어. (b) 실수로 체육관에 그것을 놓고 왔어. (c) 안됐다. (d) 내 MP3 플레이어로 음악 듣는 것을 좋아해.

해설 hot under the collar는 '화가 나는, 흥분하여' 라는 의미가 있다. 남자가 여자에게 화나 보인다고 말하자 여자가 MP3 플레이어를 잃어버렸다고 이야기한다. 이에 그것을 챙기지 않았냐고 묻는 남자에 대한 응답을 고르는 문제이다. 이에 대해 실수로 체육관에 깜박 잊고 놓고 왔다는 (b)가 가장 적절한 대답이 된다. (c)는 (b)의 대답 후에 남자가 할 수 있는 말이므로 논리상 맞지 않는다.

3

M: Madam, you forgot to write which bus you were on. W: Oh, sorry. Ummm, it was a round trip to Chicago. M: Was it RC821 or JI127? Both are round trips. W: I'm not sure. It was a Greyhound bus. M: That would be JI127. Please write that on your arrival card. W: Oh, OK. Sorry about that.	M: 무슨 버스를 타고 오셨는지 적지 않으셨네요. W: 아, 죄송합니다. 시카고로 가는 왕복 버스였어요. M: RC821이었습니까, 아니면 JI127이었습니까? 둘 다 왕복 버스거든요. W: 확실하지 않아요. 그레이하운드 버스였습니다. M: 그렇다면 JI127이겠네요. 입국카드에 그것을 적으세요. W: 네, 알았어요. 죄송합니다.

Q. **What problem does the woman have?**

(a) She used the wrong arrival card.
(b) She forgot to write down her bus number.
(c) She wanted to buy round-trip tickets.
(d) She doesn't know how to write.

여자는 무슨 문제를 가지고 있는가?

(a) 그녀는 잘못된 입국카드를 사용했다.
(b) 그녀는 그녀의 버스 번호를 쓰는 것을 잊었다.
(c) 그녀는 왕복 티켓을 사기를 원했다.
(d) 그녀는 어떻게 적는지 모른다.

해설 대화 첫 부분에서 남자가 여자에게 버스 번호를 적는 것을 잊었다고 지적하고 있다(you forgot to write which bus you were on). 그러므로 여자의 문제는 버스 번호를 잊고 적지 않았다고 대답한 (b)가 정답이 된다. 그녀는 버스 번호를 적는 것을 몰랐던 것이기 때문에 '어떻게 적는지(how to write)'를 모른다는 (d)는 정답이 아니다.

4

Hello, my name is Officer John. I am calling regarding the missing watch that was reported on Tuesday. The watch was found earlier today. Please come by the police station to claim your item. Don't forget to bring your driver's license or some form of identification. It is illegal for our department to release the watch without some form of identification for confirmation of ownership.

안녕하세요, 존 경관입니다. 화요일에 분실 신고된 시계 때문에 전화드렸습니다. 오늘 그 시계를 찾았습니다. 경찰서에 오셔서 물건을 찾아 가십시오. 오실 때 운전 면허증 혹은 다른 신분증을 가지고 오시는 것을 잊지 마십시오. 저희 경찰서에서는 소유자 확인 절차 없이 시계를 드리는 것은 불법입니다.

Q. **Which is correct according to the recorded message?**

(a) The caller is talking about a driving exam.
(b) The speaker has lost his watch.
(c) The missing watch was found.
(d) The caller is reporting a stolen item.

녹음된 메시지에 따르면 맞는 것은 어떤 것인가?

(a) 전화 건 사람은 운전 시험에 관해 이야기하고 있다.
(b) 화자는 그의 시계를 잃어버렸다.
(c) 잃어버린 시계를 찾았다.
(d) 전화 건 사람은 도난물품에 대해 신고하고 있다.

해설 세 번째 문장을 보면 분실된 시계를 찾았다고 말하고 있으므로 내용과 일치하는 것은 (c)가 정답이 된다(The watch was found earlier today). 첫 번째 문장을 통해 전화를 건 사람이 경찰관 존(Officer John)임을 알 수 있다. 또한 그는 분실한 시계와 관련되어 전화를 건 것임을 알 수 있다(my name is Officer John. I am calling regarding the missing watch that was reported on Tuesday). 그러므로 (b)와 (d)는 본문 내용과 틀리므로 정답이 될 수 없다.

Answers

1. (a) 2. (b) 3. (b) 4. (c)

Extension 

핵심 단어나 표현을 들어내는 훈련을 하는 코너입니다. 음성을 듣고
빈칸에 맞는 단어와 표현을 써 넣으세요.

11-2

1

M: How is your headache?
W: _______________

2

M: You look all hot under the collar.
W: It's because someone stole my MP3 player.
M: You forgot to take it with you?
W: _______________

3

M: Madam, _______________
W: Oh, sorry. Ummm, it was a round trip to Chicago.
M: Was it RC821 or JI127? Both are round trips.
W: I'm not sure. It was a Greyhound bus.
M: That would be JI127. _______________
W: Oh, OK. Sorry about that.

4

Hello, my name is Officer John. I am calling _______________ that was
reported on Tuesday. _______________. Please come by the police station
to claim your item. Don't forget to _______________. It is illegal for our
department to release the watch without some form of identification for confirmation of
ownership.

Build Up

앞에서 익혔던 유형을 기억하면서 실제 시험 형식을 통해 유형을
최종적으로 점검해 보자.

🎧 11-3

Part I　Choose the most appropriate response to the statement.

1. (a)　(b)　(c)　(d)
2. (a)　(b)　(c)　(d)
3. (a)　(b)　(c)　(d)

Part II　Choose the appropriate response to complete the conversation.

4. (a)　(b)　(c)　(d)
5. (a)　(b)　(c)　(d)
6. (a)　(b)　(c)　(d)

Part III　Choose the option that best answers the question.

7. (a)　(b)　(c)　(d)
8. (a)　(b)　(c)　(d)
9. (a)　(b)　(c)　(d)

Part IV　Choose the option that best answers the question.

10. (a)　(b)　(c)　(d)
11. (a)　(b)　(c)　(d)

정답 220p

Day 11

1. Part I & II 평서문에서 인사 문제는 반드시 맞혀야 한다.
2. 인사 관련 대화에서는 만남과 헤어질 때 하는 표현 정도를 숙지한다.
3. 인사, 안부 관련 대화에서는 시제가 중요하다.

Day 12

1. Part I &II 평서문에서 축하 상황을 알아둔다.
2. 승진한 상황은 시험에 자주 출제된다. I got a promotion.
3. 축하 상황의 반응은 제한되어 있다.
   Congratulations. / I'm happy for you. / Good for you.
   / You must be very happy.

Day 13

1. Part I & II에서 초대나 제안 관련 표현을 숙지해 둔다.
2. 초대나 제안의 거절은 정중하게 한다.
3. Do you mind~?의 요청을 구하는 질문에는 Yes는 거절의 뜻
   이고, No는 허락의 뜻이다.

Day 14

1. 제안이나 의견에 동의하는 표현을 익혀둔다.
2. 칭찬에 고맙다는 내용 이외의 대답도 나올 수 있다.
3. 자주 나오는 동의의 표현: You can say that again. / You
   are telling me. / Tell me about it. / Exactly. / Definitely.
   / I couldn't agree with you more.

Day 5

1. 격려나 위로 상황의 응답도 어느 정도 정형화돼 있으므로 알아둔다.
2. Part III와 Part IV를 들을 때 첫 번째는 전체 주제 파악에 초점을 둔다.
3. Part III와 Part IV를 들을 때 두 번째는 세부사항과 추론 관련 문
   제일 경우 간단한 메모가 도움이 된다.

축하하는 상황은 한정되어 있으므로 반응의 유형을 익혀두도록 한다.

A: I got a promotion. 승진했어요.
B: Congratulations! 축하해요.
   I'm happy for you. 기쁘네요.
   Good for you. 잘 됐네요.
   You must be very happy. 무척 기쁘시겠어요.

Example

W: Peter got into Harvard Law School.
M: ___________________________.

(a) That's awful.
(b) Did he bring the case to a lawyer?
(c) That's good news.
(d) Yes, he is nice as usual.

해석 W: 피터가 하버드 법대 들어갔대.
     M: ______________.

(a) 그것 참 끔찍하다.
(b) 그가 그 사건을 변호사에게 가져왔니?
(c) 좋은 소식이구나.
(d) 그래, 그는 평소처럼 좋아.

해설 get into '~에 들어가다' 라는 뜻이 있다. 여기서는 '입학하다' 라는 의미로 쓰였다. 이와 비슷한 뜻으로는 get admitted to 가 있다. 피터가 하버드 법대에 들어갔다는 소식을 듣고 여자는 축하의 메시지가 담긴 응답을 하는 것이 가장 적절하다. 다른 가능한 답으로는 Good for him./I'm happy for him. 등이 올 수 있겠다.

Catch Up

🎧 12-1

Part I   Choose the most appropriate response to the statement.

   1.   (a)   (b)   (c)   (d)

Part II   Choose the appropriate response to complete the conversation.

   2.   (a)   (b)   (c)   (d)

Part III   Choose the option that best answers the question.

   3.   (a)   (b)   (c)   (d)

Part IV   Choose the option that best answers the question.

   4.   (a)   (b)   (c)   (d)

Answers

Catch Up에서 푼 문제의 해석과 해설을 점검한다.

1

M: Why do you sleep late these days?
W: ___________________________

  (a) I have to wake up early.
  (b) I get home from work really late.
  (c) I am very tired, and fall asleep right away.
  (d) I might sleep at 10.

M: 요즘에 왜 늦게 자니?
W: ___________________________
  (a) 일찍 일어나야만 해요.
  (b) 직장에서 정말 늦게 집에 오거든.
  (c) 너무 피곤해서 바로 자버려요.
  (d) 10시 정도에 자는 것 같아.

해설　남자가 여자에게 요즘에 왜 늦게 자는지에 대해 묻고 있다. 이에 대해 직장에서 늦게 와서라는 이유를 말한 (b)가 가장 적절한 응답이 된다. 왜 늦게 자냐는 질문에 아침에 일찍 일어나야 한다는 (a)는 논리적으로 맞지 않는 응답이다.

2

M: What will you do this summer?
W: I want to go traveling around the world.
M: Where to?
W: ___________________________

  (a) I love flying around the world.
  (b) I want to go shopping.
  (c) Maybe for two weeks.
  (d) I will tour Europe this summer.

M: 올 여름에 뭘 할 거니?
W: 세계 여행을 하고 싶어.
M: 어디로?
W: ___________________________
  (a) 비행기로 세계 여행 하는 것을 좋아해요.
  (b) 쇼핑을 하고 싶어.
  (c) 아마 2주 동안.
  (d) 올 여름엔 유럽을 돌 거야.

해설　이번 여름에 전 세계를 여행하고 싶어 하는 여자에게 남자는 어디를 가고 싶은지 묻고 있다. 그러므로 장소에 대한 응답이 가장 적절하다. (a)는 비행기로 세계 여행 하는 것이 좋다는 단순 사실이므로 장소에 대한 질문의 답으로는 적절치 않다. 또한 (c)는 How long~?과 같은 기간에 대한 대답이므로 적절치 않다. 그러므로 유럽을 여행할 거라는 (d)가 정답이 된다.

3

W: Your son plays the trumpet really well. Is your wife a musician?
M: No, but she played in high school.
W: So, she taught your son?
M: Yes, she sometimes plays the trumpet with my son at home.
W: And do you do that as well?
M: Not me, I don't understand music.

W: 아들이 트럼펫을 굉장히 잘 연주하네요. 아내가 음악가예요?
M: 아니요. 근데 고등학교 때 연주를 했었어요.
W: 그래서 아내가 아들을 가르쳤나요?
M: 네. 가끔씩 집에서 아들하고 트럼펫 연주를 해요.
W: 당신도 트럼펫을 부나요?
M: 아뇨. 전 음악을 잘 몰라요.

<table>
<tr><td>

Q. How did the man's son learn the trumpet?

(a) By practicing with his mom
(b) By listening to music
(c) By studying it at high school
(d) By himself

</td><td>

남자의 아들은 어떻게 트럼펫을 배웠는가?

(a) 엄마와 함께 연습함으로써
(b) 음악을 들음으로써
(c) 고등학교 때 배움으로써
(d) 스스로

</td></tr>
</table>

해설 남자는 아내가 가끔씩 집에서 아들과 함께 연주한다고 말하고 있다(she sometimes plays the trumpet with my son at home). 그러므로 남자의 아들은 트럼펫을 엄마와 함께 연습함으로써 배우게 됐다는 (a)가 정답이 된다. 이처럼 구체적인 것을 물어보는 질문은 특정 부분을 다시 주의하여 들으면 대부분 충분히 맞출 수 있는 질문이다. 여기서도 대화의 중간 부분을 두 번째 들을 때 집중하여 들었다면 어렵지 않게 맞출 수 있다.

4

<table>
<tr><td>

Illinois' water pipeline is coming soon and international companies are examining opportunities to expand their water prospects in their area. Their projects will be the most capital-intensive in the world, creating tremendous business opportunities. So don't miss the American Water Institute sponsored conference on opportunities in Chicago. Leading water industry decision makers will be in attendance. Register for this marvelous opportunity now.

</td><td>

일리노이의 수도관이 곧 출시될 예정이어서 국제 회사들은 그들의 지역에 그들의 수도량이 증가될 기회를 검토하고 있습니다. 그들의 프로젝트는 많은 사업 기회를 창출하면서 세계에서 가장 자본 집약적입니다. 그러니 사업기회에 관해 미국 수도 협회가 후원하는 시카고에서 열리는 회의를 놓치지 마세요. 주요 수도 산업의 결정 업체들이 참석하게 될 것입니다. 이렇게 멋진 기회에 지금 등록하십시오.

</td></tr>
</table>

<table>
<tr><td>

Q. Which is correct according to the conference notice?

(a) Illinois has marvelous water.
(b) International water is expanding.
(c) Many businesses are selling their water.
(d) There is a conference in Chicago.

</td><td>

회의 공지에 따르면 맞는 것은 무엇인가?

(a) 일리노이는 훌륭한 물을 가지고 있다
(b) 국제적인 물이 늘어나 있다.
(c) 많은 기업들이 그들의 물을 팔고 있다
(d) 시카고에서 회의가 있다.

</td></tr>
</table>

해설 세 번째 문장을 보면 시카고에서 열리는 미국 수도 협회가 후원하는 회의를 놓치지 말라고 공고하고 있다(So don't miss the American Water Institute sponsored conference on opportunities in Chicago). 이 부분을 통해서 시카고에서 회의가 있음을 알 수 있으므로 공지에 맞는 내용은 (d)가 된다.

어휘 **capital-intensive** 자본 집약적 **tremendous** 거대한 **marvelous** 훌륭한, 기적적인

Answers

1. (b) 2. (d) 3. (a) 4. (d)

Extension 

핵심 단어나 표현을 들어내는 훈련을 하는 코너입니다. 음성을 듣고
빈칸에 맞는 단어와 표현을 써 넣으세요.

12-2

1

M: Why do you sleep late these days?
W: ___________________________________

2

M: What will you do this summer?
W: I want to go traveling around the world.
M: Where to?
W: ___________________________________

3

W: Your son plays the trumpet really well. Is your wife a musician?
M: No, but she played in high school.
W: So, ___________________________________
M: Yes, ___________________________________
W: And do you do that as well?
M: Not me, I don't understand music.

4

Illinois' water pipeline is coming soon and ___________________________________
___________________________________.
Their projects will be the most capital-intensive in the world, creating tremendous
business opportunities. ___________________________________
___________________________________. Leading water industry
decision makers will be in attendance. ___________________________________.

정답 223p

Build Up

앞에서 익혔던 유형을 기억하면서 실제 시험 형식을 통해 유형을
최종적으로 점검해 보자.

🎧 12-3

Part I   Choose the most appropriate response to the statement.

1. (a)   (b)   (c)   (d)
2. (a)   (b)   (c)   (d)
3. (a)   (b)   (c)   (d)

Part II   Choose the appropriate response to complete the conversation.

4. (a)   (b)   (c)   (d)
5. (a)   (b)   (c)   (d)
6. (a)   (b)   (c)   (d)

Part III   Choose the option that best answers the question.

7. (a)   (b)   (c)   (d)
8. (a)   (b)   (c)   (d)
9. (a)   (b)   (c)   (d)

Part IV   Choose the option that best answers the question.

10. (a)   (b)   (c)   (d)
11. (a)   (b)   (c)   (d)

정답 224p

LISTENING
COMPREHENSION
Week 3

<table><tr><td>**Day 11**</td><td>1. Part I & II 평서문에서 인사 문제는 반드시 맞혀야 한다.
2. 인사 관련 대화에서는 만남과 헤어질 때 하는 표현 정도를 숙지한다.
3. 인사, 안부 관련 대화에서는 시제가 중요하다.</td></tr></table>

<table><tr><td>**Day 12**</td><td>1. Part I &II 평서문에서 축하 상황을 알아둔다.
2. 승진한 상황은 시험에 자주 출제된다. I got a promotion.
3. 축하 상황의 반응은 제한되어 있다.
Congratulations. / I'm happy for you. / Good for you.
/ You must be very happy.</td></tr></table>

<table><tr><td>**Day 13**</td><td>1. Part I & II에서 초대나 제안 관련 표현을 숙지해 둔다.
2. 초대나 제안의 거절은 정중하게 한다.
3. Do you mind~?의 요청을 구하는 질문에는 Yes는 거절의 뜻
이고, No는 허락의 뜻이다.</td></tr></table>

<table><tr><td>**Day 14**</td><td>1. 제안이나 의견에 동의하는 표현을 익혀둔다.
2. 칭찬에 고맙다는 내용 이외의 대답도 나올 수 있다.
3. 자주 나오는 동의의 표현: You can say that again. / You
are telling me. / Tell me about it. / Exactly. / Definitely.
/ I couldn't agree with you more.</td></tr></table>

<table><tr><td>**Day 15**</td><td>1. 격려나 위로 상황의 응답도 어느 정도 정형화돼 있으므로 알아둔다.
2. Part III와 Part IV를 들을 때 첫 번째는 전체 주제 파악에 초점을 둔다.
3. Part III와 Part IV를 들을 때 두 번째는 세부사항과 추론 관련 문
제일 경우 간단한 메모가 도움이 된다.</td></tr></table>

DAY 13

Part I & II에서 평서문 상황별 유형 – 초대, 제안

초대나 제안을 하는 질문에 거절을 할 때에는 No라고 직접적으로 거절을 하기보다는 I'd love to, but~ 등으로 예의를 갖추어 거절해야 한다.

초대
A: I'm having a huge party this Saturday. Want to come along? 토요일에 큰 파티를 여는데 올래?
B: Sure, I'd love to. 물론이지.
   I'm afraid I'll have to take a rain check. 미안하지만 이번에는 못 갈 것 같아.

제안
A: What about taking a break? / How about taking a break? / Why don'we take a break? 잠깐 쉬자.
B: That's a good idea. / That sounds good. 좋아.
   I'm afraid I can't. 미안하지만 그럴 수 없을 것 같아.

Example

M: Have you ever read this book?
W: No, was it any good?
M: It is my favorite book, you should read it.
W: ______________________

(a) When does it start?
(b) Yes, I really liked it.
(c) What flavor is it?
(d) I'll give it a try.

해석 M: 이 책 읽어 봤어?
W: 아니, 좋니?
M: 내가 좋아하는 책이야. 읽어봐야 해.
W:

(a) 언제 시작하니?
(b) 응, 난 정말 좋았어.
(c) 이건 어떤 맛이니?
(d) 시도 해 볼게.

해설 책을 읽어보라고 권하는 남자의 말에 대한 여자의 반응을 고르는 문제이다. 이에 대해 '시도해 볼게' 라고 말하는 (d)가 가장 적절한 응답이 된다. any good은 '조금이라도 도움이 되는' 이란 의미이고 give it a try는 '시도하다' 라는 의미이다.

Catch Up

청해 각 파트에 출제되었던 문제를 풀어 봄으로써 문제 유형을 확실
하게 파악해 두자.

🎧 13-1

Part I Choose the most appropriate response to the statement.

1. (a) (b) (c) (d)

Part II Choose the appropriate response to complete the conversation.

2. (a) (b) (c) (d)

Part III Choose the option that best answers the question.

3. (a) (b) (c) (d)

Part IV Choose the option that best answers the question.

4. (a) (b) (c) (d)

Answers

Catch Up에서 푼 문제의 해석과 해설을 점검한다.

1

M: How's the new student doing?
W: ______________________

   (a) He was late today.
   (b) He is adjusting very well.
   (c) He plays soccer.
   (d) He is majoring in economics.

M: 새 학생은 어떻게 지내니?
W: ______________________
   (a) 그는 오늘 늦었어.
   (b) 잘 적응하고 있어.
   (c) 그는 축구를 해.
   (d) 그는 경제학을 전공하고 있어.

해설 새 학생이 어떻게 지내고 있는지 묻는 남자의 질문에 대한 대답을 고르는 문제이다. 이에 잘 적응하고 있다는 (b)가 가장 적절한 응답이 된다. adjust는 '적응하다' 라는 의미로 He seems to be getting along well.이라는 비슷한 의미의 응답이 possible answer가 될 수 있다. (d)에서 major in 은 '~을 전공을 하다' 라는 의미로 새 학생이 어떻게 지내는지에 대한 질문의 대답으로는 적절치 않다.

2

W: Pardon me, how can I get to Central Park?
M: You can take either a taxi or the train.
W: Which one is faster?
M: ______________________

   (a) The bus comes every five minutes.
   (b) The taxi is more comfortable.
   (c) It's pretty far.
   (d) I suggest going by train.

W: 실례합니다만, 센트럴 파크까지 어떻게 가나요?
M: 택시나 기차를 타시고 갈 수 있습니다.
W: 어떤 것이 더 빠른가요.
M: ______________________
   (a) 버스는 5분마다 옵니다.
   (b) 택시가 더 편안합니다.
   (c) 그것은 꽤 멀리 있습니다.
   (d) 기차를 타고 가세요.

해설 센트럴 파크까지 어떻게 가는지 교통수단을 묻고 있는 여자에게 남자는 택시나 기차를 타고 가라고 말하고 있다. 이에 어떤 교통수단이 더 빠르냐는 질문에 기차를 타고 가라는 (d)의 대답이 가장 적절한 답이라고 하겠다. suggest는 '제안하다' 라는 의미로 뒤에 동명사를 취하는 동사임을 익혀두자. 또한 남자는 버스에 대해서 언급한 적이 없으므로 (a)와 같은 대답은 논리적으로 맞지 않다.

3

M: Let's get some lunch before the next meeting.
W: OK, but where? At the diner?
M: No, there's a sandwich shop down the street.
W: Do we have enough time?
M: We've got 30 minutes.
W: Okay then, let's go.

M: 다음 회의 전에 점심 먹으러 가자.
W: 좋아, 근데 어디서? 식당차에서?
M: 아니, 길 아래 샌드위치 가게가 있어.
W: 시간은 충분히 있나?
M: 30분 정도 있어.
W: 알았어. 그럼 가자.

Q. Which is correct according to the conversation?

(a) The man doesn't like sandwiches.
(b) The diner is closed in 30 minutes.
(c) The next meeting starts in half an hour.
(d) The man will give a speech at the next meeting.

대화에 의하면 맞는 것은 어떤 것인가?

(a) 남자는 샌드위치를 좋아하지 않는다.
(b) 식당차는 30분 후에 문을 닫는다.
(c) 다음 회의는 30분 후에 있다.
(d) 남자는 다음 회의에서 연설을 할 것이다.

해설 남자는 다음 회의가 있기 전에 식당차에서 점심 먹을 것을 제안하고 시간이 충분히 있냐는 여자의 질문에 30분 정도 있다고 대답한다 (We've got 30 minutes). 이것은 다음 회의가 30분 후에 있다는 의미이므로 대화와 일치하는 내용은 (c)가 된다. diner는 dining car라는 의미로 식당차식의 간이식당을 의미한다. 식당차가 30분 후에 닫는다는 내용은 대화에 언급된 바 없으므로 (b)는 정답이 아니며 (d)와 같은 내용도 대화를 통해 전혀 알 수 없으므로 정답과 거리가 멀다.

4

Now that we've reached the movie section on our library tour, I'd like to tell you about our most popular form of media, video cassettes. Each of its volume is indexed and cross referenced by title in alphabetical order. Please note that the movie names in the guide are abbreviated. You'll need to consult the abbreviation index in the front of each volume for each movie's full name.

이제 우리 도서관 투어에서 영화 구역에 도착하게 되셨습니다. 미디어의 가장 인기있는 형태인 비디오 카세트에 대해 이야기해 드리겠습니다. 각 권들은 제목의 알파벳 순서로 색인이 달려있고 전후 참조가 되어 있습니다. 안내서에 있는 영화 제목은 약자로 표시되어 있음을 알아두세요. 각 영화의 전체 제목을 찾기 위해서는 각 권 앞에 있는 약자로 된 색인을 참조하셔야 합니다.

Q. Which is correct about the video cassettes?

(a) The video cassettes aren't in the library.
(b) Movie names are shortened.
(c) Movies are arranged by genre.
(d) It contains the most popular movies.

비디오 카세트에 대해 맞는 것은 무엇인가?

(a) 비디오 카세트는 도서관에 없다.
(b) 영화 이름이 축약되어 있다.
(c) 영화는 장르별로 정돈되어 있다
(d) 대부분의 인기있는 영화를 포함하고 있다.

해설 세 번째 문장을 보면 '안내서에 있는 영화 제목이 약자로 표시되어 있다'라고 말하고 있다(Please note that the movie names in the guide are abbreviated). 그러므로 영화 이름이 축약되어 있다는 (b)가 본문의 내용과 일치하는 정답이 된다. 또한 영화는 영화 제목의 알파벳 순서로 색인되어 있다고 했으므로(Each of its volume is indexed and cross referenced by title in alphabetical order.) 장르별로 정리되어 있다는 (c)는 틀린 내용이 된다.

어휘 **cross reference** 상호 참조, 전후 참조 **abbreviate** 줄여 쓰다 **consult** 참고하다

Answers

1. (b) 2. (d) 3. (c) 4. (b)

1

M: How's the new student doing?
W: ___________________________________

2

W: Pardon me, how can I get to Central Park?
M: You can take either a taxi or the train.
W: Which one is faster?
M: ___________________________________

3

M: ___________________________________
W: OK, but where? At the diner?
M: No, there's a sandwich shop down the street.
W: Do we have enough time?
M: ___________________________________
W: Okay then, let's go.

4

Now that we've reached ___________________________________,
I'd like to tell you about our most popular form of media, video cassettes. ___________
___________________________________ Please
note that ___________________________________. You'll need
to consult the abbreviation index in the front of each volume for each movie's full name.

정답 227p

Build Up

앞에서 익혔던 유형을 기억하면서 실제 시험 형식을 통해 유형을
최종적으로 점검해 보자.

🎧 13-3

Part I   Choose the most appropriate response to the statement.

1. (a) (b) (c) (d)
2. (a) (b) (c) (d)
3. (a) (b) (c) (d)

Part II   Choose the appropriate response to complete the conversation.

4. (a) (b) (c) (d)
5. (a) (b) (c) (d)
6. (a) (b) (c) (d)

Part III   Choose the option that best answers the question.

7. (a) (b) (c) (d)
8. (a) (b) (c) (d)
9. (a) (b) (c) (d)

Part IV   Choose the option that best answers the question.

10. (a) (b) (c) (d)
11. (a) (b) (c) (d)

정답 227p

LISTENING
COMPREHENSION
Week 3

<table>
<tr><td>Day 11</td><td>

1. Part I & II 평서문에서 인사 문제는 반드시 맞혀야 한다.
2. 인사 관련 대화에서는 만남과 헤어질 때 하는 표현 정도를 숙지한다.
3. 인사, 안부 관련 대화에서는 시제가 중요하다.

</td></tr>
</table>

<table>
<tr><td>Day 12</td><td>

1. Part I &II 평서문에서 축하 상황을 알아둔다.
2. 승진한 상황은 시험에 자주 출제된다. I got a promotion.
3. 축하 상황의 반응은 제한되어 있다.
   Congratulations. / I'm happy for you. / Good for you.
   / You must be very happy.

</td></tr>
</table>

<table>
<tr><td>Day 13</td><td>

1. Part I & II에서 초대나 제안 관련 표현을 숙지해 둔다.
2. 초대나 제안의 거절은 정중하게 한다.
3. Do you mind~?의 요청을 구하는 질문에는 Yes는 거절의 뜻이고, No는 허락의 뜻이다.

</td></tr>
</table>

<table>
<tr><td>Day 14</td><td>

1. 제안이나 의견에 동의하는 표현을 익혀둔다.
2. 칭찬에 고맙다는 내용 이외의 대답도 나올 수 있다.
3. 자주 나오는 동의의 표현: You can say that again. / You are telling me. / Tell me about it. / Exactly. Definitely. / I couldn't agree with you more.

</td></tr>
</table>

<table>
<tr><td>Day 15</td><td>

1. 격려나 위로 상황의 응답도 어느 정도 정형화돼 있으므로 알아둔다.
2. Part III와 Part IV를 들을 때 첫 번째는 전체 주제 파악에 초점을 둔다.
3. Part III와 Part IV를 들을 때 두 번째는 세부사항과 추론 관련 문제일 경우 간단한 메모가 도움이 된다.

</td></tr>
</table>

상대방의 제안이나 의견에 동의하는 표현은 어느 정도 정형화되어 있지만 상황에 따라서 다양한 표현으로 응답할 수 있음을 알아두자.

A: The movie was really good. 영화가 너무 좋았어.
B: You can say that again.
   You are telling me.
   Tell me about it.
   Exactly.
   Definitely.
   I couldn't agree with you more. 맞아.

칭찬의 말에 대한 응답도 Thank you(고마워).라는 말 이외에 다양하게 응답하므로 알아두도록 한다. 예를 들어 You look good today(오늘 좋아 보여).라는 말에 I got a new outfit(옷을 새로 샀어).라고 응답할 수도 있다.

Example

M: I love your new house.
W: ______________________

   (a) I'm happy to see you, too.
   (b) It's not expensive.
   (c) I'm glad to hear that.
   (d) It's none of your business.

해석 M: 네 새 집 멋지다.
      W: ______________

   (a) 나도 널 보게 돼서 기뻐.
   (b) 비싸지 않아.
   (c) 그렇게 말해주니 기뻐.
   (d) 네가 상관할 바가 아니야.

해설 남자는 '여자의 집이 마음에 든다'라고 말하고 있다. 이것은 여자의 집에 대해 칭찬을 하는 것이므로 이에 대한 응답으로 (c)가 가장 적절하다. (a)는 만나게 돼서 기쁘다는 표현이므로 내용상 맞지 않다. 또한 (d)처럼 대답하는 것은 무례한 응답이 될 수 있으므로 적절치 않다.

Catch Up

청해 각 파트에 출제되었던 문제를 풀어 봄으로써 문제 유형을 확실
하게 파악해 두자.

🎧 14-1

Part I　Choose the most appropriate response to the statement.

1.　(a)　　(b)　　(c)　　(d)

Part II　Choose the appropriate response to complete the conversation.

2.　(a)　　(b)　　(c)　　(d)

Part III　Choose the option that best answers the question.

3.　(a)　　(b)　　(c)　　(d)

Part IV　Choose the option that best answers the question.

4.　(a)　　(b)　　(c)　　(d)

Answers

Catch Up에서 푼 문제의 해석과 해설을 점검한다.

1

W: Hello, I'd like to sign up for a credit card.
M: ______________________

(a) The sign should be turned off.
(b) We only accept cash.
(c) I will get you the application.
(d) Your credit card is not valid.

W: 안녕하세요, 신용카드를 신청하고 싶은데요.
M: ______________________

(a) 그 신호는 꺼져야만 합니다.
(b) 우리는 현금만 받습니다.
(c) 신청서를 갖다 드릴게요.
(d) 당신의 신용카드는 유효하지 않습니다.

해설 sign up for~는 '~을 신청하다, 등록하다'는 의미로 여기서는 '신청하다'라는 뜻으로 쓰였다. 신용카드를 신청하고 싶다는 여자에게 '신청서를 가져다 주겠다'는 (c)가 가장 적절한 반응이 된다. 이와 비슷한 토픽은 은행에서 계좌를 열거나 닫는 상황이다(open an account / close an account). 계좌를 열거나 닫을 때도 방문 목적을 말한 고객에게 서류를 작성하라고 하는 것이 보통의 절차이므로 알아두도록 한다(I'll get you the forms. / Can you fill out the forms?).

2

W: How was the movie?
M: Awful, I had a terrible stomachache.
W: Oh no! What did you do?
M: ______________________

(a) The movie was terrible.
(b) I left early to get some rest.
(c) I think it was something I ate.
(d) I don't like medicine.

W: 영화 어땠니?
M: 끔찍했어. 배가 몹시 아팠거든
W: 어머나! 그래서 어떻게 했니?
M: ______________________

(a) 영화는 끔찍했어.
(b) 좀 쉬기 위해서 일찍 나왔어.
(c) 내가 먹은 뭔가가 문제였던 거 같아.
(d) 약을 좋아하지 않아.

해설 영화가 어땠냐는 여자의 질문에 배가 아파서 끔찍했다고 말하고 있다. 이에 어떻게 대처했냐는 여자의 질문에 대한 남자의 반응을 고르는 문제이다. (c)는 남자가 어떻게 대처했는지에 대한 대답이 아니라 What do you think caused the stomachache(무엇 때문에 배가 아픈 것 같니)?에 대한 대답으로 적절하므로 정답이 될 수 없다. 그러므로 쉬기 위해 일찍 영화관을 나왔다는 (b)가 정답이 된다.

3

M: Michelle, we are going to be late.
W: Sorry, I just woke up.
M: Didn't you know the show starts at six?
W: I know, but I've been so tired lately.
M: Why don't you ask for fewer hours at work?
W: Yeah, that might be a good idea.

M: 미셸, 우리 늦을 거야.
W: 미안해, 방금 일어났어.
M: 쇼가 6시 시작인 거 몰랐니?
W: 알아. 하지만 요즘 너무 피곤했어.
M: 직장에서 근무시간을 좀 줄이는 게 어때?
W: 응, 그것 좋은 생각이다.

Q. Which is correct about the woman according to the conversation?

(a) She is tired of the show.
(b) She only got 6 hours of sleep.
(c) She is working at six.
(d) She has been working a lot lately.

대화에 따르면 여자에 관해 맞는 것은 무엇인가?

(a) 그녀는 그 쇼에 싫증났다.
(b) 그녀는 6시간만 잤다.
(c) 그녀는 6시에 일을 한다.
(d) 그녀는 최근에 일을 많이 했다.

해설 마지막 대화 부분에서 남자는 여자에게 근무시간을 좀 줄이는 게 어떠냐는 제안을 한다(Why don't you ask for fewer hours at work?). 이를 통해 여자가 최근에 일을 많이 했음을 알 수 있으므로 (d)가 대화의 내용과 일치하는 정답이 된다. Why don't you~?는 제안의 의미를 갖는 표현임을 알아두자. be tired of는 '~하는 것을 싫증 내다'라는 의미가 있다.

4

A new study suggests that peanut butter is not only healthy, but also may treat acne. The study which researchers warn, may have had too few test subjects to be scientifically valid. Nonetheless, it was found that 8 out of 10 participants given peanut butter have seen a decrease in acne. Researchers theorize that peanut butter contains natural fats and oils that are healthier than other fatty foods.

새로운 연구에 따르면 땅콩 버터는 건강에 좋을 뿐만 아니라 여드름을 고칠 수도 있다고 한다. 연구원들은 실험 대상이 너무 적어서 그 연구가 과학적으로 유효하기에는 힘들다고 경고한다. 그럼에도 불구하고 땅콩 버터가 주어진 10명중 8명은 여드름이 감소되는 효과를 보였다. 연구원들은 땅콩 버터가 다른 지방성 음식보다 건강에 좋은 자연 지방과 기름을 더 많이 가지고 있다고 이론화하였다.

Q. Which is correct about peanut butter according to the talk?

(a) It contains natural oils contained in acne.
(b) It is popular because of its taste.
(c) Its effects on acne are not fully open.
(d) It is not healthy because it contains butter.

담화에 따르면 땅콩 버터에 관해 맞는 것은 무엇인가?

(a) 여드름에 있는 자연 기름을 포함하고 있다
(b) 그것의 맛 때문에 인기가 있다
(c) 여드름과 관련된 그것의 효과는 완전히 입증되지는 않았다.
(d) 버터를 포함하고 있어서 건강에 좋지 않다

해설 두 번째 문장을 보면 여드름과 관련된 땅콩 버터의 연구 결과가 실험 대상이 너무 적기 때문에 과학적으로 유효하다고 보기엔 힘들다고 말하고 있다(The study which researchers warn, may have had too few test subjects to be scientifically valid). 그러므로 (c)의 내용이 본문의 내용과 일치하는 정답이 된다. 마지막 문장에 땅콩 버터에는 자연 기름이 포함되어 있다고 했지만 여드름에 있는 자연 기름이라고는 말하고 있지 않으므로 (a)는 정답이 될 수 없다(Researchers theorize that peanut butter contains natural fats and oils that are healthier than other fatty foods).

Answers

1. (c) 2. (b) 3. (d) 4. (c)

Extension 

핵심 단어나 표현을 들어내는 훈련을 하는 코너입니다. 음성을 듣고
빈칸에 맞는 단어와 표현을 써 넣으세요.

14-2

1

W: Hello, I'd like to sign up for a credit card.
M: _______________________________

2

W: How was the movie?
M: Awful, I had a terrible stomachache.
W: Oh no! What did you do?
M: _______________________________

3

M: Michelle, we are going to be late.
W: Sorry, _______________________________
M: Didn't you know the show starts at six?
W: I know, but I've been so tired lately.
M: _______________________________
W: Yeah, that might be a good idea.

4

A new study suggests that _______________________________, but also may
treat acne. The study which researchers warn, may have had _______________________________
_______________________________. Nonetheless, it was found that 8 out of 10 participants given
peanut butter have seen a decrease in acne. Researchers theorize that _______________________________
_______________________________ that are healthier than other fatty foods.

정답 231p

Build Up

앞에서 익혔던 유형을 기억하면서 실제 시험 형식을 통해 유형을
최종적으로 점검해 보자.

🎧 14-3

Part I   Choose the most appropriate response to the statement.

   1. (a) (b) (c) (d)
   2. (a) (b) (c) (d)
   3. (a) (b) (c) (d)

Part II   Choose the appropriate response to complete the conversation.

   4. (a) (b) (c) (d)
   5. (a) (b) (c) (d)
   6. (a) (b) (c) (d)

Part III   Choose the option that best answers the question.

   7. (a) (b) (c) (d)
   8. (a) (b) (c) (d)
   9. (a) (b) (c) (d)

Part IV   Choose the option that best answers the question.

   10. (a) (b) (c) (d)
   11. (a) (b) (c) (d)

정답 231p

LISTENING
COMPREHENSION
Week 3

Day 11

1. Part I & II 평서문에서 인사 문제는 반드시 맞혀야 한다.
2. 인사 관련 대화에서는 만남과 헤어질 때 하는 표현 정도를 숙지한다.
3. 인사, 안부 관련 대화에서는 시제가 중요하다.

Day 12

1. Part I &II 평서문에서 축하 상황을 알아둔다.
2. 승진한 상황은 시험에 자주 출제된다. I got a promotion.
3. 축하 상황의 반응은 제한되어 있다.
   Congratulations. / I'm happy for you. / Good for you.
   / You must be very happy.

Day 13

1. Part I & II에서 초대나 제안 관련 표현을 숙지해 둔다.
2. 초대나 제안의 거절은 정중하게 한다.
3. Do you mind~?의 요청을 구하는 질문에는 Yes는 거절의 뜻
   이고, No는 허락의 뜻이다.

Day 14

1. 제안이나 의견에 동의하는 표현을 익혀둔다.
2. 칭찬에 고맙다는 내용 이외의 대답도 나올 수 있다.
3. 자주 나오는 동의의 표현: You can say that again. / You
   are telling me. / Tell me about it. / Exactly. Definitely.
   / I couldn't agree with you more.

Day 15

1. 격려나 위로 상황의 응답도 어느 정도 정형화돼 있으므로 알아둔다.
2. Part III와 Part IV를 들을 때 첫 번째는 전체 주제 파악에 초점을 둔다.
3. Part III와 Part IV를 들을 때 두 번째는 세부사항과 추론 관련 문
   제일 경우 간단한 메모가 도움이 된다.

DAY 15

Part I & II에서 평서문 상황별 유형 – 격려, 위로

격려나 위로를 하는 상황도 어느 정도 정형화되어 있는 표현으로 응답하므로 몇 가지 표현을 익혀두도록 한다.

A: I failed the exam. 시험에 떨어졌어.
B: I'm sorry to hear that. 유감이다.
   That's too bad. 안됐구나.
   Cheer up. / Keep your chin up. 기운 내.
   It's not the end of the world. 세상이 끝난 게 아니잖아.

Example

M: Why the long face?
W: I just found out that I failed the test.
M: That's too bad.
W: ___________________________

   (a) I am waiting for my result, too.
   (b) He's doing just fine.
   (c) Problem solved.
   (d) It's okay, there's always next time.

해석 M: 왜 그리 우울해?
   W: 시험에서 떨어졌어.
   M: 안됐구나.
   W: ___________
   (a) 나도 역시 결과를 기다리는 중이야.
   (b) 그는 잘 하고 있어.
   (c) 문제가 풀렸어.
   (d) 괜찮아, 항상 다음이 있잖아.

해설 Why the long face?의 원래 문장은 Why are you wearing the long face?로 '왜 그렇게 우울한 표정이냐?' 라는 의미이다. 비슷한 뜻으로는 Why (are you) so blue?가 있다. 여기서는 여자가 시험에 떨어져서 우울해 하는 것을 보고 남자가 유감의 뜻을 전하고 있다(That's too bad). 유감의 뜻을 전하는 남자에 말에 가장 적절한 반응을 골라야 하는데 이에 대해 '다음 기회가 있으니 괜찮다'고 말하는 (d)가 가장 적절하다. 여자는 이미 시험 결과를 받았으므로 (a)와 같이 미래를 나타내는 표현은 시제상 맞지 않고, (b)는 주어가 '그(he)' 이므로 내용과 일치하지 않는다.

Catch Up

청해 각 파트에 출제되었던 문제를 풀어 봄으로써 문제 유형을 확실
하게 파악해 두자.

🎧 15-1

Part I Choose the most appropriate response to the statement.

   1. (a)   (b)   (c)   (d)

Part II Choose the appropriate response to complete the conversation.

   2. (a)   (b)   (c)   (d)

Part III Choose the option that best answers the question.

   3. (a)   (b)   (c)   (d)

Part IV Choose the option that best answers the question.

   4. (a)   (b)   (c)   (d)

Answers

Catch Up에서 푼 문제의 해석과 해설을 점검한다.

1

M: Hey, look at that elephant!
W: ______________

    (a) I don't see it.
    (b) I want to go to the zoo.
    (c) Elephants are my favorite.
    (d) I'd look through it.

M: 야, 저 코끼리 좀 봐!
W: ______________

    (a) 나는 안 보이는데.
    (b) 동물원에 가고 싶어.
    (c) 코끼리는 내가 가장 좋아하는 동물이야.
    (d) 내가 조사해 볼게.

해설 남자는 여자에게 코끼리를 보라고 한다. 남자의 말에 대한 여자의 반응이다. 여자가 만약 그 코끼리를 봤다면 Wow, it's really big! 과 같은 응답을 보일 수도 있지만, 여기서는 보이지 않는다고 응답한 (a)가 가장 자연스럽다. (b)와 (c)는 elephant라는 단어와 거기에서 연상되는 zoo라는 단어를 써서 혼동을 초래하고 있는 오답이다.

2

W: Excuse me, but is that mountain bike yours?
M: Yes, why do you ask?
W: I think the bike lock is broken.
M: ______________

    (a) That's not my bike.
    (b) Right, I lost it in the mountain.
    (c) My bike is broken.
    (d) Oh thanks, I'll get a new one.

W: 실례합니다만 저 산악 자전거가 당신의 것입니까?
M: 네, 근데 왜 물으시죠?
W: 자전거 열쇠가 부서진 것 같은데요.
M: ______________

    (a) 제 자전거가 아닙니다.
    (b) 맞아요, 그것을 산에서 잃어 버렸어요.
    (c) 제 자전거는 망가졌습니다.
    (d) 아. 감사합니다. 새것으로 교체해야겠군요.

해설 남자의 자전거 열쇠가 부서졌다는 여자의 말에 대한 남자의 반응을 고르는 문제이다. 이에 대해 고마움을 표시하면서 새것으로 교체하겠다는 (d)가 가장 적절한 응답이 된다. 여자가 남자에게 산악 자전거가 남자의 것인지 묻는 질문에 맞다고 대답했으므로 (a)와 같은 대답은 나올 수 없다. 또한 자물쇠를 산에서 잃어버렸다는 내용도 논리적으로 맞지 않으므로 (b)도 정답이 될 수 없다.

3

M: I wonder if I'm going the right way.
W: What do the directions say?
M: It says to go north on Sheridan Road.
W: Well, did you come from the east or west?
M: I think I came from the east.
W: Don't worry then, we headed in the right direction.

M: 맞는 길로 가고 있는지 모르겠다.
W: 안내서에 어떻게 쓰여져 있는데?
M: 쉐리던길을 타고 북쪽으로 가라고 쓰여 있어.
W: 너 동쪽에서 왔니 아님 서쪽에서 왔니?
M: 동쪽에서 온 것 같은데.
W: 그렇다면 걱정 마. 바른 길로 왔어.

Q. **What does the woman tell the man?**

(a) Continue in the same direction.
(b) Turn his head right.
(c) Ignore the directions.
(d) Take a right on Sheridan Road.

여자는 남자에게 무엇이라고 말하고 있는가?

(a) 같은 방향으로 계속 가라고
(b) 머리를 오른쪽으로 돌리라고.
(c) 안내서를 무시하라고.
(d) 쉐리던 길에서 오른쪽으로 돌라고.

해설 대화의 마지막 부분에서 여자는 우리가 바른 길로 왔다고 말하고 있다(Don't worry then, we headed in the right direction). 그러므로 지금껏 왔던 대로 같은 방향으로 계속 가라고 말하는 (a)가 정답이 된다. 이렇게 세부 사항을 묻는 질문은 특정 부분만 제대로 들으면 맞힐 수 있으므로 두 번째 들을 때 이 부분에 주의를 기울이도록 한다.

4

Buenos Dias! Welcome to the Cancun visitor's center offering a wide variety of attractions from our beautiful beaches to our lively bars. Enjoy the white sandy beaches as you walk along the clear blue ocean, and clear your mind from all your stress. One of the most popular activities is Scuba diving, and can be found at many of our locations along the ports. The best time to go is in the morning or early afternoon when the sun is out the visibility is greater under water. The coral reefs and unique tropical fish attract all people from around the world to Cancun.

안녕하십니까? Cancun 관광 센터에 오신 것을 환영합니다. Cancun은 아름다운 해변에서부터 멋진 바들까지 다양한 볼거리들이 있습니다. 푸른 바다를 따라 걸으면서 백사장을 즐기고 모든 스트레스를 날려 버리십시오. 가장 인기 있는 운동 중의 하나는 스쿠버 다이빙입니다. 이것은 항구를 따라 많이 위치해 있습니다. 가기 가장 좋은 시간은 바다 밑을 더 잘 볼 수 있는 태양이 있는 아침이나 이른 오후입니다. 산호초와 특이한 열대어가 세계 각지에서 Cancun으로 온 사람들을 매혹합니다.

Q. **Which is correct according to the announcement?**

(a) Main attraction is its lively bars.
(b) Cancun attracts people from around the world because of its food.
(c) Scuba diving is best done during sunlight.
(d) There are only a limited number of scuba diving locations.

공지에 따르면 맞는 것은 어떤 것인가?

(a) 주요 매력은 멋진 바들이다.
(b) Cancun은 음식 때문에 세계에서 많은 사람들이 온다.
(c) 스쿠버 다이빙은 일광이 있는 동안에 하기가 가장 좋다.
(d) 스쿠버 다이빙을 하는 지역은 제한된 몇 개밖에 없다.

해설 네 번째 문장을 보면 스쿠버 다이빙을 하기 가장 좋은 시간대는 바다 밑이 잘 보이는 태양이 비치는 아침이나 이른 오후라고 말하고 있다(The best time to go is in the morning or early afternoon when the sun is out the visibility is greater under water). 그러므로 일광이 있는 동안 스쿠버 다이빙이 가장 잘 된다는 (c)가 내용과 일치하므로 정답이 된다. Cancun의 관광 명소로 lively bars를 소개하고는 있지만 이것이 주요 관광명소는 아니므로 (a)는 정답이 아니다.

어휘 **buenos dias** 안녕하십니까 **visibility** 가시성, 투명도 **coral reef** 산호초 **sunlight** 일광

Answers

1. (a) 2. (d) 3. (a) 4. (c)

Extension

핵심 단어나 표현을 들어내는 훈련을 하는 코너입니다. 음성을 듣고
빈칸에 맞는 단어와 표현을 써 넣으세요.

15-2

1

M: Hey, look at that elephant!
W: _______________________

2

W: Excuse me, but is that mountain bike yours?
M: Yes, why do you ask?
W: I think the bike lock is broken.
M: _______________________

3

M: I wonder if I'm going the right way.
W: _______________________
M: It says to go north on Sheridan Road.
W: Well, did you come from the east or west?
M: I think I came from the east.
W: _______________________

4

Buenos Dias! Welcome to the Cancun visitor's center offeing a wide variety of
attractions from our beautiful beaches to our lively bars. _______________________
_______________________ as you walk along the clear blue ocean, and clear your mind from all
your stress. _______________________, and can be
found at many of our locations along the ports. _______________________
_______________________ when the sun is out the visibility is
greater under water. The coral reefs and unique tropical fish attract all people from
around the world to Cancun.

정답 234p

Build Up

앞에서 익혔던 유형을 기억하면서 실제 시험 형식을 통해 유형을
최종적으로 점검해 보자.

🎧 15-3

Part I Choose the most appropriate response to the statement.

   1. (a)   (b)   (c)   (d)

   2. (a)   (b)   (c)   (d)

   3. (a)   (b)   (c)   (d)

Part II Choose the appropriate response to complete the conversation.

   4. (a)   (b)   (c)   (d)

   5. (a)   (b)   (c)   (d)

   6. (a)   (b)   (c)   (d)

Part III Choose the option that best answers the question.

   7. (a)   (b)   (c)   (d)

   8. (a)   (b)   (c)   (d)

   9. (a)   (b)   (c)   (d)

Part IV Choose the option that best answers the question.

  10. (a)   (b)   (c)   (d)

  11. (a)   (b)   (c)   (d)

정답 234p

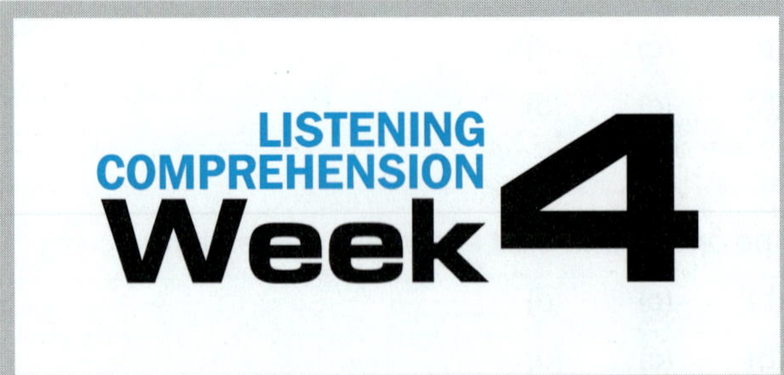

LISTENING
COMPREHENSION
Week 4

Day 16

1. 은행에서 계좌를 개설하거나 해지할 때, 수업 등을 신청하러 온 상황일 경우 서류를 작성하라는 응답이 자주 나온다.
2. 시제 관련 부사가 나올 경우 시제에 주의하여 대답한다.
3. Part IV에서 대조의 접속사(but)가 나오면 그 뒤에 주제가 나오는 경우가 많으니 주의한다.

Day 17

1. 전화 통화 대화일 경우 초반에 전화의 목적이 나오므로 Part III의 주제를 묻는 경우 두 번째 들을 때 앞부분을 주의 깊게 듣는다.
2. 전화 통화에서 응답을 고를 경우 정형화된 응답들을 숙지해 둔다.
3. Part III의 추론 문제에서 두 사람의 관계에 관한 선택지가 답으로 나올 수도 있음을 알아두자.

Day 18

1. Part III & IV에서 주제를 묻는 경우 세부사항만을 담고 있는 선택지를 주의한다.
2. 주제는 전체를 어우르는 답이어야만 한다.
3. Part IV의 경우 앞과 뒷부분에 주제가 나오는 경우가 많다.

Day 19

1. Part III & IV에서 세부사항을 묻는 경우 간단한 메모가 도움이 된다.
2. 세부사항은 주제가 지엽적인 일부의 내용과 관련될 수도 있음을 주의한다.
3. 예약을 하는 상황에서 변경 사항이나 요일, 날짜, 기간 등을 알아두면 도움이 된다.

Day 20

1. Part III & IV에서 다음을 예측하라는 질문일 경우 마지막 부분을 주의 깊게 들어야 한다.
2. 세부사항과 마찬가지로 추론을 묻는 질문일 경우 주제는 물론 지엽적인 일부 내용과 관련된 정답이 나올 수도 있으므로 간단한 메모를 해 두도록 한다.
3. 답을 모르는 경우 본문 내용과 관련이 많은 선택지를 골라라.

DAY 16
Part I & II에서 상황별 유형 – 서류 작성

은행 계좌나 수업을 신청하러 온 상황에서 상대방의 응답을 고르는 경우는 대부분 '서류'를 작성하라고 한다. 이때는 대화의 상황만 파악하면 쉽게 답을 고를 수 있으므로 잘 알아두도록 한다.

A: I'd like to open an account. 계좌를 개설하고 싶은데요.
B: Sure. Could you fill out the form please? 네. 이 서류 좀 작성해 주세요.

Example

W: Hello, I'd like to sign up for a credit card.
M: _______________________________

(a) The sign should be turned off.
(b) We only accept cash.
(c) I will get you the application.
(d) Your credit card is not valid.

해석 W: 안녕하세요, 신용카드를 신청하고 싶은데요.
M: _______________

(a) 그 신호는 꺼져야만 합니다.
(b) 우리는 현금만 받습니다.
(c) 신청서를 갖다 드릴게요.
(d) 당신의 신용카드는 유효하지 않습니다.

해설 sign up for~는 '~을 신청하다, 등록하다'는 의미로 여기서는 '신청하다'라는 뜻으로 쓰였다. 신용카드를 신청하고 싶다는 여자에게 '신청서를 가져다 주겠다'는 (c)가 가장 적절한 반응이 된다. 이와 비슷한 토픽은 은행에서 계좌를 열거나 닫는 상황이다(open an account / close an account). 계좌를 열거나 닫을 때도 방문 목적을 말한 고객에게 서류를 작성하라고 하는 것이 보통의 절차이므로 알아두도록 한다(I'll get you the forms. / Can you fill out the forms?).

Catch Up

청해 각 파트에 출제되었던 문제를 풀어 봄으로써 문제 유형을 확실
하게 파악해 두자.

 16-1

Part I Choose the most appropriate response to the statement.

   1. (a)   (b)   (c)   (d)

Part II Choose the appropriate response to complete the conversation.

   2. (a)   (b)   (c)   (d)

Part III Choose the option that best answers the question.

   3. (a)   (b)   (c)   (d)

Part IV Choose the option that best answers the question.

   4. (a)   (b)   (c)   (d)

1

<table>
<tr><td>

W: This steak isn't cooked properly. How is your steak?

M: _______________________

    (a) I think I'll order the steak.
    (b) I like my steaks medium-rare.
    (c) I think mine is OK.
    (d) I'm very improper.

</td><td>

W: 이 스테이크는 제대로 요리되지 않았어. 네 것은 어떠니?

M: _______________________

    (a) 그 스테이크를 시켜야겠어.
    (b) 제 스테이크는 중간보다 덜 구워 주세요.
    (c) 내 것은 괜찮은 것 같아.
    (d) 나는 완전 정상이 아니야.

</td></tr>
</table>

해설 여자는 자신의 스테이크가 제대로 구워지지 않았다고 말하면서 남자의 것은 어떤지 묻고 있다. 이에 대해 자신의 것은 괜찮다고 말하는 (c)가 가장 적절한 대답이 된다. (b)와 같은 답변은 How would you like your steak(스테이크는 어떻게 해드릴까요)?라는 질문에 대한 대답으로 적절하므로 여기서는 정답이 될 수 없다.

2

<table>
<tr><td>

W: Have you heard any news about the T-shirt design competition?
M: My design made it to the final round.
W: Wow, that's great! Congratulations!
M: _______________________

    (a) I haven't seen the new shirts yet.
    (b) Thanks, but I haven't won yet.
    (c) Thanks, but I don't want to compete.
    (d) I'm not wearing a T-shirt.

</td><td>

W: 티셔츠 디자인 경연 대회에 대한 소식 들은 것 없어?
M: 내 디자인이 마지막 결승전까지 갔어.
W: 와! 대단하다. 축하해!
M: _______________________

    (a) 난 아직 새 셔츠를 보지 못했어.
    (b) 고마워, 하지만 아직 우승한 건 아니야.
    (c) 고마워, 하지만 난 경쟁하는 건 원하지 않아.
    (d) 난 티셔츠를 입지 않아.

</td></tr>
</table>

해설 남자의 디자인이 마지막 결승전까지 갔다는 말에 여자가 축하를 해 주고 있다. 이에 대한 남자의 반응을 고르는 문제로 고맙지만 아직 이긴 것이 아니라는 반응의 (b)가 가장 적절한 답이 된다. 고맙지만 경쟁하는 건 원하지 않는다는 (c)는 경쟁에서 남자가 이겼으므로 남자가 할 말로는 논리적으로 맞지 않기 때문에 정답이 아니다.

3

<table>
<tr><td>

W: Hi, Brad. It's Ellen calling.
M: Oh, hi. What's up?
W: Well, I want to invite you over for lunch.
M: Thanks, but I can't right now. I'm waiting for my technician.
W: Oh, then why don't I bring the food to your place?
M: That sounds great. See you soon.

</td><td>

W: 안녕 브래드. 엘렌이야.
M: 오. 안녕. 무슨 일이야?
W: 점심에 초대하고 싶어서.
M: 고마워. 근데 지금은 안 돼. 기술자를 기다리고 있거든.
W: 그럼 네 집으로 음심을 가져다 줄까?
M: 좋아. 이따 봐.

</td></tr>
</table>

Q. **What will the woman probably do next?**

(a) Wait for the man.
(b) Have lunch alone.
(c) Go to his place.
(d) Invite someone else.

여자는 다음에 무엇을 할 것인가?

(a) 남자를 기다린다.
(b) 점심을 혼자 먹는다.
(c) 그의 집으로 간다.
(d) 다른 사람을 초대한다.

해설 여자는 남자를 점심에 초대하지만 남자가 집에서 기술자를 기다려야 하기 때문에 여자의 초대에 응하지 못한다. 이에 여자는 남자의 집으로 음식을 가져가겠다고 말한다(Oh, then why don't I bring the food to your place?). 따라서 여자가 다음에 할 일은 남자의 집으로 가는 것이므로 (c)가 정답이 된다. 남자가 여자를 기다릴 것이기 때문에 (a)는 정답이 아니다.

4

In this part of my seminar, I'd like to focus on the ideas of social work. The idea of social work is the ability to teach clients the idea of self-empowerment. In other words, it is teaching clients that they are capable. We have to focus on the clients and the environment that each are placed in. Within each environment are resources accessible to all. We must teach them how to use these resources.

오늘 저의 세미나에서는 사회 사업의 개념에 대해 중점을 두고 싶습니다. 사회 사업의 개념은 사람들에게 자기 주도성에 대한 개념을 가르쳐주는 능력입니다. 다시 말하면 이것은 그들이 유능하다는 것을 가르쳐 줍니다. 우리는 그들과 환경이 각각의 상황에 처해 있다는 것에 초점을 맞추어야 합니다. 처해진 환경 내에서 자원은 모두에게 접근 가능합니다. 우리는 그들에게 이러한 자원들을 어떻게 사용하는지를 가르쳐야 합니다.

Q. **What could be inferred from the lecture?**

(a) Students must teach themselves social work.
(b) Students should work outdoors.
(c) Social work is capable of saving the environment.
(d) There are resources in every environment.

이 강의에서 추론할 수 있는 것은 무엇인가?

(a) 학생들은 그들 스스로에게 사회 사업을 가르쳐야 한다.
(b) 학생들은 밖에서 일을 해야 한다.
(c) 사회 사업은 환경을 구할 수 있다.
(d) 모든 환경에는 자원이 있다.

해설 다섯 번째 문장을 보면 각각 처해진 환경 내에서 모두에게 자원이 접근 가능하다고 말하고 있다(Within each environment are resources accessible to all). 이를 통해 자원은 모든 환경에 있다는 (d)가 추론 가능하다. 여기서 자원은 자신들의 직업에 도움이 될 수 있는, 그들의 환경에서 찾을 수 있는 모든 것을 의미한다. 그러므로 어디를 가든지 이러한 자원들을 잘 사용함으로써 자신의 능력을 고취하는 법을 배워야 한다는 것이 이 강의의 주된 내용이 된다.

어휘 **accessible** 접근 가능한 **self-empowerment** 자기 주도성, 자기 능력 고취

Answers

1. (c) 2. (b) 3. (c) 4. (d)

핵심 단어나 표현을 들어내는 훈련을 하는 코너입니다. 음성을 듣고
빈칸에 맞는 단어와 표현을 써 넣으시오.

16-2

1

W: This steak isn't cooked properly. How is your steak?
M: ________________________________

2

W: Have you heard any news about the T-shirt design competition?
M: My design made it to the final round.
W: Wow, that's great. Congratulations!
M: ________________________________

3

W: Hi, Brad. It's Ellen calling.
M: Oh, hi. What's up?
W: Well, ________________________________
M: Thanks, but I can't right now. I'm waiting for my technician.
M: Oh, ________________________________
W: That sounds great. See you soon.

4

In this part of my seminar, I'd like to focus on the ideas of social work. The idea of ________________________________. In other words, it is teaching clients that they are capable. We have to focus on the clients and the environment that each are placed in. ________________________________
________________________________. We must ________________________________.

정답 238p

Build Up

🎧 16-3

Part I   Choose the most appropriate response to the statement.

1. (a)   (b)   (c)   (d)

2. (a)   (b)   (c)   (d)

3. (a)   (b)   (c)   (d)

Part II   Choose the appropriate response to complete the conversation.

4. (a)   (b)   (c)   (d)

5. (a)   (b)   (c)   (d)

6. (a)   (b)   (c)   (d)

Part III   Choose the option that best answers the question.

7. (a)   (b)   (c)   (d)

8. (a)   (b)   (c)   (d)

9. (a)   (b)   (c)   (d)

Part IV   Choose the option that best answers the question.

10. (a)   (b)   (c)   (d)

11. (a)   (b)   (c)   (d)

정답 238p

LISTENING
COMPREHENSION
Week 4

Day 16

1. 은행에서 계좌를 개설하거나 해지할 때, 수업 등을 신청하러 온 상황일 경우 서류를 작성하라는 응답이 자주 나온다.
2. 시제 관련 부사가 나올 경우 시제에 주의하여 대답한다.
3. Part IV에서 대조의 접속사(but)가 나오면 그 뒤에 주제가 나오는 경우가 많으니 주의한다.

Day 17

1. 전화 통화 대화일 경우 초반에 전화의 목적이 나오므로 Part III의 주제를 묻는 경우 두 번째 들을 때 앞부분을 주의 깊게 듣는다.
2. 전화 통화에서 응답을 고를 경우 정형화된 응답들을 숙지해 둔다.
3. Part III의 추론 문제에서 두 사람의 관계에 관한 선택지가 답으로 나올 수도 있음을 알아두자.

Day 18

1. Part III & IV에서 주제를 묻는 경우 세부사항만을 담고 있는 선택지를 주의한다.
2. 주제는 전체를 어우르는 답이어야만 한다.
3. Part IV의 경우 앞과 뒷부분에 주제가 나오는 경우가 많다.

Day 19

1. Part III & IV에서 세부사항을 묻는 경우 간단한 메모가 도움이 된다.
2. 세부사항은 주제가 지엽적인 일부의 내용과 관련될 수도 있음을 주의한다.
3. 예약을 하는 상황에서 변경 사항이나 요일, 날짜, 기간 등을 알아두면 도움이 된다.

Day 20

1. Part III & IV에서 다음을 예측하라는 질문일 경우 마지막 부분을 주의 깊게 들어야 한다.
2. 세부사항과 마찬가지로 추론을 묻는 질문일 경우 주제는 물론 지엽적인 일부 내용과 관련된 정답이 나올 수도 있으므로 간단한 메모를 해 두도록 한다.
3. 답을 모르는 경우 본문 내용과 관련이 많은 선택지를 골라라.

DAY 17

Part I & II에서 상황별 유형 – 전화 통화

난이도는 높지 않지만 TEPS에서 자주 출제되는 내용 중의 하나가 바로 '전화 통화' 내용이다. 이와 관련된 내용으로는 통화 중, 외출 중, 잘못 걸린 전화, 잠시 기다리라는 내용 등 다양하다. 기본적인 표현을 익힌 후 대화에서 그 상황을 판단하면 어렵지 않게 고를 수 있는 문제이므로 반드시 숙지하도록 한다.

A: **Can I speak to Julie?** 줄리와 통화할 수 있을까요?
B: **This is speaking.** 전데요.
   She just stepped out. 방금 나갔는데요.
   She's in the meeting now. Would you like to leave a message? 지금 회의 중이신데 메시지를 남기시겠어요?
   Please hold on. / Just a moment please. 잠시만 기다리세요.

Example

M: Darwin's Loans. How may I help you?
W: Yes. This is Jessica from J&C Corp. May I speak to Mr. Plowman?
M: I'm sorry, he's not in right now. Would you like him to call you back?
W: _______________________________________

(a) No, I'm not ready.
(b) Yes, I'll call him.
(c) I don't think that's a problem.
(d) No, I'll call later. Thanks.

해석 M: Darwin's Loans입니다. 무엇을 도와 드릴까요?
   W: 네. 저는 J&C의 제시카입니다. 플로우맨 씨와 통화할 수 있을까요?
   M: 죄송합니다만, 지금 자리에 안 계세요. 전화를 드리라고 할까요?
   W: _______________________________________
   (a) 아니요, 준비가 안 됐어요.
   (b) 네, 제가 전화할게요.
   (c) 그건 별 문제가 아닌 것 같은데요.
   (d) 아니요, 제가 다시 전화 할게요. 고맙습니다.

해설 마지막 남자의 질문이 would you like to~로 시작하는 상대방의 의향을 묻는 질문이다. 여기서는 남자가 여자에게 '플로우 씨에게 전화를 다시 하게 할까요' 라는 의향을 묻고 있다. 이에 대해 고맙지만 사양하는(No, I'll call later. Thanks.) 내용의 (d)가 가장 적절한 대답이 된다. (b)는 yes라는 대답은 적절했지만 추가 답변(I'll call him)이 내용과 일치하지 않아서 오답이 됨을 주의한다.

Catch Up

청해 각 파트에 출제되었던 문제를 풀어 봄으로써 문제 유형을 확실
하게 파악해 두자.

🎧17-1

Part I   Choose the most appropriate response to the statement.

1.   (a)   (b)   (c)   (d)

Part II   Choose the appropriate response to complete the conversation.

2.   (a)   (b)   (c)   (d)

Part III   Choose the option that best answers the question.

3.   (a)   (b)   (c)   (d)

Part IV   Choose the option that best answers the question.

4.   (a)   (b)   (c)   (d)

Answers

Catch Up에서 푼 문제의 해석과 해설을 점검한다.

1

<table>
<tr><td>

M: You should make an appointment with a doctor.
W: _______________

  (a) The doctor doesn't know.
  (b) My cold is not that bad.
  (c) I am sure about it.
  (d) I'm not sure what it is.

</td><td>

M: 의사하고 약속을 잡아.
W: _______________

  (a) 의사는 알지 못해.
  (b) 감기가 그렇게 심하지는 않아.
  (c) 확실해.
  (d) 그것이 무엇인지 알지 못해.

</td></tr>
</table>

해설 남자는 여자에게 의사를 만나보라고 조언하고 있다. 이에 '감기가 그리 심하지 않다' 라고 말하는 (b)가 가장 적절한 응답이 된다. 남자의 조언에 대해 확신을 하지 못한다는 표현은 적절하지 않으므로 (d)는 정답이 아니다.

2

<table>
<tr><td>

M: I wish my mom would stop nagging me about my room.
W: She just wants you to clean your room.
M: But when she nags me, it annoys me.
W: _______________

  (a) You should ask your dad to help.
  (b) It's not nice of you to nag.
  (c) That annoys me at times too.
  (d) It is impolite to talk back to people.

</td><td>

M: 엄마가 내 방에 대해서 잔소리 좀 그만했으면 좋겠어.
W: 네 방이 깨끗하기를 바라실 뿐이야.
M: 그런데 엄마가 잔소리 할 때면 화가 나.
W: _______________

  (a) 아빠한테 도와달라고 부탁해.
  (b) 잔소리를 하는 것은 좋은 게 아니야.
  (c) 나도 그럴 때가 있어.
  (d) 사람들 말에 말대꾸하는 것은 무례한 일이야.

</td></tr>
</table>

해설 남자는 엄마가 자신이 방을 치우지 않는 것에 대해 잔소리를 하는 것이 불만이라고 말하고 있다. 이에 대한 여자의 반응을 고르는 문제인데 자신도 가끔 엄마의 잔소리가 싫다고 말한 (c)가 정답이 된다. 자신이 잘못해서 잔소리를 듣는 것에 대해 아빠의 도움을 구한다는 것은 상식적으로 적합한 반응이 아니므로 (a)는 정답이 될 수 없다.

3

<table>
<tr><td>

M: Is this the car you're looking for?
W: Possibly. What is the price?
M: It's selling at $25,000.
W: That's not what I had in mind.
M: What price range did you have in mind?
W: I was looking for a car between $10,000 and $15,000.

</td><td>

M: 이 차가 당신이 원하던 차입니까?
W: 아마도요. 가격이 얼마입니까?
M: 25,000달러입니다
W: 내가 생각했던 가격이 아니네요.
M: 얼마를 생각하고 계셨는데요?
W: 10,000달러에서 15,000달러 사이 가격대의 차를 찾고 있습니다.

</td></tr>
</table>

Q. What is the most likely relationship between the speakers?

(a) A car owner and a home owner
(b) The car owner and a lawyer
(c) A perspective buyer and the car owner
(d) A perspective buyer and a home owner

두 화자의 관계는 무엇일 것 같은가?
(a) 차 주인과 집주인
(b) 차 주인과 변호사
(c) 차를 사려는 사람과 차 주인
(d) 차를 사려는 사람과 집주인

해설 여자는 남자에게 차의 가격을 묻고 남자는 차의 가격을 말해준다. 이러한 상황을 통해 여자가 차를 사려는 사람이고 남자가 차를 팔려는 사람인 것을 추론할 수 있다. perspective는 '예비의, 전망의' 라는 의미로 여기서는 perspective buyer가 '예비 구입자' 의 의미로 쓰였다.

4

Many people in America follow professional baseball. The professional baseball league in America is called Major League Baseball. Millions of people go to baseball games every year and millions more watch baseball games on the television. Baseball is played throughout America and is known as America's pastime. While the exact origins of baseball are still unknown, it is certain that baseball in America has been enjoyed since as early as 1792 in Pittsfield, Massachusetts.

미국에 많은 사람들은 프로 야구에 관심이 많다. 미국에서 프로야구 경기는 Major League Baseball이라고 불린다. 수백만 명의 사람들이 매년 야구 경기를 보러 가고 더 많은 사람들이 TV로 야구 경기를 시청한다. 야구는 미국 전역에서 펼쳐지고 미국의 오락으로 알려졌다. 야구의 정확한 기원은 아직까지 알려지지 않았지만 미국에서 야구는 메사추세스 피츠필드에서 이미 1792년부터 즐긴 것은 확실하다.

Q. What is the speaker most likely to discuss next?

(a) More facts about baseball in America
(b) Baseball's best players
(c) Baseball in Asia
(d) Other sports in America

화자는 다음에 무엇에 대해서 이야기할 것인가?
(a) 미국에서의 야구에 대한 더 많은 사실들
(b) 야구의 최고 선수들
(c) 아시아에서의 야구
(d) 미국에서의 다른 스포츠

해설 화자가 무엇에 대해서 논의할 것인가를 묻는 문제는 마지막 부분에 단서가 있다. 네 번째와 마지막 문장에서 미국 야구에 대해서 말하고 있다. 어디서 야구가 시작됐는지는 알 수 없으나 미국에서 야구가 이미 1792년 메사추세스 피츠필드에서 시작되었고 그 이후 지금까지 야구는 미국의 오락거리로 자리잡고 있다고 말하고 있다(Baseball is played throughout America and is known as America's pastime. While the exact origins of baseball are still unknown, it is certain that baseball in America has been enjoyed since as early as 1792 in Pittsfield, Massachusetts). 이 부분을 통해서 화자가 미국 야구에 대한 더 많은 사실을 다룰 것을 추론할 수 있으므로 (a)가 정답이 된다. 나머지 선택지에 대한 이야기는 본문에서 언급되지 않았기 때문에 추론이 불가능하다. 추론을 할 때에는 본문의 내용에 근거해야 함을 기억하도록 한다.

어휘 **follow** 관심을 가지다 **pastime** 오락, 기분 전환

Answers

1. (b) 2. (c) 3. (c) 4. (a)

핵심 단어나 표현을 들어내는 훈련을 하는 코너입니다. 음성을 듣고
빈칸에 맞는 단어와 표현을 써 넣으시오.

🔘 **17-2**

1

M: You should make an appointment with a doctor.
W: ______________________________

2

M: I wish my mom would stop nagging me about my room.
W: She just wants you to clean your room.
M: But when she nags me, it annoys me.
W: ______________________________

3

M: ______________________________
W: Possibly. What is the price?
M: It's selling at $25,000.
W: That's not what I had in mind.
M: ______________________________
W: I was looking for a car between $10,000 and $15,000.

4

______________________________. The
professional baseball league in America is called Major League Baseball. Millions of
people go to baseball games every year and millions more watch baseball games on
the television. ______________________________
______________________________. While the exact origins of baseball are still unknown, ______
______________________________ since as early as 1792 in Pittsfield, Massachusetts.

정답 241p

Build Up

앞에서 익혔던 유형을 기억하면서 실제 시험 형식을 통해 유형을
최종적으로 점검해 보자.

🎧 17-3

Part I Choose the most appropriate response to the statement.

1. (a) (b) (c) (d)
2. (a) (b) (c) (d)
3. (a) (b) (c) (d)

Part II Choose the appropriate response to complete the conversation.

4. (a) (b) (c) (d)
5. (a) (b) (c) (d)
6. (a) (b) (c) (d)

Part III Choose the option that best answers the question.

7. (a) (b) (c) (d)
8. (a) (b) (c) (d)
9. (a) (b) (c) (d)

Part IV Choose the option that best answers the question.

10. (a) (b) (c) (d)
11. (a) (b) (c) (d)

정답 242p

LISTENING
COMPREHENSION
Week 4

Day 16

1. 은행에서 계좌를 개설하거나 해지할 때, 수업 등을 신청하러 온 상황일 경우 서류를 작성하라는 응답이 자주 나온다.
2. 시제 관련 부사가 나올 경우 시제에 주의하여 대답한다.
3. Part IV에서 대조의 접속사(but)가 나오면 그 뒤에 주제가 나오는 경우가 많으니 주의한다.

Day 17

1. 전화 통화 대화일 경우 초반에 전화의 목적이 나오므로 Part III의 주제를 묻는 경우 두 번째 들을 때 앞부분을 주의 깊게 듣는다.
2. 전화 통화에서 응답을 고를 경우 정형화된 응답들을 숙지해 둔다.
3. Part III의 추론 문제에서 두 사람의 관계에 관한 선택지가 답으로 나올 수도 있음을 알아두자.

Day 18

1. Part III & IV에서 주제를 묻는 경우 세부사항만을 담고 있는 선택지를 주의한다.
2. 주제는 전체를 어우르는 답이어야만 한다.
3. Part IV의 경우 앞과 뒷부분에 주제가 나오는 경우가 많다.

Day 19

1. Part III & IV에서 세부사항을 묻는 경우 간단한 메모가 도움이 된다.
2. 세부사항은 주제가 지엽적인 일부의 내용과 관련될 수도 있음을 주의한다.
3. 예약을 하는 상황에서 변경 사항이나 요일, 날짜, 기간 등을 알아두면 도움이 된다.

Day 20

1. Part III & IV에서 다음을 예측하라는 질문일 경우 마지막 부분을 주의 깊게 들어야 한다.
2. 세부사항과 마찬가지로 추론을 묻는 질문일 경우 주제는 물론 지엽적인 일부 내용과 관련된 정답이 나올 수도 있으므로 간단한 메모를 해 두도록 한다.
3. 답을 모르는 경우 본문 내용과 관련이 많은 선택지를 골라라.

DAY 18
Part III & IV – 주제를 묻는 문제

주제를 묻는 문제는 파트 Part III와 IV에서 각각 7개의 문제로 가장 큰 비중을 차지한다. 본문에 나온 내용이라도 내용이 세부사항이면 전체 주제를 나타낼 수 없으므로 지엽적인 내용의 선택지에 조심하도록 한다. 또한 Part IV에서 아는 내용의 담화문이 나오더라도 상식적인 내용을 배제하고 본문의 내용에 집중하여 담화문의 내용을 놓치는 오류를 범하지 않도록 주의한다. 대부분의 담화문에서는 앞부분에 주제가 나오게 되며, however 등의 문장 뒤에 주제가 나오기도 한다. 그러나 담화문에서 예를 드는 문장이 계속 나열되면 전체가 주제가 되므로 어느 한 부분에 치중하지 않도록 한다.

Example

Today I'm going to introduce some simple rules you can use to save on gas. First of all, keep your engine tuned, and your tires inflated to proper pressure. Next, you can also save a lot of money, much more than you expect, just by comparing prices at different stations. Another good way is to pump gas yourself and use the lowest-octane necessary which can be found in your owner's manual.

Q. What is the speaker mainly talking about?

(a) Comparing different gasoline prices
(b) How to read the manual
(c) Saving money on gasoline
(d) Keeping your car well-maintained

해석 오늘 저는 휘발유를 절약할 수 있는 몇 가지 간단한 방법에 대해 소개해 드릴 것입니다. 먼저 엔진을 정비하고 타이어를 적당한 압력으로 팽팽하게 유지시키십시오. 다음으로는 다른 주유소의 기름값을 비교함으로써 여러분이 예상한 것보다 훨씬 많은 돈을 절약할 수 있습니다. 또 다른 방법으로는 본인이 직접 휘발유를 주유하시고 설명서에서 찾을 수 있는 가장 낮은 옥탄을 사용하세요.

질문 화자가 무엇에 관하여 말하고 있는가?
(a) 휘발유 가격을 비교하는 것
(b) 설명서를 읽는 방법
(c) 휘발유와 관련된 지출을 절약하는 것
(d) 당신의 차를 잘 유지하는 것

해설 첫 번째 문장에서 이 담화문의 주제가 가스를 절약할 수 있는 방법을 소개하는 것임을 알 수 있다(Today I'm going to introduce some simple rules you can use to save on gas). (a)는 휘발유 값을 절약하는 하나의 방법으로 지엽적인 내용이기 때문에 전체 주제로 보기는 힘들다. (d)는 차를 잘 유지하는 것이 목적이 아니라 휘발유값 지출을 절약하는 것이 목적이므로 정답이 될 수 없다.

어휘 **tune** (엔진 등을 고성능으로) 조정하다, 정비하다 **inflated** 팽팽한

Catch Up

청해 각 파트에 출제되었던 문제를 풀어 봄으로써 문제 유형을 확실
하게 파악해 두자.

🎧 18-1

Part I   Choose the most appropriate response to the statement.

1. (a)   (b)   (c)   (d)

Part II   Choose the appropriate response to complete the conversation.

2. (a)   (b)   (c)   (d)

Part III   Choose the option that best answers the question.

3. (a)   (b)   (c)   (d)

Part IV   Choose the option that best answers the question.

4. (a)   (b)   (c)   (d)

1

M: I heard we are getting new uniforms.

W: ______________________

　(a) Really? I hope we do.
　(b) I hope we don't get lost.
　(c) Which team are we playing?
　(d) I like that uniform.

M: 우리 새 유니폼을 입게 된대.

W: ______________________

　(a) 정말? 그랬으면 좋겠다.
　(b) 길을 잃지 않길 바래.
　(c) 어떤 팀과 경기를 하니?
　(d) 그 유니폼이 좋아.

해설 남자는 그들이 새 유니폼을 입게 된다는 소식을 전하고 이에 대한 여자의 반응을 고르는 문제이다. 이에 대해 그랬으면 좋겠다는 (a)가 가장 적절한 반응이 된다. 여자는 새 유니폼에 대한 소식을 남자에게 들은 상황이므로 그 유니폼이 좋다는 (d)와 같은 응답은 불가능하다.

2

M: Excuse me, I have a question. Can you help me?

W: Yes, I can. What do you need?

M: I am looking for the mall, can you give me directions?

W: ______________________

　(a) But I'm not a good driver.
　(b) The mall is very big.
　(c) I think we are heading in the wrong direction.
　(d) Yes, go down this street and take a left.

M: 실례합니다만 질문이 있어요. 도와주실 수 있습니까?

W: 네. 무엇이 필요하십니까?

M: 쇼핑몰을 찾고 있는데 길 좀 알려 주시겠어요?

W: ______________________

　(a) 그런데 전 운전을 잘 못해요.
　(b) 쇼핑몰이 매우 커요.
　(c) 우리가 잘못된 길로 가는 것 같아.
　(d) 네, 이 길로 쭉 내려가서서 왼쪽으로 도세요.

해설 남자는 마지막에 쇼핑몰로 가는 길을 묻고 있다. 그러므로 길을 안내해 주고 있는 (d)가 가장 적절한 대답이 된다. 길을 안내해 주는 것은 운전하는 것과는 관련이 없으므로 운전을 잘 못한다는 (a)는 정답이 될 수 없다.

3

W: Are you okay? I saw you fall.

M: Yes, I'm OK. I just tripped over this log.

W: If you are cut somewhere, I can give you a band-aid.

M: OK, sure. I'll take one.

W: OK, here you go. You're lucky. It could have been worse.

M: You're right.

W: 괜찮아? 네가 떨어지는 것을 봤어.

M: 괜찮아. 통나무에 걸려 넘어졌을 뿐이야.

W: 어디 베인 데가 있으면 반창고를 줄게.

M: 그럼 하나만 줘.

W: 여기 있어. 그래도 다행이다. 더 나쁠 수도 있었는데.

M: 네 말이 맞아.

Q. What can be inferred from the conversation?

(a) The man has a cut.
(b) The woman tripped him.
(c) The man doesn't need a band-aid.
(d) The man is blind in one eye.

대화를 통해 추론할 수 있는 것은 무엇인가?

(a) 남자는 베였다.
(b) 여자는 남자를 걸려 넘어지게 했다.
(c) 남자는 반창고가 필요하지 않다.
(d) 남자는 한쪽 눈이 멀었다.

해설 여자가 베인 곳이 있으면 반창고를 주겠다고 하자 남자가 하나 가져가겠다고 말한 것으로 보아 남자는 베인 곳이 있음을 추론할 수 있으므로 (a)가 정답이 된다(W: If you are cut somewhere, I can give you a band-aid. M:OK, sure. I'll take one). (c)는 (a)와 반대되는 내용이므로 정답이 아니다.

4

In response to the hurricane, the government will have to provide aid to the cities that were affected. The government will need to prioritize their list of things to do, and this list should start with clearing roads. With no roads that lead to the affected cities, no supplies will be able to get to the cities. Therefore, the government has initiated many relief programs including hiring volunteers to run soup lines and has collected donated clothes. However, they were unable to get those resources into the cities.

정부는 허리케인에 영향을 받은 도시에 지원을 해야만 할 것입니다. 정부는 그들이 해야 할 일에 대한 리스트에 우선 순위를 매겨야 하고 이 리스트는 거리를 청소하는 것부터 시작해야 합니다. 피해를 입은 도시에 이르는 길이 차단되면 어떠한 물품도 그 도시에 이를 수 없습니다. 그 결과 정부는 음식을 조달하는 자원 봉사자들을 고용하는 것을 포함한 구조활동을 시작하고 기부한 옷들을 모았습니다. 그러나 그들은 그 도시들로 그 물자들을 가져다 줄 수가 없었습니다.

Q. What can be inferred about the government according to the talk?

(a) It has not prioritized necessary tasks.
(b) Government has cleared the roads.
(c) The government does not know how to deal with this situation.
(d) The government has no relief to send to the cities.

이 담화에 따르면 정부에 대해서 추론할 수 있는 것은 무엇인가?

(a) 필요한 업무에 우선 순위를 매기기 않았다.
(b) 정부는 길을 청소했다.
(c) 정부는 이 상황을 어떻게 다룰지 알지 못한다.
(d) 정부는 도시로 보낼 원조 물자가 없다.

해설 두 번째 문장을 보면 정부는 할 일에 대해 리스트의 우선 순위를 정해야 하고, 그 첫 번째 리스트는 거리 청소가 되어야 한다고 말하고 있다(The government will need to prioritize their list of things to do, and this list should start with clearing roads). 그러나 마지막 문장에서 정부는 구조 물품을 전달할 수 없었다고 말하고 있으므로(However, they were unable to get those resources into the cities.), 정부가 필요한 업무에 우선 순위를 매기지 않았음을 추론할 수 있다.

어휘 in response to ~에 응하여 prioritize 우선 순위를 매기다 relief 구조, 원조 물자

Answers

1. (a) 2. (d) 3. (a) 4. (a)

Extension 

핵심 단어나 표현을 들어내는 훈련을 하는 코너입니다. 음성을 듣고
빈칸에 맞는 단어와 표현을 써 넣으시오.

🔘 **18-2**

▶▶ 1

M: I heard we are getting new uniforms
W: _______________________

2

M: Excuse me, I have a question. Can you help me?
W: Yes, I can. What do you need?
M: I am looking for the mall, can you give me directions?
W: _______________________

3

W: Are you okay? I saw you fall.
M: Yes, I'm OK. I just tripped over this log.
W: _______________________
M: _______________________
W: OK, here you go. You're lucky. It could have been worse.
M: You're right.

4

In response to the hurricane, the government will have to provide aid to the cities that
were affected. _______________________,
and this list should start with clearing roads. With no roads that lead to the affected
cities, _______________________. Therefore, the government
has initiated many relief programs including hiring volunteers to run soup lines and has
collected donated clothes. However, _______________________
_______________________.

정답 245p

Build Up

앞에서 익혔던 유형을 기억하면서 실제 시험 형식을 통해 유형을
최종적으로 점검해 보자.

🎧 18-3

Part I   Choose the most appropriate response to the statement.

   1.   (a)   (b)   (c)   (d)

   2.   (a)   (b)   (c)   (d)

   3.   (a)   (b)   (c)   (d)

Part II   Choose the appropriate response to complete the conversation.

   4.   (a)   (b)   (c)   (d)

   5.   (a)   (b)   (c)   (d)

   6.   (a)   (b)   (c)   (d)

Part III   Choose the option that best answers the question.

   7.   (a)   (b)   (c)   (d)

   8.   (a)   (b)   (c)   (d)

   9.   (a)   (b)   (c)   (d)

Part IV   Choose the option that best answers the question.

   10.   (a)   (b)   (c)   (d)

   11.   (a)   (b)   (c)   (d)

정답 245p

LISTENING
COMPREHENSION
Week 4

Day 16

1. 은행에서 계좌를 개설하거나 해지할 때, 수업 등을 신청하러 온 상황일 경우 서류를 작성하라는 응답이 자주 나온다.
2. 시제 관련 부사가 나올 경우 시제에 주의하여 대답한다.
3. Part IV에서 대조의 접속사(but)가 나오면 그 뒤에 주제가 나오는 경우가 많으니 주의한다.

Day 17

1. 전화 통화 대화일 경우 초반에 전화의 목적이 나오므로 Part III의 주제를 묻는 경우 두 번째 들을 때 앞부분을 주의 깊게 듣는다.
2. 전화 통화에서 응답을 고를 경우 정형화된 응답들을 숙지해 둔다.
3. Part III의 추론 문제에서 두 사람의 관계에 관한 선택지가 답으로 나올 수도 있음을 알아두자.

Day 18

1. Part III & IV에서 주제를 묻는 경우 세부사항만을 담고 있는 선택지를 주의한다.
2. 주제는 전체를 어우르는 답이어야만 한다.
3. Part IV의 경우 앞과 뒷부분에 주제가 나오는 경우가 많다.

Day 19

1. Part III & IV에서 세부사항을 묻는 경우 간단한 메모가 도움이 된다.
2. 세부사항은 주제가 지엽적인 일부의 내용과 관련될 수도 있음을 주의한다.
3. 예약을 하는 상황에서 변경 사항이나 요일, 날짜, 기간 등을 알아두면 도움이 된다.

Day 20

1. Part III & IV에서 다음을 예측하라는 질문일 경우 마지막 부분을 주의 깊게 들어야 한다.
2. 세부사항과 마찬가지로 추론을 묻는 질문일 경우 주제는 물론 지엽적인 일부 내용과 관련된 정답이 나올 수도 있으므로 간단한 메모를 해 두도록 한다.
3. 답을 모르는 경우 본문 내용과 관련이 많은 선택지를 골라라.

세부사항을 묻는 문제는 Part III와 IV에서 각각 5개로 주제를 묻는 문제 다음으로 큰 비중을 차지한다. 그러나 세부사항은 주제와 달리 지엽적인 내용이 답이 될 수 있으므로 날짜, 기간, 요일 등의 세부적인 사항들을 적어두면 도움이 된다.

Example

M: Let's get some lunch before the next meeting.
W: Ok, but where? At the diner?
M: No, there's a sandwich shop down the street.
W: Do we have enough time?
M: We've got 30 minutes.
W: Okay then, let's go.

Q. Which is correct according to the conversation?

(a) The man doesn't like sandwiches.
(b) The diner is closed in 30 minutes.
(c) The next meeting starts in half an hour.
(d) The man will give a speech at the next meeting.

해석 M: 다음 회의 전에 점심 먹으러 가자.
W: 좋아, 근데 어디서? 식당차에서?
M: 아니, 길 아래 샌드위치 가게가 있어.
W: 시간은 충분히 있나?
M: 30분 정도 있어.
W: 알았어. 그럼 가자.

이 대화에 의하면 맞는 것은 어떤 것인가?
(a) 남자는 샌드위치를 좋아하지 않는다.
(b) 식당차는 30분 후에 문을 닫는다.
(c) 다음 회의는 30분 후에 있다.
(d) 남자는 다음 회의에서 연설을 할 것이다.

해설 남자는 다음 회의가 있기 전에 식당차에서 점심 먹을 것을 제안하고 시간이 충분히 있냐는 여자의 질문에 30분 정도 있다고 대답한다(We've got 30 minutes). 이것은 다음 회의가 30분 후에 있다는 의미이므로 대화와 일치하는 내용은 (c)가 된다. diner는 dining car라는 의미로 식당차식의 간이식당을 의미한다. 식당차가 30분 후에 닫는다는 내용은 대화에 언급된 바 없으므로 (b)는 정답이 아니며 (d)와 같은 내용도 대화를 통해 전혀 알 수 없으므로 정답과 거리가 멀다.

Catch Up

청해 각 파트에 출제되었던 문제를 풀어 봄으로써 문제 유형을 확실
하게 파악해 두자.

🎧 19-1

Part I Choose the most appropriate response to the statement.

1. (a)   (b)   (c)   (d)

Part II Choose the appropriate response to complete the conversation.

2. (a)   (b)   (c)   (d)

Part III Choose the option that best answers the question.

3. (a)   (b)   (c)   (d)

Part IV Choose the option that best answers the question.

4. (a)   (b)   (c)   (d)

Catch Up에서 푼 문제의 해석과 해설을 점검한다.

1

M: You should stop soon; you are running low on gas.
W: _______________
    (a) I just need an oil change.
    (b) I should be fine if I just get some sleep.
    (c) I'll find a place to fill up.
    (d) Yes, maybe it's because your door is open.

M: 너 곧 멈춰야겠어. 너 기름이 떨어지고 있어.
W: _______________
    (a) 자동차 엔진 오일 교환이 필요할 뿐이야.
    (b) 조금 자면 괜찮을 거야.
    (c) 주유할 곳을 찾아야겠어.
    (d) 응, 네 문이 열려서 그럴 거야.

해설 남자가 여자에게 차에 기름이 없다고 조언해주자 이에 대한 여자의 응답을 고르는 문제이다. 따라서 주유할 곳을 찾아야겠다는 (c)가 정답이 된다. fill up은 '(기름)을 채우다'라는 뜻이 있다. 기름이 없는 것과 엔진 오일 교환은 직접적인 상관관계가 없으므로 (a)는 정답이 아니다.

2

W: I get all my songs by downloading them.
M: But isn't that illegal?
W: Yes, but how else can I get them?
M: _______________
    (a) You can compose music.
    (b) You can use a search engine.
    (c) You can go buy the CD's at the record store.
    (d) You can learn to play an instrument.

W: 난 노래는 전부 다운로드로 받아.
M: 그런데 그건 불법 아니니?
W: 응, 그런데 그 방법 외에 어떻게 음악을 받니?
M: _______________
    (a) 음악을 작곡할 수 있잖아.
    (b) 검색 엔진을 사용할 수 있잖아.
    (c) 레코드 가게에서 CD를 사면 되잖아.
    (d) 악기 연주하는 것을 배울 수 있잖아.

해설 음악을 불법으로 다운로드 받는 여자가 그 방법 외에 다른 방법으로 음악을 얻는 방법을 남자에게 묻고 있다. 이에 음악을 작곡하라는 (a)는 상식적으로 너무 힘든 제안이므로 정답으로 보기 힘들다. 그러므로 CD를 사라는 (c)가 정답이 된다.

3

M: Hey Joanne, are you still going to the barbeque?
W: Yes, I am. I'm almost ready.
M: OK, well I'm just reminding you that it started 10 minutes ago.
W: Oh my gosh! I didn't realize it! I'm so sorry, I will hurry up.
M: It's OK. I'll just keep on waiting for you, just come down when you are ready.
W: Okay, I'll go as fast as I can.

M: 안녕 조앤, 너 바비큐 파티 가니?
W: 응. 거의 준비됐어.
M: 알았어. 난 그냥 10분 전에 시작했다는 것을 말해주고 싶었어.
W: 어머나! 몰랐어. 미안해. 서두를게.
M: 괜찮아. 기다릴 테니까 준비되면 내려와.
W: 알았어. 가능한 빨리 갈게.

Q. What could be inferred from the conversation?

(a) The man and the woman will be missing the barbeque.
(b) The man will leave soon.
(c) The woman does not want to go to the barbeque.
(d) The man has been waiting for her.

이 대화를 통해 추론할 수 있는 것은 무엇인가?

(a) 남자와 여자는 바비큐 파티에 못갈 것이다.
(b) 남자는 곧 떠날 것이다.
(c) 여자는 바비큐 파티에 가고 싶어하지 않는다.
(d) 남자는 여자를 기다리고 있는 중이다.

해설 남자가 10분 전에 시작한 바비큐 파티에 대해서 여자에게 상기시키고 있고, 여자가 준비할 때까지 남자가 기다리겠다고 말한 부분으로 보아서(I'm just reminding you that it started 10 minutes ago./ I'll just keep on waiting for you.) 남자가 여자를 기다리고 있다는 (d)가 추론 가능한 답이 된다.

4

Advertisement agencies are trying to figure out how they can best reach out and have the greatest influence on many different demographics. The agencies had to decide that they would either go safe and try not to offend anybody or they would try and target one specific group of people and make their ads as appealing as possible to that specific group. In the end, they decided on the latter and all the ads that the agencies made were very provocative resulting in many people being offended by them.

광고 대행사들은 그들이 어떻게 가장 잘 움직일 수 있는지와 많은 다른 인구계층에 큰 영향력을 가질 수 있는지를 알아내기 위해서 애쓴다. 대행사들은 누구도 불쾌하게 하지 않고 안전하게 갈지 혹은 특정한 그룹을 대상으로 하여 그들의 광고를 그 그룹에게만 최대한으로 끌리게 만들지를 결정해야만 했다. 결국 광고 대행사들은 후자를 선택했고 그들이 만든 모든 광고가 매우 자극적이어서 많은 사람들이 그것으로 인해 불쾌해하는 결과를 낳았다.

Q. What could be inferred from the lecture?

(a) The agencies were not sure what to do.
(b) The agencies needed to rethink about their advertisements.
(c) The agencies' product was selling very well.
(d) Many people liked the ads.

이 강연을 통해 추론할 수 있는 것은 무엇인가?

(a) 광고 대행사들은 무엇을 할지 몰랐다.
(b) 광고 대행사들은 그들의 광고에 대해서 재고해야 했다.
(c) 광고 대행사들의 제품은 잘 팔렸다.
(d) 많은 사람이 그 광고를 좋아했다.

해설 마지막 문장에서 광고 대행사들이 한 그룹을 대상으로 하여 자극적으로 광고 만드는 방법을 선택해서 이것이 많은 사람을 불쾌하게 만들었다고 말하고 있다(In the end, they decided on the latter and all the ads that the agencies made were very provocative resulting in many people being offended by them). 이러한 부정적인 어조의 문장을 통해 '광고 대행사들이 그들의 광고를 재고해야 했다'는 의견이 추론 가능하므로 (b)가 정답이 된다.

어휘 **demographics** 인구 통계 **offend** 거스르다, 불쾌하게 하다 **provocative** 자극적인

Answers

1. (c) 2. (c) 3. (d) 4. (b)

Extension

핵심 단어나 표현을 들어내는 훈련을 하는 코너입니다. 음성을 듣고
빈칸에 맞는 단어와 표현을 써 넣으시오.

🔊 19-2

1

M:You should stop soon; you are running low on gas.
W: ____

2

W: I get all my songs by downloading them.
M: But isn't that illegal?
W: Yes, but how else can I get them?
M: ____

3

M: Hey Joanne, are you still going to the barbeque?
W: Yes I am. I'm almost ready.
M: OK, ____
W: Oh my gosh! I didn't realize it! I'm so sorry, I will hurry up.
M: It's OK. _______________________________, just come down when you are ready.
W: Okay, I'll go as fast as I can.

4

Advertisement agencies are trying to figure out how they can best reach out and have
the greatest influence on many different demographics. The agencies had to decide
that they would either ____
or they would try and ____
and make their ads as appealing as possible to that specific group. In the end, _______
____ that the agencies
made were very provocative resulting in many people being offended by them.

정답 249p

Build Up

앞에서 익혔던 유형을 기억하면서 실제 시험 형식을 통해 유형을
최종적으로 점검해 보자.

🎧 19-3

Part I   Choose the most appropriate response to the statement.

1. (a)   (b)   (c)   (d)
2. (a)   (b)   (c)   (d)
3. (a)   (b)   (c)   (d)

Part II   Choose the appropriate response to complete the conversation.

4. (a)   (b)   (c)   (d)
5. (a)   (b)   (c)   (d)
6. (a)   (b)   (c)   (d)

Part III   Choose the option that best answers the question.

7. (a)   (b)   (c)   (d)
8. (a)   (b)   (c)   (d)
9. (a)   (b)   (c)   (d)

Part IV   Choose the option that best answers the question.

10. (a)   (b)   (c)   (d)
11. (a)   (b)   (c)   (d)

정답 249p

LISTENING
COMPREHENSION
Week 4

Day 16

1. 은행에서 계좌를 개설하거나 해지할 때, 수업 등을 신청하러 온 상황일 경우 서류를 작성하라는 응답이 자주 나온다.
2. 시제 관련 부사가 나올 경우 시제에 주의하여 대답한다.
3. Part IV에서 대조의 접속사(but)가 나오면 그 뒤에 주제가 나오는 경우가 많으니 주의한다.

Day 17

1. 전화 통화 대화일 경우 초반에 전화의 목적이 나오므로 Part III의 주제를 묻는 경우 두 번째 들을 때 앞부분을 주의 깊게 듣는다.
2. 전화 통화에서 응답을 고를 경우 정형화된 응답들을 숙지해 둔다.
3. Part III의 추론 문제에서 두 사람의 관계에 관한 선택지가 답으로 나올 수도 있음을 알아두자.

Day 18

1. Part III & IV에서 주제를 묻는 경우 세부사항만을 담고 있는 선택지를 주의한다.
2. 주제는 전체를 어우르는 답이어야만 한다.
3. Part IV의 경우 앞과 뒷부분에 주제가 나오는 경우가 많다.

Day 19

1. Part III & IV에서 세부사항을 묻는 경우 간단한 메모가 도움이 된다.
2. 세부사항은 주제가 지엽적인 일부의 내용과 관련될 수도 있음을 주의한다.
3. 예약을 하는 상황에서 변경 사항이나 요일, 날짜, 기간 등을 알아두면 도움이 된다.

Day 20

1. Part III & IV에서 다음을 예측하라는 질문일 경우 마지막 부분을 주의 깊게 들어야 한다.
2. 세부사항과 마찬가지로 추론을 묻는 질문일 경우 주제는 물론 지엽적인 일부 내용과 관련된 정답이 나올 수도 있으므로 간단한 메모를 해 두도록 한다.
3. 답을 모르는 경우 본문 내용과 관련이 많은 선택지를 골라라.

DAY 20

Part III & IV – 추론을 묻는 문제

추론을 묻는 문제는 주제와 상관있는 내용이 나올 수도 있고 지엽적인 내용의 세부사항과 관련된 내용이 나올 수도 있다. 그러므로 세부사항들을 적어두고 추론의 답을 고르기 힘들 경우 본문 내용과 가장 가까운 답을 고르도록 한다. 또한 What is the woman likely to do next.와 같이 다음 내용을 추론해야 하는 문제는 두 번째 들을 때 마지막 부분을 더 집중해서 듣도록 한다.

Example

Advertisement agencies are trying to figure out how they can best reach out and have the greatest influence on many different demographics. The agencies had to decidethat they would either go safe and try not to offend anybody or they would try and target one specific group of people and make their ads as appealing as possible to that specific group. In the end, they decided on the latter and all the ads that the agencies made were very provocative resulting in many people being offended by them.

Q. What could be inferred from the lecture?

(a) The agencies were not sure what to do.
(b) The agencies neededto rethink about their advertisements.
(c) The agencies' product was selling very well.
(d) Many people liked the ads.

해석 광고 대행사들은 그들이 어떻게 가장 잘 움직일 수 있는지와 많은 다른 인구계층에 큰 영향력을 가질 수 있는지 알아내기 위해서 애쓴다. 대행사들은 누구도 불쾌하게 하지 않고 안전하게 갈지 혹은 특정한 그룹을 대상으로 하여 그들의 광고를 그 그룹에게만 최대한으로 끌리게 만들지를 결정해야만 했다. 그러나 결국에는 광고 대행사들은 후자를 선택했고 그들이 만든 모든 광고가 매우 자극적이어서 많은 사람들이 그것으로 인해 불쾌한 결과를 낳았다.

이 강연을 통해 추론 가능한 것은 무엇인가?
(a) 광고 대행사들은 무엇을 할지 몰랐다.
(b) 광고 대행사들은 그들의 광고에 대해서 재고해야 했다.
(c) 광고 대행사의 제품은 잘 팔렸다.
(d) 많은 사람이 그 광고를 좋아했다.

해설 마지막 문장에서 그 광고 대행사들이 한 그룹을 목표로 하여 자극적으로 만드는 광고 방법을 선택하여 이것이 많은 사람을 불쾌하게 만들었다고 말하고 있다(In the end, they decided on the latter and all the ads that the agencies made were very provocative resulting in many people being offended by them). 이러한 부정적인 어조의 문장을 통해 '광고 대행사들이 그들의 광고를 재고해야 했다' 는 의견이 추론 가능하므로 (b)가 정답이 된다.

어휘 **demographics** 인구통계 **offend** 거스리다, 불쾌하게 하다 **target** 목표 **provocative** 자극적인
In the end 결국에는

Catch Up

청해 각 파트에 출제되었던 문제를 풀어 봄으로써 문제 유형을 확실
하게 파악해 두자.

🎧 20-1

Part I Choose the most appropriate response to the statement.

   1. (a)   (b)   (c)   (d)

Part II Choose the appropriate response to complete the conversation.

   2. (a)   (b)   (c)   (d)

Part III Choose the option that best answers the question.

   3. (a)   (b)   (c)   (d)

Part IV Choose the option that best answers the question.

   4. (a)   (b)   (c)   (d)

Catch Up에서 푼 문제의 해석과 해설을 점검한다.

1

W: I think I'd better get a gift for my brother's birthday.

M: ___________________________

(a) It should arrive in three days.
(b) You deserve a lot of gifts.
(c) Maybe you bought it at the store.
(d) That would put a smile on his face.

W: 내 동생 생일 선물을 사야 할 것 같아.

M: ___________________________

(a) 3일 후에 도착해.
(b) 넌 많은 선물을 받을 가치가 있어.
(c) 너 그 가게에서 샀겠구나.
(d) 네 동생이 좋아하겠구나.

해설 여자는 동생의 생일 선물을 사겠다고 말한다. 이에 대해 '그것이 그의 얼굴에 웃음이 나도록 하겠구나' 즉, '그가 기뻐하겠다'고 말하는 (d)가 여기서는 가장 적절한 응답이 된다. 또한 여자가 아직 선물을 사지 않은 상황이므로 (c)는 답이 될 수 없다.

2

W: Do you want to watch a movie tonight?
M: Sure, we could watch a horror movie.
W: Actually, I'd like to watch something different.
M: ___________________________

(a) I suppose that is wrong.
(b) I'll squeeze it into my schedule.
(c) OK, then it's up to you.
(d) It's the new theater downtown.

W: 오늘 밤에 영화 보러 갈래?
M: 알았어. 공포 영화를 보자.
W: 사실 난 다른 걸 보고 싶어.
M: ___________________________

(a) 이건 잘못된 것 같아.
(b) 내 스케줄에 맞춰 볼게.
(c) 알았어. 그럼 네 뜻대로 할게.
(d) 그것은 시내에 새로 생긴 극장이야.

해설 영화를 보러 가자는 여자의 말에 남자는 공포 영화를 보자고 제안한다. 하지만 여자는 뭔가 다른 것을 보고 싶다고 말하고 이에 대한 남자의 응답을 고르는 문제이다. 여기서는 네 뜻대로 하겠다는 (c)가 가장 적절하다. I'm up for whatever you suggest.도 가능한 답변이 될 수 있다.

3

M: Well Jen, I'd better leave.
W: But you were here for only five minutes.
M: Sorry, but I have a meeting at noon.
W: That's in five minutes!
M: Yeah, I have to hurry.

M: 젠, 이제 가봐야겠어.
W: 여기에 5분 밖에 있지 않았잖아.
M: 미안해, 근데 정오에 회의가 있어.
W: 5분 후구나!
M: 응, 서둘러야 돼.

Q. What can be inferred from the conversation?

(a) The woman and the man are in trouble.
(b) The woman usually has no plans.
(c) The man wants Jen to follow him to the meeting.
(d) The man might not get to the meeting on time.

대화를 통해 추론할 수 있는 것은 무엇인가?

(a) 남자와 여자는 문제를 겪고 있다.
(b) 여자는 보통 계획이 없다.
(c) 남자는 젠이 그를 따라서 회의에 가길 원한다.
(d) 남자는 정시에 회의에 못 갈 수도 있다.

해설　남자는 회의가 있어서 가야 한다고 말하는데 이 회의는 5분 후에 열린다. 이러한 상황을 통해서 남자가 회의에 정시에 도착하지 못할 수도 있다는 것이 추론 가능하므로 (d)가 정답이 된다. The man is cutting it close(남자가 아슬아슬하게 도착할 것이다).도 가능한 대답이 될 수 있다. cut it close는 '아슬아슬하게 도착하다' 라는 의미가 있다.

4

The Super Bowl will be held in Miami, Florida this year. The Super Bowl will present fans with the two best teams in football. During this game, some of the best football players will play against each other to win the championship, and there will be thousands of football fans in attendance to witness all the action. Please note that the Super Bowl will be very crowded and loud. This yearly event seems to be a time for many to get excited and cheer for their respective team.

슈퍼볼이 올해에는 플로리다 마이애미에서 개최될 것입니다. 슈퍼볼은 미식축구에서 가장 뛰어난 두 팀을 축구팬들에게 보여줄 것입니다. 경기가 진행되는 동안 뛰어난 미식 축구 선수들 몇몇은 우승을 차지하기 위해 서로 경쟁할 것입니다. 또한 수천 명의 축구 팬들이 이 광경을 보기 위해서 참석할 것입니다. 슈퍼볼은 매우 혼잡하고 시끄러울 것입니다. 이 연중 행사는 많은 이들이 즐거워하고 그들의 팀을 응원하는 시간이 될 것으로 보입니다.

Q. What could be inferred from the announcement?

(a) The most famous football players will be in attendance.
(b) Attendees will get a discount on their tickets.
(c) The Super Bowl is held in Miami every year.
(d) Attendees will be fans of football.

공고문을 통해 추론할 수 있는 것은 무엇인가?

(a) 가장 유명한 미식 축구 선수들이 참석할 것이다.
(b) 참석자들은 표를 살 때 할인을 받을 것이다.
(c) 슈퍼볼은 매년 마이애미에서 개최된다.
(d) 참석자들은 미식축구 팬들일 것이다.

해설　세 번째 문장에서 수천 명의 미식축구 팬들이 참석할 것이라고 말하고 있다(there will be thousands of football fans in attendance to witness all the action). 이 부분을 통해 참석자들이 축구 팬들일 것임을 추론할 수 있으므로 (d)가 정답이 된다. 세 번째 문장에서 뛰어난 미식축구 선수 몇몇이 참가하여 우승을 놓고 경쟁할 것이라고 말하고 있지만 (some of the best football players will play against each other to win the championship), 이들이 가장 유명한 축구 선수들인지는 알 수 없으므로 (a)는 정답이 될 수 없다.

Answers

1. (d)　2. (c)　3. (d)　4. (d)

Extension 

핵심 단어나 표현을 들어내는 훈련을 하는 코너입니다. 음성을 듣고
빈칸에 맞는 단어와 표현을 써 넣으시오.

🔊 20-2

1

W: I think I better get a gift for my brother's birthday.
M: ____

2

W: Do you want to watch a movie tonight?
M: Sure, we could watch a horror movie.
W: Actually, I'd like to watch something different.
M: ____

3

M: Well Jen, I'd better leave.
W: But you were here for only five minutes.
M: Sorry, but I have a meeting at noon.
W: ____
M: ____

4

____. The Super Bowl will
present fans with the two best teams in football. During this game, some of the best
football players will play against each other to win the championship, and there will be
____ to witness all the action.
Please note that the ____.
This yearly event seems to be a time for many to get excited and cheer for their
respective team.

정답 252p

Build Up

앞에서 익혔던 유형을 기억하면서 실제 시험 형식을 통해 유형을
최종적으로 점검해 보자.

🎧 20-3

Part I Choose the most appropriate response to the statement.

1. (a)　(b)　(c)　(d)

2. (a)　(b)　(c)　(d)

3. (a)　(b)　(c)　(d)

Part II Choose the appropriate response to complete the conversation.

4. (a)　(b)　(c)　(d)

5. (a)　(b)　(c)　(d)

6. (a)　(b)　(c)　(d)

Part III Choose the option that best answers the question.

7. (a)　(b)　(c)　(d)

8. (a)　(b)　(c)　(d)

9. (a)　(b)　(c)　(d)

Part IV Choose the option that best answers the question.

10. (a)　(b)　(c)　(d)

11. (a)　(b)　(c)　(d)

정답 253p

FINAL CHECK

LISTENING COMPREHENSION

DIRECTIONS

1. In The Listening Comprehension section, all content will be presented orally rather than in written form.

2. This section contains 4 parts. In part I and II, each passage will be read only one. In part III and IV, each passage and its corresponding question will be read twice. But in all sections, the options will be read only once. After listening to the passage and question, listen to the options and choose the best answer.

3. More specific directions will be given at the beginning of each part of this section.

Part I   Question 1-15

You will now hear fifteen items, each made up of a single spoken statement followed by four spoken responses. Choose the most appropriate response to the statement.

Part II   Question 16-30

You will now hear fifteen conversation fragments, each made up of three spoken statements followed by four spoken responses. Choose the appropriate response to complete the conversation.

Part III Question 31-45

You will now hear fifteen complete conversations. For each item, you will hear a conversation and its corresponding question which will be read twice. Then you will hear four options which will be read only once. Choose the option that best answers the question.

Part IV Question 46-60

You will now hear fifteen spoken monologues. For each item, you will hear a monologue and its corresponding question which will be read twice. Then you will hear four options which will be read only once. Choose the option that best answers the question.

ANSWERS
정답과 해설

Day 1

Extension 22p

1.
· It's my birthday today.

2.
· OK, I'll go and get him for you.

3.
· Have you seen Kevin's finger?
· He said that he jammed it in a door.

4.
· learn how to act
· memorizing the lines
· you'll have to do on your own
· record all of the lines except for yours

Build Up 23p

1. (c)	**2.** (b)	**3.** (a)	**4.** (b)	**5.** (c)	**6.** (d)
7. (b)	**8.** (b)	**9.** (c)	**10.** (a)	**11.** (c)	

1.
W: They say the seats are all reserved.
M: ________________________
(a) They should have come earlier.
(b) I didn't forget what they said.
(c) We could try a different place then.
(d) I'd like two seats for tonight, please.

| 해석 |
W: 모든 좌석이 다 예약되었대.
M: ________________________
(a) 그들은 좀 더 일찍 왔어야 했어.
(b) 그들이 뭐라고 했는지 나는 잊지 않았어.
(c) 그렇다면 다른 곳을 가보자.
(d) 오늘밤에 두 좌석을 예약하고 싶습니다.

| 해설 |
여자가 모든 좌석이 예약되었다는 말을 하고 있고 이에 대한 가장 적절한 응답을 고르는 문제이다. (a)에서 should have p.p.는 '(과거에) ~했어야 했다' 라는 후회나 유감을 나타내는 표현이다. 이것이 정답이 되려면 주어가 we로 바뀌어야 한다(We should have come earlier). 그러나 여기서는 그들이 좀 더 일찍 왔어야 했다(They should have come earlier.)라고 말하고 있으므로 적절한 응답이 될 수 없다. 그러므로 다른 곳으로 가보자는 (c)가 가장 적절한 대답이 될 수 있다.

2.
M: Are all these books here yours?
W: ________________________
(a) You're welcome.
(b) You bet they are.
(c) No, I don't like books.
(d) No, they're on sale tonight.

| 해석 |
M: 여기 있는 이 책들이 다 네 것이니?
W: ________________________
(a) 천만에.
(b) 그것들 다 내 거 맞아.
(c) 아니, 나는 책을 좋아하지 않아.
(d) 아니, 그것들은 오늘밤에 세일해.

| 해설 |
bet은 '단언하다' 라는 뜻이 있어서 구어체로 You bet!은 '틀림없어! 그렇다니까!' 라는 뜻이다. 원래는 You bet they are (mine=my books).이었다. 그러므로 (b)가 적절한 대답이라 할 수 있다. (c)는 책을 좋아하지 않는다는 사실을 말한 것으로 '이 책들이 네 것이냐?' 라는 질문에 대한 적절한 대답이 아니다.

3.
W: Can I rent roller skates here?
M: ________________________
(a) Sorry, I'm not sure.
(b) Here are your roller skates.
(c) Yes, I called the roll.
(d) Sure, I'm a good skater.

| 해설 |
W: 여기서 롤러스케이트를 빌릴 수 있을까요?
M: ________________________
(a) 미안하지만 잘 모르겠는데요.
(b) 여기에 당신의 롤러스케이트가 있습니다.
(c) 네, 제가 출석을 불렀습니다.

(d) 그럼요, 저는 스케이트를 잘 탑니다.

| 해설 |
롤러스케이트를 빌릴 수 있는지 문의하는 여자의 질문에 잘 모르겠다
(Sorry, I'm not sure.)는 남자의 대답이 가장 적절하다. (b)는 똑같은
핵심 단어인 roller skates를 넣어서 혼동을 주는 선택지이므로 주의해서
들어야 한다. (c)에서 call the roll은 '출석을 부르다'라는 뜻으로 roll이
라는 단어 때문에 발음상 혼동하여 착각하지 않도록 주의한다.

4.

M: Hello, Ms. Fox. I appreciate you coming in so
　early.
W: Not a problem. After all, it's my first day at
　work.
M: Did you have any trouble finding the building?
W: _________________________________

(a) It was very convenient.
(b) No, it was very easy to spot.
(c) I could go to the other building.
(d) As early as possible.

| 해석 |
M: 폭스 씨, 안녕하세요. 이렇게 일찍 와 주셔서 감사합니다.
W: 별 말씀을요. 오늘은 저의 첫 출근 날이잖아요.
M: 이 건물을 찾는 데는 어렵지 않으셨나요?
W: _________________
(a) 그것은 매우 편리했어요.
(b) 아니요, 매우 찾기 쉬웠어요.
(c) 다른 빌딩으로 갈 수 있었어요.
(d) 가능한 한 일찍요.

| 해설 |
마지막 대사에서 남자가 빌딩을 찾기 어렵지 않았냐고 묻고 있다. 이에
대해 찾기 쉬웠다는 (b)가 가장 적절한 대답이 될 수 있다. (c)에서 the
other building은 두 개의 빌딩 중 하나를 제외한 그 나머지를 의미하는
데 여기서는 남자가 말한 빌딩(the building)을 제외하고 다른 빌딩이
있다고 보기 힘들다. 또한 의미상으로도 다른 빌딩으로 갈 수 있었다는
답변은 논리상 남자의 질문에 대한 답변으로 보기 힘들다. 그러므로 (c)
는 정답이 될 수 없다.

| 어휘 |
spot 발견하다, 분간하다   have trouble -ing ~하는 데 어려움을
겪다

5.

W: What's the matter? Is there something wrong?
M: I just got a speeding ticket on the way here.
W: I told you. You drive too fast.
M: _________________________________
(a) I should have got here sooner.
(b) I was on the drive way.
(c) I know. I should slow down a bit.
(d) For only three hours.

| 해석 |

W: 무슨 일이야? 뭔가 잘못됐어?
M: 여기 오는 길에 속도위반 딱지를 뗐어.
W: 내가 말했잖아. 너는 너무 빨리 달린다고.
M: _________________
(a) 내가 여기 좀 더 일찍 왔어야 했는데.
(b) 나는 차도에 있었어.
(c) 알아. 속도를 좀 더 늦춰야겠어.
(d) 3시간 동안.

| 해설 |
여자는 속도위반 딱지(speeding ticket)을 뗀 남자에게 운전을 너무 빨
리 한다고 나무라고 있다. 이에 대한 남자의 반응을 고르는 문제로 충고
를 받아들이는 표현인 (c)가 가장 적절하다. (b)는 drive라는 핵심단어
를 똑같이 넣어서 혼동을 주려고 한 오답이므로 주의하여야 한다.

6.

M: Rumor has it that you're the best tennis player
　in the office.
W: No, I'm just an average player. I just enjoy
　playing.
M: Me, too. Would you like to play sometime?
W: _________________________________
(a) Sure, I'd love to go there.
(b) I played tennis yesterday.
(c) I just got back home from work.
(d) Sure, how about tomorrow evening?

| 해석 |
M: 네가 사무실에서 테니스를 가장 잘 친다는 소문이 있던데.
W: 아니야. 나는 그냥 보통이야. 그저 즐겨 할 뿐이지.
M: 나도 그래. 한번 같이 게임 하는 게 어때?
W: _________________
(a) 물론이지. 나도 거기 가고 싶어.
(b) 어제 테니스를 쳤어.
(c) 지금 막 회사에서 돌아왔어.
(d) 좋아. 내일 저녁 어때?

| 해설 |
남자가 언제 테니스 치자는 제안에 대한 여자의 반응을 고르는 문제이다.
(a)는 대답은 적절하나 동사구(go there)가 내용과 일치하지 않는다.
(b)는 시제를 주의해서 들어야 한다. 과거시제가 쓰여서 어제의 일을 이
야기하고 있으므로 앞으로의 제안에 대한 대답으로 적절치 않다. 그러므
로 '내일 저녁이 어때?'라고 제안에 응답하는 (d)가 가장 적절한 응답
이라 할 수 있다.

| 어휘 |
rumor has it that~ ~라는 소문이 있다

7.

W: I like that music.
M: You do? Really?
W: Not your taste, huh? What kind of music is
　that anyway?
M: It's called house music.
W: Then I'd say I love house music.

M: It's too jumpy if you asked me.

Q. What is mainly happening in the conversation?
(a) They are in the house listening to music.
(b) They are talking about their taste of music.
(c) The man enjoys listening to house music.
(d) The woman is composing house music.

| 해석 |
W: 그 음악이 좋다.
M: 그래? 진짜?
W: 네 타입은 아니지? 근데 이건 어떤 종류의 음악이야?
M: 하우스 음악이라고 해.
W: 그렇다면 난 하우스 음악을 좋아하는 거네.
M: 나한텐 너무 정신없어.

이 대화는 무엇에 관한 것인가?
(a) 그들은 집에서 음악을 듣고 있다.
(b) 그들은 서로의 음악 취향에 대해 이야기하고 있다.
(c) 남자는 하우스 음악 듣는 것을 좋아한다.
(d) 여자는 하우스 음악을 작곡하는 중이다.

| 해설 |
여자가 하우스 음악이라는 장르의 음악을 듣고 좋다고 말하고 남자는 '음악이 너무 정신없다'고 이야기하고 있다(W: Then I'd say I love house music. M: It's too jumpy if you asked me). 그러므로 그들은 그들의 음악 취향(their taste of music)을 말하고 있다는 (b)가 가장 적절한 대답이다. (c)와 (d)는 house music이라는 핵심 단어를 사용하여 혼란을 초래하기 위한 오답이므로 주의하여야 한다.

| 어휘 |
jumpy 튀어 오르는, 급변하는 house music 전자 악기를 써어 리듬을 중시하는 강한 비트와 빠른 템포의 디스코 음악

8.
W: Did you hear the news?
M: What? The train crash?
W: Yeah, they say it was the first train crash in the region.
M: I know. Fortunately, there seems to be no fatalities.
W: No, that's what they thought at first.
M: What do you mean?
W: The latest news says there are at least three casualties.

Q. What is the main topic of the conversation?
(a) Three casualties from the train crash.
(b) A news report about a railway accident in the region.
(c) How many people were on the train.
(d) The new train schedule.

| 해석 |
W: 그 뉴스 들었어?
M: 뭐? 기차 충돌 사고?
W: 응, 그 지역에서 일어난 첫 번째 기차 사고였대.
M: 알아. 그래도 다행이 사망자는 없는 듯 보여.
W: 아니 그건 그들이 처음에 생각했던 거야.
M: 무슨 뜻이야?
W: 최근 뉴스는 적어도 세 명의 사망자가 있다고 하더라고.

이 대화의 주제는 무엇인가?
(a) 기차 충돌 사고에서 생긴 세 명의 사망자
(b) 그 지역에서 일어나 기차 충돌 사고에 관한 뉴스
(c) 얼마나 많은 사람이 기차에 탔는지
(d) 새 기차 스케줄

| 해설 |
남자와 여자는 그 지역에서 처음으로 생긴 기차 충돌 사고(they say it was the first train crash in the region.)에 대해서 이야기하고 있다. (a)는 대화의 내용과 일치하는 내용 (The latest news says there are at least three casualties.)이긴 하지만 주제라고 보기에는 너무 지엽적인 내용이다. 그러므로 주제를 묻고 있는 이 질문에는 (a)가 가장 적절한 답이다.

| 어휘 |
fatality 사망자수, 재난, 참사 causality 사망자수

9.
M: What's up? Your eyes look all puffed up.
W: I know. I didn't get a wink of sleep because of my roommate.
M: You mean your new roommate?
W: Yes. I didn't know she is such a night person.
M: So are you thinking about getting a new roommate again?
W: I might, but I'm going to talk to her first.

Q. What is the woman trying to do?
(a) Ask the man to be her new roommate
(b) Get a loan from the bank
(c) Address the issue with her roommate
(d) Get some sleep while she can

| 해석 |
M: 무슨 일이야? 네 눈이 전부 다 부어 보여.
W: 알아. 내 룸메이트 때문에 한숨도 못 잤어.
M: 네 새 룸메이트?
W: 응, 난 걔가 그 정도로 야행성인지 몰랐어.
M: 새 룸메이트를 다시 구할 생각이니?
W: 그럴지도 모르겠어. 먼저 개하고 얘기해 봐야지 .

여자는 무엇을 하려고 하는가?
(a) 그녀의 새 룸메이트가 되어 달라고 남자에게 부탁한다.
(b) 은행에서 대출을 받는다.
(c) 자신의 룸메이트에 대한 문제를 제기한다.
(d) 잘 수 있을 때 잠을 조금 잔다.

| 해설 |

여자가 올빼미 형 룸메이트 때문에 잠을 이룰 수 없는 불편함을 남자에게 이야기하고 있다(I didn't get a wink of sleep because of my roommate). 여자는 마지막 말에서 자신의 룸메이트에게 문제를 이야기해 본다고 했으므로 정답은 (c)가 된다. (a)에서 남자에게 자신의 룸메이트가 되어 달라고 부탁하는 것은 본문을 통해 전혀 알 수 없으므로 정답과 거리가 멀다.

| 어휘 |

puff up 부풀어 오르다 night person (밤에 주로 활동하는) 야행성 사람 get a loan 돈을 빌리다

10.

The soaring building you see ahead is called the Empire State Building, one of New York City's main tourist attractions. We're going to have a stop there soon and give you three hours to look around. There are coffee shops, restaurants, and a lot of places to shop for clothes and souvenirs inside. The observatory commands breathtaking views of Manhattan and beyond. You can also enjoy the simulated helicopter ride and a virtual-reality movie theater.

Q. What is the topic of the talk?
(a) An introduction to the building
(b) The unique characteristics of New York
(c) The history of a mall in New York
(d) The observatory in the building

| 해석 |

여러분 앞에 보이는 높이 솟은 건물은 뉴욕에서 주요 관광 명소 중 하나인 엠파이어 스테이트 빌딩입니다. 우리는 거기서 잠시 멈추고 여러분께서 돌아보실 수 있도록 세 시간을 드릴 겁니다. 건물 안에는 커피숍과 레스토랑, 그리고 옷과 기념품을 살 수 있는 많은 장소들이 있습니다. 전망대에서는 숨막히게 아름다운 맨하튼과 그 너머가 보입니다. 모의 헬리콥터를 타 보실 수 있고 가상 현실 영화관도 즐기실 수 있습니다.

이 담화는 무엇에 관한 것인가?
(a) 빌딩에 대한 소개
(b) 뉴욕의 독특한 특성
(c) 뉴욕의 상점에 대한 역사
(d) 빌딩 안의 전망대

| 해설 |

첫 문장에서 엠파이어 스테이트 빌딩을 소개하면서 그 안의 내부까지 상세하게 설명을 하고 있다. 그러므로 빌딩 즉, 엠파이어 스테이트 빌딩에 대한 소개가 이 담화문의 주제라고 할 수 있다. (b)는 뉴욕의 한 빌딩에 관한 이야기를 확대 해석한 것으로 정답과 거리가 있으며, (d)는 지엽적인 내용이므로 주제가 될 수 없다.

| 어휘 |

soaring 솟아 오른 observatory 전망대 command (경치를) 내다보다 breathtaking 숨막히는 simulated 모의 실험의 virtual 가상의

11.

Welcome, everyone. I'd like to thank everyone who joined us today on such short notice. We're here to share our views on the latest development in our product design. The marketing department has accepted more than twelve different designs from some of you. Today, we're going to put our heads together to determine which one is the best suited design for our line of products.

Q. What is the purpose of the meeting?
(a) To choose the new suits
(b) To discuss the latest marketing strategies
(c) To decide on a design for the products
(d) To announce a new schedule

| 해석 |

환영합니다, 여러분. 갑작스러운 통보에도 불구하고 오늘 여기에 참석하신 여러분 모두에게 감사드립니다. 우리는 우리 제품의 최신 디자인에 대한 견해를 나누기 위해 모였습니다. 마케팅 부서에서는 여러분 몇몇 분들로부터 12개 이상의 다른 디자인을 받았습니다. 오늘 우리는 우리 생산품에 어떤 디자인이 가장 어울리는지를 결정하기 위해 이마를 맞대고 의견을 나눌 것입니다.

이 회의의 목적은 무엇인가?
(a) 새로운 정장을 결정하기 위해
(b) 최근 마케팅 전략에 대해 의논하기 위해 ?
(c) 제품의 디자인을 결정하기 위해
(d) 새로운 일정을 알리기 위해

| 해설 |

두 번째 문장(We're here to share our views on the latest development in our product design.)과 마지막 문장(Today, we're going to put our heads together to determine which one is the best suited design for our line of products.)에서 제품의 디자인을 결정하기 위해 모였다고 말하고 있다. 제품의 최신 디자인을 결정하는 것이지 마케팅 전략(marketing strategies)이 아니므로 (b)는 정답이 될 수 없다. 그러므로 회의 목적에는 (c)가 가장 적절하다.

| 어휘 |

on such short notice 갑작스러운 (급박한) 통고로 put one's head together 이마를 맞대고 의논하다

Day 2
Extension

30p

1.

· That's good news.

2.

· I used to. How did you know that?

3.
· I think I accidentally erased all my files.
· I'll give it my best shot.

4.
· sun-drenched beach
· a nice family vacation and a beautiful tan
· protect you against damaging sun rays

Build Up

31p

1. (b)	**2.** (d)	**3.** (b)	**4.** (c)	**5.** (c)	**6.** (d)
7. (c)	**8.** (b)	**9.** (b)	**10.** (b)	**11.** (b)	

1.

M : Hi, Jennifer. How have you been doing?
W: ________________________
(a) How about you?
(b) I've been quite busy lately. Thanks.
(c) Nice talking to you.
(d) I'm doing it right now.

| 해석 |
M: 안녕, 제니퍼. 어떻게 지냈어?
W: ________________
(a) 너는 어때?
(b) 요즘 바빴어. 고마워.
(c) 얘기해서 즐거웠어.
(d) 지금 하는 중이야.

| 해설 |
오래만에 보는 사람에게는 How have you been doing? / how have you been?이라고 인사한다. 이에 대해 '요즘 바빴어'라고 대답하는 (b)가 가장 적절하다. 또한 추가 답변에 Thanks.라고 얘기한 것은 Thanks for asking(물어봐줘서 고마워).란 뜻으로 예의를 차린 응답이라 할 수 있다. 남자의 질문에 대해 (a)처럼 '너는 어때(How about you)?'라고 질문하는 것은 옳지 않다. 이 응답은 (b)와 같은 대답을 한 후에나 가능하다.

2.

W: Why don't you invest some money in real estate?
M: ________________________
(a) I already bought some shares.
(b) I really like real estate.
(c) Why should I help you do that?

(d) I wish I could.

| 해석 |
W: 부동산에 투자하는 게 어때?
M: ________________
(a) 나는 주식을 이미 샀어.
(b) 난 부동산을 좋아해.
(c) 내가 왜 네가 그것을 하도록 도와줘야 하니?
(d) 그랬으면 좋겠어.

| 해설 |
why don't you~는 '~하는 게 어떠냐'라는 제안을 하는 표현이다. 여기서 여자는 남자에게 부동산에 돈을 투자하는 것이 어떤지 제안하고 있다. (d)의 I wish I could.는 그렇게 하고 싶으나 할 수 없는 현재 상황의 반대를 의미하는 가정법으로 여자의 제안에 대한 적절한 응답이 될 수 있다. 부동산에 투자하라는 제안에 '부동산을 좋아한다'는 일반적인 사실을 말하는 것은 논리적으로 맞지 않으므로 (b)는 정답이 될 수 없다.

3.
M : Jane, is that really you? You look fantastic.
W: ________________________
(a) I don't know what I'm capable of.
(b) I know. I've lost 50 pounds.
(c) I do like your hairstyle.
(d) I now have a different perspective.

| 해석 |
M: 제인, 정말 너니? 너무 멋지다.
W: ________________
(a) 내가 무엇을 할 수 있는지 모르겠어.
(b) 알아. 살이 50파운드가 빠졌거든.
(c) 네 머리 스타일 맘에 든다.
(d) 지금은 다른 견해를 가지고 있어.

| 해설 |
남자의 말을 통해 여자가 달라 보인다는 것을 알 수 있다. 이런 남자의 말에 살이 빠져서 그렇다는 여자의 말인 (b)가 가장 적절하다. (c)는 hairstyle이란 단어 때문에 착각할 수는 있으나 여자의 입장에서 남자에게 '남자의 머리스타일이 맘에 든다'라는 것은 논리상 맞지 않으므로 정답이 될 수 없다.

4.
M: Do you have a minute?
W: Yes. What's up?
M: Would you like to take a walk with me?
W: ________________________
(a) I didn't know that.
(b) Yes. I know I could.
(c) I'd like that.
(d) I meant what I said.

| 해석 |
M: 시간 있니?
W: 응. 무슨 일이야?
M: 나랑 산책할래?

W: _________________
(a) 나는 몰랐어.
(b) 응, 내가 할 수 있다는 것을 나는 알아.
(c) 좋아.
(d) 한 말 그대로야.

| 해설 |

마지막 남자의 말은 여자에게 산책을 같이 하자고 권유하는 문장이다.
Would you like to~로 시작하는 상대방의 의향을 묻는 질문이다. 이러
한 질문에 대해 거절할 수도 있지만 여기서는 그 전에 여자가 '이미 시간
이 있다'고 대답했으므로 권유에 수긍하는 긍정적인 대답이 더 적절하
다. 그러므로 (c)가 가장 적절하다. (b)는 응답(Yes.)은 적절하나 추가
답변이 내용과 일치하지 않으므로 정답이 될 수 없다.

5.

W: Excuse me, where should I transfer?
M: To which subway line?
W: To the green line.
M: _________________________
(a) That's awesome.
(b) Are you sure?
(c) You need to go upstairs.
(d) I appreciate it.

| 해설 |

W: 실례합니다만, 어디서 환승해야 하지요?
M: 무슨 선으로요?
W: 녹색 선으로요.
M: _________________
(a) 그거 멋지군요.
(b) 확실한가요?
(c) 위로 올라가셔야 합니다.
(d) 고맙습니다.

| 해설 |

여자는 남자에게 어디서 환승해야 하는지를 묻고 있다. 이에 남자가 어느
지하철 노선인지 물어보고 여자는 녹색 선이라고 말하고 있다. 그러므로
남자는 녹색 선으로 갈아타는 곳을 가르쳐줘야 하므로 (c)가 가장 적절
한 응답이 된다. 녹색 노선으로 간다는 여자에게 확실한지의 여부를 묻는
것은 논리적으로 맞지 않으므로 (b)는 정답이 될 수 없다. (d)는 남자의
답변 후에 여자가 할 수 있는 감사의 표현이므로 답은 아니다.

6.

M: Darwin's Loans. How may I help you?
W: Yes. This is Jessica from J&C Corp. May I
   speak to Mr. Plowman?
M: I'm sorry, he's not in right now. Would you like
   him to call you back?
W: _________________________
(a) No, I'm not ready.
(b) Yes, I'll call him.
(c) I don't think that's a problem.
(d) No, I'll call later. Thanks.

| 해설 |

M: Darwin's Loans입니다. 어떻게 도와드릴까요?
W: 네. 저는 J&C 법인의 제시카입니다. 플로우맨 씨와 통화할 수 있을
   까요?
M: 죄송합니다만, 지금 자리에 안 계세요. 전화드리라고 할까요?
W: _________________
(a) 아니요, 준비 안 됐어요.
(b) 네, 제가 전화할게요.
(c) 그건 별 문제가 아닌 것 같은데요.
(d) 아니요. 제가 다시 전화할게요. 고맙습니다.

| 해설 |

마지막 남자의 질문이 would you like to~로 시작하는 상대방의 의향
을 묻는 질문이다. 여기서는 남자가 여자에게 '플로우맨 씨에게 전화를
다시 하게 할까요'라는 의향을 묻고 있다. 이에 대해 고맙지만 사양하는
(No, I'll call later. Thanks.) 내용의 (d)가 가장 적절한 대답이 된다.
(b)는 Yes라는 대답은 적절했지만 추가 답변(I'll call him.)이 내용과 일
치하지 않아서 오답이 됨을 주의한다.

7.

W: What can I do for you?
M: I'm trying to find this shirt in blue.
W: I'm sorry. We have it in red and black only.
M: But I don't see black ones, either.
W: Oh, I can get one for you in a minute. What
   size do you wear?
M: Large, please.

Q. What is the woman doing in the conversation?
(a) Finding a black suit
(b) Finding a pair of red shoes
(c) Helping a customer
(d) Checking an inventory

| 해설 |

W: 무엇을 도와드릴까요?
M: 이 셔츠를 파란색으로 찾고 있어요.
W: 죄송합니다. 이 셔츠는 빨간색과 검정색만 있습니다.
M: 그런데 검정색도 찾을 수가 없는데요.
W: 아, 제가 금방 갖다 드릴게요. 어떤 사이즈 입으세요?
M: 라지로 주세요.

여자는 이 대화에서 무엇을 하고 있는가?
(a) 검정색 양복을 찾고 있다.
(b) 빨간색 신발 한 쌍을 찾고 있다.
(c) 고객을 돕고 있다.
(d) 재고품을 확인하고 있다.

| 해설 |

여자의 질문이 What can I do for you(어떻게 도와 드릴까요)?라는 것
으로 여자는 (옷 가게) 점원이고 남자는 고객임을 전체 대화를 통해서 알
수 있다. 여자는 남자가 찾고 있는 검정색 셔츠를 찾도록 도와주고 있으
므로 여자가 하는 일은 '고객을 돕고 있는 것'이 된다. 여기서 여자는 검
정색 셔츠(black shirt)를 찾고 있는 것이지 검정색 양복(black suit)이
아니므로 (a)는 정답이 될 수 없다. 또한 여자가 찾아 주겠다고 한 것은
재고품(inventory)이 아니라 현재 팔고 있는 검정색 셔츠이므로 (d)도

정답이 될 수 없다.

| 어휘 |
inventory 재고품

8.

W: Would you like to go see a movie tonight?
M: No, thanks. I'm far behind in my work.
W: What kind of work? I thought you finished already.
M: Oh, I just found out about this new assignment from James.
W: I see. Would you want me to go rent a movie then?
M: Yes, that'll be fine. Thanks.

Q. What are the man and the woman mainly talking about?
(a) About their schedule
(b) About watching a movie
(c) Who they are expecting
(d) What movie to watch

| 해석 |
W: 오늘밤에 영화 보러 갈래?
M: 고맙지만, 아니. 일이 많이 뒤쳐져서.
W: 어떤 일? 난 네가 이미 끝낸 줄 알았는데.
M: 제임스로부터 새 작업이 있다는 것을 알게 됐거든.
W: 그렇구나. 비디오 빌려다 줄까?
M: 그래. 그거 좋겠다. 고마워.

남자와 여자가 주로 얘기하고 있는 것은 무엇인가?
(a) 그들의 스케줄에 관해서
(b) 영화 보는 것에 관해서
(c) 그들이 누구를 기다리는지
(d) 무슨 영화를 보는지

| 해설 |
여자가 남자에게 영화 보러 갈 것을 제안하지만 남자는 새 작업 때문에 못 간다고 대답한다. 이에 여자는 영화 한 편을 (비디오로) 빌려다 줄까 라고 물어보고 남자는 이에 대해 그렇게 해 달라고 대답하는 내용이다. 여기서 영화를 빌려 올 것을 추론할 수는 있지만 무슨 영화를 볼 지에 대해서는 언급된 바가 없으므로 movie라는 핵심 단어로 혼동을 주는 (d) 에 착각해서는 안 된다. 그러므로 이 남자와 여자는 영화 보는 것 (About watching a movie)에 대해 주로 이야기하고 있으므로 (b)가 정답이 된다.

9.

W: Have you heard?
M: About what?
W: About James. He had a traffic accident last night.
M: Really? What happened?
W: I'm not sure. All I know is that he's in the hospital right now.
M: Did he have surgery?
W: Apparently.
M: We should go see him after work. I really hope it's nothing serious.

Q. What is the conversation mainly about?
(a) A friend getting fired
(b) A friend's terrible car accident
(c) A friend's knee surgery
(d) Where the hospital is

| 해석 |
W: 들었어?
M: 뭐에 대해서?
W: 제임스에 대해서. 지난밤에 교통사고 당했대.
M: 정말? 무슨 일이래?
W: 잘 모르겠어. 내가 아는 건 그가 지금 병원에 있다는 거야.
M: 수술은 했대?
W: 응.
M: 일 끝나면 보러 가야겠다. 별 일이 아니길 바래.

주로 무엇에 관한 대화인가?
(a) 해고 당한 친구
(b) 친구의 끔찍한 교통사고
(c) 친구의 무릎 수술
(d) 그 병원이 어디 있는지

| 해설 |
여자는 제임스가 교통사고를 당했다고 말하고 있다(About James. He had a traffic accident last night). 이에 대해 남자와 여자가 대화하고 있음을 알 수 있다. get fired는 '해고 당하다' 라는 뜻이므로 (a)는 답이 아니다. 친구가 교통사고를 당해서 수술은 했지만 어느 부위를 수술한지 에 대해서는 언급된 바 없으므로 (c) 역시 정답이 될 수 없다. 본문에 나 온 traffic accident(교통사고)는 car accident와 동일한 의미로 '끔찍한 교통사고를 당한 친구에 대해서' 이야기한다고 답한 (b)가 정답이 된다.

10.

Today we're going to be talking about how to overcome a divorce. Going through a divorce is one of the most depressing and painful events one could ever face, which is why it's so important to deal with it in a wise manner. The first thing you should try to do, during or right after a divorce, is to find a positive aspect of your life other than your relationship that just ended on a negative note.

Q. What is the main purpose of the program?
(a) To advise people who are considering adopting children
(b) To advise people who just got divorced
(c) To prove the fact that a divorce is the most

depressing and painful event
(d) To teach people how to overcome the
negative aspect of their lives

오늘 우리는 이혼을 어떻게 극복하는지에 대해 말해 보도록 할 것입니다.
이혼을 겪는 것은 한 사람이 겪을 수 있는 가장 우울하고 고통스런 일 중
에 하나입니다. 그렇기 때문에 이것을 현명한 방법으로 처리하는 것은 중
요합니다. 이혼 중이나 이혼 직후에 해야 될 첫 번째 일은 부정적으로 끝
난 당신의 관계보다 당신의 삶에 있어서 긍정적인 면을 찾는 것입니다.

이 프로그램의 주된 목적은 무엇인가?
(a) 아이를 입양하려는 사람들에게 조언해 주는 것
(b) 방금 이혼한 사람들에게 조언해 주는 것
(c) 이혼이 가장 절망적이고 고통스런 일이라는 사실을 입증해 주는 것.
(d) 사람들에게 그들 삶의 부정적인 면을 어떻게 극복하는지 가르쳐 주
　는 것

| 해설 |

두 번째 문장을 보면 이혼은 사람이 겪을 수 있는 일들 중에 가장 절망적
이고 고통스런 일 중에 하나이기 때문에 이를 현명하게 극복하는 것은 중
요하다라고 말하고 있다(Going through a divorce is one of the
most depressing and painful events one could ever face, which
is why it's so important to deal with it in a wise manner). 그러므
로 이 프로그램의 목적은 이혼하거나 방금 이혼한 사람들에게 극복하는
방법을 전해 주는 것이므로 (b)가 정답이 된다. 이혼이 가장 절망적이고
고통스런 일중에 하나라고 언급은 되었지만 이 프로그램의 목적이 이것
을 입증하는 것은 아니므로 (c)는 정답이 될 수 없다. 또한 이혼을 극복
하는 방법을 가르쳐 주는 것을 (d)와 같이 해석하는 것은 확대 해석의 오
류로 적절치 않다.

| 어휘 |

overcome 극복하다 **face** 직면하다 **adopt** 입양하다

11.

You won't believe what you can do with this
new digital television. Let's say you're watching
your favorite show. You pop up a search engine
on your TV and punch in the name of the show.
Then, it will immediately start recording every
episode of that particular show from that point
on. If you had Search TV, what show would you
punch in? Call us at 1-888-SEARCHTV or visit
www.searchtv.com

Q. What is being advertised?
(a) A search engine
(b) A digital television
(c) A digital camera
(d) A dual monitor

| 해석 |

당신은 이 새로운 디지털 TV로 무엇을 할 수 있는지 믿으실 수 없을 겁
니다. 당신이 좋아하는 쇼를 지금 보고 있다고 가정합시다. 당신은 당신
의 TV에 검색 엔진을 띄우고 그 쇼의 이름을 입력합니다. 그러면 그 순

간부터 그 특정한 쇼의 모든 방송분이 즉시 녹화되기 시작할 것입니다.
당신에게 Search TV가 있다면 어떤 쇼를 입력하시겠습니까? 1-888-
SEARCHTV로 전화하시거나 www.searchtv.com으로 방문해 주십
시오.

무엇이 광고되고 있는가?
(a) 검색 엔진
(b) 디지털 TV
(c) 디지털 카메라
(d) 이중 모니터

| 해설 |

첫 문장 You won't believe what you can do with this new digital
television에서 이 광고의 대상이 digital television임을 알 수 있다. (a)
의 search engine은 본문에 언급된 단어로 혼동을 초래하고자 넣은 오
답이다. 또한 본문에 언급된 digital이라는 핵심 단어가 들어간 (c)도(A
digital camera) 주의하도록 한다.

| 어휘 |

search engine 검색 엔진 **pop up** 갑자기 나타나다 **punch in** 입
력하다

Day 3

Extension　　　　　　　　　　　　　　38p

1.
· That will be $47.

2.
· It's okay, there's always next time.

3.
· could you give me a hand?
· Okay. No problem. Where to?

4.
· review some of the submitted homework
· I have selected three of the best answers.
· to learn a little more about what is in line for us

Build Up　　　　　　　　　　　　　　39p

1. (a)	**2.** (c)	**3.** (b)	**4.** (b)	**5.** (b)	**6.** (d)
7. (b)	**8.** (c)	**9.** (c)	**10.** (b)	**11.** (a)	

1.

M: My brother became a father today.

W: ______________________________

(a) Wow, you must be thrilled.

(b) I thought your father passed away.

(c) Never mind.

(d) I met him the other day.

M: 내 동생이 오늘 아빠가 됐어.

W: ______________________

(a) 와! 너 감격했겠다.

(b) 나는 네 아버지가 돌아가신 줄 알았어.

(c) 신경 쓰지 마.

(d) 지난 번에 그를 만났어.

| 해설 |

자신의 동생이 아버지가 되었다는 남자의 말에 대한 여자의 응답을 고르는 문제이다. 남자에게는 조카가 생기게 되는 것이므로 축하의 내용이나 좋은 일에 호응하는 말이 적절한 응답이 될 것이다. 그러므로 (a)가 가장 적절한 응답이 된다. (c)의 Never mind.는 상대방이 부탁을 들어줄 수 없을 때 그에 대한 응답으로 '괜찮다' 또는 '신경쓰지마'라는 의미를 전할 때 쓰는 반응이다.

2.

M: Could you explain what the manager just said?

W: ______________________________________

(a) You have never been there.

(b) I did listen to you.

(c) Sure. No problem.

(d) This is not what I expected.

| 해석 |

M: 매니저가 방금 뭐라고 했는지 말해 줄 수 있나요?

W: ____________________

(a) 너는 그곳에 가 본 적이 없어.

(b) 듣고 있었어.

(c) 그럼요, 물론이죠.

(d) 이건 내가 예상한 바가 아니야.

| 해설 |

남자가 매니저가 한 말을 못 듣고 여자에게 그가 뭐라 했는지 묻고 있다. 이에 대한 반응으로 못 들었을 경우 I'm not quite sure. 혹은 I don't know either. 등으로 대답할 수도 있다. 여기서는 여자가 매니저가 한 말을 들었다는 상황에서 나올 수 있는 대답인 Sure. No problem.이 가장 적절한 응답으로 사용되었다. (b)에서 did는 listen(본동사)을 강조하는 의미로 쓰였다.

3.

M: Oh no! I forgot to bring my passport with me.

W: ______________________________

(a) This one is on me.

(b) Should we take a taxi back home then?

(c) How much was it?

(d) That's not a problem, I have the ticket.

| 해석 |

M: 이런! 여권 가져 오는 것을 잊었네.

W: ________________

(a) 이건 내가 낼게.

(b) 그럼 우리 택시 타고 집에 다시 가야 하는 거 아니야?

(c) 이건 얼마였어요?

(d) 전혀 문제 되지 않아요. 내가 그 티켓을 가지고 있어요.

| 해설 |

여권을 집에 두고 온 남자의 말에 대한 여자의 반응을 고르는 문제이다. 이 대화가 벌어지는 곳이 공항이든 항구든 여권이 필요한 상황 즉, 해외로 나가는 상황이라면 여권이 없으면 갈 수 없는 상황이 되므로 집에 다시 가야 하는 것이 아닌지 묻고 있는 (b)가 가장 적절한 대답이라 하겠다. (a) This one is on me는 '내가 낼게'라는 뜻으로 비슷한 의미로는 I'll pick up the tab/bill.이 있다. 또한 (d)는 여권을 가져오지 않은 것이 문제가 되는 상황이므로 티켓을 가지고 있는 것이 논리적으로 문제 해결에 도움이 되지 않기 때문에 정답이 될 수 없다.

4.

W: My mom is not going to be so happy when she sees my grades.

M: You shouldn't worry.

W: What do you mean?

M: ______________________________

(a) You need to go home.

(b) After all, it's not the end of the world.

(c) I have to tell her.

(d) You can ask your mom later.

| 해석 |

W: 엄마가 내 성적을 보면 좋아하지 않으실 거야.

M: 걱정하지 마.

W: 무슨 뜻이니?

M: ________________

(a) 너 집에 가야 돼.

(b) 어쨌든, 세상이 끝난 게 아니잖아.

(c) 난 그녀한테 얘기해야 해.

(d) 다음에 엄마한테 물어볼 수 있잖아

| 해설 |

성적 때문에 걱정하는 여자에게 남자는 그럴 필요 없다고 한다. 그게 무슨 뜻이냐는 여자의 질문에 대한 적절한 대답으로 세상이 끝난 것은 아니지 않으며 위로하는 (b)가 가장 적절하다. after all은 문두에 오면 '어쨌든, 아무튼'이라는 의미가 있다. 이와 비슷한 상황에 You tried your best all semester(너는 학기마다 최선을 다 했잖아).라고 격려의 대답을 할 수도 있다.

5.

M: Are you going to be busy today?

W: Yes, I'm afraid I'll be on the go all day.

M: That's too bad. I was going to ask you to join us for fishing.

W: ______________________________________

(a) That's not what I meant.
(b) Oh no, maybe next time.
(c) I'd love to shop.
(d) Whatever you want.

| 해석 |

M: 오늘 바쁘니?
W: 응. 하루 종일 아주 바쁠 것 같아.
M: 안됐다. 우리랑 낚시 가자고 하려고 했는데.
W: ________________
(a) 내 말은 그런 뜻이 아니야.
(b) 에구, 다음 번에 가자.
(c) 쇼핑하고 싶어.
(d) 네가 원하는 건 뭐든지.

| 해설 |

on the go는 '아주 바쁜, 끊임없이 활동하여'라는 의미가 있다. 오늘 바쁘냐는 남자의 질문에 여자는 하루 종일 바쁠 것 같다고 대답한다. 이에 남자가 여자에게 낚시에 초대하려 했다는 말을 전하고 이에 대한 여자의 응답을 고르는 문제이다. 여자가 Oh, no라고 말하면서 아쉬움을 나타내고 다음 기회에 가자고 말한 (b)가 가장 적절한 응답이다. (a)와 같은 표현은 상대방이 자신의 말을 잘못 이해했을 때 하는 표현으로 여기서는 어울리지 않는 응답이다.

6.

W: Excuse me, could you direct me to the nearest subway station?
M: Go straight for three blocks, and turn left on Green Street.
W: Thanks. Are the trains still running?
M: ________________
(a) I wish I could.
(b) You can't miss it.
(c) They are probably sold out.
(d) I'm not sure, but you'd better hurry.

| 해석 |

W: 실례합니다만 가장 가까운 지하철 역이 어디인지 알려주시겠어요?
M: 세 블록을 쭉 가시다가 Green Street에서 왼쪽으로 가세요.
W: 고맙습니다. 근데 아직까지 지하철이 다니나요?
M: ________________
(a) 그럴 수 있으면 좋겠네요.
(b) 놓치지 않으실 거예요.
(c) 아마 다 팔렸을 거예요.
(d) 확실하지 않지만 서두르셔야겠는데요.

| 해설 |

여자의 마지막 질문은 기차가 아직도 다니는지에 대한 여부이다. 이에 대해 '확실하지 않으나 서두르라'는 (d)가 가장 적절한 대답이 된다. (b)의 You can't miss it.은 '너는 그것을 절대 놓치지 못할 것이다'라는 뜻으로 길을 안내할 때 '(그곳이) 찾기 쉽다'는 의미가 된다.

7.

M: Christmas is coming up.
W: Are we having a party at John's this year?
M: Yeah, I've been wondering about that, too.
W: Maybe we should ask Ian.
M: Yes, he knows about everyone's business.
W: No kidding!

Q. What are the speakers discussing?
(a) Whether Ian is having a party this year
(b) Where they are having a party this year
(c) Who to bring to the party this year
(d) How to contact their friends

| 해석 |

M: 크리스마스가 다가오고 있어.
W: 우리 올해에는 존의 집에서 파티를 여니?
M: 글쎄, 나도 그게 궁금했어.
W: 이안한테 물어봐야겠다.
M: 그래, 그는 사람들의 일이라면 다 알잖아.
W: 설마!

화자들은 무엇에 대해 의논하고 있는가?
(a) 이안이 올해 파티를 열 것인지
(b) 올해 어디서 파티를 열 것인지
(c) 올해 누구를 파티에 데리고 갈지
(d) 친구들에게 어떻게 연락할지

| 해설 |

여자가 남자에게 올해에 존이 파티를 여는지 물어보자 남자는 모르겠다고 말한다. 이에 여자는 이안에게 물어봐야겠다고 한다. 그러므로 이 대화는 올해 어디서 파티를 열 것인지에 관한 것이므로 (b)가 정답이 된다. 이안에게 누가 파티를 여는지 여부를 물어보겠다고 한 것이므로 (a)와 같은 내용은 추론이 불가능하며 그러기에 주제를 묻는 답으로 적절치 않다.

8.

W: Hey, John. What's up? You look happy.
M: I am. I've finally finished my thesis.
W: You did? Wow, good for you.
M: I know. I feel like I'm walking on air.
W: How long did it take you by the way?
M: The whole three months.

Q. What is the man happy about?
(a) His major
(b) His thesis result
(c) His finished thesis
(d) His vacation

| 해석 |

W: 안녕, 존. 무슨 일이야? 너 기분 좋아 보인다.
M: 응. 드디어 논문을 마쳤거든.
W: 정말? 와, 잘됐다.
M: 그래. 지금 구름 위를 걷는 기분이야.
W: 근데 얼마나 걸린 거지?
M: 꼬박 3개월.

남자는 무엇에 대해 기뻐하는가?
(a) 그의 전공
(b) 그의 논문 결과
(c) 끝마친 논문
(d) 그의 방학

남자는 드디어 논문을 끝냈다(I've finally finished my thesis)고 말하면서 구름 위를 걷는 것 같은 기분이라고 말하고 있다(I feel like I'm walking on air). 그러므로 그가 기분이 좋은 이유는 논문을 끝냈기 때문이므로 (c)가 정답이다. 또한 남자는 논문을 막 마친 상태이기 때문에 아직 결과를 알 수 없으므로 '논문 결과'라고 말한 (b)는 정답이 될 수 없다.

9.

M: I can't wait to get to the beach.
W: Me too, I've been waiting for this for so long.
M: Yeah, as soon as I get there, I'm going to hit the water.
W: Or we can just relax and get a nice tan.
M: You have the oil with you, right?
W: I'm pretty sure I put one in my backpack.

Q. What are the speakers mainly discussing?
(a) Where the woman put the oil bottle in
(b) What time they have to be back
(c) How exciting their vacation will be
(d) What they are going to do after work

M: 바다에 빨리 가고 싶어.
W: 나도 그래, 너무도 오랫동안 이걸 기다렸다고.
M: 맞아, 바다에 도착하자마자 물에 뛰어들 거야.
W: 아니면 편히 쉬고 멋진 선탠도 할 수 있어.
M: 너 오일 가지고 있지?
W: 배낭 안에 하나 있는 거 확실해.

화자들은 주로 무엇에 대해 의논하고 있는가?
(a) 여자가 오일을 어디다 두었는지
(b) 그들이 몇 시에 돌아와야 하는지
(c) 휴가가 얼마나 재미있을지
(d) 일이 끝난 후에 무엇을 할지

남자는 바다에 도착하자마자 바다에 뛰어들 것이라고 말하고(as soon as I get there, I'm going to hit the water) 여자는 푹 쉬고 선탠할 생각에(we can just relax and get a nice tan) 들떠 있다. 남자와 여자는 그들의 휴가가 얼마나 재미있을지에 대해서 이야기하고 있으므로 정답은 (c)가 된다. (a)에서 말한 대로 여자가 어디에 오일을 두었는지 말하고는 있지만(I'm pretty sure I put one in my backpack.) 지엽적인 내용이므로 주제가 될 수는 없다.

10.

Most people nowadays, including myself, have cereal in the morning. They're very healthy, easy to make, tastes good, and gives you a lot of energy. Now, what most of us do not realize is that all the cereals you see in the supermarket have different nutrients in them. So it's not a bad idea to check the label on each, then purchase a few of your favorites, and mix them all up into one big bag to balance out all the necessary vitamins and minerals you need.

Q. What is the main point of the talk?
(a) Some cereals are not as healthy as they should be.
(b) A way to have a more balanced breakfast with cereals
(c) The best food for breakfast is cereal.
(d) All cereals have both vitamins and minerals.

저를 포함해서 오늘날 대부분의 사람들이 아침에 시리얼을 먹습니다. 시리얼은 건강에 좋고 만들기 쉬우며 맛도 좋은데다 우리에게 많은 에너지를 줍니다. 우리가 깨닫지 못하고 있는 것은 우리가 슈퍼마켓에서 보는 모든 시리얼이 서로 다른 영양분을 가지고 있다는 것입니다. 그래서 시리얼 각각의 라벨을 확인하고 당신이 좋아하는 몇몇 시리얼을 구입한 후에 그것을 하나의 큰 봉지에 섞어서 당신에게 필요한 모든 비타민과 미네랄의 균형을 맞추는 것도 좋은 방법입니다.

이 담화의 주요 요점은 무엇인가?
(a) 몇몇 시리얼은 그들의 기준치만큼 영양가 있지 못하다.
(b) 시리얼을 가지고 좀 더 균형 있는 아침식사를 하는 방법
(c) 아침 식사로 가장 좋은 음식은 시리얼이다.
(d) 모든 시리얼은 비타민과 미네랄을 포함하고 있다.

세 번째 문장에서 모든 시리얼이 서로 다른 영양분을 가지고 있다고 말하면서(all the cereals you see in the supermarket have different nutrients in them), 균형을 맞추기 위해 좋아하는 몇몇 시리얼을 사서 섞어 먹을 것을 제안하고 있다(mix them all up into one big bag to balance out all the necessary vitamins and minerals you need). 이 부분을 통해 이 담화문의 주제가 시리얼로 균형 있는 아침 식사를 하는 방법임을 알 수 있으므로 (b)가 정답이 된다. 또한 모든 시리얼이 서로 다른 영양분을 가지고 있다고 말했으므로 모든 시리얼이 비타민과 미네랄을 다 가지고 있다는 (d)는 틀린 내용이 된다.

11.

The origins of Alcoholics Anonymous can be attributed to the famous psychologist, Carl Jung. Besides his many contributions to the advancement of modern psychology, Jung's alternative and blunt ways of making his patients confront their problems helped to pave a path for group-oriented substance abuse organizations. His method, helping a man out of alcoholism by proving his hopelessness and the need for a life-changing experience, became the cornerstone for Alcoholics Anonymous by showing that an alcoholic can be cured by accepting his condition with the aid of objective supporters.

Q. What is the speaker mainly talking about?
(a) The origin of Alcoholics Anonymous
(b) The founding members of Alcoholics Anonymous
(c) The first meeting of Alcoholics Anonymous
(d) Carl Jung's most respected achievements

| 해석 |

알코올 중독 방지회의 기원은 유명한 심리학자 칼 정으로부터 시작된다. 현대 심리학의 발전에 공헌한 그의 많은 업적 외에도, 그의 환자들이 그들의 문제를 직면하게 하는 그의 기존 방식과 다르면서 솔직한 방법이 그룹 지향적인 약물 남용 기관들을 위한 길을 만드는 데 도움이 되었다. 절망과 삶을 변화시키는 경험에 대한 필요성을 느끼게 함으로써 알코올 중독에서 사람을 구해내는 그의 방법은 알코올 중독자가 객관적인 후원자들의 도움을 받아 자신의 상태를 받아들임으로써 치료될 수 있다는 것을 보여주어 알코올 중독 방지회의 기초가 되었다.

화자는 주로 무엇에 대해서 말하고 있는가?
(a) 알코올 중독 방지회의 기원
(b) 알코올 중독 방지회의 창립 회원들
(c) 알코올 중독 방지회의 첫 번째 모임
(d) 칼 정의 훌륭한 업적들

| 해설 |

첫 번째 문장을 보면 알코올 중독 방지회의 기원이 심리학자 칼 정의 덕분이라고 말하고 있다(The origins of Alcoholics Anonymous can be attributed to the famous psychologist, Carl Jung). 그러면서 알코올 중독 방지회에 영향을 준 칼 정의 방법들이 거론되고 있다. 그러므로 화자는 알코올 중독 방지회의 기원에 대해서 이야기하고 있으므로 (a)가 정답이 된다. 칼 정의 다른 훌륭한 업적들이 있다고는 언급됐지만 그것들이 무엇인지에 대해서는 설명된 바 없으므로 (d)는 정답이 될 수 없다.

| 어휘 |

Alcoholics Anonymous 알코올 중독 방지회 **attribute** ~의 덕분으로 돌리다 **blunt** 무딘, 솔직한 **alternative** 기존 방식과 다른, 대안의 **cornerstone** 기초, 토대 **respected** 훌륭한, 높이 평가되는

Day 4

Extension
46p

1.
· The pleasure was all mine.

2.
· No one understood me.

3.
· it's Canada I'm going to.
· As an exchange student?

4.
· to talk about a few adjustments in our curriculum
· students would be very interested in learning more about their ethnic culture
· decided to offer culture studies

Build Up
47p

> **1.** (b) **2.** (b) **3.** (a) **4.** (b) **5.** (b) **6.** (d)
> **7.** (c) **8.** (c) **9.** (b) **10.** (c) **11.** (b)

1.
M: I got accepted into all the schools I applied to.
W: ___________________________
(a) I already did that.
(b) Wow, that's amazing.
(c) That would be on Wednesday.
(d) Congratulations on our graduation!

| 해석 |

M: 내가 지원한 모든 학교에 다 붙었어.
W: ___________________________
(a) 나는 이미 그것을 했어.
(b) 와, 대단하다.
(c) 그건 수요일이 될 거야.
(d) 졸업을 축하해.

| 해설 |

get accepted into는 '~에 합격하다' 라는 뜻이 있다. 여기서는 남자가 자신이 지원한 모든 학교에 합격했다는 말을 하고 있으므로 축하의 의미가 담긴 반응이 오는 것이 가장 적절하다. 축하해줄 상황에 (a)의 답변은 논리적으로 맞지 않으며, (d)는 축하의 내용이 졸업이므로 합격을 축하하는 대화에는 어울리지 않는다. 그러므로 남자에게 '대단하다' 라고 말한 (b)가 가장 적절한 답이 된다. 혹은 Congratulations, that's wonderful!라고 대답할 수도 있다.

2.
W: Could you be a little more considerate and turn down the volume?
M: ___________________________

(a) Sorry, I'll be right there.

(b) Sorry, I thought I was here alone.

(c) I'm taking it into consideration.

(d) Jazz is my kind of music.

| 해석 |

W: 조금만 더 남을 배려해서 음악 볼륨 좀 줄여 줄래요?

M: _______________

(a) 미안해, 바로 갈게.

(b) 미안해요. 나 혼자 있는 줄 알았어요.

(c) 고려해 볼게.

(d) 재즈가 내가 좋아하는 음악이야.

| 해설 |

considerate는 '사려 깊은' 이란 뜻이고 turn down은 '(소리 등을) 줄이다' 라는 뜻이 있다. 여기서는 여자가 음악 소리를 줄여 달라고 남자에게 부탁하고 있다. 이와 같은 요청에 대한 대답은 사과를 하고 시정하겠다는 내용으로 한정되어 있다(예를 들어 I'm sorry about that). 그러므로 (b)와 같은 응답이 여기서는 가장 적절한 답이 된다. (c)의 take into consideration은 '고려하다' 라는 의미로 본문에 나온 considerate(사려 깊은)와 발음상의 혼동을 주기 위해 넣은 오답이다.

3.

M: Do you have the same shirt in red?

W: _______________

(a) I'm afraid we don't.

(b) Yes, they are in black and white.

(c) No, it's not the right color.

(d) No, it only comes in red.

| 해석 |

M: 이것과 같은 셔츠로 빨간색 있어요?

W: _______________

(a) 없는 것 같네요.

(b) 네, 검정색과 흰색이 있어요.

(c) 아뇨, 그 색깔이 아니에요.

(d) 아뇨, 그것은 빨간색만 나와요.

| 해설 |

남자가 같은 스타일의 셔츠를 다른 색(빨간색)으로 구하고 있는 모습이다. 이에 대한 적절한 응답을 고르는 문제로 없다는 (a)가 가장 적절하다. (d)는 아니라고 대답하고는 빨간색으로만 나온다고 했으므로 말의 앞뒤가 맞지 않아 적절하지 않다.

4.

M: Can I be of help?

W: Sure, you can help set the table.

M: Okay, how many people are coming?

W: _______________

(a) By seven o'clock.

(b) Probably twelve.

(c) I'd appreciate it.

(d) Wherever they are.

| 해석 |

M: 도와드릴까요?

W: 그럼요, 테이블을 세팅해 주세요.

M: 알았어요, 몇 명이 오죠?

W: _______________

(a) 일곱 시 정각까지요.

(b) 아마 열두 명이요.

(c) 감사드려요.

(d) 그들이 어디 있든지 간에.

| 해설 |

마지막 질문이 how many~로 시작하고 있으므로 '인원 수' 에 관한 응답이 가장 적절한 대답이 된다. 그러므로 '아마 열두 명이요?' 라고 대답한 (b)가 가장 적절하다. (a)는 숫자가 나오긴 하나 시간이므로 적절치 않아 답이 아니다.

5.

W: It's sweltering hot, today.

M: You can say that again.

W: What do you say we go for a drive?

M: _______________

(a) That would be cheating.

(b) That's a great idea.

(c) Yes, it was fantastic.

(d) Her license has been revoked.

| 해석 |

W: 오늘 찌는 듯이 덥네요.

M: 맞아요.

W: 드라이브 가는 거 어때요?

M: _______________

(a) 그건 속임수예요.

(b) 그것 참 좋네요.

(c) 그래요, 환상적이었어요.

(d) 그녀의 면허는 취소됐어요.

| 해설 |

여자가 드라이브를 제안하고 있다. What do you say~?는 '~하는 게 어때?' 라는 제안의 의미를 지니고 있다. 이 제안에 대한 적절한 응답을 고르는 문제로 여기서는 (b)가 가장 적절하다. 제안에 대한 응답으로는 (c)처럼 yes나 no로 대답할 수 없다. 또한 (c)에서는 추가 답변의 시제도 과거(it was fantastic)이므로 적절치 않다.

| 어휘 |

sweltering 찌는 듯이 revoke 취소하다, 폐지하다

6.

M: Hello. May I speak to Jayme?

W: This is she. Who is this?

M: Hey, how are you? It's Joel.

W: _______________

(a) It was nice meeting you.

(b) Sorry, there's no one here by that name.

(c) Wrong number, sorry.

(d) Wow. It's so nice to hear from you.

| 해석 |

M: 안녕하세요. 제이미와 통화할 수 있을까요?
W: 전데요. 누구시죠?
M: 안녕, 나 조엘이야.
W: ______________
(a) 만나서 반가웠어.
(b) 미안하지만 여기에 그런 이름을 가진 사람은 없는데요.
(c) 전화 잘못 거셨어요.
(d) 와. 통화하게 돼서 반가워.

| 해설 |

남자가 여자에게 전화하고 여자가 직접 전화를 받은 상황이다. 반갑게 자신을 소개하는 남자에 대한 여자의 응답을 고르는 문제로 (d)가 가장 적절한 대답이라고 하겠다. (a)는 만나서 헤어질 때 하는 표현이므로 상황과 시제 모두 적절치 않다. (b)는 전화상으로 누군가를 찾을 때 '그런 사람 없다'는 뜻으로 there's no one here by that name.이라고 표현하니 꼭 암기해 두도록 하자. (c)에서 wrong number는 원래 You've got the wrong number.를 줄인 말로 '전화 잘못 거셨다'는 표현이니 익혀 두도록 하자.

7.

W: Are you going to be available this Saturday?
M : Well, let me check. What's up?
W: I just got these free tickets to a musical.
M: Wow. Where did you get them from?
W: A friend of mine works in the theater.
M: Oh, sorry. It looks like I have to meet someone that day.
W: That's too bad. I might as well ask my sister to come along then.

Q. What is mainly happening in the conversation?
(a) The man is rescheduling to go to a musical.
(b) The woman is turning down the man's offer.
(c) The woman is inviting the man to go to a musical with her.
(d) The woman is asking the man to a concert.

| 해석 |

W: 이번주 토요일에 시간 되니?
M: 잠깐만 확인해 볼게. 무슨 일인데?
W: 뮤지컬 무료 티켓이 생겼거든.
M: 와! 어디서 얻었어?
W: 내 친구가 그 극장에서 일하거든.
M: 아, 미안. 그날 나 누군가를 만나야 할 거 같은데.
W: 안됐다. 그렇다면 내 여동생한테 같이 가자고 물어 보는 게 좋겠다.

이 대화에서 주로 일어나고 있는 일은 무엇인가?
(a) 남자는 뮤지컬에 가기 위해서 스케줄을 다시 조정하고 있다.
(b) 여자는 남자의 부탁을 거절하고 있다.
(c) 여자가 남자에게 뮤지컬에 같이 가자고 초대하고 있다.
(d) 여자는 남자를 콘서트에 초대하고 있다.

| 해설 |

여자는 뮤지컬 무료 티켓이 생겨서 남자에게 같이 가자고 한다. 그러나 남자는 다른 약속이 있어서 못 갈 것 같다(Oh, sorry. It looks like I have to meet someone that day.)는 이야기를 하고 있다. 이것이 이 대화에서 주로 일어나고 있는 일이므로 (c)가 가장 적절한 대답이다. 남자가 뮤지컬을 가기 위해 일정을 변경하고 있다는 내용은 본문에서 알 수 없으므로 (a)는 답이 될 수 없다. 또한 여자는 콘서트가 아닌 뮤지컬에 남자를 초대하고 있으므로 (d)도 정답이 될 수 없다.

8.

M: Did you hear? I'm now in charge of the new marketing research team.
W: Really? What do you think that means?
M: It means this is going to be my time to shine.
W: Do you think you're going to get promoted for this?
M: Not for this, but I will certainly get recognized.

Q. What are the man and the woman talking about?
(a) The job offer given to the man
(b) The new responsibilities as a researcher
(c) An opportunity for the man to prove himself
(d) The innovative strategies the man came up with

| 해석 |

M: 들었어? 이제 내가 새로운 마케팅 연구부서의 책임을 맡게 됐어.
W: 정말? 그것이 무엇을 의미하는 것 같니?
M: 그건 바로 내 인생이 빛나게 될 거라는 걸 의미하는 거지.
W: 이걸로 승진도 할 거 같니?
M: 이것으로는 아니지만 분명히 인정받을 거야.

남자와 여자는 무엇에 대해 이야기하고 있는가?
(a) 남자에게 주어진 일자리 제안
(b) 연구원으로서 새로운 책임들
(c) 남자가 자신을 증명할 기회
(d) 남자가 제안한 혁신적인 전략들

| 해설 |

남자는 여자에게 자신이 새 마케팅 연구부서의 책임을 맡게 되었다고 말하면서 자신은 분명 인정받을 것이라고 장담한다(I will certainly get recognized). 문제가 이 대화의 주제를 묻고 있으므로 이러한 내용을 담은 (c)가 가장 적절한 대답이다. 남자는 책임자가 된 것이지 새로운 일자리 제안을 받은 것이 아니므로 (a)는 답이 될 수 없다. 또한 새 마케팅 연구부서에서 책임을 맡게 되었다고(I'm now in charge of the new marketing research team.) 말했지 본인이 연구원으로 일하는지는 알 수 없고 그에 대해서 구체적으로 언급된 바도 없기 때문에 (b)도 정답이 될 수 없다.

| 어휘 |

be in charge of ~의 책임을 맡다 recognize 인정하다 come up with 제안하다

9.

M: Hello. J & R Technologies. How may I help

you?

W: Yes. This is Jennifer Couture. I'm calling to make a complaint.

M: May I ask what the problem is, ma'am?

W: Yes, I placed an order about two weeks ago, but I haven't got the product yet.

M: I'm so sorry, ma'am. I'll check and see if your order has been shipped.

W: Yes, please, and if it's not been shipped, I would like to get a full refund.

Q. What is mainly taking place in the conversation?

(a) The woman is making a complaint about the customer service.

(b) The woman is complaining about a delivery delay.

(c) The man is complaining about the woman's attitude.

(d) The man is authorizing a full refund.

| 해석 |

M: 안녕하세요, J & R 기술입니다. 무엇을 도와드릴까요?
W: 저는 제니퍼 커처입니다. 불만 접수를 하려고 하는데요.
M: 무슨 문제시죠?
W: 네, 2주 전에 주문을 했는데요. 아직도 물건을 받지 못했어요.
M: 죄송합니다. 고객님의 주문이 발송되었는지 한번 확인해 볼게요.
W: 네, 그래 주세요. 만약 발송이 되지 않았다면 전액을 환불받고 싶습니다.

이 대화에서 주로 일어나고 있는 일은 무엇인가?
(a) 여자는 고객 서비스에 대해서 불만을 말하고 있다.
(b) 여자는 배송 지연에 대해서 불만을 말하고 있다.
(c) 남자는 여자의 태도에 대해서 불만을 말하고 있다.
(d) 남자는 전액 환불을 승인하고 있다.

| 해설 |

여자는 2주 전에 주문한 물건이 도착하지 않아서 전화를 하고 있다(I placed an order about two weeks ago, but I haven't got the product yet). 이와 관련된 대화가 주를 이루므로 가장 적절한 대답은 (b)라고 할 수 있다. (a)는 불만의 이유가 일치하지 않으며 남자가 전액 환불을 승인하는 내용은 나와 있지 않으므로 (d) 역시 정답이 될 수 없다.

| 어휘 |

make a complaint 불만을 말하다 place an order 주문하다
refund 환불 authorize 정식으로 허가하다, 승인하다

10.

Even when you don't feel sick, you should still try to have at least one regular check up a year. This will help you detect any early signs of diseases or complications you may have. Any health problems that are discovered early on can be treated to protect your health. Learn to take care of your own body. All you have to do is visit your doctor once a year.

Q. What is the main point of the talk?

(a) How to prevent diabetes

(b) The importance of visiting a doctor once a month

(c) One good way to stay physically healthy

(d) The different kinds of regular check up

| 해석 |

아프지 않을 때에도 적어도 일 년에 한 번은 정기 검진을 받아야 합니다. 이것은 당신이 혹시 가지고 있을지도 모르는 병이나 합병증의 초기 증상들을 발견하는 데 도움을 줄 것입니다. 초기에 발견되는 어떠한 건강 문제든 당신의 건강을 보호하기 위해 치료될 수 있습니다. 자신의 몸을 돌보는 것을 배우세요. 당신이 해야 할 일은 일 년에 한 번 병원에 가는 것입니다.

담화의 주제는 무엇인가?
(a) 당뇨병을 예방하는 방법
(b) 한 달에 한 번 병원에 가는 것의 중요성
(c) 육체적인 건강을 유지하는 좋은 방법
(d) 정기 검진의 여러 다른 종류들

| 해설 |

첫 번째 문장에서 아프지 않더라도 적어도 일 년에 한 번은 정기 검진을 받아야 한다고 말하고 있다(Even when you don't feel sick, you should still try to have at least one regular check up a year). 이것이 병의 초기 증상을 발견하게 해주고 초기에 발견된 병은 치료가 가능하다는 말을 하고 있다. 여기서 건강을 유지하는 방법은 정기 검진이라 할 수 있다. 그러므로 이 담화문의 주제는 (c)가 가장 적절하다. (b)는 적어도 일 년에 한 번 병원에 가라는 본문의 내용과 일치하지 않아서 정답이 될 수 없다. (a)에서 언급한 diabetes(당뇨병)은 본문에 언급된 바가 없으므로 정답과 거리가 멀다.

| 어휘 |

complication 합병증 diabetes 당뇨병

11.

Good afternoon, ladies and gentlemen. I hope you're having a wonderful time today. For those of you who don't know me, my name is Jeff, Sean's youngest brother. I must say that I'm honored to be the bestman today and to be standing here to congratulate the beautiful couple and give a toast to everyone. Congratulations, guys. I knew you would make it.

Q. What is the main purpose of the speech?

(a) To thank people for joining the annual event

(b) To congratulate the newlyweds

(c) To thank everyone for coming to church

(d) To thank Sean and his friends for coming to

the party

| 해석 |

신사 숙녀 여러분, 안녕하세요. 좋은 시간을 보내고 계시길 바랍니다. 저를 모르시는 분들을 위해 저를 소개하자면 저의 이름은 제프입니다. 선의 막내 동생이지요. 오늘 신랑 들러리로서 아름다운 커플을 축하하고 여러분에게 건배를 청하기 위해 이곳에 서게 되어 영광입니다. 축하합니다, 신랑 신부. 당신들이 해낼 줄 알았습니다.

이 연설의 주된 목적은 무엇인가?
(a) 연례 행사에 참석한 사람들에게 고마움을 전하기 위해
(b) 신혼 부부를 축하하기 위해서
(c) 교회에 온 모두에게 고마움을 전하기 위해
(d) 선과 그의 친구들에게 파티에 와 줘서 고맙다고 하기 위해

| 해설 |

연설 마지막 부분에 아름다운 커플을 축하하기 위해 서게 된 것에 대해 영광이라고 표현하고 있으므로(I'm honored to be the best man today and to be standing here to congratulate the beautiful couple) 정답은 (b)가 가장 적절하다. 다른 선택지의 내용들은 본문에 언급된 바가 없으므로 주제와는 거리가 먼 답이라 할 수 있다.

| 어휘 |

bestman (결혼식에서) 신랑 들러리   I'm honored. 영광입니다.
newlyweds 신혼부부

Day 5

Extension   54p

1.
· Me, neither. How have you been?

2.
· It's not too bad.

3.
· Could you do me a favor?
· I really need to return this book that I borrowed.

4.
· some simple rules you can use to save on gas
· keep your engin tuned and your tires inflated
· comparing prices at different stations
· to pump gas yourself and use the lowest octane necessary

Build Up   55p

| 1. (b)   2. (b)   3. (c)   4. (c)   5. (b)   6. (b) |
| 7. (c)   8. (b)   9. (d)   10. (b)   11. (b) |

1.
W: Is this shirt only in blue?
M: ___________________________
(a) No, they're out of stock.
(b) No, there are plenty of other colors.
(c) Yes, we carry all kinds.
(d) The best color is blue.

| 해석 |

W: 이 셔츠는 파란색만 있나요?
M: ___________________________.
(a) 아뇨, 품절됐어요.
(b) 아뇨, 다른 색도 많습니다.
(c) 네, 저희는 모든 종류를 다 취급합니다.
(d) 가장 좋은 색은 파란색이에요.

| 해설 |

여자는 셔츠가 다른 색도 있는지에 대한 여부를 묻고 있다. 이에 대해 다른 다양한 색이 있다고 대답한 (b)가 가장 적절한 답이 된다. out of stock은 '재고가 없는, 품절된' 이란 뜻을 가지고 있다. 색상에 대한 질문에 재고가 없다는 답변은 논리적으로 맞지 않다. 또한 (c)에서 carry는 '취급하다' 라는 의미로 내용과 일치하지 않는 응답이므로 정답이 아니다.

2.
M: You didn't leave any food for me?
W: ___________________________
(a) I was in a hurry.
(b) Sorry, I couldn't help myself.
(c) I didn't have money for yours.
(d) I'm not very hungry.

| 해석 |

M: 너는 나를 위해 음식을 남기지 않았니?
W: ___________________________
(a) 나는 바빴어.
(b) 미안해, 나도 어쩔 수가 없었어.
(c) 네 것을 위한 돈은 없었어.
(d) 나는 배가 아주 고프진 않아.

| 해설 |

남자는 여자가 음식을 남기지 않은 것에 대해서 원망스런 어조로 이야기하고 있다. 이에 대한 가장 적절한 응답으로는 사과하는 (b)가 가장 적절하다. cannot help -ing는 '~할 수 밖에 없다, 어쩔 수 없다' 라는 의미가 있다. 그러므로 '어쩔 수 없었다' 는 변명의 (b)가 가장 적절한 응답이 된다. 또한 남자는 음식을 남기지 않은 것에 대해 말하는 것이므로 남자 것을 살 돈이 없었다는 (c)도 정답이 될 수 없다.

3.

W: That was a very inspiring speech!

M: ______________________________

(a) I forgot what it was.

(b) I'm glad to be part of the group.

(c) I'm glad you thought so.

(d) I'll be delivering a speech tomorrow.

| 해석 |

W: 정말 영감을 주는 연설이었어요.

M: ______________________________

(a) 그것이 무엇이었는지 잊었어요.

(b) 이 그룹의 일부가 돼서 기뻐요.

(c) 그렇게 생각했다니 기쁘군요.

(d) 내일 연설을 할 거에요.

| 해설 |

연설을 칭찬하는 말에 대한 남자의 응답을 고르는 문제이다. (c)에서 so 는 동사 think / say / tell / hope / expect / suppose / believe 뒤에서 '그렇게' 라는 의미로 쓰인다. (b)는 I'm glad까지는 좋지만 뒷 내용이 일치하지 않아 정답이 될 수 없다. (d)는 speech라는 동일어를 넣어서 혼동을 주는 선택지이므로 주의하도록 한다.

4.

W: Excuse me, could you direct me to the nearest subway station?

M: Just go straight. There's one on the corner.

W: Thank you so much.

M: ______________________________

(a) Not my problem.

(b) You'd better go to a bus stop.

(c) Not a problem.

(d) You should change to the No. 2 Line.

| 해석 |

W: 실례지만 가장 가까운 지하철 역이 어딘지 알려 주시겠어요?

M: 앞으로 쭉 가세요. 모퉁이에 있습니다.

W: 감사합니다.

M: ______________________________

(a) 제 일 아니에요.

(b) 버스 정류장으로 가야 돼요.

(c) 천만에요.

(d) 2호선으로 갈아타셔야 합니다.

| 해설 |

'고맙다' 는 여자의 말에 대한 반응을 고르는 문제이다. 여기서 '천만에요' 란 뜻의 Not a problem을 (a)의 Not my problem(내 문제가 아니다).과 헷갈려서는 안된다. 고맙다는 인사에 대한 반응으로는 No problem. / Not a problem. / You're welcome. / My pleasure. 등이 있다. 다양한 표현을 숙지하여 정답을 고르도록 한다. 그러므로 여기서는 (c)가 가장 적절한 반응이다.

5.

M: The man at the check-in counter said I couldn't check in three bags.

W: Why did he say that?

M: He said that all passengers can only check in a maximum of two bags.

W: ______________________________

(a) You can have my bag too.

(b) Then you'll have to repack.

(c) I like packing bags.

(d) I think that would be a great idea.

| 해석 |

M: 체크인 카운터의 남자 직원이 가방 3개는 부칠 수 없대.

W: 왜 그런대?

M: 모든 승객은 최대 2개의 가방만 체크인 할 수 있대.

W: ______________________________

(a) 내 가방도 가져도 돼.

(b) 그렇다면 짐을 다시 싸야겠다.

(c) 난 가방 싸는 걸 좋아해.

(d) 그거 좋은 생각인 거 같다.

| 해설 |

남자는 체크인 할 수 있는 가방의 개수가 2개이므로 3개의 가방은 체크인 할 수 없다는 말을 여자에게 전한다. 이에 대한 여자의 반응이므로 짐을 다시 싸라고 조언하는 (b)가 가장 적절한 응답이 된다.

6.

W: How did your concert go last night?

M: It was fantastic.

W: Did it go well with the audience too?

M: ______________________________

(a) The audience was quite small.

(b) Absolutely. We had a standing ovation at the end.

(c) I was extremely nervous.

(d) They went home early.

| 해석 |

W: 어젯밤 당신 콘서트 어땠어요?

M: 환상적이었어요.

W: 청중들과도 진행이 잘 됐나요?

M: ______________________________

(a) 청중이 별로 없었어요.

(b) 물론이죠. 마지막에 기립 박수를 받았어요.

(c) 나는 완전히 긴장했어요.

(d) 그들은 집에 일찍 갔어요.

| 해설 |

마지막 질문이 청중들도 콘서트를 즐겼는지를 묻고 있다. 이에 대한 대답으로 기립 박수(standing ovation)을 받았다는 (b)의 응답이 가장 적절하다. 나머지 선택지는 모두 부정적인 내용을 담고 있다. 그러나 남자가 이미 자신의 콘서트가 환상적이었다고(It was fantastic.) 말한 이상 긍정적인 내용이 이어져야 자연스런 대화가 되므로 (b)가 정답이 된다.

7.

W: You look kind of upset. What's up?

M: It's my wife. She's always spending our money down the drain.
W: How is she spending it?
M: She's buying all these electronic gadgets we don't really need.
W: You know she's quite into the newest technology.
M: Yes, but we both agreed to save our money for at least two years to buy a house.
W: I see. I suggest you talk to her about it.

Q. What is the man mainly complaining about?
(a) His wife wants to buy a small house.
(b) His wife wastes time on researching the newest technology.
(c) His wife wastes money on buying electronic products.
(d) His wife turns down a loan.

| 해석 |
W: 너 약간 화나 보여. 무슨 일이야?
M: 내 아내 때문에. 그녀는 항상 돈을 낭비해서 써.
W: 어떻게 돈을 쓰는데?
M: 필요 없는 가전제품들을 사들여.
W: 최신 기술에 관심이 많은 거 너도 알잖아.
M: 알아. 그러나 집을 사기 위해서 적어도 2년 정도는 돈을 모으기로 했었단 말이야.
W: 그렇구나. 그렇다면 그녀와 그것에 대해 얘기를 해봐.

남자는 주로 무엇에 대해 불평을 하는가?
(a) 그의 아내가 작은 집을 사기를 원한다.
(b) 그의 아내가 최신 기술에 대해 조사하는 데 시간을 낭비한다.
(c) 그의 아내가 전자 제품을 사는 데 돈을 낭비한다.
(d) 그의 아내가 대출을 거절한다.

| 해설 |
남자는 그의 아내가 필요도 없는 가전제품을 사는 데 돈을 낭비하는 것에 대해 불만을 가지고 있다(She's always spending our money down the drain. / She's buying all these electronic gadgets we don't really need). 이것을 통해 남자의 불만의 이유가 (c)아내가 쓸데없는 전자제품을 사는 것임을 알 수 있다. 아내가 새로운 기술에 관심이 있어서 가전제품을 사는 것은 맞지만 그것에 관해 조사하는 데 시간을 낭비하는지는 알 수 없으므로 (b)는 정답이 될 수 없다. (a)와 (d)는 본문에 언급된 바가 없다.

| 어휘 |
down the drain 낭비되어, 수포로 돌아가
gadget 간단한 기계 장치

8.
M: How many mileage points do I have right now?
W: You have 35,000 points, sir.
M: Is there any way I can cash my points?
W: No, but you can use it just like cash on line.

M: Okay, thanks.
W: You're welcome. Have a nice day.

Q. What is the man doing in the conversation?
(a) Buying products on line
(b) Inquiring about his mileage points.
(c) Opening a new account
(d) Asking about the mileage of a vehicle

| 해석 |
M: 제 마일리지 포인트가 얼마나 되죠?
W: 35,000포인트를 가지고 계십니다.
M: 제가 이 포인트를 현금으로 사용할 수도 있나요?
W: 아뇨, 인터넷에서 쓰는 캐쉬처럼 사용하실 수 있습니다.
M: 알겠습니다. 감사합니다.
W: 천만에요. 좋은 하루 되세요.

이 대화 속에서 남자는 무엇을 하고 있는가?
(a) 인터넷으로 물건을 사는 것
(b) 마일리지 포인트에 대해 문의하는 것
(c) 새 계좌를 개설하는 것
(d) 차의 주행거리에 대해서 문의하는 것

| 해설 |
남자는 자신의 마일리지 포인트가 얼마인지 물은 후 그것을 현금으로 바꾸어 쓸 수 있는지 문의하고 있다(How many mileage points do I have right now? / Is there any way I can cash my points?). 그러므로 그는 마일리지 포인트에 대해 전반적인 질문을 하고 있으므로 (b)가 정답이 된다. (d)에서 mileage는 '주행 거리' 라는 의미로 쓰였다.

9.
W: So what did you think of the movie?
M: I don't know. It was kind of boring to me.
W: Really? But I saw you sitting on the edge of your seat during the movie.
M: I did actually, at first.
W: Then you lost interest?
M: Yes, it wasn't really my kind of movie.

Q. What is the main topic of the conversation?
(a) The reason why the man is so bored
(b) The woman's enthusiasm about movies
(c) What movies to go and see
(d) The speaker's reaction to a movie.

| 해석 |
W: 이 영화 어땠어?
M: 잘 모르겠어. 난 지루하던데.
W: 정말? 근데 난 네가 영화 보는 동안 무척 흥미진진해 하는 걸 봤는데.
M: 처음엔 그랬지.
W: 그런 후에 흥미를 잃었다는 거야?
M: 응. 내가 좋아하는 타입의 영화가 아니야.

이 대화의 주제는 무엇인가?

(a) 남자가 지루한 이유
(b) 영화에 대한 여자의 열의
(c) 어떤 영화를 가서 볼지
(d) 영화에 대한 화자의 의견

| 해설 |
여자가 남자에게 영화에 대한 의견을 물어보자 남자가 자신의 의견을 이야기하고 있다. 그러므로 영화에 대한 화자의 의견이라고 답한 (d)가 주제를 말한 정답이 된다. 남자가 영화가 자신에게는 지루하다고 했지만(It was kind of boring to me.), 그 이유에 대해서 언급하지 않았고 이것이 전체 대화의 주제는 아니므로 (a)는 정답이 아니다. 나머지 선택지 (b)와 (c)는 본문에 언급된 바가 없으므로 답으로 보기 어렵다.

10.

I would like to start by thanking you for your invitation. I'm honored to visit this great institution and meet all of the graduates. The first journey you will be getting into will be to find out who you are and what you can be out there. Knowing what you can contribute to this society is going to help you set your goals. And these goals, let me tell you, is the key to your development and success.

Q. What is the speaker's main point?
(a) Students should apply for a job in the research and development.
(b) Students should have the right goals.
(c) Students should set goals to excel in school.
(d) Students will have to take a trip soon.

| 해석 |
먼저 초대해 주셔서 감사합니다. 이렇게 훌륭한 학교에서 모든 졸업생들을 만나게 되어 영광입니다. 여러분들이 앞으로 하게 될 첫 번째 여행은 여러분이 누구이고 밖에서 무엇이 될 수 있는지 찾는 것입니다. 여러분이 이 사회에 무엇을 공헌할 수 있는지 깨닫는 것은 여러분이 목표를 세우는 데 도움을 줄 것입니다. 말하건대, 이러한 목표들이 여러분의 발전과 성공의 중요한 열쇠가 됩니다.

화자의 주제는 무엇인가?
(a) 학생들은 연구 개발부서의 자리에 지원해야 한다.
(b) 학생들은 올바른 목표를 가지고 있어야 한다.
(c) 학생들은 학교에서 뛰어나기 위해서 목표를 세워야 한다.
(d) 학생들은 곧 여행을 떠나야 할 것이다.

| 해설 |
마지막 부분에서 '이 사회에 공헌하는 길을 아는 것이 학생들이 목표를 찾는 데 도움을 줄 것이고, 이 목표들이 그들의 발전과 성공의 열쇠가 된다'고 말하고 있다(Knowing what you can contribute to this society is going to help you set your goals. And these goals, let me tell you, is the key to your development and success). 이 부분을 통해 화자는 학생들이 바른 목표를 세우는 것이 얼마나 중요한지를 강조하고 있다. 그러므로 정답은 (b)가 된다. 나머지 선택지들은 본문에 언급된 바 없으며 본문에 나온 동일 단어들로 혼동을 초래하기 위한 오답들이므로 주의하여야 한다.

11.

I would like to speak with you about the ways in which children from different ethnic backgrounds learn to count in different ways. Using fingers is the most common method for learning counting, but even in this method we find differences. For instance, throughout Europe children are taught to begin counting with their thumbs, while in America they start with their index finger, leaving the thumb for last.

Q. What is the main topic of the lecture?
(a) The way European children learn to count
(b) Different methods by which children learn to count
(c) Alternatives to learning how to count
(d) A worldwide educational system

| 해석 |
민족적 배경이 다른 아이들이 셈을 배우는 것에 다른 방법을 사용한다는 것에 대해서 말하고 싶습니다. 셈을 할 때 손가락을 사용하는 것은 가장 흔한 방법이지만 이 방법에서조차 우리는 차이점을 발견할 수 있습니다. 예를 들면 미국에서 아이들이 엄지 손가락을 마지막까지 남기게 하고 둘째 손가락에서부터 세도록 배우는 반면 유럽에서는 아이들이 엄지 손가락부터 세도록 배웁니다.

이 강의의 주제는 무엇인가?
(a) 유럽 아이들이 셈을 배우는 방법
(b) 아이들이 셈을 배우는 다른 방법들
(c) 셈을 배우는 것에 대한 대안들
(d) 세계적인 교육 체계

| 해설 |
첫 번째 문장을 보면 서로 다른 민족적 배경의 아이들이 셈을 배울 때 서로 다른 방법을 사용한다고 말하고 있다(I would like to speak with you about the ways in which children from different ethnic backgrounds learn to count in different ways). 그러면서 유럽과 미국의 아이들이 다르게 셈을 배우는 방법을 소개하고 있다. 그러므로 이 강의의 주제는 아이들이 셈을 배우는 다른 방법들이므로 (b)가 정답이 된다. 유럽의 아이들이 어떻게 셈을 배우는지에 대해서는 언급하고 있으나 주제가 아닌 지엽적인 내용이므로 (a)는 정답이 될 수 없다.

| 어휘 |
ethnic 민족의 **thumb** 엄지 손가락 **index finger** 집게[둘째] 손가락

Day 6

Extension

62p

1.

· Try another size.

2.

· It's called rock.

3.

· I just realized I forgot my umbrella.
· No, I think I left it somewhere else.

4.

· Jackson's Gym
· state-of-the-art equipment to a friendly staff
· classes, which includes kickboxing, yoga, swimming, pilates, and many more

Build UP

63p

1. (c)	**2.** (c)	**3.** (d)	**4.** (d)	**5.** (b)	**6.** (d)
7. (c)	**8.** (b)	**9.** (c)	**10.** (b)	**11.** (b)	

1.

W: What do you like to do in your free time?
M: _______________________
(a) I manage my time well.
(b) I'd like to go swimming.
(c) I love playing tennis.
(d) I will be available tomorrow.

| 해석 |

W: 여가 시간에는 무엇을 하십니까?
M: _______________.
(a) 나는 시간을 잘 관리해요.
(b) 수영하러 가고 싶어요.
(c) 테니스 치는 걸 좋아해요.
(d) 내일은 시간이 날 거예요.

| 해설 |

여자는 남자에게 여가 시간에(in your free time)에 무엇을 하는지 묻고 있다. 이에 대해 '수영하러 가고 싶다' 는 의향을 나타내는 (b)는 적절치 못한 대답이 되므로 정답이 아니다. 또한 무엇(what)에 대한 질문에 막연히 시간을 잘 관리한다는 대답도 논리상 맞지 않다. 그러므로 테니스 치는 것을 좋아한다는 일반적 사실을 말하는 (c)가 정답이 된다.

2.

M: I love your new house.
W: _______________________
(a) I'm happy to see you, too.
(b) It's not expensive.
(c) I'm glad to hear that.
(d) It's none of your business.

| 해석 |

M: 네 새 집 멋지다.
W: _______________
(a) 나도 널 보게 돼서 기뻐.
(b) 비싸지 않아.
(c) 그렇게 말해 주니 기뻐.
(d) 네가 상관할 바가 아니야.

| 해설 |

남자는 '여자의 집이 마음에 든다' 고 말하고 있다. 이것은 여자의 집에 대해 칭찬하는 것이므로 이에 대한 응답으로 (c)가 가장 적절하다. (a)는 만나게 돼서 기쁘다는 표현이므로 내용상 맞지 않다. 또한 (d)처럼 대답하는 것은 무례한 응답이 될 수 있으므로 적절치 않다.

3.

W: Sorry, but I didn't catch your name.
M: _______________________
(a) You can call me by my first name.
(b) I shouldn't have come.
(c) That's too long.
(d) It's Jeremy Bloom.

| 해석 |

W: 미안하지만 당신의 이름을 알아듣지 못했어요.
M: _______________
(a) 그냥 이름을 부르세요.
(b) 내가 오지 말았어야 했다.
(c) 너무 길어요.
(d) 제러미 블룸입니다.

| 해설 |

catch는 여기서 '알아듣다, 이해하다' 라는 의미로 쓰였다. I didn't catch your name.은 Could you repeat your name, please?와 같은 의미이다. 그러므로 자신의 이름을 얘기하는 것이 가장 적절한 응답이 되어 (d)가 답이 된다. (a)는 성이 아닌 이름으로 자신을 부르라는 의미로(You can call me by my first name.) 이름을 묻고 있는 여자의 질문에 대한 대답으로는 적절하지 않다. (b)에서 shouldn't have p.p.는 '~하지 말았어야 했다' 는 후회의 의미가 담긴 표현으로 여기 온 것을 후회한다는 뜻이 되므로 답이 될 수 없다.

4.

W: Zen Travel, how may I help you?
M: Yes, I'd like to know how much a flight ticket to Paris is.
W: When would you like to leave?
M: _______________________

(a) For two days.
(b) It was Tuesday.
(c) One way, please.
(d) The day after tomorrow.

| 해석 |
W: 젠 여행사입니다. 무엇을 도와드릴까요?
M: 네, 파리로 가는 비행기 티켓이 얼마인지 알고 싶습니다.
W: 언제 떠나시죠?
W: ___________
(a) 이틀 동안이요.
(b) 화요일이었어요.
(c) 편도로 주세요.
(d) 내일 모레요.

| 해설 |
여행사 직원과 남자 고객의 대화이다. 남자가 파리로 가는 비행기 티켓의
가격을 묻자 여자가 남자에게 언제 떠나는지 묻고 있다. 날짜를 묻는 질
문에 대한 답으로 '내일 모레(The day after tomorrow).'라고 대답한
(d)가 가장 적절하다. (b)는 가장 헷갈렸을 오답이다. 그러나 여기서는
시제에 주목해야 한다. (b)는 When~?에 대한 대답이긴 하나 시제가
과거형이므로 미래형으로 대답해야 하는 내용과 맞지 않아 정답이 될 수
없다. 여기서는 (d)를 비롯하여 Tuesday next week. 등 미래의 내용
을 담고 있는 날짜의 내용이 답이 될 수 있음을 알아두자.

5.
M: Hey, Dawn. Long time no see.
W: Oh, hey, how are you?
M: I'm just fine. How about you?
W: ___________
(a) It's been great.
(b) Me, too. I'm doing okay.
(c) I'm going somewhere.
(d) I haven't seen you for a while.

| 해석 |
M: 안녕, 던. 오랜만이야.
W: 안녕, 잘 지내?
M: 난 그냥 괜찮아. 너는?
W: ___________
(a) 좋았어.
(b) 나도 마찬가지로 괜찮아.
(c) 어디론가 갈 거야.
(d) 한동안 너를 못 봤어.

| 해설 |
남자와 여자가 오랜만에 만나 인사를 나누고 있고 마지막에 남자는 여자
의 안부를 묻고 있다. 이에 대해 잘 지내고 있다는 (b)가 가장 적절한 대
답이 된다. (a)는 여자(you)의 안부를 묻는데 주어가 it이 되어 일치하지
않아서 답이 될 수 없다. 또한 '너는 어떻게 지내나?'는 질문에 '한동안
너를 못 봤다(I haven't seen you for a while).'는 (d)도 논리상 맞지
않은 대답이 된다.

6.
W: Are you going to Sue's wedding this Saturday?

M : Probably not. I'll be going away for business.
W: Too bad. When are you leaving?
M: ___________
(a) I'm going to Tokyo.
(b) They are leaving soon.
(c) Yesterday afternoon.
(d) Sometime this week.

| 해석 |
W: 이번 주 토요일에 수의 결혼식에 갈거니?
M: 아마도 못 갈 것 같아. 출장을 갈 거거든.
W: 안 됐다. 언제 떠나니?
M: ___________
(a) 도쿄로 갈 거야.
(b) 그들은 곧 떠날 거야.
(c) 어제 오후에.
(d) 이번 주 중으로.

| 해설 |
여자가 남자에게 수의 결혼식 참석 여부를 묻자 남자는 출장 때문에 가지
못 갈 것 같다고 말한다. 이에 대해 여자는 남자가 언제 떠나는지를 묻고
있다. 그러므로 이번 주 중(Sometime this week).이라고 답한 (d)가
가장 적절한 답이 된다. Sometime this week.은 아직 정확한 요일이
정해지진 않았지만 이번 주 안으로 떠난다는 의미가 된다. (c)는 과거시
제이므로 내용과 시제가 맞지 않아 답이 될 수 없다.

7.
W: City Library. How may I help you?
M: Hello. My name is Carl Andrade. I've recently
made a library card there.
W: Yes. I can see you did that about a week ago.
M: I was told that I would be getting my card the
next day, but I still haven't got it yet.
W: Oh, I'm so sorry for the delay. I'll make sure it
will be delivered to you soon.
M: Can I just visit there again and pick it up
myself?
W: Certainly. You can come in anytime you want.

Q. What is the man mainly doing in the conversation?
(a) Finding out when to pick up his library card
(b) Placing an order for a book
(c) Placing a complaint regarding his library card
(d) Making an appointment with a library manager

| 해석 |
W: 시티 도서관입니다. 무엇을 도와드릴까요?
M: 안녕하세요. 제 이름은 칼 안드레드입니다. 제가 최근에 그곳에서 도
서관 카드를 만들었습니다.
W: 네. 일주일 전에 만드셨네요.
M: 저한테 다음날 카드를 받게 될 거라고 말씀하셨는데 아직까지 받지
못했습니다.
W: 아, 지연되어서 죄송합니다. 곧 배달이 되게끔 하겠습니다.

M: 제가 다시 가서 직접 받아올 수 있나요?
W: 그럼요. 원하실 때 언제든지 오시면 됩니다.

남자는 이 대화에서 주로 무엇을 하고 있는가?
(a) 그의 도서관 카드를 언제 가지러 갈지 알아보는 중
(b) 책을 주문하는 중
(c) 그의 도서관 카드에 대해서 불만을 토로하고 있는 중
(d) 도서관 매니저와 약속을 잡는 중

| 해설 |
남자는 도서관 카드를 신청했는데 신청일 다음날 받기로 된 카드를 일주
일이 지나도록 받지 못하고 있다(I was told that I would be getting
my card the next day, but I still haven't got it yet). 이에 대해 도서
관 직원과 이야기하고 있으므로 도서관 카드에 관련된 불만을 토로한다
는 (c)가 가장 적절한 답이 된다. (a)는 마지막 부분의 대화를 통해 언급
되었음을 알 수 있지만 지엽적인 내용의 세부사항이지 이 남자의 전화 목
적이 되지 않으므로 답으로 보기 힘들다.

8.

M: Would you like to come along with me to a concert this Friday?

W: Whose concert are we talking about here?

M: The Scorpions.

W: Really? Wow, I love their music. What time?

M: We have to get downtown before 6 to be safe.

W: We'd better hurry up and get ready right after work then.

Q. What are the man and the woman mainly discussing?

(a) What time the concert hall opens

(b) How the woman would like to go to a concert with the man

(c) Whether the man is ready for the concert

(d) How they are going to meet each other this coming Friday

| 해석 |
M: 이번 금요일에 나랑 콘서트 갈래?
W: 누구 콘서트 얘기하는 거야?
M: 스콜피언스.
W: 정말? 와! 나 그들의 음악 좋아해. 몇 시?
M: 안전하게 6시 전에 시내에 도착해야 돼.
W: 일이 끝나자마자 서둘러서 준비해야겠구나.

남자와 여자는 주로 무엇에 관해 의논하고 있는가?
(a) 콘서트 홀이 몇 시에 여는지
(b) 여자가 남자와 같이 콘서트에 가는 것을 어떻게 생각하는지
(c) 남자가 콘서트를 위해 준비가 돼 있는지
(d) 그들이 이번 금요일에서 어떻게 만날지

| 해설 |
남자는 첫 문장에서 여자에게 자신과 콘서트를 같이 가자고 초대하고 있
다. 이에 대해 여자는 흔쾌히 승낙을 하고 있으며 콘서트에 관한 구체적
인 날짜와 시간을 말하고 있다. 그러므로 이 대화는 여자가 남자와 같이
콘서트에 가는 것을 어떻게 생각하는지에 관한 대화라 볼 수 있으므로

(b)가 정답이 된다. (a)는 대화에 언급된 바가 없고, (c)는 남자가 콘서
트 준비를 할 이유가 없으므로 정답과 거리가 멀다. (d)는 그들이 금요일
에 만나는 것은 확실하지만 어떻게 만날지에 대해 언급하지 않았으므로
정답이 될 수 없다.

9.

W: I saw John at the party last night.

M: Yeah, I heard he came back. How is he?

W: He is fine. It looked like he definitely recharged his batteries.

M: Good for him. Say hello to him when you see him next time.

W: Certainly. No problem.

Q. What are the man and the woman mainly talking about?

(a) How many batteries the man needs

(b) What happened to the woman's friend during his vacation

(c) Their friend who the woman met at the party

(d) Why the man couldn't go to the party

| 해석 |
W: 어젯밤 파티에서 존을 봤어.
M: 그렇구나. 그가 돌아왔다는 소식 들었어. 그는 어때?
W: 좋아. 확실히 원기가 충전된 것 같더라.
M: 잘됐구나. 다음에 그를 보면 안부 좀 전해줘.
W: 그럼. 물론이지.

남자와 여자는 주로 무엇에 대해 이야기하고 있는가?
(a) 남자에게 얼마나 많은 배터리가 필요한지
(b) 남자의 휴가 동안에 여자의 친구에게 무슨 일이 일어났는지
(c) 여자가 파티에서 만난 그들의 친구
(d) 왜 남자가 파티에 가지 못했는지

| 해설 |
여자는 남자에게 그들의 친구 존을 파티에서 본 이야기를 하고 있고, 남
자는 여자에게 존의 안부를 묻는 대화 내용이다. 그러므로 여자가 파티에
서 만난 존이라는 그들의 친구에 대해 이야기하고 있다는 (c)가 정답이
된다. (a)는 본문에 나온 단어(batteries)를 동일하게 씀으로써 혼동을
초래하는 오답이다. 또한 (b)와 (d)의 내용도 본문에 언급되지 않았으므
로 정답이 될 수 없다.

10.

If you have been suffering from overflowing cockroaches in your restaurant or grocery store, Dr. Roach is waiting for your call 24/7. We've been getting rid of these pests for seven years now. We've seen it all and know what to expect. We help you re-establish your business by improving poor sanitation in a matter of a couple of hours. Call us now at 1-800-595-3759 for your guaranteed results.

Q. What does Dr. Roach do?
(a) It helps you start your business.
(b) It helps you improve your sanitation.
(c) It teaches you how to reduce waste.
(d) It lets you know how to run a restaurant.

당신의 음식점이나 식료품 가게에서 넘쳐나는 바퀴벌레 때문에 고통을 겪고 계시다면 Dr. Roach가 항상 당신의 전화를 기다리고 있습니다. 저희는 7년간 이러한 해충들을 처치해 왔습니다. 저희는 그 전부를 다 보았고 무엇을 기대하는지도 압니다. 몇 시간 안에 열악한 위생 설비를 향상시킴으로써 당신의 사업을 재건하도록 도와드리겠습니다. 1-800-595-3759로 지금 전화하세요. 결과는 보장합니다.

Dr. Roach는 무엇을 하는가?
(a) 당신의 사업을 시작하는 것을 도와준다.
(b) 당신의 위생 설비를 향상시키는 것을 도와준다.
(c) 당신이 어떻게 쓰레기를 줄일 수 있는지 가르쳐준다.
(d) 당신이 어떻게 레스토랑을 운영해야 하는지 알려준다.

| 해설 |

Dr. Roach는 해충을 퇴치해 주는 용역 업체이다. 네 번째 문장을 보면 열악한 위생 설비를 향상시킴으로써 당신이 사업을 다시 시작하도록 도움이 되겠다고 말한 부분(We help you re-establish your business by improving poor sanitation in a matter of a couple of hours.)을 통해 위생 설비의 상태를 향상시키는 데 도움이 된다는 것을 알 수 있다. 그러므로 (b)가 가장 적절한 답이 된다. 또한 위생 설비를 개선시키면서 하고 있는 사업을 다시 재건(re-establish)하는 데 도움을 주는 것이기 때문에 사업을 시작하는(start) 것에 도움을 주는 것은 아니므로 (a)는 정답이 될 수 없다.

| 어휘 |

24/7=24 hours a day and 7 days a week 항상
sanitation 공중 위생 (설비)

11.

The energy content of food is measured in calories. The calorie is defined as the heat energy needed to raise the temperature of 1 gram of water by 1 degree Celsius from 14.5 degrees Celsius to 15.5 degrees Celsius. The calorie used in nutrition is different from the much smaller energy calorie used in physics and chemistry. It is sometimes spelled with a capital C and called the kilogram-calorie or kilocalorie while it's just called the calorie in physics and chemistry with a lower case c.

Q. What is the main topic of the lecture?
(a) How physics and chemistry are different
(b) What the two types of calories are
(c) How the energy calorie can change
(d) How to raise the temperature of water

| 해석 |

음식의 열량은 칼로리로 측정된다. 칼로리는 1그램의 물을 섭씨 14.5도에서 섭씨 15.5도까지 1℃ 올리는 데 필요한 열량을 말한다. 영양학에서 사용되는 칼로리는 물리학이나 화학에서 사용되는 훨씬 더 작은 에너지 칼로리와는 다르다. 물리학이나 화학의 칼로리는 소문자 c로 쓰면서 그냥 '칼로리'라고 불리는 반면 영양학의 칼로리는 대문자 C로 쓰고 '킬로그램 칼로리' 혹은 '킬로칼로리'라 불린다.

이 강의의 주제는 무엇인가?
(a) 물리학과 화학이 어떻게 다른지
(b) 칼로리의 두 가지 형태가 무엇인지
(c) 에너지 칼로리가 어떻게 바뀔 수 있는지
(d) 물의 온도를 어떻게 올리는지

| 해설 |

처음에는 칼로리의 정의를 말하고 세 번째 문장과 마지막 문장에서 영양학의 칼로리와 물리학과 화학의 칼로리의 차이점에 대해서 말하고 있다 (The calorie used in nutrition is different from the much smaller energy calorie used in physics and chemistry. It is sometimes spelled with a capital C and called the kilogram-calorie or kilocalorie while it's just called the calorie in physics and chemistry with a lower case c). 그러므로 칼로리의 두 가지 형태에 대해서 말하고 있다는 (b)가 정답이 된다.

Day 7

Extension

70p

1.
· Thank you. I practice every day.

2.
· I'm afraid not.

3.
· Can't we just go to the theater nearby?
· Okay. Then let's go downtown.

4.
· an expert in the field of oriental medicine
· might not be able to join us due to an adverse situation back in his country
· he would be visiting our school as soon as possible

지고 있다.

3.

W: May I have your reservation number?

M: ________________________________

(a) A single room for two nights, please.

(b) I already dialed that number twice.

(c) I only have cash.

(d) Sure. I have it down on paper.

| 해석 |

W: 예약 번호를 알려주시겠습니까?

M: ________________________________

(a) 싱글룸으로 이틀 밤입니다.

(b) 그 번호로 이미 두 번씩이나 전화했었습니다.

(c) 저는 현금만 가지고 있어요.

(d) 그럼요, 종이에 적어놨습니다.

| 해설 |

여자는 남자에게 예약번호를 묻고 있다. 이에 대해 종이에 적어 놓았다는 (d)가 가장 적절한 답이 된다. Sure, it's E8975.와 같이 구체적인 번호를 말할 수도 있음을 알아 두자. (a)는 reservation이란 단어 때문에 호텔 방과 연관시켜 놓은 선택지이나 내용과 관련이 없으므로 정답이 될 수 없다. (b)는 number라는 동일한 단어로 혼동을 초래한 오답이다. 동일한 단어를 넣어서 혼동을 초래하는 오답을 주의하도록 한다.

1.

W: When is the paper due?

M: ________________________________

(a) Your parents need to know.

(b) This Friday.

(c) She's due to speak tomorrow.

(d) I read it in the paper yesterday.

| 해석 |

W: 그 논문은 언제까지예요?

M: ________________________________

(a) 너희 부모님이 아셔야 해.

(b) 이번 주 금요일.

(c) 그녀는 내일 연설하기로 되어 있어요.

(d) 어제 신문에서 읽었어요.

| 해설 |

여자는 논문 마감일을 묻고 있다. 이에 대한 대답으로 '이번 주 금요일' 이라고 대답한 (b)가 가장 적절하다. (c)에서 due to는 '~하기로 되어 있는' 이란 뜻으로 여자의 질문에 나온 due라는 단어를 동일하게 사용하여 혼동을 주는 것으로 내용상 일치하지 않으므로 정답이 될 수 없다. (d)도 paper라는 동일한 단어를 사용하여 혼란을 초래하고 있지만 시제까지 과거이므로 여자의 질문에 대한 대답으로는 어울리지 않는다.

4.

M: Can you give me a ride home?

W: I thought you brought your car today.

M: No, I'm having it repaired.

W: ________________________________

(a) Let's go for a walk, then.

(b) You can say that again.

(c) Okay, I'll give a call when I leave.

(d) I'll bring mine tomorrow.

| 해석 |

M: 나 좀 집까지 태워다 줄 수 있어?

W: 너 오늘 차 가져온 줄 알았는데.

M: 아니, 수리 중이야.

W: ________________________________

(a) 그렇다면 산책하자.

(b) 네 말이 맞아.

(c) 알았어. 내가 떠날 때 전화할게.

(d) 내가 내일 내 것 가지고 올게.

| 해설 |

give a person a ride는 '~을 태워주다' 라는 의미가 있다. 여기서는 남자가 여자에게 자신을 태워다 달라고 부탁하고 있는 상황이다. 이에 대해 알겠다고 부탁을 들어주는 (c)가 가장 적절한 응답이 된다. (b)의 You can say that again.은 상대방의 의견에 동의하는 표현으로 '네 말이 맞다' 라는 의미이다. 자신의 차가 있는 상태에서 산책을 하자는 (a)는 논리적으로 맞지 않으므로 정답이 될 수 없다.

2.

M: I'm sorry I yelled at you for nothing.

W: ________________________________

(a) They are in red and yellow.

(b) It's OK. Don't worry about it.

(c) You shouldn't have gone there.

(d) Don't make a mistake.

| 해석 |

M: 아무것도 아닌 일로 소리 질러서 미안해.

W: ________________________________

(a) 그것들은 빨간색과 노란색으로 나와요.

(b) 괜찮아. 걱정하지마.

(c) 너는 거기 가지 말았었어야 했어.

(d) 실수하지 마.

| 해설 |

남자는 자신이 별것도 아닌 일에 소리 지른 것에 대해 여자에게 사과하고 있다. 사과에 대한 가장 적절한 대답으로 사과를 받아주는 (b)가 정답이 된다. 사과에 대해 That's alright, I understand. 등으로 대답할 수도 있다. 사과하는 사람에게 (d)와 같이 '실수하지 마' 라고 응답하는 것은 논리상 맞지 않으므로 정답이 될 수 없다. (c)에서 should have p.p.는 과거에 대한 후회를 나타낼 때 사용하며 '~했어야 했다' 는 의미를 가

---

1. (b)　**2.** (b)　**3.** (d)　**4.** (c)　**5.** (c)　**6.** (a)

7. (d)　**8.** (b)　**9.** (c)　**10.** (b)　**11.** (c)

5.

W: Have you ever been overseas?

M: Yes, I've been to many countries.

W: Which country is your favorite?

M: _______________

(a) It has many beautiful places to go.

(b) I'm a native of France.

(c) I have too many. I can't just pick one.

(d) I have a fear of heights.

| 해석 |

W: 해외에 가 본 적 있어?

M: 응. 여러 나라에 가 봤어.

W: 네가 가장 좋아하는 나라는 어디야?

M: _______________

(a) 가 볼 만한 아름다운 장소가 많아.

(b) 나는 프랑스 출신이야.

(c) 너무 많아. 하나를 꼽을 수가 없어.

(d) 고소공포증이 있어.

| 해설 |

여자의 마지막 질문은 남자가 가장 좋아하는 나라에 대해 묻고 있다. 이에 대해 구체적인 한 나라를 언급할 수도 있지만(예를 들어, Korea is my favorite.), (c)와 같은 응답도 나올 수 있음을 알아 두어야 한다. (b)는 구체적인 나라를 언급하여 혼란을 초래하는 것이므로 주의해야 하며 (d)에서 I have a fear of heights.는 '높은 곳을 두려워한다' 는 의미로 I have acrophobia(고소공포증이 있다).와 비슷한 뜻임을 알아 두자.

6.

M: Would you like to join me for dinner?

W: OK, what time are we going?

M: Right now. I'm starving.

W: _______________

(a) Alright. I'll be back in no time then.

(b) That's not my plan.

(c) I didn't think so.

(d) I'd like to try that one.

| 해석 |

M: 나랑 저녁 먹을래?

W: 알았어. 몇 시에 갈까?

M: 지금. 나 배고파.

W: _______________

(a) 알았어. 곧 돌아올게.

(b) 그건 내 계획이 아니야.

(c) 그렇게 생각하지 않았어.

(d) 난 그것으로 하고 싶어.

| 해설 |

남자는 여자에게 저녁을 같이 하자고 하고 여자는 그에 응하고 있다. 몇 시에 저녁을 같이 하냐고 묻는 여자의 질문에 바로 가자고 한다. 이에 대한 응답으로 (a)가 가장 적절하다. in no time은 '금방, 곧바로' 라는 뜻으로 in a jiffy, right away, in a minute, in a second, soon 등이 비슷한 의미로 사용될 수 있다. (b)와 같은 응답은 자연스런 대화가 될 수

없으므로 정답이 될 수 없다.

7.

W: Hello, sir. What can I do for you?

M: Yes, could you recommend a hotel commanding a great view of the city?

W: I'd recommend the Prince hotel.

M: Is it far away from here?

W: No, you can take a taxi across the street. It's only a five minute drive.

M: Thank you very much. You've been a great help.

Q. What is mainly happening in the conversation?

(a) The man is asking the font desk for directions to the hotel.

(b) The man is checking into the Prince hotel.

(c) The woman is looking for a reasonable hotel.

(d) The man is asking the woman to recommend a hotel.

| 해석 |

W: 안녕하세요, 무엇을 도와드릴까요?

M: 네, 시내 전망이 잘 보이는 호텔을 추천해 주시겠습니까?

W: 프린스 호텔을 추천해 드리죠.

M: 여기서 멉니까?

W: 아니요, 길 건너편에서 택시를 타고 가시면 됩니다. 5분 정도 거리밖에 되지 않습니다.

M: 감사합니다. 정말 많은 도움이 됐어요.

이 대화에서 주로 일어나고 있는 것은 무엇인가?

(a) 남자는 호텔의 방향을 프론트 데스트에서 묻고 있다.

(b) 남자는 프린스 호텔에 체크인하고 있다.

(c) 여자는 적당한 호텔을 찾고 있다.

(d) 남자는 여자에게 호텔을 추천해 줄 것을 문의하고 있다.*

| 해설 |

남자는 대화 첫 부분에 여자에게 시내 전망이 잘 보이는 호텔을 추천해 달라고 부탁하고 있다(could you recommend a hotel commanding a great view of the city?). 이에 대해 여자는 위치와 함께 호텔을 추천해 주고 있다. 그러므로 이 대화의 주제로 가장 적합한 것은 (d)가 된다. (c)는 주어의 성별을 다르게 해서 혼동을 주는 오답이다. 여자가 호텔을 찾고 있는 것이 아니라 남자가 호텔을 찾고 있는 것이므로 성별을 바꾼 오답을 조심하도록 한다.

| 어휘 |

command (경치를) 내다 보다, 내려다 보다

ex) a house commanding a fine view 전망이 좋은 집

8.

M: The wind coming through the window is so strong.

W: You can just close the window, can't you?

M: Then I'd have to turn on the air conditioner.

W: You don't like using the air conditioner?

M: Can't say I don't, but I just prefer natural cool air.

W: What's wrong with keeping the window open then?

M: The wind is so strong that it keeps blowing my documents off my desk.

Q. What is the man's main concern?

(a) He wants to exchange his seat with the woman's.

(b) He gets irritated by the strong wind while working.

(c) He needs his air conditioner to be replaced.

(d) He is under a lot of pressure having too much work.

| 해석 |

M: 창문을 통해서 오는 바람이 너무 세다.

W: 창문을 닫으면 되지 않아?

M: 그렇다면 에어컨을 틀어야 돼.

W: 에어컨 사용하는 게 싫어?

M: 그런 건 아니지만, 시원한 자연 바람을 더 좋아하지.

W: 그렇다면 창문을 열어 두는 게 무슨 문제가 되는 거야?

M: 바람이 너무 세서 책상 위에 문서들이 자꾸 날아가잖아.

남자가 가장 신경 쓰는 것은 무엇인가?

(a) 남자는 여자의 자리와 자신의 자리를 바꾸고 싶어한다.

(b) 남자는 일하는 동안 강하게 부는 바람 때문에 거슬려 한다.

(c) 남자는 그의 에어컨을 교체하고 싶어한다.

(d) 남자는 너무 많은 일로 인해 스트레스를 받는다.

| 해설 |

남자는 세게 부는 바람에 대해서 불평하면서도 자연 바람을 더 선호한다고 말한다. 이에 대해 여자는 그렇다면 창문을 열어 두는 것이 무슨 문제가 되냐고 물어 보고 이에 대해 자신의 서류가 바람에 자꾸 날아가는 것을 불평한다(The wind is so strong that it keeps blowing my documents off my desk). 이를 통해 남자가 센 바람에 신경이 거슬려 함을 알 수 있다. 그러므로 정답은 (b)가 된다. 나머지 선택지는 대화에 언급된 바가 없고 본문의 동일한 단어 사용으로 인해 혼동을 주는 것이므로 주의하도록 한다.

9.

M: Do you need a hand back there?

W: I sure do. I connected this printer to the computer, but it doesn't work.

M: Maybe you need to install a program.

W: I'm afraid I don't know what you mean.

M: Don't worry. I'll take care of it.

W: Thanks. I owe you one.

Q. What is taking place in the conversation?

(a) The woman is looking for her CD.

(b) The man is paying for the printer in installments.

(c) The man is helping the woman install a printer correctly.

(d) The woman is promising to pay her debt.

| 해석 |

M: 도움이 필요하니?

W: 응. 이 컴퓨터와 프린터를 연결했는데 잘되질 않아.

M: 아마 프로그램을 설치해야 할 거야.

W: 네가 무슨 말 하는지 모르겠어.

M: 걱정하지마. 내가 해 줄게.

W: 고마워. 너한테 신세졌어.

이 대화에서 일어나고 있는 것은 무엇인가?

(a) 여자는 그녀의 CD를 찾고 있다.

(b) 남자는 프린터 값을 할부로 지불하고 있다.

(c) 남자는 여자가 프린터를 올바르게 설치하는 것을 도와주고 있다.

(d) 여자는 그녀의 빚을 갚기로 약속하고 있다.

| 해설 |

여자가 컴퓨터와 프린터를 연결하는 데 문제를 겪고 있고 남자가 이를 도와주고 있다. 프로그램을 설치하는 것을 모르는 여자에게 남자가 자신이 처리해 주겠다고 말한다(I'll take care of it). (b)에서 installment는 '할부'란 뜻으로 '설치'란 의미의 install의 명사형은 installation임을 알아두자. 그러므로 이 대화의 주제로 적절한 것은 남자가 여자의 프린터 설치를 도와주고 있다는 (c)가 가장 적절하다.

| 어휘 |

take care of 처리하다, 돌보다 in installments 할부로

10.

You want to be a good writer but have no idea where to start? Here's what I suggest you do. Let's say you just had a great experience that you would like to remember for the rest of your life. You didn't have a camera, but you still clearly remember what happened. What you can do now is to simply write about it. Try to describe the situation, your feelings, who you were with, and what happened in as much detail as possible.

Q. What is the main point of the lecture?

(a) Having a good memory is the key to becoming a good writer.

(b) Writing about your own experiences is one way to help your writing skills.

(c) You should carry your camera at all times.

(d) Writing is something you have to do on a daily basis.

| 해석 |

좋은 작가가 되고는 싶지만 어디서부터 시작할지를 모르십니까? 여기에 제가 제안하는 것을 보십시오. 예를 들어 당신이 당신의 남은 삶 동안에

기억하고 싶은 아주 위대한 경험을 했다고 합시다. 카메라는 가지고 있지 않았지만, 여전히 선명하게 무슨 일이 일어났는지를 기억합니다. 그렇다면 지금 당신이 할 수 있는 일은 그것에 대해 간단히 적는 것입니다. 그 상황과 감정, 누구와 있었는지, 무슨 일이 일어났었는지 가능한 한 상세히 적으려고 노력하십시오.

이 강연의 주제는 무엇인가?
(a) 좋은 기억력은 좋은 작가가 되는 중요한 요소가 된다.
(b) 자신의 경험을 적는 것은 당신의 글쓰기 기술을 돕는 하나의 방법이다.
(c) 항상 카메라를 가지고 다녀야 한다.
(d) 글쓰기란 당신의 일상을 바탕으로 해야 하는 일이다.

| 해설 |

강연자는 좋은 작가가 되기를 원하지만 어디서부터 시작해야 할지 모르는 사람들에게 자신이 경험한 일을 적어보라고 조언하고 있다(You want to be a good writer but have no idea where to start? / Try to describe the situation, your feelings, who you were with, and what happened in as much detail as possible). 그러므로 이 강연의 주된 포인트는 글을 잘 쓰기 위해서 자신의 경험을 적는 것이 도움이 된다는 (b)가 가장 적절하다.

11.

James Robinson, head of the Department of Education, has just made an announcement that will make the application process for prospective college students much simpler. Previously, a student applying to multiple institutions would have been required to complete an equal number of paper applications. Now, following the launch of a universal application system, students can complete a single electronic application that will be accepted by every university. This will help conserve both time and materials for students and schools alike.

Q. What is the main idea of the talk?
(a) The difficulties of applying to a university
(b) An alternative to submitting applications
(c) Changes made to improve the application process.
(d) A rise in the number of students applying to universities

| 해석 |

교육부 장관 제임스 로빈슨은 예비 대학생들이 훨씬 간단하게 지원서를 제출할 수 있는 방법에 대해 발표했다. 예전에는 여러 곳에 지원한 학생은 지원한 학교 수만큼의 지원서를 제출해야 했다. 지금 실시되는 대학 지원 시스템에 따르면 학생들은 모든 대학에서 받는 하나의 전자 지원서만 작성할 수 있다. 이것은 학생과 대학 모두 시간과 재료를 절약하는 데 도움이 될 것이다.

이 담화의 주제는 무엇인가?
(a) 대학 지원하는 것에 대한 어려움
(b) 지원서를 제출하는 것에 대한 대안
(c) 지원 절차를 향상시키기 위한 변화
(d) 대학을 지원하는 학생 수의 증가

| 해설 |

첫 번째 문장을 보면 새로 발표된 지원 절차의 변화가 예비 대학생들이 훨씬 쉽게 지원서를 제출하게끔 도와줄 것이라고 말하고 있다(James Robinson, head of the Department of Education, has just made an announcement that will make the application process for prospective college students much simpler). 또한 새 대학 지원 시스템은 하나의 전자 지원서로 모든 학교에 지원할 수 있는 시스템이라고 말하고 있다(Now, following the launch of a universal application system, students can complete a single electronic application that will be accepted by every university). 그러므로 담화문의 주제는 지원 절차를 향상시키기 위한 변화라고 한 (c)가 정답이 된다.

Day 8
Extension 78p

1.
· It's on the corner of the next block.

2.
· I've always been.

3.
· They say the expected education budget cuts left them no choice.
· I don't know. Maybe they'll use it to good use.

4.
· different from other action movies I starred in
· not a professional stunt man
· shooting a scene for three or four days
· screening different cuts until we were totally satisfied with what we saw

Build Up 79p

1. (c)	2. (d)	3. (d)	4. (c)	5. (d)	6. (c)
7. (b)	8. (c)	9. (d)	10. (d)	11. (d)	

1.

M: Kim, are you on the way?

W: ______________________

(a) I don't know what she's like.

(b) I made it all by myself.

(c) You bet, I left 10 minutes ago.

(d) Just going to take the bus.

M: 킴, 너 오는 길이니?

W: ______________________

(a) 그녀가 어떤지 모르겠어.

(b) 이걸 혼자 다 만들었어.

(c) 당연하지, 10분 전에 출발했어.

(d) 버스를 탈 거야.

| 해설 |

on the way는 '~하는 길(도중)'이라는 뜻이 있다. 남자가 여자에게 오는 길인지 묻고 있으므로 10분 전에 출발해서 오고 있다는 (c)가 가장 적절한 응답이 된다. (d)는 I'll just take the bus. / Not walk home. / Not drive home(버스를 탈 거야).의 뜻으로 교통수단에 초점을 맞춘 대답이 되므로 정답과 거리가 멀다.

2.

W: Professor Blake, when do we get the test results?

M: ______________________

(a) In my office.

(b) I trust my students.

(c) You signed up for it.

(d) They're already on the board.

| 해석 |

W: 블레이크 교수님, 시험 결과를 언제 알 수 있죠?

M: ______________________

(a) 내 사무실에.

(b) 나는 내 학생들을 믿는다.

(c) 넌 그것을 등록했다.

(d) 이미 게시판에 있다.

| 해설 |

시험 결과를 알 수 있는 날짜를 물어보는 여자에 대한 남자의 응답을 고르는 문제이다. I will finish grading next week(다음주면 점수를 다 매길 거야).라고 날짜와 연관된 대답을 할 수도 있지만, (d)(이미 게시판에 있다.)와 같이 대답할 수도 있음을 알아두자. (d)에서 on the board는 examination board를 의미하는 것으로 교수들이 채점을 끝마치면 이 위원회로 점수가 가게 되고 그 후에 학생들이 점수를 받게 된다. 이러한 일련의 과정도 알아 두도록 한다.

3.

M: This exercise will help the pain in your back.

W: ______________________

(a) I don't know how much it costs.

(b) I need to look back on my life.

(c) Give me more painkillers.

(d) I'll do anything to feel better.

| 해석 |

M: 이 운동은 당신의 요통에 효과가 있을 거예요.

W: ______________________

(a) 얼마가 들지 모르겠어요.

(b) 내 생애를 돌아볼 필요가 있어요.

(c) 진통제를 더 주세요.

(d) 나아지기만 한다면 어떤 거라도 할 겁니다.

| 해설 |

남자는 여자에게 요통에 도움이 되는 운동을 권하고 있다. 이에 대한 여자의 반응을 고르는 문제이다. 그러므로 낫기 위해서 어떤 것이라도 하겠다며 그 운동을 하겠다는 의향을 밝힌 (d)가 가장 적절하다. 요통에 도움이 되는 운동에 관한 제안으로 진통제(painkillers)를 달라고 한 (c)는 논리적으로 맞지 않다. 또한 명령어로 말하고 있으므로 더 적절치 못하다. TEPS에서는 항상 가장 적절한 응답을 고르라고 지시하므로(Choose the most appropriate response to the statement.) 답을 고를 때에는 가장 무난한 것으로 고르도록 한다.

4.

M: Can we meet this Friday?

W: Sorry, I can't. I'm going to a baseball game with my friends.

M: Then how about the next day?

W: ______________________

(a) Let me know what's up.

(b) Tomorrow is perfect.

(c) I think I'll be available then.

(d) You can send me an e-mail.

| 해석 |

M: 이번 금요일에 만날 수 있니?

W: 미안하지만 안 돼. 친구들과 야구 경기를 보러 가거든.

M: 그렇다면 다음날은 어때?

W: ______________________

(a) 무슨 일인지 알려 줘.

(b) 내일은 좋아.

(c) 그때에는 괜찮을 거 같아.

(d) 나한테 이메일을 보낼 수 있어.

| 해설 |

남자가 여자에게 이번 주 금요일에 만나자고 제안하자 여자는 약속 때문에 안 된다고 한다. 이에 남자는 그 다음날 즉, 토요일을 제안하고 있다. 이 제안에 대한 여자의 반응을 고르는 문제이다. (c)에서 available은 '시간이 있는'이란 의미로 쓰였기 때문에 제안을 받아들이는 대답으로 적절하다. (a)의 원래 의미를 풀어서 말하자면 무슨 일이 일어나고 있는지 자신에게 설명해달라는 뜻이다. 그러므로 토요일에 만나자는 제안의 응답으로는 적절하지 않다. 또한 the next day는 여기서 금요일의 다음 날인 토요일이므로 (b)도 적절하지 않다.

5.

W: What city has the most serious air pollution?

M: Probably Los Angeles.

W: Have you been there before?
M: _______________________________

(a) I wouldn't say it is.
(b) No, I don't.
(c) Yes, I was born and raised in Chicago.
(d) No, but I think I read it in the newspaper.

| 해석 |

W: 어떤 도시가 대기 오염이 가장 심하니?
M: 아마도 로스앤젤레스일 거야.
W: 거기 가 본 적 있니?
M: _______________________________
(a) 그것이 그렇다고 말할 수 없어.
(b) 아니.
(c) 응, 시카고에서 태어나고 자랐어.
(d) 아니, 그런데 신문에서 그것을 읽은 적이 있어.

| 해설 |

여자가 남자에게 대기 오염이 가장 심한 도시에 대해 묻자 남자는 LA일 거라고 대답한다. 이에 여자가 남자에게 LA에 가 본 적이 있는지 여부를 묻고 있다. 가본 적은 없지만 이에 대해 신문에서 읽은 적이 있다'고 대답한 (d)가 가장 적절한 응답이 된다. (b)는 우리말로는 맞는 것 같지만 Have you~?로 묻는 대답에 don't로 대답했으므로 적절치 않다. 또한 (c)도 시카고에서 태어나고 자랐다는 뜻이 되므로 적절치 않다.

6.

W: How would you like your haircut?
M: Just like this picture, please.
W: Would you like a shave, too?
M: _______________________________

(a) Yes, I like your hairdo.
(b) A sample book would help.
(c) No, thank you. Just a cut.
(d) No, I need a perm today.

| 해석 |

W: 머리를 어떻게 잘라 드릴까요?
M: 이 사진처럼 해 주세요.
W: 면도도 해 드릴까요?
M: _______________________________
(a) 그래요, 당신의 머리 스타일이 맘에 들어요.
(b) 견본 책이 도움이 될 거예요.
(c) 아니요, 커트만 해 주세요.
(d) 아니요, 오늘은 파마를 해야 해요.

| 해설 |

남자가 여자에게 사진과 같이 머리를 잘라 달라고 부탁하자 여자가 면도도 할 것인가를 묻고 있다. 이에 대한 가장 적절한 대답은 커트만 하겠다는 (c)이다. (a)에서 hairdo는 '머리 스타일'이란 뜻으로 면도를 할 거냐는 질문에 대한 대답으로 맞지 않다. 또한 남자는 커트를 하러 간 것이므로 (d)와 같이 파마를 하겠다는 것은 논리상 맞지 않다.

7.

M: Was it you who was in charge of the Grand Canal project?

W: Yes, Mr. Gutnik.
M: Congratulations. You did an excellent job.
W: Thank you very much. My whole team worked on it very hard.
M: Yes, I was told you are an exceptional leader.
W: Well, I guess I have to say I enjoy being in charge.

Q. What is taking place in the conversation?
(a) The man is interviewing the woman for a new project.
(b) The man is praising the woman for a successful project.
(c) The man is asking the woman who she is.
(d) The woman is being promoted for the job she has done.

| 해석 |

M: 대운하 프로젝트를 맡은 사람이 당신이었어요?
W: 네, 맞습니다. 구트닉 씨.
M: 축하합니다. 정말 훌륭하게 해냈어요.
W: 감사합니다. 저희 팀 전체가 정말 열심히 일했어요.
M: 네, 당신이 뛰어난 리더라고 들었습니다.
W: 글쎄요, 저는 맡은 일을 즐기면서 한다는 말밖에 할 수가 없네요.

이 대화에서 일어나고 있는 것은 무엇인가?
(a) 남자는 새 프로젝트와 관련해 여자를 인터뷰하고 있다.
(b) 남자는 성공적인 프로젝트에 대해서 여자를 칭찬하고 있다.
(c) 남자는 여자가 누구인지 물어보고 있다.
(d) 여자는 그녀가 한 일로 승진을 했다.

| 해설 |

남자는 여자에게 그녀가 해낸 프로젝트에 대해서 칭찬하고 있다 (Congratulations. You did an excellent job. / I was told you are an exceptional leader). 그러므로 이 대화의 주제로 가장 적절한 것은 (b)이다. 남자는 여자가 누구인지 알고 질문하고 있으므로(Was it you who was in charge of the Grand Canal project?) (c)는 정답이 될 수 없다. 또한 여자의 승진에 관해서는 언급된 바가 없으므로 (d)도 정답과 거리가 멀다.

8.

W: I got a new job!
M: Congratulations. When did that happen?
W: Just yesterday.
M: So what is it? What's the new job?
W: Assistant manager at a fitness center. The hours are excellent.
M: Good. Sounds like a dream job for you.

Q. What are the speakers mainly talking about?
(a) The woman's dream
(b) The woman's recent fitness challenge
(c) The woman's latest job

(d) The job opening at a fitness center

| 해석 |

W: 나 취직했어.
M: 축하해. 언제부터?
W: 바로 어제부터.
M: 무슨 일이야? 새 직업이 뭔데?
W: 피트니스 센터의 보조 매니저야. 시간대가 너무 좋아.
M: 잘됐구나. 너한테 딱 맞는 직업인 것 같다.

화자들은 주로 무엇에 관해 이야기하고 있는가?
(a) 여자의 꿈
(b) 여자의 최근 체력 도전
(c) 여자의 새 직업
(d) 피트니스 센터의 일자리 공고

| 해설 |

여자가 남자에게 피트니스 센터에 보조 매니저로 취직한 것을 말하자 남자가 이를 축하하는 내용이다. 그러므로 (c)가 가장 적절한 답이다. 남자의 마지막 말 Sounds like a dream job for you. 때문에 (a)로 착각해서는 안 된다. dream job은 '여자가 원하는 일자리'란 뜻으로 '꿈(dream)'과는 다르다. 또한 여자는 피트니스 센터에서 일자리를 얻었으므로 (d)도 정답이 아니다.

9.

M: Michelle, do you know this program?
W: Yes, I think I have it installed in my computer somewhere.
M: You mean you've never used it?
W: No, not really.
M: Well, then, you should. It's easy to operate.
W: That's easy for you to say.

Q. What does the man mainly want the woman to do?
(a) Let him know how to use the computer program
(b) Get an on-line self-help book
(c) Learn how to install the program from him
(d) Try using the computer program

| 해석 |

M: 미쉘, 이 프로그램에 대해서 아니?
W: 응, 내 생각엔 이 프로그램을 내 컴퓨터 어딘가에 설치했던 것 같아.
M: 네 말은 그것을 한 번도 사용한 적은 없다는 거니?
W: 응.
M: 그렇다면 해봐야 돼. 사용하기 쉬워.
W: 그렇게 말하긴 쉽지.

남자는 여자가 무엇을 하기를 원하는가?
(a) 자신에게 그 컴퓨터 프로그램을 어떻게 사용하는지 알려주는 것
(b) 온라인 자가 치료 책을 구하는 것
(c) 그로부터 그 프로그램을 어떻게 설치하는지를 배우는 것
(d) 그 컴퓨터 프로그램을 써보는 것

| 해설 |

남자는 여자에게 컴퓨터 프로그램에 대해 아는지 물어보고 이를 사용할 것을 권장한다(you should. It's easy to operate). 그러므로 여자가 프로그램을 사용하도록 권유하고 있다는 (d)가 정답이 된다. (a)는 남자가 알게 하는 것이 아니라 여자가 알게 하는 것으로 바뀌어야 하므로 정답이 될 수 없다. 또한 여자는 그 프로그램을 어떻게 사용하는지 모를 뿐 이미 컴퓨터 어딘가에 설치되어 있으므로 (c)도 정답과 거리가 멀다.

10.

Why is the number seven considered lucky? In the Bible, Joshua marched his army around the city walls for seven days. He was accom panied by seven priests carrying seven trumpets. On the seventh day they circled Jericho seven times and shouted, and then the walls fell down. Some believe that the walls represent lies and injustice, and therefore a life without them is lucky.

Q. What is the speaker mainly doing?
(a) Giving some historical facts revolved around lies and injustice
(b) Introducing how the number seven is being used in commercials
(c) Explaining why the number seven is being loved by everyone
(d) Introducing the biblical origin of the lucky number seven

| 해석 |

숫자 7이 왜 행운의 숫자로 여겨질까요? 성경에서 여호수아는 그의 군대와 함께 성벽을 7일 동안 행진했습니다. 그는 7개의 트럼펫을 가지고 7명의 성직자와 함께 했었습니다. 7일째가 되는 날 그들은 여리고를 일곱 번 돌고 소리쳤습니다. 그러자 성벽이 무너졌습니다. 어떤 이들은 벽은 거짓과 불공평을 의미한다고 믿습니다. 그래서 그것이 없는 삶은 행운이라고 생각합니다.

화자는 주로 무엇을 하고 있는가?
(a) 거짓과 불평등에 관한 몇 가지 역사적 사실을 제시하고 있음
(b) 숫자 7이 어떻게 광고에 사용되고 있는지 소개하고 있음
(c) 숫자 7이 왜 모든 사람들로부터 사랑받는지 설명하고 있음
(d) 행운의 숫자 7의 성경적 기원에 대해서 소개하고 있음

| 해설 |

화자는 첫 번째 문장에서 숫자 7이 왜 행운의 숫자로 여겨질까라는 질문을 던지면서(Why is the number seven considered lucky?) 성경에 나온 여호수아가 여리고를 돈 사건을 소개하고 있다. 여호수아가 여리고 성벽을 7일 동안 7개의 트럼펫과 7명의 성직자들과 함께 돌던 중 7일째 되던 날 일곱 번 성벽을 돌고 성벽이 무너졌는데, 그 성벽은 거짓과 불의를 뜻하므로 이것이 무너진 것을 행운이라고 여기게 되었다는 것이다. 그러므로 숫자 7의 성경적 기원에 대해서 소개하고 있다는 (d)가 가장 적절한 답이다.

| 어휘 |

priest 성직자 **revolve (around)** (토론 등이) 초점을 맞추다, ~을 중심 제목으로 삼다 **commercial** 광고

11.

The song you just listened to falls into the category of house music. It's basically from disco music in the late 1970s. The easiest way to describe it is that it's a collection of styles of electronic dance music. Many of you might wonder where the name 'house' comes from. This style of music was actually developed in the houses, garages and clubs in Chicago in the early to mid-1980s. The music was not meant to be commercially released, because it was usually much longer than the music played on the radio back then.

Q. What's the topic mainly about?
(a) The influence of house music on radio programs
(b) The characteristics of electronic dance music
(c) The history of club music in Chicago
(d) The definition and origin of house music

| 해석 |

당신이 지금 방금 들으신 음악은 하우스 음악으로 분류됩니다. 이것은 기본적으로 1970년대 후반 디스코 음악에서 왔습니다. 이것을 설명하는 가장 쉬운 방법은 이것이 전자 댄스 음악 스타일의 모음집이라는 것입니다. 많은 사람들은 'house'라는 이름이 어디서 왔는지 궁금할 것입니다. 사실 이 음악은 1980년대 초·중반에 시카고의 집과 창고, 클럽 등에서 발달했습니다. 이 음악은 보통 그 당시에 라디오에서 틀어지던 음악보다 훨씬 길었기 때문에 상업적으로 발매될 목적은 없었습니다.

이 글의 주제는 무엇인가?
(a) 하우스 음악이 라디오 프로그램에 끼치는 영향
(b) 전자 댄스 음악의 특징
(c) 시카고에서 클럽 음악의 역사
(d) 하우스 음악의 정의와 기원

| 해설 |

하우스 음악은 1970년대 후반 디스코 음악에서 파생됐으며 전자 댄스 음악의 성격을 띄고 있다고 말하고 있다. 그리고 왜 house라는 이름이 붙게 됐는지 설명하고 있다. 그러므로 '하우스 음악의 정의와 기원'이라고 답한 (d)가 정답이 된다. 본문 후반에서 하우스 음악이 그 당시 라디오에서 틀어지던 음악보다 훨씬 길어서 상업적으로 발매되지 않았다는 이야기는 언급하고 있지만, 라디오 프로그램에 끼치는 이 음악의 영향력에 대해서 구체적으로 언급되지는 않으므로 (a)는 정답과 거리가 멀다.

| 어휘 |

release 발표하다, 공개하다 **back then** 그때 당시에(=at that time)

Day 9

Extension

86p

1.
· I sure am.

2.
· I'll make sure he gets the message.

3.
· I'm calling to invite you to one of our performances this Friday night.

4.
· the spreading of a city and its suburbs over rural land
· lead to degrading environmental outcomes
· depend on automobiles because of the low-density in and out of the communities

Build Up

87p

1. (d)	2. (b)	3. (a)	4. (c)	5. (c)	6. (d)
7. (b)	8. (d)	9. (b)	10. (c)	11. (b)	

1.
W: Don't I know you from somewhere?
M: ___________________________
(a) Nice to meet you, too.
(b) Not even close to what I have in mind.
(c) I know where you come from.
(d) Sorry, you must have me mixed up with someone else.

| 해석 |

W: 당신을 어디선가 본 것 같은데요.
M: ___________________
(a) 저도 만나서 반갑습니다.
(b) 제가 생각한 것과 전혀 비슷하지 않아요.
(c) 당신이 어디 출신인지 알아요.
(d) 미안하지만 다른 사람과 착각하신 것 같습니다.

| 해설 |

여자가 남자를 어디선가 본 것으로 생각하고 아는 척을 하자 이에 대한 남자의 반응을 고르는 문제이다. 이러한 경우 여자의 추측이 맞을 수도 있지만 (d)처럼 다른 사람과 착각했다고 말할 수도 있다. 그러므로 정답

은 (d)이다. (a)는 처음 만나서 인사할 때 하는 말이므로 정답이 될 수 없다. (d)에서 mix up with는 '~와 혼동하다' 라는 의미가 있다.

2.
W: Your grades are a little disappointing to see.
M: ______________________________
(a) I won't be disappointed.
(b) I'll work harder to redeem myself.
(c) I don't think this is my class.
(d) I'm in the eighth grade.

| 해석 |
W: 너의 점수가 다소 실망스럽구나.
M: ______________________________
(a) 실망하지 않을게.
(b) 만회하도록 더 열심히 할게요.
(c) 내 수업 같지 않은데요.
(d) 저는 8학년이에요.

| 해설 |
성적이 다소 실망스럽다는 여자의 말에 대한 남자의 반응을 고르는 문제이다. 성적을 가지고 얘기할 수 있는 사람은 부모님 내지는 선생님이므로 '앞으로 열심히 하겠다(I'll do better next time.)' 는 반응을 보이는 것이 가장 적절하다. (b)에서 redeem은 '회복하다, 만회하다' 라는 의미로 만회하기 위해 열심히 하겠다는 (b)가 가장 적절한 응답이다. (d)에서 grade는 점수가 아닌 '학년' 으로 사용됐음도 알아 두자.

3.
M: What made you come back here?
W: ______________________________
(a) I forgot to tell you something.
(b) I had to take a bus.
(c) I knew I could do it.
(d) I've been busy.

| 해석 |
M: 너 왜 다시 여기 왔니?
W: ______________________________
(a) 너한테 뭔가 말해야 한다는 것을 깜박 했어.
(b) 버스를 타야 했어.
(c) 내가 그것을 할 수 있을 줄 알았어.
(d) 바빴어.

| 해설 |
What made you come back here?은 Why did you come back here?과 똑같은 의미이다. 그러므로 이유에 대한 응답을 골라야 한다. 그러므로 (a)가 내용상 가장 적절한 대답이 된다. (b)에서 버스를 타야 했기 때문에 다시 왔다는 말은 논리상 맞지 않으므로 정답이 될 수 없다.

4.
W: Is your cellphone dead?
M: Oh, that's right. I need to recharge it.
W: I tried to get a hold of you the whole day.
W: ______________________________

(a) It's being recharged.
(b) I sent you back the message.
(c) Sorry, I just forgot about my cellphone.
(d) I was ready to go.

| 해석 |
W: 네 휴대폰 꺼졌니?
M: 응. 맞아. 충전시켜야 돼.
W: 하루 종일 너한테 연락을 취하려고 했었어.
M: ______________________________
(a) 충전 중이야.
(b) 너한테 문자 메세지로 답장을 보냈어.
(c) 미안해, 휴대폰에 대해서 깜박 잊고 있었어.
(d) 갈 준비가 됐어.

| 해설 |
get a hold란 '연락을 취하다' 라는 뜻이다. 하루 종일 남자에게 연락을 취하려 했었다는 여자의 말에 대한 남자의 반응을 고르는 것이므로 본의 아니게 여자를 고생시킨 것에 대해서 사과하는 (c)가 가장 적절한 반응이 된다. 나머지 선택지들은 내용상 일치하지 않으므로 비슷한 단어의 쓰임으로 혼동을 주는 선택지에 유의하도록 한다.

5.
M: Hurry up, Diane. We're going to be late.
W: Sorry, I had to go back and get my purse.
M: Do you have the tickets with you?
W: ______________________________
(a) I thought you bought the tickets.
(b) No, they are with me.
(c) Yes, they are right here.
(d) I made reservations.

| 해석 |
M: 서둘러, 다이앤. 우리 늦을 것 같아.
W: 미안해. 다시 가서 지갑을 가지고 와야 해.
M: 티켓 너한테 있니?
W: ______________________________
(a) 나는 네가 티켓을 샀다고 생각했는데.
(b) 아니, 그것들은 내게 있어.
(c) 응, 여기 있어.
(d) 예약했어.

| 해설 |
남자의 마지막 질문이 여자가 티켓을 가지고 있는지 여부를 묻고 있으므로 그와 관련된 답을 골라야 한다. 그러므로 (c)가 가장 적절한 답이 된다. 남자가 여자에게 티켓을 가지고 있냐고 묻는 전제는 티켓을 이미 샀다는 것이므로 (a)는 정답과 거리가 멀다. 또한 (b)가 정답이 될 수 없는 이유는 대답과 내용이 일치하지 않기 때문이다. 남자의 질문에 아니라고 대답하고 추가 답변에 티켓이 자신에게 있다는 내용은 논리상 맞지 않다.

6.
M: What did you think of the play?
W: Honestly, it wasn't the best performance.
M: Why is that?
W: ______________________________

(a) I have two free tickets.
(b) The seats were all available.
(c) This was the first play I've ever seen.
(d) The story line wasn't convincing enough.

| 해석 |

M: 그 연극에 대해 어떻게 생각해?
W: 솔직히 최고의 공연은 아니었어.
M: 왜 그렇게 생각하는데?
W: _______________
(a) 공짜 티켓이 두 장 있어.
(b) 좌석이 다 이용 가능했어요.
(c) 이것이 내가 본 첫 번째 연극이야.
(d) 스토리 전개가 충분히 설득력 있지 않았어.

| 해설 |

연극이 어땠냐는 남자의 질문에 여자는 최고의 공연은 아니었다고 대답한다. 이에 대해 이유를 묻는 남자의 질문에 대한 응답을 고르는 문제이다. 그러므로 스토리 전개가 설득력이 없어서 별로였다는 (d)가 가장 적절한 대답이다. 나머지 선택지들은 연극이라는 것과 관련된 단어들로 혼동을 초래하는 것들이므로 주의해서 들어야 한다.

7.

W: Tom, have you chipped in for our boss's present yet?
M: Not yet. How much do we need for that?
W: $20 each.
M: I only have $10 right now. I think I'll have to use the ATM.
W: No, that's okay. I got you covered.
M: Really? Thanks. I'll take you out to lunch sometime.
W: Tomorrow is all right with me.

Q. What are the speakers talking about?
(a) She needs cash to buy a present for the man.
(b) She wants him to chip in for their boss's present.
(c) He needs to go to the bank to open an account.
(d) He wants to pay the bill for lunch later.

| 해석 |

W: 탐, 사장님 선물에 돈 냈니?
M: 아니 아직. 얼마를 내야 하지?
W: 각각 20달러씩.
M: 나 지금 10달러밖에 없는데. 현금인출기에서 돈 좀 뽑아야겠다.
W: 아니야, 괜찮아. 내가 대신 내줄게.
M: 정말? 고마워. 그럼 다음 번에 점심 사 줄게.
W: 난 내일이 좋아.

화자들은 무엇에 대해서 이야기하고 있는가?
(a) 여자는 남자를 위해 살 선물 때문에 현금이 필요하다.
(b) 여자는 사장의 선물을 위해 남자가 돈을 내기를 원한다.

(c) 남자는 은행 계좌를 개설하기 위해 은행에 가야 한다.
(d) 남자는 후에 점심 값을 내기를 원한다.

| 해설 |

남자와 여자는 사장에게 줄 선물로 돈을 걷고 있다. chip in은 여기서는 '돈을 걷다' 라는 의미로 쓰여졌다. 여자가 돈을 걷고 있으므로 여자는 남자가 사장의 선물을 위해 돈을 내기를 원한다는 (b)가 정답이 된다.

8.

M: Have you given some thought to buying a new computer?
W: Yes. Can't you just have it upgraded?
M: I could, but it's not going to help much.
W: How would you know?
M: The computer is just too old.
W: I don't have any problems when using it.

Q. What is the man mainly doing in the conversation?
(a) Asking if the woman has trouble using the old computer
(b) Discussing how expensive a computer they should buy
(c) Asking when she is going to sell the old computer to him
(d) Persuading the woman into buying a new computer

| 해석 |

M: 새 컴퓨터 사는 거 생각해 봤어?
W: 응. 그냥 컴퓨터 업그레이드 할 수 없어?
M: 할 수는 있어. 근데 별 도움이 되지 않을 거야.
W: 어떻게 알아?
M: 컴퓨터가 너무 오래됐어.
W: 나는 사용하는 데 아무 문제 없던데.

남자는 대화에서 주로 무엇을 하고 있는가?
(a) 여자가 오래된 컴퓨터를 사용하는 데 문제가 있는지 묻고 있다.
(b) 그들이 사야 하는 컴퓨터가 얼마나 비쌀지 의논하고 있다.
(c) 여자가 언제 그 오래된 컴퓨터를 남자에게 팔지 묻고 있다.
(d) 새 컴퓨터를 사도록 여자를 설득하고 있다.

| 해설 |

남자는 여자에게 새 컴퓨터 사는 것에 대해 생각해 봤는지 물어보며 새 컴퓨터를 살 것을 권유하는 어조로 대화를 하고 있다(I could, but it's not going to help much. / The computer is just too old). 이를 통해 남자는 새 컴퓨터를 사도록 여자를 설득하고 있음을 알 수 있으므로 정답은 (d)가 된다.

9.

M: So how do you like your new job?
W: I don't know. It's not as exciting as I expected it to be.
M: What are you talking about? You get paid

better for less hours, right?

W: That's true, but the work itself is so repetitive and boring.

M: Just give it a little more time. I'm sure you'll get used to it.

W: Yeah, I sure hope so.

Q. What are the man and the woman mainly discussing?

(a) The woman's interest in getting into a different company

(b) What the woman thinks about her new job

(c) How the man is excited about the woman's recent promotion

(d) The woman's disappointment about the man's attitude

| 해석 |

M: 새 일은 어때?

W: 모르겠어. 내가 생각했던 것만큼 재미있지는 않아.

M: 무슨 소리를 하는 거야? 일하는 시간은 줄어들고 월급은 더 받잖아.

W: 맞아. 그런데 일 자체가 너무 반복적이고 지루해.

M: 그냥 좀 더 해봐. 곧 익숙해 질거야.

W: 응. 나도 그러길 바래.

남자와 여자는 주로 무엇에 대해서 의논하고 있는가?

(a) 다른 회사로 옮기는 것에 대한 여자의 관심

(b) 여자가 그녀의 새 일에 대해 어떻게 생각하는지

(c) 여자의 최근 승진에 대해 남자가 얼마나 좋아하는지

(d) 남자의 태도에 대한 여자의 실망

| 해설 |

남자는 여자에게 여자의 새 직장에 대해서 묻고 있다(So how do you like your new job?). 이에 대해 여자는 일이 너무 반복적이어서 지루하다고 이야기하고 남자는 좀 더 시간을 가져 보라고 조언하고 있다. 그러므로 여자가 그녀의 새 직장에 대해 어떻게 생각하고 있는지에 대해서 이야기한다는 (b)가 정답이 된다. 여자의 새 직장은 전보다 일하는 시간이 줄어들고 급여가 많은 것이지 진급을 한 것이 아니므로 (c)는 정답과 거리가 멀다. 또한 여자는 이미 회사를 옮겼기 때문에 다른 회사로 옮기는 것에 대한 여자의 관심이라는 (a)도 정답이 될 수 없다.

10.

No software is easier than Movie Track 24 when it comes to creating your own movies. You can cut scenes, add special effects, and merge footage from different video sources only with a couple of drag-and-drops. Now you can edit your home videos in your camcorder into amazing movies. Get your hands on the best-selling movie-making software in the world. Look no further, and be a professional editor. This is your stop.

Q. What is mainly being advertised?

(a) A portable device for recording video images and audio

(b) The best-selling CD burning software

(c) An easy-to-operate movie-editing software

(d) The latest digital camera of the utmost quality

| 해석 |

당신의 영화를 직접 만들 때 Movie Track 24보다 쉬운 소프트웨어는 없습니다. 몇 번 끌어서 삽입하는 것만으로 장면을 자르고 특수효과를 집어넣고 다른 비디오 자료로부터 필름을 합칠 수 있습니다. 이제 당신은 당신의 캠코더에 있는 가정용 비디오를 멋진 영화로 편집할 수 있습니다. 세계에서 가장 잘 팔리는 이 영화 제작 소프트웨어를 구입하십시오. 더 이상 찾지 마시고 전문적인 편집자가 되세요. 이곳이 바로 여러분의 종착역입니다.

무엇이 주로 광고되고 있는가?

(a) 비디오 이미지와 오디오를 녹화할 수 있는 휴대용 장치

(b) 가장 잘 팔리는 CD 굽는 소프트웨어

(c) 쉽게 조작할 수 있는 영화 편집 소프트웨어

(d) 최고 품질의 최신 디지털 카메라

| 해설 |

첫 문장에서 Movie Track 24라는 소프트웨어가 광고됨을 알 수 있다. 이어지는 문장에서 그것이 직접 영화를 만들 수 있는 편집 소프트웨어임을 알 수 있다(No software is easier than Movie Track 24 when it comes to creating your own movies. You can cut scenes, add special effects, and merge footage from different video sources only with a couple of drag-and-drops). 자신이 직접 편집할 수 있기 때문에 easy-to-operate라고 표현한 (c)가 정답이 된다.

| 어휘 |

when it comes to ~라는 점에서

footage (영화 필름의) 피트 길이

11.

Americans are well known to have developed the system of democratic politics that provided political rights to many people who had never enjoyed them before. Nevertheless, this system was somewhat restrictive back then. In the 1820s and 30s, the laws were never adjusted to be fair to everyone and a system of 'universal manhood suffrage' emerged. Universal manhood suffrage referred to the right of most men to vote in the US, but systematically excluded most free blacks, as well as all women.

Q. What is the speaker's main point?

(a) Women's suffrage movements began around 1820s and 30s.

(b) The earlier US electoral system was not open to everyone.

(c) American politics provided the right to vote to only property owners.

(d) The universal manhood suffrage lived up to its

name.

| 해석 |

미국인들은 이전에 정치적 권리를 가질 수 없던 많은 사람들에게 정치적 권리를 제공한 민주주의 정치 시스템을 발달시킨 것으로 잘 알려져 있다. 그렇지만 이 시스템은 그 당시에 약간은 제한적이었다. 1820년과 30년대에 법은 모든 사람에게 평등하게 적용되지 않았고 이때에 '보통 남성 선거권'이 등장했다. 보통 남성 선거권은 미국에서 대부분의 남성에게 주어진 투표권을 가리킨다. 그러나 여자뿐만 아니라 대부분의 흑인들을 제도적으로 배제했다.

화자의 주된 관점은 무엇인가?
(a) 여성의 선거권 운동은 1820년대와 30년대에 시작했다.
(b) 초창기 미국의 선거 시스템은 모두에게 열려 있지 않았다.
(c) 미국의 정치는 재산 소유권자에게만 투표할 권리를 주었다.
(d) 보통 남성 선거권은 그 이름값에 부응했다.

| 해설 |

마지막 문장에서 보통 남성 선거권은 미국 대부분의 남성에게 주어진 투표할 수 있는 권리를 의미하지만 여자뿐만 아니라 대부분의 흑인들을 제도적으로 배제했다고 말하고 있다(Universal manhood suffrage referred to the right of most men to vote in the US, but systematically excluded most free blacks, as well as all women). 그러므로 화자는 초창기 미국의 선거 시스템이 모든 이들에게 차별 없이 주어지지 않았다는 것을 주장하므로 (b)가 가장 적절한 답이 된다. 보통 남성 선거권은 이름과 달리 대부분의 흑인들을 투표에서 배제했으므로 (d)는 내용과 틀린 답이 된다.

| 어휘 |

somewhat 다소 **restrictive** 제한하는 **back then** 그 시절 **suffrage** 선거권 **systematically** 제도적으로, 계획적으로 **exclude** 제외하다 **live up to** ~에 따라 행동하다, ~에 걸맞다

Day 10

Extension   94p

1.
· You're the one who made the mess.

2.
· We might have to change our plan then.

3.
· I was just wondering when my car would be ready to go.
· it done as soon as possible.

4.
· be based on the famous painter
· he was mostly self-taught

· experimenting with different brush techniques while using brighter

Build Up   95p

1. (c)	**2.** (c)	**3.** (c)	**4.** (b)	**5.** (c)	**6.** (a)
7. (b)	**8.** (d)	**9.** (a)	**10.** (b)	**11.** (a)	

1.

W: I really like your new shoes.
M: ___________________________
(a) I made it myself.
(b) You are welcome.
(c) Thanks, I got them as a present.
(d) We only carry black ones.

| 해석 |

W: 네 새 신발 참 맘에 든다.
M: ___________________________
(a) 내가 직접 만들었어.
(b) 천만에요.
(c) 고마워. 선물로 받았어.
(d) 검정색만 취급합니다.

| 해설 |

여자는 남자의 신발이 맘에 든다며 칭찬해주고 있다. 이에 대한 응답을 고르는 문제이므로 (c)가 가장 적절하다. 스스로 만들었다는 (a)가 답이 되기 위해서는 shoes가 복수이므로 them이 되어야 한다. (b)는 고맙다는 말에 대한 응답이므로 남자가 '고맙다'라는 인사를 해야 하는 상황에는 어울리지 않는다. (d)에서 carry는 '취급하다, 다루다'라는 의미로 검정색상만 있다는 의미이므로 여자의 말에 대한 응답으로는 적절치 않다.

2.

M: How much do they charge you for the service?
W: ___________________________
(a) This might cost a lot.
(b) I bought this in installments.
(c) I have to pay $45 a month.
(d) I was the one in charge.

| 해석 |

M: 그 서비스는 얼마를 내야 하니?
W: ___________________________
(a) 비용이 많이 나갈 거야.
(b) 나는 이것을 할부로 샀어.
(c) 한 달에 45달러를 내야 해.
(d) 내가 책임자였어.

| 해설 |

남자는 그 서비스로 여자가 얼마를 내야 하는지 묻고 있다. 이에 대한 응답으로 구체적인 가격을 언급한 (c)가 가장 적절한 답이 된다. (a)는 비

용이 막연히 많이 들 것이라는 추측으로 남자의 질문에 대한 대답으로는
적절치 않다. (b)에서 in installments는 '분납으로' 라는 뜻이다.

3.

W: Can you help me figure this out?

M: ______________________________

(a) Yes, it figures.

(b) There seems to be a problem.

(c) Okay, let me see.

(d) This isn't mine.

W: 내가 이것을 이해하도록 도와줄래?

M: ______________________________

(a) 그래, 그건 당연해.

(b) 문제가 있는 듯 해.

(c) 그래. 어디 보자.

(d) 이건 내 것이 아닌데.

여자는 남자에게 설명을 부탁하고 있다. 이에 대해 거절 혹은 보류하는
응답이 올 수도 있지만(e.g. After I have it done I will. 이거 마친 후에
할게.) (c)와 같이 도움을 들어주는 답이 올 수도 있다. (a)에서 it
figures는 '그건 당연하다, 생각한 대로다' 라는 의미로 정답과 거리가
멀다. 도움을 청하는 여자에게 '문제가 있는 듯하다' 라는 대답은 논리적
으로 맞지 않으므로 (b)도 답이 될 수 없다.

4.

W: Did you know it's Patrick's birthday tomorrow?

M: Is it? I had no idea.

W: We'd better go out and get something for him.

M: ______________________________

(a) I think we should buy him a present.

(b) Sounds like a good idea.

(c) I was just kidding.

(d) I love receiving presents.

W: 패트릭의 생일이 내일인 거 알았니?

M: 그래? 몰랐어.

W: 나가서 선물 사자.

M: ______________________________

(a) 우리가 그에게 선물을 사 줘야 할 것 같아.

(b) 좋은 생각 같아.

(c) 농담이었어.

(d) 선물 받는 거 좋아해.

여자는 패트릭을 위해 뭔가를 사러 나갈 것을 제안하고 있다. 이에 대해
선물을 사줘야 할 것 같다는 (a)는 여자의 마지막 말에 대한 반복이므
로 논리상 맞지 않다. 그러므로 제안을 받아들이는 (b)의 대답이 정답
이 된다.

5.

W: When do you want to go to the concert?

M: I'm afraid I'll be on the go all this week.

W: How does next Monday sound then?

M: ______________________________

(a) That's not the way I feel.

(b) Not right now.

(c) Sounds perfect.

(d) This Monday is great.

W: 그 콘서트에 언제 갈까?

M: 미안하지만 이번 주는 줄곧 바빠.

W: 다음주 월요일은 어때?

M: ______________________________

(a) 난 그렇게 생각하지 않아.

(b) 지금은 아니야.

(c) 좋아.

(d) 이번 월요일이 좋아.

여자는 남자에게 콘서트에 갈 날짜를 물어보고 이번 주는 내내 바쁘다는
남자에게 다음 주 월요일은 어떤지 여부를 묻고 있다. 이에 대한 대답으
로 '지금은 아니다' 라는 (b)의 대답은 논리적으로 맞지 않다. 또한 이번
주 월요일이 좋다는 (d)도 논리상 맞지 않다. 그러므로 제안을 받아들이
는 (c)가 가장 적절한 응답이 된다.

on the go 아주 바쁜, 줄곧 일하여

6.

W: It's freezing inside.

M: Yeah, let's check out the fireplace first.

W: Do you know how to light a fire?

M: ______________________________

(a) I'll give it a shot.

(b) You can stay warm.

(c) No, we just need to air this room.

(d) Maybe this will help.

W: 안이 너무 춥다.

M: 맞아. 화로를 먼저 확인해보자.

W: 어떻게 불을 때는지 알아?

M: ______________________________

(a) 시도해볼게.

(b) 넌 따뜻하게 머물 수 있어.

(c) 아니, 우리는 그냥 이 방을 환기시키면 돼.

(d) 아마도 이게 도움이 될 거야.

불을 붙일 수 있는지 묻는 여자의 질문에 대한 남자의 대답을 고르는 문
제이다. 이에 시도해보겠다는 (a)가 가장 적절한 대답이 된다. give it a
shot은 '시도해보다' 라는 뜻이다. (c)에서 air는 '환기시키다' 는 의미로
쓰였고 불을 때는 것과 환기는 상관이 없으므로 정답이 될 수 없다.

7.

M: Ma'am, do you know how fast you were

driving?

W: I was only doing 70 mph.

M: That's the exact problem.

W: I don't understand. That's what the sign said.

M: Well,

W: Oh, my mistake, officer. It won't happen again.

Q. Why is the woman not supposed to drive at 70 mph?

(a) The sign indicated the minimum speed.

(b) She didn't read the right speed limit sign.

(c) She does not have the license with her.

(d) She was driving while intoxicated.

| 해석 |

M: 당신이 얼마나 빨리 달리셨는지 아시나요?

W: 시속 70으로만 달렸는데요.

M: 그게 바로 문제입니다.

W: 이해가 되질 않네요. 저 표지판에 그렇게 쓰여 있는걸요.

M: 저 표지판은 속도 제한을 의미하는 것이 아닙니다. 이 고속도로 이름입니다.

W: 아, 죄송합니다. 다시는 그러지 않을게요.

여자는 왜 시속 70으로 운전하면 안 되는가?

(a) 그 표지판은 최소 속도를 의미한다.

(b) 그녀는 올바른 속도 제한 표지판을 읽지 않았다.

(c) 그녀는 운전 면허증을 가지고 있지 않다.

(d) 그녀는 술이 취한 채로 운전을 했다.

| 해설 |

여자는 속도위반으로 경찰관에게 단속이 되었고 그 이유를 묻는 과정에서 여자는 표지판을 잘못 읽었음을 알게 된다(the sign you saw is not the speed limit but the name of this highway). 고속도로 이름인 70을 제한 속도로 안 것이기 때문에 여자는 속도위반을 한 것이다. 그러므로 여자가 시속 70으로 달리면 안 되는 이유는 70은 제한 속도를 의미하는 것이 아니라 고속도로 이름을 의미하기 때문이라는 (b)가 정답이 된다.

8.

M: Did you find anything you like?

W: Well, I like that one over there and this one.

M: They look exactly the same to me.

W: Are you color blind? That one is red and this one is orange.

M: Okay, but

W:

Q. Which is correct according to the conversation?

(a) The man is frustrated with the woman for her lack of taste.

(b) The woman wants to buy both items of different colors.

(c) The couple wants different models of a product.

(d) The couple had a little miscommunication.

| 해석 |

M: 맘에 드는 것 찾았니?

W: 저기에 있는 것하고 이것.

M: 둘 다 똑같아 보이는데.

W: 너 색맹이니? 저건 빨간색이고 이건 오렌지색이잖아.

M: 알아, 그런데 난 모델에 대해서 말한 거야.

W: 난 이 모델이 맘에 들어. 내가 필요한 건 색깔을 고르는 일뿐이야.

이 대화에 따르면 맞는 것은 무엇인가?

(a) 남자는 감각이 부족한 여자에게 실망하고 있다.

(b) 여자는 다른 색상의 두 물건을 사고 싶어 한다.

(c) 두 사람은 똑같은 물건을 서로 다른 모델로 원한다.

(d) 두 사람은 의사소통에 약간의 문제가 있었다.

| 해설 |

마지막 부분을 통해서 두 사람의 의사소통에 문제가 있었음을 알 수 있다. 여자는 색깔에 대한 의견을 말하고 있고 남자는 두 색깔의 모델이 같다는 것에 맞추어 이야기하고 있다(I was only talking about the model). 그러므로 정답은 (d)가 된다. 여자는 맘에 드는 모델을 골랐고 그 중 맘에 드는 색깔을 고르고 있으므로 (b)는 정답이 되질 않는다. 나머지 선택지는 대화를 통해 알 수 없으므로 일치하는 바가 없다.

9.

W: Have you tried the new restaurant in town?

M: Not yet, have you?

W: Yes, I have and it was amazing. I loved it.

M: What was so good about it?

W: The food, atmosphere, and the service.

M: Wow,

W: Sure, I will. I can't wait.

Q. Which is correct according to the conversation?

(a) The man wants to go to the new restaurant with the woman.

(b) The woman has arranged a dinner at the new restaurant.

(c) The woman and the man have been to the new restaurant in town.

(d) The man cares only about the atmosphere of the restaurant.

| 해석 |

W: 시내에 있는 새 레스토랑에 가 본 적 있어?

M: 아니 아직, 너는?

W: 가 봤어. 정말 좋더라. 난 맘에 들었어.

M: 뭐가 그리 좋아?

W: 음식, 분위기 그리고 서비스.

M: 와! 다음 번에 갈 때 나도 끼워줘.

W: 알았어. 그럴게. 너무 기대된다.

이 대화에 따르면 맞는 것은 무엇인가?
(a) 남자는 여자와 함께 새 레스토랑에 가길 원한다.
(b) 여자는 새 레스토랑에 저녁 식사를 예약했다.
(c) 여자와 남자는 시내의 새 레스토랑에 가 본 적이 있다.
(d) 남자는 그 레스토랑의 분위기만 신경 쓴다.

| 해설 |
남자는 대화의 마지막 부분에서 여자에게 다음 번에 새 레스토랑에 갈 때
자신도 데려가 달라고 말한다(next time you go, count me in). 그러
므로 남자가 여자와 함께 새 레스토랑에 가기를 원한다는 (a)가 대화의
내용과 일치하므로 정답이 된다. 또한 대화에 따르면 남자는 아직 그 레
스토랑에 가 본 적이 없으므로 (c)는 내용과 일치하지 않는다.

10.

The Francisco Festival, produced by the Francisco Foundation for the humanities, welcomes you to our annual celebration of our Teach Children How To Read program. Come and share this event as we tell stories, share our lives, meet visiting authors, and participate in workshops. The Francisco Festival runs from July 10th to August 2nd. See your local paper for festival details.

Q. Which is correct about the Francisco Festival?
(a) It introduces new types of media.
(b) It celebrates the support to have children read.
(c) It shows demonstrations of how to read.
(d) It emphasizes the need for more workshops.

| 해석 |
프랜시스코 재단이 인류를 위해 만든 프랜시스코 축제는 '아이들에게 독
서법 가르치기' 프로그램의 연례 행사에 오신 여러분을 환영합니다. 우
리는 이야기를 들려주고 삶을 같이 나누고 방문하신 저자들을 만나고 연
수회에도 참여하오니 오셔서 이 행사에 참여하세요. 프랜시스코 축제는
7월 10일부터 8월 2일까지 진행됩니다. 더 자세한 사항은 지역 신문을
참조하세요.

프랜시스코 축제에 관해서 맞는 것은 무엇인가?
(a) 새로운 미디어의 형태를 소개한다.
(b) 아이들의 독서에 도움을 주는 것을 축하한다.
(c) 독서법 시범을 보여준다.
(d) 더 많은 연수회의 필요성을 강조한다.

| 해설 |
첫 번째 문장에서 프랜시스코 축제는 아이들에게 독서법을 가르치는 프
로그램의 연례 행사에 오신 것을 환영한다고 말하고 있으므로 (b)의 내
용이 이 축제와 일치하는 정답이 된다(The Francisco Festival,
produced by the Francisco Foundation for the humanities,
welcomes you to our annual celebration of our Teach Children
How To Read program). 이 축제에서 연수회를 열기도 하지만 그것
에 대해 강조한 적은 없으므로 (d)는 정답과 거리가 멀다.

11.

During this study of fashion, we'll be going over a time when all women wore corsets. From 1820 to 1910 was the historical period in which corsets were influenced by social perceptions. At that time, women traditionally wore corsets in order to maintain a certain shape to their figure, but it was also worn because it was thought that women had weak minds and bodies. Moreover, it was also thought corsets were worn for moral and medical support as well. Looking back, tight corsets were a direct reflection of the constraints women had to follow due to society.

Q. Which is correct about the corset in the 1800s?
(a) It was worn by women at that time due to cultural influences.
(b) It was widely used by both men and women.
(c) It was an unpopular fashion at the time.
(d) It was a treatment for women with medical problems.

| 해석 |
패션에 대해 공부하면서 우리는 모든 여성이 코르셋을 입었던 시대에 대
해서 배울 것입니다. 1820년에서 1910년 사이는 코르셋이 사회적 인식
에 의해 영향을 받았던 역사적인 기간입니다. 그 당시에 여성들은 전통적
으로 그들의 몸매를 유지하기 위하여 코르셋을 입었습니다. 그러나 그것
은 여성들이 약한 마음과 몸을 가지고 있다고 여겨졌기 때문에 입혀지기
도 했습니다. 게다가 코르셋은 도덕적, 의학적 지지를 한다고도 여겨져서
입혀지곤 했습니다. 그 당시를 돌아보면 꽉 끼는 코르셋은 사회 때문에
여자들이 따라야 하는 속박의 직접적인 반영이었습니다.

1800년대에 코르셋에 대해 맞는 것은 무엇인가?
(a) 문화적인 영향 때문에 여성들에게 입혀졌다.
(b) 남자와 여자 모두에게 널리 사용되었다.
(c) 그 당시에는 유행하지 않은 패션이었다.
(d) 의학적인 문제가 있는 여성들에게 주어진 치료였다.

| 해설 |
두 번째 문장을 보면 1820년에서 1910년 사이 즉, 1800년대에는 사회
적 인식에 의해 코르셋이 영향을 받았다고 진술하고 있다(From 1820
to 1910 was the historical period in which corsets were
influenced by social perceptions). 또한 마지막 문장에서도 그 당시
코르셋은 사회 때문에 여자들이 따라야 하는 속박의 반영이라는 말을 하
고 있다(Looking back, tight corsets were a direct reflection of
the constraints women had to follow due to society). 그러므로
1800년대 코르셋에 대해 맞는 것은 문화적인 영향 즉, 사회적인 영향 때
문에 여성들이 코르셋을 입었다는 (a)가 정답이 된다.

| 어휘 |
moral 도덕적 **constraint** 속박, 구속 **reflection** 반영 **due to** ~
에 기인하는

Day 11

Extension

102p

1.
· It's gone now, thanks.

2.
· I accidentally left it at the gym.

3.
· you forgot to write which bus you were on.
· Please write that on your arrival card.

4.
· regarding the missing watch
· The watch was found earlier today
· bring your driver's license or some form of identification

Build Up

103p

1. (c)	**2.** (a)	**3.** (b)	**4.** (d)	**5.** (b)	**6.** (c)
7. (a)	**8.** (d)	**9.** (a)	**10.** (a)	**11.** (c)	

1.
W: Hi, this is Debbie. Is Jenna home?
M: ___________________________
(a) Thanks for asking.
(b) No, this is my home.
(c) Sorry, she just left.
(d) I'd rather not discuss it.

| 해석 |
W: 안녕하세요, 전 데비입니다. 제나 있나요?
M: ___________________

| 해석 |
(a) 물어봐줘서 고마워요.
(b) 아니, 저희 집이에요.
(c) 미안하지만 방금 나갔어요.
(d) 그것은 의논하지 않는 게 좋겠어요.

| 해설 |
여자는 전화를 걸어서 제나가 있는지 묻고 있다. 전화상으로 누군가를 찾는 경우의 대화는 어느 정도 정해진 대화로 진행되므로 대답의 유형을 알아두도록 한다(e.g. Please hold on. I'll connect you. 잠깐 기다리세요. 연결해 드릴게요. / Sorry she just stepped out. 방금 나갔습니다.

/ She's out. 지금 없습니다). 여기서는 방금 나갔다고 대답한 (c)가 가장 적절한 대답이 된다. (b)는 home이라는 단어를 동일하게 사용하여 혼동을 주는 오답이니 주의하도록 한다.

2.
M: Wow, your car is very dirty.
W: ___________________________
(a) It's time I give it a wash.
(b) My shower is broken.
(c) I need gas.
(d) I know, it's too small.

| 해석 |
M: 와! 네 차 너무 더럽다.
W: ___________________
(a) 세차할 때가 됐어.
(b) 샤워기가 부러졌어.
(c) 기름을 넣어야 해.
(d) 알아. 너무 작지.

| 해설 |
차가 더럽다는 남자의 말에 대한 여자의 응답을 고르는 문제이다. give the car a wash는 '세차하다'라는 의미가 있다. 그러므로 세차할 때가 됐다고 말한 (a)가 정답이 된다. (b)는 샤워기가 망가졌다는 뜻으로 세차를 하지 못하는 이유로는 적절치 못하다. (d)는 I know까지는 적절한 응답이 되지만 추가 답변이 내용과 일치하지 않으므로 정답이 될 수 없다.

3.
W: It's too bad your flight was late.
M: ___________________________
(a) I think it's on time.
(b) There were delays.
(c) I lost my luggage.
(d) It's arriving an hour early.

| 해석 |
W: 네 비행기가 늦어서 안됐구나.
M: ___________________
(a) 정시에 오는 줄 알았는데.
(b) 지연되는 비행기들이 있었어요.
(c) 내 짐을 분실했어요.
(d) 그건 한 시간 일찍 도착해요.

| 해설 |
지연된 비행기에 대해 유감의 말을 하고 있는 여자에게 자신의 비행기 말고도 지연된 비행기들이 있다고 말하는 (b)가 가장 적절한 응답이 된다. (a)는 I think that your flight will be arriving on time(네 비행기가 정시에 도착하는 줄 알았다).라는 뜻으로 남자의 반응으로는 적절치 않다. 수하물은 목적지에 도착한 다음에 찾는 것이므로 비행기가 늦게 도착한 것과 수하물을 잃어버린 것은 직접적인 인과관계가 없으므로 (c)도 적절치 않다.

4.
W: Smells good. What are you baking?
M: Sugar cookies. Have you ever made it?

W: No, I'm not a good baker.

M: _______________________

(a) Really? I love cookies.

(b) Cookies have a lot of sugar.

(c) I've never tried it.

(d) I can teach you if you'd like.

| 해석 |

W: 냄새 좋은데. 뭘 굽고 있니?
M: 설탕 과자. 이거 만들어 본 적 있어?
W: 아니. 난 잘 못 구워.
M: _______________________
(a) 정말? 나는 쿠키를 좋아해.
(b) 쿠키는 설탕이 많이 들어 있어.
(c) 난 한 번도 시도해 본 적이 없어.
(d) 네가 원하면 내가 가르쳐줄 수 있어.

| 해설 |

설탕 쿠키를 만들어본 적이 있냐는 남자의 질문에 여자는 자신은 빵을 잘 못 굽는다고 대답한다. 그러므로 이에 대한 여자의 말에 자신이 가르쳐 주겠다는 (d)가 가장 적절하다. (a)는 Really?라는 반응은 올 수 있으나 추가 답변이 내용과 적절하지 않으므로 정답이 될 수 없다.

5.

M: So, what brings you to the pharmacy today?

W: I need some medicine.

M: What seems to be the problem?

W: _______________________

(a) It started last night.

(b) I have a stomachache.

(c) I hope it'll relieve the pain soon.

(d) I don't have any symptoms.

| 해석 |

M: 약국에는 무슨 일로 오셨어요?
W: 약이 좀 필요해서요.
M: 어디가 아프신데요?
W: _______________________
(a) 어젯밤부터 시작되었어요.
(b) 복통이 있어서요.
(c) 곧 통증을 덜어줄 거예요.
(d) 아무런 증상이 없습니다.

| 해설 |

남자는 여자에게 어디가 아픈지 묻고 있다. 이에 대해 복통 때문이라고 한 (b)가 가장 적절한 대답이 된다. 약이 필요하다는 여자가 이유를 묻는 약사의 질문에 증상이 없다고 대답한 (d)는 논리적으로 맞지 않으므로 정답이 될 수 없다.

6.

W: Ray, is that you? I didn't recognize you.

M: Yeah, I grew a little taller since we've last met.

W: Wow, you are so tall now.

M: _______________________

(a) Sure. I work out regularly these days.

(b) You look the same.

(c) Thanks, I've been eating my vegetables.

(d) It's been a long time.

| 해석 |

W: 레이, 너니? 못 알아봤어.
M: 맞아. 우리가 마지막 봤을 때 이후로 약간 컸어.
W: 와. 정말 많이 컸다.
M: _______________________
(a) 물론이지. 요즘에 운동을 정기적으로 하고 있어.
(b) 너 똑같다.
(c) 고마워. 야채를 많이 먹었어.
(d) 오랜만이다.

| 해설 |

오랜만에 만난 상황에서 여자는 남자에게 '키가 많이 컸다' 라고 말하고 있다. 이에 가장 적절한 응답을 고르는 문제로 (c)가 가장 적절한 응답이 된다. 미국에서는 야채를 많이 먹으면 키가 크고 강해진다는 얘기를 한다. 그러므로 야채를 많이 먹어서 키가 컸다는 (c)가 가장 적절한 응답이다. 칭찬에 가까운 여자의 말에 (a)처럼 Sure.라고 반응할 수 없다. 또한 운동이 키에 영향을 미친다는 것은 논리적으로 맞지 않기 때문에 정답과 거리가 멀다.

7.

M: Why didn't you show up this morning?

W: Sorry, I overslept.

M: What time did you sleep last night?

W: Pretty late. Around 3 a.m.

M: Maybe you should start sleeping earlier.

W: Yeah, I probably should.

Q. Which is correct according to the conversation?

(a) The woman did not come to the meeting.

(b) The woman forgot about the meeting.

(c) The man overslept.

(d) The man couldn't sleep last night.

| 해석 |

M: 오늘 아침에 왜 안 나왔니?
W: 미안해. 늦잠을 잤어.
M: 어젯밤에 몇 시에 잤어?
W: 꽤 늦게. 한 새벽 3시쯤.
M: 좀 더 일찍 자도록 해.
W: 맞아. 그래야 할 것 같아.

대화에 따르면 맞는 것은 어떤 것인가?
(a) 여자는 모임에 오지 않았다.
(b) 여자는 모임에 대해서 잊었다.
(c) 남자는 늦잠을 잤다.
(d) 남자는 어젯밤에 잠을 잘 수가 없었다.

| 해설 |

여자가 아침에 나타나지 않은 것은 늦잠 때문이다. 이에 대해 남자는 좀 더 일찍 잠을 자라고 충고하고 있다. 그러므로 대화의 내용과 일치하는 내용은 여자가 모임에 오지 않았다는 (a)가 정답이 된다. (b)의 내용처럼

여자가 모임에 대해서 잊었다는 것은 사실과 틀리므로 정답이 아니다. 또한 늦잠을 잔 것은 남자가 아니라 여자이므로 (c)도 정답이 될 수 없다.

8.
W: I don't know what to do with my paycheck.
M: You can buy that shirt you always wanted.
W: But I should really use it to make a lavish dinner tonight.
M: Don't you already have enough groceries for tonight?
W: I do, but I'm having some special guests over who I want to impress.
M: I guess you can wait to buy that shirt then.

Q. Which is correct according to the conversation?
(a) Groceries are more important than clothing.
(b) The woman is hungry, and will be cooking for herself.
(c) The shirt is too expensive.
(d) The woman needs preparation tonight.

| 해석 |
W: 내 급여로 무엇을 해야 할지 모르겠어.
M: 네가 항상 사고 싶어 했던 셔츠를 사면 되잖아.
W: 그런데 오늘 저녁을 위해서 돈을 거하게 써야 하거든.
M: 저녁식사 음식은 충분히 있지 않니?
W: 있어. 근데 오늘 신경 좀 써야 하는 특별한 손님들이 오시거든.
M: 그렇다면 그 셔츠는 기다렸다가 다음에 사야겠다.

대화에 따르면 맞는 것은 어떤 것인가?
(a) 옷보다 식품이 더 중요하다.
(b) 배가 고픈 여자는 자신을 위해 음식을 할 것이다.
(c) 그 셔츠는 너무 비싸다.
(d) 여자는 오늘밤 준비를 해야 한다.

| 해설 |
급여를 받은 여자가 그 돈으로 무엇을 해야 할 지 모르겠다고 하자 남자는 사고 싶어 하던 셔츠를 사라고 조언한다. 그러나 여자는 특별한 손님을 위해서 음식을 사야 한다고 한다. 그러므로 여자는 준비를 해야 한다는 (d)가 정답이 된다. 특별한 손님 때문에 음식을 사는 것이 옷보다 식품이 더 중요하다는 의미가 아니므로 (a)는 정답이 될 수 없다. 또한 셔츠의 가격은 언급된 바 없으므로 (c)도 알 수 없는 내용이다.

| 어휘 |
paycheck 급료 lavish 후한, 넉넉한

9.
M: Excuse me, I need to find a screwdriver.
W: What kind do you need?
M: I need the screwdriver with the cross tip.
W: Oh, you mean a Phillips Head screwdriver. We have several you can choose from.
M: Which would you recommend?
W: It depends what size you need.
M: I need your largest one.
W: This'll be most suitable.

Q. Which is correct according to the conversation?
(a) The man needs a large screwdriver.
(b) Cross tip screwdrivers are the largest.
(c) Any screwdriver will do.
(d) The store does not carry any screwdrivers.

| 해석 |
M: 실례합니다만 드라이버를 찾고 있는데요.
W: 어떤 종류가 필요하세요?
M: 십자 드라이버가 필요합니다.
W: 아, 필립스 헤드 드라이버 말씀이시군요. 몇 개가 있으니 당신이 고르실 수 있습니다.
M: 어떤 것을 추천해 주시고 싶으세요?
W: 당신이 필요한 사이즈에 따라 달라요.
M: 가장 큰 것이 필요합니다.
W: 이것이 가장 알맞겠군요.

대화에 따르면 맞는 것은 무엇인가?
(a) 남자는 큰 드라이버가 필요하다.
(b) 십자 드라이버가 가장 크다.
(c) 어떤 드라이버라도 괜찮다.
(d) 이 가게에는 드라이버가 없다.

| 해설 |
어떤 사이즈의 드라이버를 찾느냐는 여자의 질문에 남자는 가장 큰 것이 필요하다고 말하고 있다(I need your largest one). 그러므로 대화와 일치하는 문장은 (a)가 된다. 여자는 가장 큰 사이즈의 십자 드라이버를 찾고 있는 것이지 십자 드라이버가 가장 크다는 말을 하고 있는 것이 아니므로 (b)는 오답이 된다. (c)에서 do는 자동사로서 '~에 충분하다, 족하다'라는 의미로 쓰였다.

10.
The fossils on display at this next exhibit have come from a Spanish paleontologist, Maria Lopez. She discovered many ancient fossils off the southern coast of Africa. She left Africa with as many as 20 different dinosaur fossils. Her discoveries allowed other paleontologists to learn more about dinosaurs. In addition, she has paved the way for many future paleontologists to make successful discoveries of their own.

Q. Which is correct about Maria Lopez?
(a) She discovered many fossils.
(b) She took her research back to Spain.
(c) She went to Africa with 20 other paleontologists.
(d) She buried many fossils in Africa.

| 해석 |
다음 전시회에 전시될 화석들은 스페인 고생물학자 마리아 로페즈가 가지고 온 것들입니다. 그녀는 아프리카 남부 해안에서 많은 고대 화석들

을 발견했습니다. 그녀는 20여 가지의 서로 다른 공룡 화석들을 가지고
아프리카에서 왔습니다. 그녀가 발굴한 화석들은 다른 고생물학자들이
공룡에 대해서 더 알게끔 해주었습니다. 덧붙여 그녀는 후대의 많은 고
생물학자들이 그들 스스로 성공적인 발굴을 할 수 있게끔 길을 닦아 놓
았습니다.

마리아 로페즈에 대해 맞는 것은 어떤 것인가?
(a) 그녀는 많은 화석을 발굴했다.
(b) 그녀는 그녀의 연구를 스페인으로 가지고 왔다.
(c) 그녀는 다른 20명의 고생물학자들과 함께 아프리카에 갔다.
(d) 그녀는 많은 화석을 아프리카에 묻었다.

| 해설 |
세 번째 문장을 보면 그녀는 20여 개의 다른 공룡 화석을 가지고 아프리
카를 떠났다고 말하고 있다(She left Africa with as many as 20
different dinosaur fossils). 그러므로 많은 화석을 발굴했다는 (a)가
내용과 일치하는 정답이 된다. 또한 20여 개의 화석이 많은 것인지는 뒤
에 나오는 내용을 통해 알 수 있다. 즉, 그녀의 발굴이 다른 고생물학자들
에게 중요한 자료가 되었다는 말을 통해 이것이 상당한 양이 됨을 알 수
있다(Her discoveries allowed other paleontologists to learn
more about dinosaurs). 나머지 내용은 본문에 언급되지 않았으므로
정답이 될 수 없다.

| 어휘|
paleontologist 고생물학자 **pave the way** 길을 닦다, ~을 용이
하게 하다

11.
A study just released by the national center for
health statistics suggests that aerobics may in
fact be good for your health. The report, based on
interviews with 127,000 men and women, shows
that people involved with aerobics are happier,
less susceptible to sickness, and more
energetic. They're also more fit than those who
do not practice aerobics. It seems that aerobics
may in fact have a direct correlation on your
mental state as well as your physical state.

Q. Which is correct about aerobics?
(a) Aerobics requires too much energy.
(b) It is only for women.
(c) It has a lot of health benefits.
(d) Aerobics can only be done when people are
    happy.

| 해석 |
국립 센터가 건강 통계에 관해 최근 발표한 보고서에 의하면 에어로빅이
사실상 건강에 도움이 된다고 한다. 127,000명의 남녀 인터뷰에 근거한
보고서는 에어로빅을 하는 사람들이 더 행복하고 덜 아프고 더 활기찬 것
으로 나타났다. 그들은 에어로빅을 하지 않은 사람보다 몸 상태도 더 좋
다. 이는 에어로빅이 육체적 상태뿐만 아니라 정신적인 상태에도 직접적
인 상호관련이 있음을 보여준다.

에어로빅에 대해 맞는 것은 무엇인가?
(a) 에어로빅은 너무 많은 에너지를 필요로 한다.
(b) 여성만 하는 것이다.
(c) 건강에 좋은 점이 많다.
(d) 에어로빅은 행복할 때에만 할 수 있다.

| 해설 |
두 번째와 세 번째 문장을 보면 에어로빅을 하는 사람이 더 건강하고 행
복하고 활기차고 덜 아픈 경향이 있다고 말하고 있다(people involved
with aerobics are happier, less susceptible to sickness, and
more energetic. They're also more fit than those who do not
practice aerobics). 그러므로 에어로빅에 관해 맞는 내용은 에어로빅이
건강에 좋은 점이 많다고 한 (c)이다. 에어로빅을 하는 사람이 더 활기차
다고 말하고 있지 더 많은 에너지가 필요하다고 말하고 있지는 않으므로
(a)는 정답이 될 수 없다.

| 어휘 |
susceptible to ~에 감염되기 쉬운, ~의 영향을 받기 쉬운 **fit** 좋은
건강 상태의 **correlation** 상호 관련

Day 12.

Extension

110p

1.
· I get home from work really late.

2.
· I will tour Europe this summer.

3.
· she taught your son?
· she sometimes plays the trumpet with my son
  at home.

4.
· international companies are examining
  opportunities to expand their water prospects
  in their area
· So don't miss the American Water Institute
  sponsored conference on opportunities in
  Chicago
· Register for this marvelous opportunity now

1. (a)　2. (b)　3. (c)　4. (b)　5. (b)　6. (a)
7. (b)　8. (c)　9. (b)　10. (d)　11. (a)

1.

M: Hello, Mrs. Parker? Thank you for waiting.
W: ________________________

(a) No problem. I'm in no hurry.
(b) I am really tired.
(c) I was late for an appointment.
(d) I'd like to make a phone call to a friend.

| 해석 |
W: 파커 씨 안녕하세요? 기다려 주셔서 감사합니다.
M: ________________________
(a) 괜찮습니다. 바쁘지 않아요.
(b) 전 정말 피곤해요.
(c) 약속에 늦었어요.
(d) 친구한테 전화를 하고 싶어요.

| 해설 |
남자는 여자에게 기다려준 것에 대해 감사하고 있다. 이에 괜찮다고 대답하는 (a)가 가장 적절한 응답이 된다. 이에 That's OK. I didn't mind waiting.이라고 대답해도 적절한 응답이 될 수 있다. 남자의 이 같은 말에 친구에게 전화하고 싶다는 것은 논리적으로 맞지 않기 때문에 (d)는 정답이 될 수 없다.

2.

M: I'm going outside to have a barbecue.
W: ________________________

(a) I enjoy the indoors.
(b) The weather's nice for a barbecue.
(c) I have a frisbee.
(d) There are a lot of bugs outside.

| 해석 |
M: 바비큐하러 밖으로 나갈 거야.
W: ________________________
(a) 실내 활동을 즐겨요.
(b) 바비큐 하기에 좋은 날씨지.
(c) 나는 프리스비가 있어요.
(d) 밖에는 벌레가 많아요.

| 해설 |
바비큐를 위해 밖으로 나간다는 남자의 말에 대한 응답을 고르는 문제이다. 이에 대해 바비큐 하기 좋은 날씨라고 응답한 (b)가 가장 적절한 응답이 된다. 밖에 벌레가 많다는 응답 (d)는 바비큐와 직접 관련이 없고 바비큐에 영향을 미치지 않기 때문에 적절한 응답으로 보기 힘들다. (c)에서 frisbee는 던지기 놀이의 플라스틱 원반을 가리킨다.

3.

W: Honey, our power went out.

M: ________________________

(a) Turn on the lights.
(b) Let's save energy.
(c) We need to call maintenance.
(d) We need to get more power.

| 해석 |
W: 여보, 전기가 나갔어요.
M: ________________________
(a) 불을 켜세요.
(b) 에너지를 절약합시다.
(c) 보수 관리를 불러야겠네요.
(d) 우리는 더 많은 힘을 길러야 해.

| 해설 |
전기가 나갔다는 여자의 말에 대한 남자의 적절한 응답을 고르는 문제이다. 이에 정비를 불러야 한다는 (c)가 가장 적절한 응답이면서 대응이라 할 수 있다. 전기가 나간 상황이므로 (a)와 같은 응답은 알맞지 않다. 또한 (d)에서 power는 '전기'의 의미로 쓰인 것이 아니므로 여자의 말에 대한 응답으로 어울리지 않는다.

4.

W: Jerry, haven't I told you to clean up your room?
M: Sorry, I forgot. I'll clean up right now.
W: You keep on forgetting.
M: ________________________

(a) My room is too big.
(b) I won't forget next time.
(c) Yes, I'll go to my room.
(d) It's in my room.

| 해석 |
W: 제리, 내가 네 방 치우라고 얘기하지 않았니?
M: 죄송해요. 잊었어요. 지금 바로 치울게요.
W: 넌 계속 까먹는구나.
M: ________________________
(a) 제 방이 너무 커요.
(b) 다음에 잊지 않을게요.
(c) 네, 제 방으로 갈게요.
(d) 제 방에 있어요.

| 해설 |
방을 치우지 않는 남자에게 여자가 나무라는 말을 한다. 이에 대한 적절한 반응은 사과 혹은 후일의 약속 등의 반응이 와야 적절하다(It won't happen again. I promise). 따라서 다음엔 잊지 않겠다는 (b)의 응답이 가장 적절한 답이 된다. 나무라는 여자의 말에 방이 크다고 말하는 (a)는 논리적으로 비약적인 반응이므로 적절한 대답이 아니다.

5.

M: Ugh, this fruit is old.
W: Are you sure? How do you know?
M: It's really soft and discolored.
W: ________________________

(a) I need something to drink.

(b) I'll throw it out.

(c) I like the taste.

(d) I'll warm it up.

M: 악, 이 과일은 너무 오래됐어.
W: 확실해? 어떻게 알아?
M: 너무 무르고 빛이 바랬잖아.
W: ________________
(a) 마실 것이 필요해.
(b) 내가 버릴게.
(c) 나는 그 맛을 좋아해.
(d) 내가 데울게.

| 해설 |

과일이 너무 오래돼서 무르고 변색됐다는 남자의 말에 대한 반응을 고르는 문제이다. 이에 그 과일을 버리겠다고 하는 (b)가 가장 적절한 응답이 된다. 그 맛을 좋아한다는 (c)는 상식에 벗어난 대답으로 TEPS에서는 비약된 내용은 답으로 나오지 않는다.

6.

M : I don't have a date for the party tonight.

W: Why don't you ask Jesse?

M : I think she's busy.

W: ________________

(a) I'm sure someone else will go with you.

(b) You should write it down next time.

(c) I'll be late for the party tonight.

(d) The party is cancelled.

| 해석 |

M: 오늘밤 파티에 같이 갈 데이트 상대가 없어.
W: 제시한테 부탁하지 그러니?
M: 그녀는 바쁜 거 같아.
W: ________________
(a) 누군가가 너와 같이 갈 거야.
(b) 다음에는 적어야 해.
(c) 오늘 밤 파티에 늦을 거야.
(d) 파티는 취소됐어.

| 해설 |

파티 상대가 없다는 남자의 말에 대한 여자의 응답을 고르는 문제이다. 이러한 상황에서는 위로나 격려의 말이 가장 적절한 반응이 된다. 그래서 누군가가 같이 가줄 거라고 위로하는 (a)가 가장 적절한 응답이 된다. 이 상황에 (d)와 같이 '파티가 취소됐다' 는 반응은 논리적으로 맞지 않다.

7.

M: Oh, are you still waiting for your food?

W: Yes, I ordered a lot.

M: But why? Are you that hungry?

W: My brother wanted something to eat also.

M: Okay, that makes sense.

Q. Which is correct according to the conversation?

(a) The man is really hungry so he ordered too much.

(b) The woman ordered for two people.

(c) The woman is waiting for her brother.

(d) The man is in a hurry.

| 해석 |

M: 어, 너 아직도 음식을 기다리니?
W: 응, 음식을 많이 주문했어.
M: 왜? 그렇게 배가 고프니?
W: 내 동생도 뭔가 먹고 싶어 했거든.
M: 그렇구나. 이해가 된다.

이 대화에 따르면 맞는 것은 무엇인가?
(a) 남자는 정말 배가 고파서 너무 많이 주문했다.
(b) 여자는 2명이 먹을 것을 주문한다.
(c) 여자는 그녀의 남동생을 기다리고 있다.
(d) 남자는 급하다.

| 해설 |

여자는 많은 음식을 시키고 음식을 기다리고 있다. 이에 의아한 남자가 그렇게 배가 고프냐고 묻는 질문에 여자는 동생의 것까지 시켰다고 말하고 있다. 여자가 자신의 것까지 포함해서 2인분의 음식을 시켰으므로 (b)의 내용이 대화의 내용과 일치하는 답이 된다. (c)에서 여자가 '그녀의 남동생을 기다리고 있다' 라는 것은 본문의 내용만으로는 알 수 없다. 동생이 잠깐 자리를 비웠을 수도 있고 이 내용이 take out 음식점에서 벌어지는 대화일 수도 있기 때문이다. 그러므로 세부사항 문제의 답을 고를 때에는 본문에 언급된 내용 내에서 답을 고르도록 한다.

8.

M: Welcome to Seattle. How can I help you?

W: Hi. I need to book a taxi.

M: Where do you need to be taken?

W: To the downtown hospital.

M: In that case, I suggest calling ABC Taxi. They know the city very well.

W: Okay. Can you give me their number? I'll call them.

Q. Which is correct according to the conversation?

(a) The woman is lost.

(b) The ABC Taxi is located downtown.

(c) The woman needs a ride to the hospital.

(d) The woman knows the city very well.

| 해석 |

M: 시애틀에 오신 것을 환영합니다. 무엇을 도와드릴까요?
W: 안녕하세요, 택시를 예약하고 싶습니다.
M: 어디 가셔야 하는데요?
W: 시내 병원이요.
M: 그 경우엔 ABC 택시를 부르시는 것이 좋겠네요. 그들이 시내를 잘 아니까요.
W: 알겠습니다. 전화번호를 알려주실 수 있으세요? 전화해 보겠습니다.

이 대화에 따르면 맞는 것은 무엇인가?
(a) 여자는 길을 잃었다.
(b) ABC 택시는 시내에 위치하고 있다.
(c) 여자는 병원까지 가야 한다.
(d) 여자는 그 도시를 잘 안다.

| 해설 |
여자는 시내 병원까지 가야 하고 이 때문에 택시를 예약하고 있는 상황이다. 그러므로 병원까지 차를 타고 가야 한다는 (c)가 본문과 일치하는 내용이 된다. ABC 택시 회사는 시내에 대해서 잘 알기는 하지만(I suggest calling ABC Taxi. They know the city very well.) 그 회사가 시내에 위치해 있는지는 알 수 없으므로 (b)는 정답이 될 수 없다.

9.

W: You'll surely make the soccer team this time.
M: I don't think so.
W: But you've been practicing, haven't you?
M: A little, but I don't know if I'm improving.
W: Is there a way to give yourself more time to practice?
M: I get home from school late, so I don't see how.
W: What about weekends?
M: I have to work during the weekends.

Q. Why does the man think he may not make the team again?
(a) Because he has not been practicing at all
(b) Because he doesn't have enough time to practice.
(c) Because schoolwork is too hard
(d) Because he doesn't like soccer anymore

| 해석 |
W: 이번에는 틀림없이 축구팀에 선발될 거야.
M: 그럴 것 같지 않아.
W: 하지만 넌 열심히 준비했잖아, 그렇지 않니?
M: 약간, 그런데 내가 향상이 되었는지는 모르겠어.
W: 좀 더 연습할 시간은 없니?
M: 학교에서 늦게 와서 어떻게 해야 할지 모르겠어.
W: 주말은 어떠니?
M: 주말에는 일을 해야 해.

남자는 왜 그 팀에 또 들어가지 못할 거라 생각하는가?
(a) 연습을 전혀 하지 못했기 때문에
(b) 연습할 시간을 충분히 갖지 못했기 때문에
(c) 학교 공부가 너무 힘들어서
(d) 축구를 더 이상 좋아하지 않기 때문에

| 해설 |
연습을 하지 않았느냐는 여자의 질문에 남자는 '약간'이라고 대답하며 연습할 시간이 있느냐는 질문에 남자는 도저히 시간이 나지 않는다고 대답한다(I get home from school late, so I don't see how. / I have to work during the weekends). 남자는 충분히 연습을 하지 못해서

선발되지 못할 것이라고 생각한다. 그러므로 정답은 (b)가 된다. 이렇게 질문 자체가 세부적인 경우에는 특정 부분을 잘 들으면 어렵지 않게 고를 수 있으므로 두 번째 들을 때 이 부분을 주의해서 들어야 한다. 여기서는 대화 중반부에 정답이 있다.

10.

Recently, there has been an alarming increase in building code violations found in residential areas. Houses and apartment buildings where families reside are not receiving enough attention from safety inspectors. Careful inspections are routine in commercial buildings, but this should not cause a reduction in the safety procedures of our living quarters. If the problem is not fixed, we will soon see more families forced out of their homes, or even serious injuries as a result.

Q. Which is correct according to the talk?
(a) Safety issues in the workplace are being ignored.
(b) Houses in the area are being built too slowly.
(c) The number of families moving away continues to rise.
(d) Safety violations during home construction have increased.

| 해석 |
최근 주거 지역에서 건축 법규 위반 적발 사례가 급증하고 있습니다. 가족이 사는 집과 아파트 건물들은 안전 검사관의 주의를 충분히 받지 않습니다. 상업적인 건물에서 주의 깊은 검사는 흔히 볼 수 있지만 이것이 우리 거처의 안전 절차의 감소를 초래해서는 안 됩니다. 문제가 해결되지 않으면 우리는 많은 가정들이 그들의 집을 어쩔 수 없이 떠나게 되는 것을 보게 될 것이고 심지어는 그 결과로 심각한 부상을 당하는 것도 보게 될 것입니다.

이 담화문에 따르면 맞는 것은 무엇인가?
(a) 일터에서 안전 문제는 무시되고 있다.
(b) 그 지역은 집이 너무 느리게 지어지고 있다.
(c) 이사를 떠나는 가정 수가 계속해서 늘어나고 있다.
(d) 집 건축에 있어서 안전 법규 위반이 늘어났다.

| 해설 |
첫 번째 문장을 보면 최근 주거 지역의 건축 법규 위반 사례가 급증하고 있다고 말하고 있다(Recently, there has been an alarming increase in building code violations found in residential areas). 그러므로 집 건축에 있어서 안전 법규 위반이 늘어났다는 (d)의 내용이 이 문장의 내용과 일치하므로 정답이 된다. 안전 법규 위반 문제가 해결되지 않으면 많은 사람들이 그들의 집을 떠나야 하는 결과가 초래될 수 있다고 말하고 있지만(If the problem is not fixed, we will soon see more families forced out of their homes) 이사를 떠나는 가정의 수는 언급되지 않았으므로 (c)는 정답이 될 수 없다.

| 어휘 |
building code 건축 법규 **violation** 위반 **inspector** 검사관

routine 일상의, 정기적인 living quarters 거처, 숙소

11.

The textile industry is currently experiencing a slump. High interest rates, soaring construction costs, and sluggish demand for more material have dampened investors' enthusiasm. In 2005, fourteen utilities had their bond ratings lowered, and, last year at least four more suffered a similar fate. Michael Fers, a utilities analyst, says the poor financial health of the industry has generated many problems in the raising of long-term capital.

Q. Which is correct according to the report?
(a) Investors are less interested in the textile industry.
(b) Health is an issue in the textile industry.
(c) Long-term capital generates many problems.
(d) Michael Fers lowered the bond rating.

| 해석 |
직물 산업은 현재 부진을 겪고 있다. 높은 이자율과 높아가는 건축 비용, 자재를 사려는 부진한 수요가 투자자의 의욕을 격감시켰다. 2005년에는 14개의 업체들이 그들의 채권 평가를 낮게 받았고 작년에는 최소한 4개 이상이 비슷한 운명을 겪었다. 공익 업체 분석가 마이클 퍼스는 이 산업의 부실한 재정 상태가 장기적인 자본 상승에 많은 문제를 야기했다고 말한다.

이 보고서에 따르면 맞는 것은 무엇인가?
(a) 투자자들은 직물 산업에 관심이 적다.
(b) 직물 산업에서 건강이 중요한 이슈이다.
(c) 장기 자본금이 많은 문제를 발생시킨다.
(d) 마이클 퍼스가 채권 평가를 낮췄다.

| 해설 |
두 번째 문장에서 보면 자재를 사려는 부진한 수요가 투자자의 의욕을 꺾었다고 말하고 있다(sluggish demand for more material have dampened investors' enthusiasm). 그러므로 투자자들이 직물 산업에 관심이 적어졌다는 (a)가 내용과 일치하는 답이 된다. 마지막 문장을 보면 직물 산업의 부실한 재정 상태가 많은 문제를 야기했다고 했으므로 (c)는 틀린 내용이 된다(Michael Fers, a utilities analyst, says the poor financial health of the industry has generated many problems in the raising of long-term capital).

| 어휘 |
textile 직물 sluggish 부진한 dampen 기를 꺾게 하다 enthusiasm 열의, 의욕 bond 채권

Extension

118p

1.
· He is adjusting very well.

2.
· I suggest going by train.

3.
· Let's get some lunch before the next meeting.
· We've got 30 minutes.

4.
· the movie section on our library tour
· Each of its volume is indexed and cross referenced by title in alphabetical order
· the movie names in the guide are abbreviated

Build Up

119p

> **1.** (d) **2.** (b) **3.** (c) **4.** (c) **5.** (b) **6.** (b)
> **7.** (d) **8.** (b) **9.** (a) **10.** (d) **11.** (a)

1.
W: How did Sharon get so good at basketball?
M: ___________________________
(a) Basketball is also a girls sport.
(b) She doesn't own any basketballs.
(c) I play basketball a lot.
(d) She played in high school.

| 해석 |
W: 샤론이 어떻게 농구를 그렇게 잘 할 수 있니?
M: ___________________
(a) 농구는 여성 운동이기도 해.
(b) 그녀는 농구공을 하나도 가지고 있지 않아.
(c) 나는 농구를 많이 해.
(d) 고등학교 때 선수였대.

| 해설 |
샤론이 어떻게 농구를 잘 하게 되었는지를 묻는 여자의 질문에 대한 남자의 응답을 고르는 문제이다. 이에 고등학교 때 선수였다는 (d)가 가장 적절한 대답이라고 할 수 있다. 농구가 여성 운동이기도 하다라는 (a)의 답변은 논리성이 부족하다. 농구가 여성 운동이어서 샤론이 농구를 잘 한다는 논리는 맞지 않기 때문이다. 또한 (c)는 주어가 일치하지 않기 때문에 정답이 될 수 없다.

2.

W: Hi, Jake! What have you been up to these days?

M: _______________________

(a) I'm not really sure where I'll be going this weekend.

(b) Not much. I just visited my hometown last month.

(c) We should go tomorrow since I'll have a lot of spare time.

(d) Someday we can have one.

| 해석 |

W: 안녕, 제이크. 요즘 어떻게 지냈니?
M: _______________________
(a) 이번 주말에 어디로 갈지 모르겠어.
(b) 별거 없었어. 지난달에 고향에 좀 다녀왔어.
(c) 여가시간이 많아지기 때문에 우린 내일 가야만 해.
(d) 언젠가 우리는 가질 수 있어.

| 해설 |

What have you been up to?는 오랜만에 만난 사람에게 어떻게 지냈느냐는 안부 인사이다. Not much.는 '별일 없었다'는 뜻으로 안부를 묻는 질문의 대답으로 자주 등장하는 표현이니 익혀두도록 한다. 그러므로 (b)의 응답이 안부를 묻는 여자의 질문에 가장 적절한 응답이 된다.

3.

W: Oh no! Esther forgot to bring the money.

M: _______________________

(a) She is so wealthy.

(b) I think it is free.

(c) It's OK, she won't need it.

(d) I can remind her to bring it.

| 해석 |

W: 어머! 에스더가 그 돈 가져오는 것을 깜박했어.
M: _______________________
(a) 그녀는 굉장히 부자야.
(b) 내 생각에 이건 무료야.
(c) 괜찮아. 그럴 필요 없어.
(d) 내가 그녀에게 가져오라고 상기시킬 수 있어.

| 해설 |

여자는 에스더가 돈을 가져와야 한다는 사실을 잊은 것에 대해 남자에게 이야기하고 있다. 이에 대한 남자의 반응으로 '그녀가 그럴 필요 없다'는 (c)가 가장 적절한 응답이 된다. (b)에서 이것이 무료라는 남자의 반응에서 그것(it)이 가리키는 것을 대화상에서 알 수 없기 때문에 적절한 응답이라고 보기 힘들다. 또한 이미 벌어진 일에 대해 '그녀에게 가져오라고 말할 수 있다'는 (d)도 논리적으로 적절히 않다.

4.

M: What are we playing tonight?

W: I don't know, it's your turn to decide.

M: Wait, I chose poker last night.

W: _______________________

(a) Poker is fun.

(b) Oh yeah, I forgot about tonight.

(c) Oh yeah, I completely forgot.

(d) We should decide when is best.

| 해석 |

M: 우리 오늘밤엔 무슨 게임을 하지?
W: 모르겠어. 네가 결정할 차례잖아.
M: 잠깐, 어젯밤에 포커를 하기로 결정했었잖아.
W: _______________________
(a) 포커는 재미있어.
(b) 맞아, 오늘 밤에 대해 잊었네.
(c) 맞아, 완전히 잊었네.
(d) 언제가 가장 좋을지 결정해야 해.

| 해설 |

무슨 게임을 할까라는 남자의 질문에 여자는 남자가 결정할 차례라고 말한다. 이에 대해 자신이 포커를 하기로 어젯밤에 결정했다는 남자의 말에 대한 여자의 반응을 고르는 문제이다. 이에 '포커는 재밌다'라는 일반적인 사실을 말하는 (a)는 논리적으로 맞지 않다. 또한 (b)는 잊은 것에 대한 목적어가 내용과 일치하지 않기 때문에 정답이 될 수 없다. 그러므로 남자의 말에 '맞다'라고 대꾸하는 (c)가 가장 적절한 응답이 된다.

5.

W: Wow, it's starting to snow really hard.

M: Oh no! What about our football game?

W: We can still play.

M: _______________________

(a) I didn't know we are playing football.

(b) We should dress warm.

(c) Football is really hard.

(d) I'll make an appointment for you.

| 해석 |

W: 눈이 정말 심하게 온다.
M: 안 돼! 우리 축구 경기는 어떻게 되는 거지?
W: 그래도 경기는 할 수 있어.
M: _______________________
(a) 우리가 축구 경기를 하는 줄 몰랐네.
(b) 옷을 따뜻하게 입고 가야겠네.
(c) 축구는 정말 어려워.
(d) 너를 위해 예약을 할게.

| 해설 |

눈이 많이 와서 축구 경기를 어떻게 할지 걱정하는 남자에게 여자는 여전히 경기를 할 수 있다고 말한다. 이에 대한 여자의 반응을 고르는 문제로 눈이 와서 춥기 때문에 옷을 따뜻하게 입어야 한다는 (b)가 가장 적절한 응답이 된다. 눈이 오는 가운데 축구를 하자는 여자의 반응에 축구는 힘들다는 일반적인 이야기는 논리상 맞지 않으므로 (c)는 정답이 될 수 없다.

6.

M: Sarah, have you seen my car?

W: Isn't it over there?

M: No, my car is black.

W: ___________________________
(a) I'll buy a new one.
(b) Try to remember where you parked.
(c) Sure, black cars are usually the hardest cars to find.
(d) I think your car is black.

M: 사라, 내 차 본 적 있니?
W: 저쪽에 없니?
M: 아니, 내 차는 검정색이야.
W: ___________________________
(a) 새것을 살 거야.
(b) 어디다 주차했는지 기억해봐.
(c) 검정색 차는 보통 찾기가 가장 힘든 차야.
(d) 네 차가 검정색인 줄 알았는데.

남자는 자신의 차를 찾지 못해서 여자에게 묻고 있다. 여자는 저쪽에 있는 차가 남자의 차가 아닌지 묻고 있고, 이에 남자는 자신의 차는 검정색이라고 말한다. 남자의 마지막 말에 대한 여자의 가장 적절한 반응을 고르는 문제이다. 검정색 차는 보통 '찾기가 힘들다' 라는 응답은 남자의 말에 대한 논리적 반응으로 보기 힘들고 더구나 sure이란 응답 때문에 (c)는 답이 되기 힘들다. 그러므로 (b)가 가장 적절한 응답이 된다.

7.

W: Excuse me, but you look familiar. Do you go to Jefferson High School?
M: Yes, I do. My name is Ryan.
W: I thought I recognized you. I'm Kelly.
M: Oh right, I think you are in my music class.
W: Really? With Ms. Jans?
M: Yea. Maybe we can study together sometime.

Q. Which is correct according to the conversation?
(a) Ryan and Kelly both enjoy music class.
(b) Ryan and Kelly go to different high schools.
(c) Ryan and Kelly study together everyday.
(d) Ryan and Kelly are taking music class.

W: 실례합니다만 익숙해 보이네요. 제퍼슨 고등학교에 다니나요?
M: 네 맞습니다. 제 이름은 라이언이에요.
W: 당신을 알아보았다고 생각했어요. 저는 켈리입니다.
M: 맞아요. 당신은 저와 같은 음악 수업을 듣죠?
W: 정말요? 젠스 선생님과 함께요?
M: 맞아요. 다음에 함께 공부하는 것도 좋겠네요.

대화에 따르면 맞는 것은 무엇인가?
(a) 라이언과 켈리는 둘 다 음악 수업을 즐긴다.
(b) 라이언과 켈리는 다른 고등학교에 다닌다.
(c) 라이언과 켈리는 매일 함께 공부한다.
(d) 라이언과 켈리는 음악 수업을 듣는다.

남자가 낯설지 않은 여자는 남자에게 인사를 건네고 남자는 같은 음악 수업을 듣는 것 같다고 말한다(I think you are in my music class). 이에 대해 여자는 자신의 음악 선생님 이름을 말하고 남자는 이에 맞는다고 하고 있다. 그러므로 라이언과 켈리가 음악 수업을 듣는다는 (d)가 정답이 된다. 남자와 여자가 같은 음악 수업을 듣는 것은 맞지만 그들이 그 수업을 즐기는지는 대화를 통해서 알 수 없으므로 (a)는 정답이 될 수 없다.

8.

W: Have you heard anything about the job offer yet?
M: Yes, they e-mailed me today, but I didn't get the job.
W: Even after your internship with the company?
M: Yeah, a girl in my internship program was selected.
W: Well, I'm sure you'll have other opportunities.
M: I guess so, I'll just have to wait and see.

Q. Which is correct about the man?
(a) He passed the job for other opportunities.
(b) He wasn't hired for the job.
(c) He is waiting for the girl.
(d) He e-mailed the girl in his internship.

W: 그 일자리에 대해서 아직 들은 것 없니?
M: 응, 그들이 오늘 이메일을 보냈는데 안 됐어.
M: 그 회사에서 인턴십을 했는데도?
M: 응, 나와 같이 인턴십을 한 여자가 뽑혔어.
W: 분명히 다른 기회가 있을 거야.
M: 그럴 거야. 기다려봐야지.

남자에 대해 맞는 것은 무엇인가?
(a) 그는 다음 기회를 위해서 그 직장을 거절했다.
(b) 그는 그 직장에 고용되지 않았다.
(c) 그는 그 여자를 기다린다.
(d) 그는 같은 인턴 과정에 있던 여자에게 이메일을 보냈다.

대화의 첫 부분에서 남자는 그 일자리에 고용되지 않았음을 알 수 있다(they e-mailed me today, but I didn't get the job). 그러므로 (b)가 대화의 내용과 일치하는 내용이 되어 정답이다. 남자는 고용이 되지 않은 것이지 본인이 그 일자리를 거절한 것이 아니므로 (a)는 정답이 아니다. (c)와 (d)의 내용은 대화에 언급된 바가 없으므로 정답이 될 수 없다.

9.

M: Lauren, do you want to come camping with us this weekend?
W: I'd love to. I haven't gone camping since four years ago.
M: Great, we'll be leaving on Friday after work.
W: Is there anything you want me to bring?

M: Just bring your own sleeping bag.

W: Sounds great. Then, I'll see you Friday.

Q. Which is correct about the woman?

(a) She will need a sleeping bag.

(b) They will skip work on Friday.

(c) This is her first time camping.

(d) She will bring work to do on the trip.

| 해석 |

M: 로렌, 이번 주말에 우리랑 같이 캠핑 갈래?

W: 그러고 싶어. 4년 전에 간 이후로 간 적이 없거든.

M: 잘됐다. 일 마치고 금요일에 떠날 거야.

W: 내가 뭐 가져올까?

M: 네 침낭만 가져와.

W: 좋아. 그럼 금요일에 보자.

여자에 대해 맞는 것은 무엇인가?

(a) 여자는 침낭이 필요할 것이다.

(b) 그들은 금요일에 직장에 가지 않을 것이다.

(c) 이것은 그녀의 첫 번째 캠핑이다.

(d) 그녀는 여행에 일할 것을 가져올 것이다.

| 해설 |

대화의 마지막 부분에서 뭐 가져올 것이 없냐는 여자의 질문에 대해 남자는 침낭만 가져오라고 말한다(Just bring your own sleeping bag). 이 부분을 통해 여자가 캠핑에 침낭이 필요할 것이라는 (a)가 대화와 일치하는 내용이 된다. 또한 그들은 금요일에 직장이 끝난 후 캠핑을 갈 것이라고 말했기 때문에 (b)는 정답이 될 수 없다(we'll be leaving on Friday after work).

10.

Louis Ray's latest thrilling film, *Showtime* is set in a city-wide basketball tournament in California. It delves into the struggle between the Sacramento Kings and the Los Angeles Lakers. Following the tournament, the players from each team struggle with problems that arise in their own society. *Showtime* will keep you guessing until the end. Louis Ray's *Showtime* will be out in theaters near you.

Q. Which is correct about Louis Ray according to the advertisement?

(a) His movie is playing only in California.

(b) He guesses the team that wins.

(c) He based the movie on his own struggles.

(d) He captures a basketball tournament.

| 해석 |

루이스 레이의 스릴 만점의 최근 영화 '쇼타임'은 캘리포니아의 농구 경기 대회가 배경입니다. 새크라멘토 킹스와 L.A. 레이커스 사이의 싸움에 대해 파고 든 영화입니다. 그 경기 이후 각 팀의 선수들은 각자가 속한 사회에 발생한 문제와 싸우게 됩니다. '쇼타임'은 끝까지 당신을 추측하게

만들 것입니다. 루이스 레이의 '쇼타임'은 곧 극장에서 개봉될 것입니다.

이 광고에 따르면 루이스 레이에 관해 맞는 것은 무엇인가?

(a) 그의 영화는 캘리포니아에서만 상영된다.

(b) 그는 이기는 팀을 알아 맞춘다.

(c) 그는 영화를 그 자신의 투쟁에 기반하고 있다.

(d) 그는 농구 경기를 영화에 담았다.

| 해설 |

첫 번째 문장을 보면 루이스 레이의 최근 영화 '쇼타임'이 캘리포니아의 농구 경기를 배경으로 삼았다는 말을 하고 있다(Louis Ray's latest thrilling film, *Showtime* is set in a city-wide basketball tournament in California). 그러므로 그가 농구 경기를 영화에 담았다는 (d)의 내용이 광고와 일치하는 내용이 된다. 또한 마지막 부분에서 그의 영화 '쇼타임'이 당신 가까이 있는 극장에서 개봉될 것이라고 말하고 있으므로 캘리포니아에서만 상영될 것이라는 (a)는 정답과 거리가 멀다 (Louis Ray's *Showtime* will be out in theaters near you).

| 어휘 |

delve into 파고 들다, 탐구하다

11.

Good morning, everybody. I would like to thank everyone for coming out to support our cause. Our meeting will be short today. I just want to go over some of the logistics. Our main item this evening is to just discuss the purpose of our organization. After that we will open up the floor for general questions from the audience for the council to answer. After we are finished with all questions and answers, we will have snacks and beverages provided in the next room. Please join us, and feel free to introduce yourself.

Q. Which is correct according to the speech?

(a) The meeting is following an agenda.

(b) The organization is not formed yet.

(c) The organization needs more support.

(d) Not many people are interested in the meeting.

| 해석 |

안녕하세요. 우리의 논점을 지지하기 위해 여기 모인 모든 사람들에게 감사를 드립니다. 이 모임은 짧게 진행이 될 것입니다. 저는 약간의 세부계획들을 검토하고 싶습니다. 오늘 저녁의 주된 요점은 우리 협회의 목적에 대해서 의논하는 것입니다. 그 후에 우리는 참석자들이 의회에 질문을 할 수 있는 시간을 마련할 것입니다. 질의응답이 끝난 후에는 옆방에 준비된 스낵과 음료수를 즐길 것입니다. 참여하셔서 마음껏 자신을 소개하세요.

이 공지에 의하면 맞는 것은 무엇인가?

(a) 이 모임은 의제가 있다.

(b) 협회는 아직 형성 되지 않았다.

(c) 협회는 더 많은 지원이 필요하다.

(d) 그리 많지 않은 사람들만이 회의에 흥미가 있다

두 번째와 네 번째 문장을 보면 사람들은 협회의 논점을 의논하기 위해서 모였고, 업무의 세부계획들을 검토하고자 하는 것이 목적임을 알 수 있다 (I would like to thank everyone for coming out to support our cause. I just want to go over some of the logistics). 이를 통해 모임에 의제가 있음을 알 수 있으므로 (a)가 내용과 일치하는 정답이 된다.

| 어휘 |

cause 논점 **logistics** (업무의) 세부계획 **agenda** 의제

Day 14.

Extension
126p

1.

· I will get you the application.

2.

· I left early to get some rest.

3.

· I just woke up.
· Why don't you ask for fewer hours at work?

4.

· peanut butter is not only healthy
· too few test subjects to be scientifically valid
· peanut butter contains natural fats and oils

Build Up
127p

1. (b)	**2.** (d)	**3.** (a)	**4.** (a)	**5.** (d)	**6.** (a)
7. (c)	**8.** (b)	**9.** (d)	**10.** (b)	**11.** (b)	

1.

W: Where can we confirm that the package has been delivered?
M: ___________________________
(a) Make sure you have enough postage.
(b) Go to customer service.
(c) Maximum weight is 7 pounds.
(d) You will need packaging tape.

| 해석 |

W: 어디서 짐이 발송됐는지 확인할 수 있나요?
M: ___________________________
(a) 우편요금이 충분히 있는지 확인하세요.
(b) 고객 서비스부로 가보세요.
(c) 최대 무게가 7파운드야.
(d) 짐을 묶는 테이프가 필요할 거야.

| 해설 |

여자는 짐이 발송된 것을 어디서 확인해야 하는지를 묻고 있다. 이와 같은 의문사 의문문은 의문사를 정확히 듣는 것이 관건이므로 주의해서 듣도록 한다. 이 대화는 우체국이나 UPS, FedEX 혹은 DHL과 같은 배송회사에서 일어나는 대화로 소포가 배달된 것을 어디서 확인하는가를 묻고 있다. 이러한 질문에 맞는 대답으로 장소가 나와야 하며 '고객 서비스부'라는 장소를 가르쳐 주는 (b)가 가장 적절한 정답이 된다.

2.

M: Jason and I are going to the batting cages after work. Want to come with?
W: ___________________________
(a) I am afraid of bats.
(b) Animals don't belong in cages.
(c) He will need it more than me.
(d) I'm afraid I'll have to pass this time.

| 해석 |

M: 제이슨과 나는 일 끝나고 배팅 훈련장에 갈 거야. 같이 가고 싶니?
W: ___________________________
(a) 나는 박쥐가 무서워.
(b) 동물은 우리에 살지 않는다.
(c) 그는 나보다 그것을 더 필요로 할 거야.
(d) 이번에는 빠져야 할 것 같아.

| 해설 |

batting cage는 '야구에서 타자가 타격 연습을 할 수 있는 시설을 갖추어 둔 곳'을 말한다. 남자는 일이 끝나고 제이슨이란 친구와 함께 배팅 훈련장에 간다고 하면서 여자에게 '같이 가길 원하냐'는 의향을 묻고 있다. TEPS에서는 특정 단어를 모른다 하더라도 답을 고를 수 있도록 문제를 만들기 때문에 모르는 단어가 나오더라도 너무 긴장하지 않도록 한다. 여기서도 batting cage가 무엇인지 몰라도 초대에 거절하는 답으로 (d)와 같은 답을 고를 수 있다.

3.

W: What do you think of my poem?
M: ___________________________
(a) It was written well.
(b) Writing is a good stress reliever.
(c) I used to be a writer.
(d) Song writing is poetic.

| 해석 |

W: 내 시에 대해서 어떻게 생각하니?
M: ___________________________
(a) 잘 쓰여졌어.
(b) 글쓰기는 스트레스 풀기에 좋은 방법이야.

(c) 나는 한때 작가였어요.
(d) 노래를 만드는 것은 낭만적이야.

What do you think of~?는 '~에 대해 어떻게 생각하니?' 라는 의견을 묻는 질문이다. 여기서는 잘 쓰여졌다고 말한 (a)가 가장 적절한 대답이 된다. (d)에서 poetic은 '시적인, 낭만적인' 이라는 의미가 있다.

4.

M: Where's our group going to go swimming?
W: Somewhere in Kentucky.
M: I don't know how to get there.
W: _______________________

(a) Directions are in the e-mail.
(b) It is located far away.
(c) I can teach you to swim.
(d) Swimming is my favorite.

| 해석 |
M: 우리 어디로 수영하러 가니?
W: 켄터키에 있는 어디래.
M: 난 어떻게 가는지 모르는데.
W: _______________
(a) 가는 길은 이메일에 적혀 있어.
(b) 그것은 멀리 있어.
(c) 수영하는 것을 가르쳐 줄 수 있어.
(d) 수영은 내가 좋아하는 거야.

| 해설 |
남자는 수영하러 가는 장소에 어떻게 가는지 모른다고 하고 있다. 이에 대한 여자의 응답을 고르는 문제로 가는 길이 이메일에 적혀있다고 조언해 주는 (a)가 정답이 된다. (b)와 같이 '막연히 그 장소가 멀리 있다' 라고 말하는 것은 남자의 말에 대한 반응으로 논리성이 부족하므로 더 적절한 (a)를 정답으로 골라야 한다.

5.

W: Could you check my computer?
M: What seems to be the problem?
W: The monitor won't turn on.
M: _______________________

(a) I have a fast computer.
(b) The monitor is flat.
(c) My computer needs a printer.
(d) I think I can fix it.

| 해석 |
W: 내 컴퓨터를 점검해 줄 수 있어요?
M: 무엇이 문제인 것 같은데요?
W: 모니터가 켜지질 않아요.
M: _______________
(a) 나는 빠른 속도의 컴퓨터가 있어요.
(b) 모니터는 평평해요.
(c) 내 컴퓨터는 프린터가 필요해요.
(d) 고칠 수 있을 것 같아요.

| 해설 |
여자는 자신의 컴퓨터를 봐줄 것을 부탁하고 남자는 무슨 문제인지 묻고 있다. 모니터가 켜지지 않는다고 하는 여자의 말에 대한 남자의 반응을 고르는 문제이다. 이에 대해 '자신이 고칠 수 있을 것 같다' 라고 말하는 (d)가 가장 적절한 응답이 된다. 자신이 빠른 컴퓨터를 가지고 있다고 말하는 (a)는 여자에게 아무 도움이 되지 못하므로 정답으로 보기 힘들다.

6.

M: How are the rookies this year?
W: Not as good as we'd like them to be.
M: Do you think any of them are ready to play?
W: _______________________

(a) It is too early to tell.
(b) We are a good team.
(c) The players are good.
(d) Don't worry, you can play.

| 해설 |
M: 이번 년도 신인 선수들이 어떠니?
W: 우리가 기대한 것만큼 좋지는 않아.
M: 그들 중 누구라도 경기할 준비가 된 것 같니?
W: _______________
(a) 판단하기는 아직 이른 것 같아.
(b) 우리는 좋은 팀이야.
(c) 그 선수들은 좋아.
(d) 걱정하지마, 너는 뛸 수 있어.

| 해설 |
남자는 마지막에 신인 선수들 중 누구라도 뛸 준비가 된 것 같으냐고 여자에게 묻고 있다. 이에 대해 말하긴 아직 이르다는 (a)가 가장 적절한 대답이 된다. 선수들이 다 좋다는 (c)의 반응은 여자가 대화 초반에 보였던 신인 선수들에 대한 응답과 엇갈리므로 정답이 될 수 없다(Not as good as we'd like them to be).

7.

W: Excuse me Miss, but only one coupon per purchase.
M: I thought there was no limit.
W: Our management recently prohibited it.
M: Then I guess I'll have to use one.
W: Yes, I'm sorry for the inconvenience.

Q. Which is correct according to the conversation?
(a) The coupons are invalid.
(b) The woman wants to buy multiple items.
(c) The woman wants to use multiple coupons.
(d) There are only a limited number of coupons.

| 해석 |
W: 실례합니다만 물건 한 개당 쿠폰 하나만 사용하실 수 있습니다.
M: 제한이 없는 줄 알았는데요.
W: 우리 경영진이 최근에 그것을 금지했습니다.
M: 그렇다면 하나만 사용해야 되겠군요.
W: 네, 불편을 드려서 죄송합니다.

대화에 따르면 맞는 것은 무엇인가?
(a) 쿠폰은 유효하지 않다.
(b) 여자는 여러 개의 물품을 사고 싶어 한다.
(c) 여자는 여러 개의 쿠폰을 사용하길 원한다.
(d) 제한된 갯수의 쿠폰이 있다.

| 해설 |

남자는 여자에게 물건 하나에 한 개의 쿠폰만을 사용할 수 있다고 말하고
여자는 쿠폰 사용에 제한이 없는 줄 알았다고 한다(M: but only one
coupon per purchase / W: I thought there was no limit). 이를 통
해 여자가 한 개 이상의 쿠폰을 사용하고 싶어 함을 알 수 있으므로 (c)
가 대화의 내용과 일치하는 내용임을 알 수 있다. 쿠폰이 유효하지 않다
는 내용은 본문에 언급되지 않으므로 (a)는 정답이 될 수 없다.

8.
W: Greg, they say it's going to snow this Saturday.
M: That doesn't matter. We can still play golf.
W: Don't you think it will be too cold?
M: No, as long as everyone dresses warm.
W: Alright. Are you sure about this?
M: I'm sure everything will be okay.

Q. Which is correct about the man according to
   the conversation?
(a) He wants to cancel the game.
(b) He's not worried about the weather.
(c) He's going to watch golf on Saturday.
(d) He thinks that snow isn't cold.

| 해석 |

W: 그레그, 이번 토요일에 눈이 온대.
M: 상관없어. 여전히 골프를 칠 수 있어.
W: 너무 추울 것 같지 않니?
M: 아니. 모두가 따뜻하게 입으면 괜찮을 거야.
W: 알았어. 근데 확실한 거지?
M: 모든 게 괜찮을 거야.

대화에 따르면 남자에 대해 맞는 것은 무엇인가?
(a) 게임을 취소하고 싶어 한다.
(b) 날씨에 대해 걱정하지 않는다.
(c) 토요일에 골프 경기를 볼 것이다
(d) 눈이 차갑지 않다고 생각한다.

| 해설 |

눈이 온다는 여자의 말에 남자는 상관이 없다고 말한다(That doesn't
matter). 눈이 옴에도 불구하고 경기를 하겠다는 남자의 말에 여자는 다
시 한 번 그렇게 해도 괜찮을 것 같으냐고 묻는다. 이에 대해 남자는 아무
문제 없을 거라고 대답을 한다(I'm sure everything will be okay). 이
를 통해 남자가 날씨에 대해 걱정하지 않고 있음을 알 수 있으므로 (b)가
정답이 된다. 또한 남자는 토요일에 골프 경기를 직접 하는 것이므로 (c)
는 정답이 아니다.

9.
M: Good evening. Do you have a table available
   for five?

W: Certainly. Would you like a table or a booth?
M: Either, as long as it's a non-smoking sec tion.
W: Well we have a booth in the non-smoking
   section.
M: That sounds fine. How long is the wait?
W: The booth will be ready in five minutes.

Q. Which is correct according to the conversation?
(a) There are five tables available.
(b) The man prefers a booth.
(c) The booth is more popular.
(d) The man prefers a non-smoking section.

| 해석 |

M: 안녕하세요? 5명이 앉을 수 있는 테이블이 있나요?
W: 물론이죠. 테이블이 좋으세요 아니면 부스가 좋으세요?
M: 비흡연 구역이면 어느 쪽이든 상관 없습니다.
W: 비흡연 구역에 부스가 하나 있습니다.
M: 좋아요. 얼마나 기다려야 하죠?
W: 5분 후면 준비가 됩니다.

대화에 따르면 맞는 것은 무엇인가?
(a) 5개의 테이블이 이용 가능하다.
(b) 남자는 부스를 더 선호한다.
(c) 부스가 더 인기 있다.
(d) 남자는 비흡연 구역을 선호한다.

| 해설 |

테이블과 부스(칸막이한 좌석) 중 어떤 것이 좋으냐는 질문에 남자는 비
흡연 구역이면 어느 쪽이든 상관없다고 말한다(Either, as long as it's
a non-smoking section). 그러므로 부스를 더 선호한다는 (b)는 정답
이 아니고 남자가 비흡연 구역을 더 선호한다는 (d)의 내용이 대화와 일
치하는 정답이 된다.

10.
In Florida, there are about 12 hurricanes on the
southern coast per year. Over 200 inches of
water floods the land destroying many homes.
Many families are homeless because of severe
hurricanes. Insurance rates become devastating
during these times. These natural disasters that
cause severe damage are one of many reasons
why insurance rates seem to be soaring. These
changes in rates seem to be consistently driving
out homeowners from living in Florida.

Q. Which is correct about the hurricanes in
   Florida?
(a) There are about 200 hurricanes per year.
(b) Hurricanes can be disastrous.
(c) Florida has the most homeless people.
(d) Insurance rates increase 12 percent.

플로리다에는 매년 약 12개의 허리케인이 남부 해안에 옵니다. 200인치가 넘는 물이 땅을 범람시키고 많은 집들을 파괴합니다. 이렇게 심한 허리케인 때문에 많은 가정이 집을 잃습니다. 이때쯤엔 보험료가 최악이 됩니다. 심각한 피해를 입히는 자연 재해들은 보험료를 상승시키는 요인 중에 하나입니다. 요금에 있어서의 이러한 변화는 계속해서 플로리다에 살고 있는 집주인들을 몰아내게 하는 듯 합니다.

플로리다의 허리케인에 대해 맞는 것은 무엇인가?
(a) 매년 200개 정도의 허리케인이 일어난다.
(b) 허리케인은 재난을 일으킬 수 있다.
(c) 플로리다에는 집 없는 사람이 가장 많이 있다.
(d) 보험료는 12퍼센트 올랐다.

| 해설 |

두 번째와 세 번째 문장에서 허리케인으로 인해 홍수가 범람하여 집들을 파괴하고 이로 인해 많은 가정이 집을 잃는다고 말하고 있다(Over 200 inches of water floods the land destroying many homes. Many families are homeless because of severe hurricanes). 그러므로 허리케인이 재난을 일으킬 수 있다는 (b)의 내용이 본문의 내용과 일치하는 정답이 된다. 매년 약 12개의 허리케인이 있다고 첫 번째 문장에서 말하고 있으므로 (a)는 정답이 될 수 없다.

| 어휘 |

flood 범람시키다 **drive out** 몰아내다, 쫓아내다
disastrous 재난을 일으키는

11.

The City Hall is planning to publish a special edition of the newspaper. It will be made available for free to all townspeople. The newspaper will include interviews, special events, and coupons to local shops. However, please keep in mind that we are only publishing enough copies for the city. This should be one way to improve the way information and news is spread through the town. Please feel free to contribute any ideas to help develop the publishing of this newspaper.

Q. Which is correct about the newspaper according to the announcement?
(a) The newspaper can be purchased only with coupons.
(b) The newspaper is free of charge to the town.
(c) The publishing company is holding a special event.
(d) The newspaper will only have interviews.

| 해석 |

시청은 신문의 특별판을 발행할 것을 계획하고 있습니다. 이것은 모든 시민에게 무료로 배포가 될 것입니다. 이 신문은 인터뷰, 특별한 행사 그리고 지역 가게의 쿠폰들을 담을 것입니다. 그러나 이 신문은 시민들에게 배포될 만큼만 출판할 것임을 기억하십시오. 이것은 정보와 뉴스가 이 도시에 전해지는 방법을 향상시키는 하나의 방법이 될 것입니다. 이 신문을 발행하는데 도움이 되는 아이디어가 있다면 주저없이 말씀해주시기 바랍

니다.

공지에 따르면 신문에 대해 맞는 것은 무엇인가?
(a) 신문은 쿠폰으로만 살수 있다.
(b) 신문은 시에 무료로 배포된다.
(c) 출판사는 특별한 행사를 준비 중이다.
(d) 신문은 인터뷰만을 다룬다.

| 해설 |

두 번째 문장에서 이 신문은 시민들에게 무료로 배포된다고 말하고 있다(It will be made available for free to all townspeople). 그러므로 (b)의 내용이 공고문과 일치하므로 정답이 된다. 세 번째 문장을 보면 이 신문은 인터뷰를 비롯하여 특별한 행사 그리고 지역 가게의 쿠폰들을 담을 것이라고 했으므로 (d)는 정답이 아니다(The newspaper will include interviews, special events, and coupons to local shops).

Day 15

Extension 134p

1.
· I don't see it.

2.
· Oh thanks, I'll get a new one.

3.
· What do the directions say?
· Don't worry then, we headed in the right direction.

4.
· Enjoy the white sandy beaches
· One of the most popular activities is diving
· The best time to go is in the morning or early afternoon

Build Up 135p

| 1. (c) | 2. (b) | 3. (a) | 4. (d) | 5. (c) | 6. (b) |
| 7. (a) | 8. (c) | 9. (a) | 10. (b) | 11. (d) | |

1.
M: Do you dislike running?
W: _______________________
(a) Where am I going?

(b) Yes, I love the outdoors.
(c) No, it is my hobby.
(d) Let's walk instead.

| 해석 |

M: 너 뛰는 것 싫어하니?
W: ＿＿＿＿＿＿＿＿
(a) 어디로 가야 하나요?
(b) 응, 나는 야외에서 하는 활동을 좋아해.
(c) 아니, 그것은 내 취미인걸.
(d) 대신에 걷자.

| 해설 |

뛰는 것을 싫어하냐는 남자의 질문에 대한 여자의 응답을 고르는 문제이다. 이에 좋아하지 않는다고 답한 후 야외활동을 좋아한다는 (b)는 논리적으로 맞지 않는다. 그러므로 뛰는 것을 싫어하지 않고 그것이 자신의 취미라고 말하는 (c)가 정답이 된다.

2.

W: Do you think it's worth exchanging the battery on my old phone?
M: ＿＿＿＿＿＿＿＿＿＿＿＿＿
(a) Why don't you buy a charger?
(b) You should just buy a new phone.
(c) Trade your phone for my battery.
(d) Your battery doesn't fit in my phone.

| 해석 |

W: 내 오래된 전화기의 배터리를 바꾸는 게 가치있다고 생각하니?
M: ＿＿＿＿＿＿＿＿
(a) 충전기를 사는 것이 어때?
(b) 새 전화기를 사는 게 좋겠다.
(c) 네 전화기를 내 배터리와 바꾸자.
(d) 네 배터리는 내 전화기와 맞지 않다.

| 해설 |

be worth -ing는 '~하는 것이 가치가 있다'라는 뜻이다. 여자는 남자에게 자신의 오래된 전화기 배터리를 바꾸는 것이 가치있는가를 묻고 있다. 이에 대해 새 전화기를 사는 게 좋겠다는 (b)가 가장 적절한 응답이 된다. 배터리를 바꾸는 대신 충전기를 사는 것은 논리적으로 맞지 않기 때문에 충전기를 사라는 (a)는 정답과 거리가 멀다. 또한 전화기 없이 배터리만으로는 무용지물이기 때문에 여자의 전화기와 자신의 배터리를 바꾸자는 (c)도 논리적으로 맞지 않으므로 정답이 아니다.

3.

M. Would you like anything in your coffee?
W: ＿＿＿＿＿＿＿＿＿＿＿＿
(a) It's fine the way it is.
(b) My coffee is hot.
(c) Just one drink will be enough.
(d) I don't see anything.

| 해석 |

M: 커피에 뭐 좀 넣어 줄까요?
W: ＿＿＿＿＿＿＿＿

(a) 이대로가 좋습니다.
(b) 내 커피는 뜨거워요.
(c) 하나면 충분합니다.
(d) 아무것도 보이지 않아요.

| 해설 |

남자는 여자의 커피에 무엇을 넣어줄지 물어보고 있다. 이에 대해 Sugar, if it isn't any bother.라고 무엇인가를 넣어달라고 부탁할 수도 있지만 여기서는 이대로가 좋다는 (a)도 적절한 대답이 된다. 하나면 충분하다는 것은 음료수의 개수를 의미하므로 (c)는 남자의 질문에 대한 대답으로는 적절치 않다.

4.

W: I think Randy is still throwing up.
M: Did you give him some water?
W: I tried, but he isn't listening to me.
M: ＿＿＿＿＿＿＿＿＿＿＿＿＿
(a) Get some more water.
(b) Throw it away in the garbage.
(c) Maybe he will catch it this time.
(d) Keep on trying, he needs to drink it.

| 해석 |

W: 랜디가 여전히 구토하고 있는 것 같아.
M: 물을 좀 줘 봤니?
W: 그러려고 했는데 그는 내 말을 듣지 않아.
M: ＿＿＿＿＿＿＿＿
(a) 물을 좀 마셔라.
(b) 휴지통에 버려라.
(c) 이번에는 잡을 거야.
(d) 계속 시도해봐. 물을 마셔야 돼.

| 해설 |

구토를 하는 랜디에게 물을 줘 봤는지 남자가 묻고 이에 대해 여자는 랜디가 자신의 말을 들으려 하지 않는다고 말한다. 이에 대한 남자의 반응을 고르는 문제로 계속 시도하라는 (d)가 가장 적절한 응답이 된다. 물을 마시라는 (a)는 여자에게 하는 말이므로 적절치 않다.

5.

M: I think you're asking too much from Carol.
W: Really? You think I should give her some help?
M: Maybe give her one less task.
W: ＿＿＿＿＿＿＿＿＿＿＿＿
(a) Give her one more.
(b) Carol has a question.
(c) OK, I'll lessen her load.
(d) Some of us are asking.

| 해석 |

M: 네가 캐럴한테 일을 너무 많이 시키는 것 같아.
W: 정말? 넌 내가 그녀한테 도움을 줘야 한다고 생각하니?
M: 일을 하나 줄여주는 게 좋을 것 같아.
W: ＿＿＿＿＿＿＿
(a) 그녀에게 하나 더 줘라.
(b) 캐럴이 질문이 있대.

(c) 알았어. 일을 좀 줄일게.
(d) 우리 중 몇몇이 물었어.

남자는 여자에게 캐럴한테 일을 너무 시키는 것 같다고 말하면서 일을 줄여주는 게 좋겠다는 조언을 한다. 이에 대한 여자의 응답을 묻는 질문이므로 그렇게 하겠다는 (c)가 정답이 된다. lessen은 '~을 줄이다'는 의미이다.

6.

M: How is your garage sale going?
W: Not good because of the weather.
M: Are you going to have the sale tomorrow?
W: _______________________

(a) Because garage sales are good in many ways.
(b) Yes, until we run out of items.
(c) My car is in the garage.
(d) We have so many cool things.

| 해석 |
M: 차고 세일은 어떻게 되고 있니?
W: 날씨 때문에 좋지 않아
M: 내일도 계속 세일을 할 거니?
W: _______________
(a) 차고 세일은 여러 면에서 좋기 때문이야.
(b) 응, 물건을 다 팔 때까지 할 거야.
(c) 차는 차고에 있어.
(d) 우리는 너무 좋은 물건이 많이 있어.

| 해설 |
내일도 계속 세일을 할 것인지 물어보는 남자의 질문에 대한 여자의 대답을 고르는 문제이다. (a)는 남자의 질문에 대해 긍정의 대답을 한 후 추가 답변으로 한다면 적절할 수 있으나 이 자체로는 이유(why)를 묻는 질문에 대한 답변이기 때문에 적절히 않다. 그러므로 물건을 다 팔 때까지 할 것이라는 (b)가 정답이 된다.

7.

M: Hi, I have a question about the orientation.
W: What would you like to know?
M: Do I need my student identification all the time?
W: Yes, you will need it a lot during the day.
M: What if I lost my identification card?
W: You can buy a new one at the student union.

Q. Which is correct according to the conversation?
(a) The man is unfamiliar with ID card procedures.
(b) The man cannot buy a new card.
(c) The man does not need his identification.
(d) The woman is missing her card.

| 해석 |
M: 안녕하세요. 오리엔테이션에 대해서 궁금한 게 있는데요.
W: 무엇을 알고 싶으세요?

M: 제 학생증이 항상 필요한가요?
W: 네, 그날 많이 필요하실 겁니다.
M: 만약에 학생증을 잃어버리면 어쩌죠?
W: 학생 회관에서 신청할 수 있어요.

대화에 따르면 맞는 것은 무엇인가?
(a) 남자는 학생증 절차에 대해 잘 모른다.
(b) 남자는 새 카드를 살 수 없다.
(c) 남자는 그의 학생증이 필요 없다.
(d) 여자는 카드를 잃어버렸다.

| 해설 |
남자는 오리엔테이션에 앞서 그의 학생증이 필요한지를 묻고, 이것을 잃어버렸을 때 어떻게 해야 하는지 등 ID 카드에 관해서 묻고 있다(Do I need my student identification all the time? / What if I lost my identification card?), 이 부분을 통해서 남자가 ID 카드에 관한 절차에 익숙하지 않다는 것을 알 수 있으므로 (a)가 대화와 일치하는 내용이 된다. 또한 학생증이 항상 필요하냐는 남자의 질문에 여자가 Yes라고 대답했으므로 (c)는 내용과 틀리게 되어 정답이 될 수 없다.

8.

W: Alex, did you need a ride to Washington?
M: Yes, do you know anyone who's going?
W: Well, I just overheard some people talking about it.
M: Oh really, do you think you can ask them for me?
W: Sure, I'll give you a call later.
M: Thanks, I really appreciate it.

Q. Which is correct according to the conversation?
(a) The man will borrow her car.
(b) The woman is lost in Washington.
(c) The woman could find him a ride.
(d) The man knows the people going to Washington.

| 해석 |
W: 알렉스, 워싱턴으로 갈 차편이 필요하니?
M: 응, 누가 거기 가는지 아는 사람 있니?
W: 글쎄, 몇몇 사람들이 그것에 대해 말하는 것을 우연히 들었어.
M: 정말? 나를 위해 그들에게 물어봐 줄 수 있어?
W: 그럼. 내가 나중에 전화할게.
M: 정말 고마워.

대화에 따르면 맞는 것은 무엇인가?
(a) 남자는 그녀의 차를 빌릴 것이다.
(b) 여자는 워싱턴에서 길을 잃었다.
(c) 여자는 남자에게 교통편을 찾아 줄 것이다.
(d) 남자는 워싱턴으로 가는 사람들을 안다.

| 해설 |
대화의 마지막 부분에서 남자는 여자에게 그 사람들에게 자신을 위해 차를 태워다 줄 것을 부탁했고 여자는 흔쾌히 청을 들어주고 있다. 이 부분을 통해 여자가 남자에게 교통편을 찾아 줄 수 있다는 (c)가 내용과 일치하므로 정답이 된다. 남자는 워싱턴으로 가는 사람들을 모르기 때문에 여자에게 부탁한 것이므로 (d)는 정답이 될 수 없다.

9.

M: Have you been following the current events in Iraq?

W: Well, I heard the war is still going on.

M: It is. It's been almost a year now.

W: What are the troops still doing there?

M: I really have no idea.

W: That's terrible. We need to get them out of there.

Q. Which is correct according to the conversation?
(a) Iraq is still in war.
(b) There are strong currents in Iraq.
(c) The troops don't know what's going on.
(d) They are waiting one more year.

| 해석 |

M: 이라크에서 일어난 최근의 일들을 들었니?
W: 전쟁이 계속 되고 있다는 것을 들었어.
M: 맞아. 거의 일 년이 되어 가고 있어.
W: 군부대는 거기서 무엇을 하고 있대?
M: 정말 모르겠어.
W: 너무 끔찍하다. 그들을 거기서 불러와야 해.

대화에 따라 맞는 것은 무엇인가?
(a) 이라크는 여전히 전쟁 중이다.
(b) 이라크에는 강한 조류가 있다.
(c) 그 부대는 무슨 일이 일어나고 있는지 모른다.
(d) 그들은 일 년 더 기다리고 있다.

| 해설 |

여자가 이라크에서 전쟁이 계속 진행 중이라는 소식을 들었다고 말하고 있다(I heard the war is still going on). 그러므로 이라크는 여전히 전쟁 중이라는 (a)가 대화의 내용과 일치하는 내용이므로 정답이 된다. current는 형용사로 '현재의'란 의미가 있다. 남자의 말에서 current는 '현재의'란 의미로 쓰였지만 current는 명사로 '조류, 해류'라는 뜻도 가지고 있다. (b)에서는 명사로 사용되어 본문과는 전혀 상관없는 내용이다. 전쟁이 진행된 지 일 년이 되었다고 말하고 있지만(It's been almost a year now.) 그들이 일 년 더 기다리고 있는 것은 아니므로 (d)는 정답이 아니다.

10.

The movie, *Balls of Fury* will not appeal to everyone. If you want to watch a childish movie with no plot, then this movie is for you. However, don't expect anything good. The acting is terrible, and the production is horrid. If you want to waste your time, this is a good movie for you. For those of you who have nothing better to do than waste $8.00 on two hours of worthlessness, then please go and spend your time to watch this movie at the theater.

Q. Which is correct about the movie, *Balls of Fury* according to the review?
(a) It is based on a children's book.
(b) It is not worth watching this movie.
(c) It has a story line following historical facts.
(d) The plot is good but the acting is bad.

| 해석 |

영화 'Balls of Fury'는 모든 사람들의 흥미를 끌지는 않을 것입니다. 만약 내용이 없는 유치한 영화를 원한다면 이 영화는 당신을 위한 것입니다. 그러나 좋은 것은 아무것도 기대하지 마십시오. 연기는 끔찍하고 연출은 지겹습니다. 시간을 버리길 원한다면 이 영화가 딱 제격입니다. 8달러를 무의미한 2시간에 낭비하는 것 외에는 어떤 것도 바라지 않는 사람이라면 극장에 가서 이 영화를 보는데 당신의 시간을 쓰십시오.

'Balls of Fury'라는 영화에 대한 평가로 맞는 것은 무엇인가?
(a) 이것은 어린이 책을 바탕으로 했다.
(b) 이 영화를 보는 것은 가치 있는 일이 아니다.
(c) 역사적 사실을 따른 이야기 내용을 담고 있다.
(d) 내용은 좋았으나 연기가 나쁘다.

| 해설 |

두 번째 문장을 보면 내용 없는 유치한 영화를 원한다면 이 영화가 알맞다고 말하고 있다(If you want to watch a childish movie with no plot, then this movie is for you). 이 문장 뒤에 계속해서 혹평이 이어지고 있으므로 '이 영화를 보는 것은 가치 있는 일이 아니다'라는 (b)의 내용이 이 영화 리뷰와 일치되는 정답이 된다. (d)에서 연기가 나쁘다는 말은 맞으나 내용이 좋다는 말은 틀렸으므로 정답이 아니다.

11.

In the latest report, the top 3 most expensive cities in the world to live in are London, Moscow, and Seoul. The most expensive is London, and the least expensive of the three is Seoul. Many find this report to be a surprise, since they expected to see Tokyo as one of the top three expensive cities in the world. After some consideration, however, it is understandable to see Seoul in there as their cost of living has been on the rise for the past 10 years.

Q. What is correct from this news report?
(a) Tokyo is one of the top three most expensive cities to live in.
(b) Seoul is a more expensive city to live in than Moscow.
(c) The ranking is inaccurate, and therefore should not be considered factual.
(d) The cost of living in Seoul has been increasing over the years.

| 해석 |

최근 보고서에 의하면 세계에서 가장 비싼 세 도시는 런던, 모스크바, 그리고 서울입니다. 세계에서 가장 비싼 도시는 런던이고 세 번째로 비싼

도시는 서울입니다. 많은 사람들이 이 보고서가 놀랍다고 생각했습니다. 왜냐하면 그들은 도쿄를 세계에서 가장 비싼 도시들 중에 하나라고 생각했기 때문입니다. 그러나 몇 가지를 고려해 볼 때 서울이 이 비싼 도시들 중에 하나가 된 것은 이해가 될 만합니다. 서울은 지난 10년 동안 생활비가 꾸준히 올랐기 때문입니다.

이 보고서에 의하면 맞는 것은 무엇인가?
(a) 도쿄는 세계 3대 비싼 도시 중의 하나이다.
(b) 서울은 모스크바 보다 살기에 더 비싼 도시이다.
(c) 순위는 정확하지 않으므로 사실로 여겨져서는 안 된다.
(d) 서울에서의 생활비는 지난 수년 동안 상승했다.

| 해설 |
마지막 문장에서 서울은 지난 10년 동안 생활비가 꾸준히 올랐다는 말을 하고 있다(After some consideration, however, it is understandable to see Seoul in there as their cost of living has been on the rise for the past 10 years). 그러므로 서울에서 생활비가 지난 수년 동안 상승했다는 (d)의 내용이 본문의 내용과 일치하므로 정답이 된다. 또한 런던이 세계 3대 비싼 도시 중에서 가장 비싸고 서울이 가장 낮다고 말하고 있기 때문에 모스크바가 서울보다 살기 비싼 도시가 되므로 (b)는 보고서의 내용과 틀리게 되어 정답이 아니다(The most expensive is London, and the least expensive of the three is Seoul).

| 어휘 |
factual 사실의 **inaccurate** 정확하지 않은 **cost of living** 생활비

Day 16

Extension

142p

1.
· I think mine is OK.

2.
· Thanks, but I haven't won yet.

3.
· I want to invite you over for lunch.
· then why don't I bring the food to your place?

4.
· social work is the ability to teach clients the idea of self-empowerment
· Within each environment are resources accessible to all
· teach them how to use these resources

Build Up

143p

1. (c)	**2.** (a)	**3.** (c)	**4.** (b)	**5.** (c)	**6.** (a)
7. (c)	**8.** (d)	**9.** (d)	**10.** (c)	**11.** (a)	

1.
M: What's the price of gas these days?
W: ___________________
(a) I need some gas.
(b) Gas is made of natural resources.
(c) It's way too high.
(d) 5,000 won per package.

| 해석 |
M: 요즘 가스 가격이 어떻게 됩니까?
W: ___________________
(a) 가스가 필요해요.
(b) 가스는 천연자원으로 만들어요.
(c) 너무 높아요.
(d) 소포 한 개당 5,000원입니다.

| 해설 |
남자는 요즘의 가스 가격에 대해 묻고 있다. 가격에 대한 대답이 나올 수 있지만 (c)처럼 막연히 '너무 높다'라고 말할 수도 있음을 알아두자. 여기서 way는 부사 등을 수식하여 '훨씬'이라는 의미로 사용되었다. (d)는 가격에 대한 대답이긴 하나 내용이 일치하지 않아 정답이 될 수 없다.

2.
W: I heard that my license is expired.
M: ___________________
(a) Yes, you can renew it here.
(b) It is probably moldy.
(c) You can wait for it.
(d) You will need identification.

| 해석 |
W: 제 면허증이 만료가 됐다고 그러던데요.
M: ___________________
(a) 네, 여기서 갱신하실 수 있습니다.
(b) 아마 곰팡이가 피었을 겁니다.
(c) 기다리실 수 있습니다.
(d) 신분증이 필요하실 겁니다.

| 해설 |
여자가 자신의 면허증이 만료가 되었다는 말을 들었다고 하자 이에 대한 남자의 반응을 고르는 문제이다. 그러므로 여기서 '갱신(renew)'할 수 있다는 (a)가 가장 적절한 응답이 된다. 면허증이 곧 신분증(identification) 역할을 하므로 신분증이 필요하다는 (d)와 같은 반응은 적절하지 않다.

3.
M: How come you don't like soccer?

W: ____________________

(a) It is a great sport.
(b) I don't like basketball.
(c) I'm not good at it.
(d) I don't have soccer shoes.

| 해석 |

M: 어떻게 축구를 싫어할 수 있니?
W: ____________________
(a) 그것은 좋은 스포츠야.
(b) 나는 농구를 좋아하지 않아.
(c) 나는 축구를 잘 못 해.
(d) 나는 축구화가 없어.

| 해설 |

How come은 '어째서, 왜'라는 의미로 How did it come that의 축약형이다. 남자는 어째서 여자가 축구를 좋아하지 않는지 이유를 묻고 있다. 이에 '축구화가 없다'라는 변명은 논리성이 부족하므로 (d)는 정답이 될 수 없다. 그러므로 잘 못하기 때문에 싫어한다는 (c)가 정답이 된다.

4.

W: How long does it take to bake cookies?
M: About 30 minutes.
W: How many can you make at once?
M: ____________________
(a) I've only made them twice.
(b) About fifteen at a time.
(c) It is too hot to touch.
(d) I need more time.

| 해석 |

W: 쿠키를 굽는데 얼마나 걸려?
M: 약 30분쯤.
W: 한 번에 몇 개나 만들 수 있어?
M: ____________________
(a) 겨우 두 번 만들어 봤어.
(b) 약 15개쯤.
(c) 만지기엔 너무 뜨거워.
(d) 시간이 더 필요해.

| 해설 |

여자의 마지막 질문이 한 번에 몇 개의 쿠키를 만들 수 있느냐이기 때문에 갯수와 관련된 대답이 나와야 한다. 그러므로 (b)가 가장 적절한 대답이 된다. at once, at a time은 '한 번에, 동시에'라는 의미가 있다. (a)는 How often~?이라는 질문에 대한 대답으로 어울리기 때문에 정답이 될 수 없다.

5.

W: Honey, what time will you get off work?
M: The usual, unless there's an emergency.
W: Well, I'll be late. Can you pick up Arthur from Grace's house?
M: ____________________
(a) My workout is in the way.

(b) Grace has an emergency.
(c) That's fine, I'll take him home.
(d) Yes, you can come with.

| 해석 |

W: 여보, 일이 언제 끝나요?
M: 급한 일이 없다면 보통하고 똑같지요.
W: 나는 늦을 것 같아요. 그레이스 하우스에서 아서를 데려올 수 있어요?
M: ____________________
(a) 운동 스케줄이 문제가 생겼어요.
(b) 그레이스가 바쁜 일이 있어요.
(c) 좋아. 내가 데리고 올게요.
(d) 응, 당신도 같이 와요.

| 해설 |

여자는 자신이 직장에서 늦을 것 같아 남편에게 아이를 놀이방에서 데려올 것을 부탁하고 있다. 이에 부탁을 들어주는 (c)의 내용이 여기서는 가장 적절한 대답이 된다. (a)에서 in the way는 '방해가 되어'라는 의미로 여기서는 운동 스케줄에 문제가 생겼다는 의미가 되므로 정답과 거리가 멀다. (d)에서는 대답(yes)은 적절하나 추가 답변 내용이 남자의 대답으로 적절하지 않다.

| 어휘 |

In the way 방해가 되어

6.

W: Could you stop by my office after work?
M: I guess so, but I'd rather not.
W: Are you kidding? It will only take a few minutes.
M: ____________________
(a) I'm sorry. I have places to go.
(b) What's so funny?
(c) My office is too messy.
(d) I'm sorry. I don't know what time.

| 해석 |

W: 일이 끝난 후에 잠깐 들러줄 수 있니?
M: 그럴 수는 있는 것 같은데 그렇게 하지 않는 게 좋을 것 같아.
W: 농담하니? 몇 분 안 걸릴 거야.
M: ____________________
(a) 미안해. 가볼 곳이 있어.
(b) 뭐가 그리 재미있니?
(c) 내 사무실이 너무 더러워.
(d) 미안해. 몇 시인지 몰라.

| 해설 |

여자가 자신의 사무실에 들러달라고 남자에게 부탁을 하자 남자는 그렇게 하지 못할 것 같다고 한다. 여자는 시간이 별로 걸리지 않을 거라 말하고 이에 대한 남자의 반응을 고르는 문제이다. '미안하지만 가야 할 곳이 있다'는 (a)가 가장 적절한 응답이 된다. '미안하지만 몇 시인지 모른다'는 (d)의 응답은 여자의 부탁에 대한 응답으로 보기엔 연관성이 없으므로 정답이 될 수 없다.

7.

M: Hello, Speaker City.

W: Hi, I'm calling you about your weekend sale.
M: Yes, what would you like to know?
W: Could you tell me what the exclusions are?
M: Sale prices exclude all televisions.
W: Only that? Is there any limit to purchase items?
M: There is no limit.

Q. What can be inferred from the conversation?
(a) The woman will buy items with limit.
(b) The woman wants a television.
(c) The woman thinks the exclusions are few.
(d) The woman loves shopping at Speaker City.

| 해석 |
M: 안녕하세요, 스피커 시티입니다.
W: 안녕하세요, 주말 세일에 관해서 물어보려고 전화했습니다.
M: 네, 무엇을 알고 싶으세요?
W: 무엇이 제외가 되는지 알려 주시겠어요?
M: 모든 텔레비전은 제외됩니다.
W: 그것만요? 물건을 구입하는 데 제한은 없습니까?
M: 없습니다.

대화를 통해 추론할 수 있는 것은 무엇인가?
(a) 여자는 제한적으로 물건을 살 것이다.
(b) 여자는 텔레비전을 사고 싶어 한다.
(c) 여자는 제외 품목이 적다고 생각한다.
(d) 여자는 스피커 시티에서 쇼핑하는 것을 좋아한다.

| 해설 |
제외 품목이 무엇인지 묻는 여자의 질문에 남자는 텔레비전이라고 대답하고 이에 여자는 Only that?이라고 응답한다. 이를 통해 여자는 자신의 예상보다 제외 품목이 적다고 생각한다는 것을 추론할 수 있으므로 (c)가 정답이 된다. 남자는 물건을 구입하는데 제한이 없다고 말했기 때문에 여자가 제한적으로 물건을 살 것이라는 (a)는 추론하기 힘들다.

8.
M : So, Angela, have you been working out?
W: No, not at all. Why do you ask?
M: Well, I noticed that you gained a little weight.
W: Oh really? Is it that noticeable?
M: No, I think it's just because I know you so well.
W: Maybe I should start working out again.

Q. What can be inferred from the conversation?
(a) The woman does not want advice.
(b) The woman is eating more.
(c) The woman is always at the gym.
(d) The woman is considering losing weight.

| 해석 |
M: 안젤라, 요즘 운동하니?
W: 아니, 전혀. 왜 물어?
M: 네가 좀 살이 찐 것 같아서.

W: 어머 정말? 그렇게 눈에 띄니?
M: 아니, 그냥 내가 너를 잘 아니까.
W: 다시 운동을 시작해야겠다.

대화를 통해 추론할 수 있는 것은 무엇인가?
(a) 여자는 충고를 원하지 않는다.
(b) 여자는 더 먹는다.
(c) 여자는 항상 체육관에 있다.
(d) 여자는 살 빼는 것을 고려 중이다.

| 해설 |
남자가 여자에게 살이 좀 찐 것 같다고 하자 다시 운동을 시작해야겠다(Maybe I should start working out again.)고 말한 것으로 보아 여자가 살 빼는 것을 고려한다는 추론이 가능하므로 (d)가 정답이 된다. 여자가 살이 찐 이유를 더 많이 먹었기 때문이라고 보는 (b)는 대화를 통해서 추론할 수 없다. 오히려 운동을 하지 않았기 때문에 살이 찐 것으로 보이기 때문이다.

9.
M: Hello?
W: Hey, Dan. This is Rebecca. Can you lend me fifty dollars?
M: Oh, sure. When did you need it by?
W: Well, my bills are due in two days.
M: I can write you a check right now.
W: Thanks. I really appreciate it.

Q. According to the conversation, what will the man probably do next?
(a) Drive to the woman's place.
(b) Wait for two days.
(c) Write a letter of appreciation.
(d) Meet with Rebecca to give her money.

| 해석 |
M: 안녕,?
W: 안녕, 댄. 나 리베카야. 50달러 좀 빌려줄 수 있어?
M: 그럼. 언제까지 필요해?
W: 청구서를 이틀 안에 내야 돼.
M: 지금 바로 수표를 써 줄게.
W: 정말 고마워.

대화에 따르면 남자는 다음에 무엇을 할 것 같은가?
(a) 여자의 집까지 운전해서 간다.
(b) 이틀 동안 기다린다.
(c) 감사의 편지를 쓴다.
(d) 리베카에게 돈을 주기 위해 그녀를 만난다.

| 해설 |
여자는 남자에게 돈을 꿔달라고 부탁하고 남자는 이에 바로 수표를 써 줄 수 있다고 말한다(I can write you a check right now). 이를 통해 남자가 돈을 주기 위해 여자를 만나는 것이 남자가 다음에 할 일임을 추론 할 수 있으므로 (d)가 정답이 된다. 남자가 여자를 만나러 갈 때 운전을 해서 갈지 아니면 여자가 올지는 알 수 없기 때문에 (a)는 정답이 아니다.

10.

An automobile powered by an Otto gasoline engine was built in Mannheim, Germany by Karl Benz in 1885 and granted a patent in January of the following year under his major company, Benz & Cie which was founded in 1883. Karl Benz is generally acknowledged as the inventor of the modern automobile. In 1879 Benz was granted a patent for his first engine, designed in 1878.

Q. What will the speaker most likely talk about next?
(a) Something about loud engines, and how they effect the environment
(b) Mercedes-Benz's recent sales, and how they first became successful
(c) Further details about the specifications of the engine
(d) Recent case studies of automobiles

| 해석 |

오토 가솔린 엔진으로 구동되는 자동차가 1885년 칼 벤츠에 의해서 독일 만하임에서 만들어졌다. 그리고 자동차는 1883년 설립된 그의 주요 회사 Benz & Cie에서 이듬해 1월에 특허를 받았다. 칼 벤츠는 일반적으로 현대 자동차의 창시자로 알려져 있다. 1879년 벤츠는 1878년 디자인한 그의 첫 번째 엔진으로 특허를 받았다.

화자는 다음에 무엇에 대해서 말할 것 같은가?
(a) 시끄러운 엔진과 그것들이 환경에 어떤 영향을 미치는지
(b) 메르세데스 벤츠의 최근 판매와 그들이 처음 어떻게 성공하게 되었는지
(c) 그 엔진에 관한 세부사항
(d) 자동차에 관한 최근 연구들

| 해설 |

화자가 다음에 무엇에 대해서 논의할 것인가를 묻는 질문은 마지막 부분에 단서가 있다. 마지막 문장을 보면 벤츠는 1878년에 디자인한 그의 첫 번째 엔진으로 특허를 받았다고 말하고 있다(In 1879 Benz was granted a patent for his first engine, designed in 1878). 그러므로 그 엔진에 관한 세부사항에 대해서 말할 것임을 추론할 수 있으므로 정답은 (c)가 된다.

| 어휘 |

patent 특허 **acknowledge** 인정하다 **grant** 승인하다 **inventor** 창시자, 발명자

11.

If you are having trouble finding your way on campus, don't try and figure things out on your own. Instead, ask the people around you. You can also use the resources available to you such as maps, bulletins, or even the internet. Many students take it upon themselves to figure things out, but don't realize that they have many resources to use around them. One great resource is the other students around them, which also gives them an opportunity to meet new people.

Q. What could be inferred from the instructions?
(a) You should learn to use your resources.
(b) People are in trouble when they are lost.
(c) Maps, bulletins, and the internet are hard to understand.
(d) Only freshmen have difficulty finding their way on campus.

| 해석 |

대학 생활에서 어려움을 겪는다면 혼자서 해결하려고 하지 마십시오. 대신 당신 주변의 사람들에게 물어보세요. 또한 지도나 게시판, 심지어 인터넷과 같은 이용 가능한 자원들을 사용할 수도 있습니다. 많은 학생들이 그들 스스로 알아내려고 하지만 주변에 사용할 수 있는 많은 자원들이 있다는 것을 알지 못합니다. 또 다른 좋은 자원은 그들 주위에 있는 다른 학생들입니다. 이들은 그들에게 새로운 사람들을 만날 기회도 줍니다.

안내문을 통해 추론할 수 있는 것은 무엇인가?
(a) 당신의 자원을 활용하는 법을 배워야 한다.
(b) 사람들은 길을 잃을 때 곤란을 겪는다.
(c) 지도나 게시판, 인터넷은 이해하기 어렵다.
(d) 신입생들만 대학 생활에서 어려움을 겪는다.

| 해설 |

네 번째 문장을 보면 그들 주변에 사용할 수 있는 자원이 많다고 이야기하면서 그것들을 적극 활용하라고 말한다(Many students take it upon themselves to figure things out, but don't realize that they have many resources to use around them). 그러므로 자원을 활용하는 법을 배워야 한다는 것이 추론 가능하므로 (a)가 정답이 된다. 또한 대학 생활에서 어려움을 겪는 것이 누구에 국한되어 있다는 말은 없으므로 (d)는 정답이 아니다.

| 어휘 |

take upon oneself (책임 등을) 지다, 떠맡다

Day 17

Extension

1.
· My cold is not that bad.

2.
· That annoys me at times too.

3.
· Is this the car you're looking for?

· What price range did you have in mind?

4.
· Many people in America follow professional baseball
· Baseball is played throughout America and is known as America's pastime
· it is certain that baseball in America has been enjoyed

Build Up

151p

1. (d)	**2.** (b)	**3.** (b)	**4.** (d)	**5.** (c)	**6.** (c)
7. (c)	**8.** (a)	**9.** (c)	**10.** (c)	**11.** (b)	

1.
W: Do you have time to finish your essay today?
M: ___________________
(a) I'll read it later.
(b) I'll get it tomorrow after I finish reading.
(c) It will be fun to write it.
(d) I'm busy today, but I'll try to write it.

| 해석 |
W: 오늘 에세이를 끝낼 시간이 있니?
M: ___________________
(a) 나중에 읽을 거야.
(b) 읽기를 끝내고 나면 내일 살 거야.
(c) 그걸 쓰는 것은 재미있을 거야.
(d) 오늘은 바빠. 하지만 쓰도록 노력해 볼게.

| 해설 |
여자는 남자가 에세이를 끝낼 수 있는지 여부를 묻고 있다. 이에 대한 대답으로는 바쁘지만 쓰도록 노력하겠다는 (d)가 가장 적절하다. 에세이를 쓰는 것이지 읽는 것이 아니기 때문에 (a)와 같은 대답은 적절치 않다.

2.
M: Did anyone call the house while I was out?
W: ___________________
(a) I tried to pick up the phone.
(b) Your friend Brian called.
(c) Nobody came by the house.
(d) I'll tell him when you get back.

| 해석 |
M: 외출한 동안 온 전화 없었니?
W: ___________________
(a) 그 전화를 받으려 했었어.
(b) 네 친구 브라이언이 전화했었어.
(c) 아무도 안 왔어.
(d) 네가 돌아오면 그에게 말할게.

| 해설 |
남자는 여자에게 자신이 외출한 동안 전화가 오지 않았는지 묻고 있다. 전화가 왔는지에 대한 여부를 묻는 질문에 대해서 '그 전화를 받으려 했다'는 대답은 논리적이지 않으므로 (a)는 정답이 아니다. 또한 전화가 왔는지를 묻고 있기 때문에 집에 아무도 오지 않았다는 (c)도 정답이 될 수 없다. 그러므로 (b)가 가장 적절한 정답이 된다. 이러한 질문에 Just someone selling insurance.(보험을 팔려는 전화만 있었어)라고 대답할 수도 있음을 알아두자.

3.
W: Did you see the new movie that just came out in the theaters?
M: ___________________
(a) No, I watched it yesterday.
(b) No, but I heard it was good.
(c) I'm waiting for another movie.
(d) Well, I don't think that's excellent.

| 해석 |
W: 극장에서 막 개봉한 새 영화 봤니?
M: ___________________
(a) 아니, 어제 그거 봤어.
(b) 아니, 그런데 그 영화 좋다고 들었어.
(c) 다른 영화를 기다리는 중이에요.
(d) 글쎄, 난 그게 훌륭하다고 생각하지 않는데.

| 해설 |
여자는 개봉한 지 얼마 안 되는 새 영화를 봤는지를 남자에게 묻고 있다. (a)는 대답과 추가답변 내용이 일치하지 않기 때문에 정답이 될 수 없다. (d)는 어떤 말에 대해 동의하지 않는 내용이기 때문에 질문에 대한 대답으로는 적절치 않다. 그러므로 (b)가 가장 적절하다.

4.
W: We need a new car.
M: I don't see anything wrong with our car right now.
W: The mileage on the car is too high.
M: ___________________
(a) The gas bill was too high.
(b) You should buy a new bike.
(c) It'll go well with our new clothes.
(d) It still drives well.

| 해석 |
W: 새 차를 사야 돼.
M: 우리 차에 문제가 있는 것 같진 않는데.
W: 차의 주행거리가 너무 많아.
M: ___________________
(a) 가스비가 너무 비싸.
(b) 넌 새 자전거를 사야 돼.
(c) 새 옷과 잘 어울릴 거야.
(d) 그래도 여전히 잘 굴러가잖아.

여자는 남자에게 그들의 차를 새로 사야 한다고 말하면서 그 이유를 주행
거리가 너무 많이 됐다는 점을 지적한다. 이에 대한 남자의 반응을 고르
는 문제로 그래도 잘 굴러간다는 (d)가 가장 적절한 응답이 된다. 가스비
가 비싸다고 말하는 (a)는 남자의 말(I don't see anything wrong
with our car right now)과 어긋나므로 답이 될 수 없다.

5.

M: When does your school end for summer
   vacation?
W: In two weeks.
M: Do you have any plans for the summer?
W: ______________________
(a) I planned it for my family.
(b) I'm so worried about the end of school.
(c) I'm planning on going to Paris.
(d) I want to live where it is warmer.

M: 여름방학이 언제 시작하니?
W: 이주 후에.
M: 여름 방학에 특별한 계획 있니?
W: ______________________
(a) 그것은 가족을 위해 계획한 거야.
(b) 학교가 끝난다는 것에 대해 걱정이 많이 돼.
(c) 파리에 갈 생각이야.
(d) 좀 더 따뜻한 곳에서 살고 싶어.

남자는 여자에게 여름방학에 특별한 계획이 있는지 묻고 있다. 이에 파리
로 갈 계획이라는 (c)가 가장 적절한 대답이 된다. 여름방학에 대한 계획
에 따뜻한 곳에 살고 싶다는 (d)는 적절치 않은 대답이다.

6.

W: How was your birthday?
M: It was really fun. I did so many things.
W: How were your gifts?
M: ______________________
(a) I wasn't very happy.
(b) I had to go to the mall.
(c) I really liked my gifts.
(d) I had to buy a gift.

W: 생일 어땠어?
M: 정말 재미있었어. 너무 많은 것을 했어.
W: 선물은 어땠는데?
M: ______________________
(a) 아주 기쁘진 않았어.
(b) 가게에 갔어야 했어.
(c) 선물들이 다 좋았어.
(d) 선물을 샀어야 했어.

생일을 보낸 남자에게 여자는 선물이 어땠냐고 묻고 있다. 이에 대한 대

답으로 선물을 샀어야 했다는 (d)는 상식적으로 맞지 않는다. 남자는 이
미 자신의 생일이 재미있었다고 말했고 설사 선물을 받지 않았더라도 그
때문에 선물을 사지는 않기 때문이다. 그러므로 자신의 선물들이 다 마음
에 들었다는 (c)가 정답이 된다.

7.

M: What is that on your desk?
W: It's my old CD player.
M: Do you still use it?
W: No, I got a newer one.
M: Then can I use it for my CDs?
W: Of course. You're welcome to use it.

Q. What will probably happen to the CD player?
(a) The woman will fix it to use.
(b) The woman will sell it.
(c) The man will put it to good use.
(d) The man will give it to his sister.

M: 책상 위에 있는 게 뭐니?
W: 나의 오래된 시디플레이어야.
M: 여전히 그걸 사용하니?
W: 아니, 신형으로 하나 샀어.
M: 그렇다면 내가 저걸 사용해도 될까?
W: 물론이지. 사용해도 좋아.

시디플레이어에 무슨 일이 일어날 것인가?
(a) 여자는 사용하기 위해서 그것을 고칠 것이다.
(b) 여자는 그것을 팔 것이다.
(c) 남자는 그것을 사용할 것이다.
(d) 남자는 그것을 그의 여동생에게 줄 것이다.

마지막에 남자는 여자에게 자신이 여자의 시디플레이어를 사용할 수 있
는지 묻고 있고 여자는 흔쾌히 그 부탁을 들어주고 있다. 이 부분을 통해
남자가 여자의 시디플레이어를 사용할 것이라는 (c)가 추론 가능하다.
put to use는 '사용하다, 이용하다' 라는 의미가 있다. 또한 여자의 오래
된 시디플레이어가 고장났다는 것은 대화를 통해 추론이 불가능하므로
(a)는 정답이 될 수 없다.

8.

M: What should we pack for our camping trip?
W: I'll pack the food. You bring the tents and
   sleeping bags.
M: OK. I'm looking forward to putting up my new
   tent.
W: I heard your tent is really big.
M: Yea, it will easily fit both of us inside. Should I
   pick you up in the morning?
W: That would be great. I'll see you tomorrow.

Q. What can be inferred about the man and
   woman from the conversation?

(a) They know what is needed for a camping trip.
(b) This is their first time camping.
(c) They will have to beware of bears.
(d) They are not allowed to sleep in their cars.

| 해석 |
M: 캠핑 여행을 위해서 무엇을 싸야 하니?
W: 난 음식을 쌀게. 넌 텐트와 침낭을 가져와.
M: 알았어. 새 텐트를 쓸 생각을 하니 기대된다.
W: 네 텐트가 정말 크다며.
M: 응, 우리 둘이 안에 들어가기 충분할 거야. 아침에 널 데리러 올까?
W: 좋지. 내일 봐.

대화를 통해 남자와 여자에 대해 추론할 수 있는 것은 무엇인가?
(a) 그들은 캠핑 여행을 위해 무엇이 필요한지 안다.
(b) 이번이 그들의 첫 번째 캠핑 여행이다.
(c) 그들은 곰을 주의해야 할 것이다.
(d) 그들은 차 안에서 자는 것이 허용되지 않는다.

| 해설 |
남자가 캠핑을 위해 무엇을 싸야 하는지 묻는 질문에 여자가 구체적으로 대답하고 있다(I'll pack the food. You bring the tents and sleeping bags). 이것을 통해 그들이 캠핑 여행을 위해 무엇이 필요한지 안다고 추론할 수 있으므로 (a)가 정답이 된다. 여자와 남자는 캠핑을 가지만 이것이 그들의 몇 번째 캠핑이 되는지는 알 수 없으므로 (b)는 정답이 될 수 없다.

9.
M: Can I see your basketball tickets please?
W: One moment. Here they are.
M: Do you know where your seats are located?
W: I have an idea but I'm not exactly sure.
M: Would you like to be ushered to your seats?
W: Well, my friend knows where the seats are.
M: I'm sorry but can you open up your bag?
W: Is there a problem sir?

Q. What can be inferred from the conversation?
(a) The woman's bag was stolen.
(b) The woman has smuggled something.
(c) The man will check the woman's bag for hazardous items.
(d) The man will help the woman find her seat.

| 해석 |
M: 농구 경기 티켓을 볼 수 있을까요?
W: 잠시만요. 여기 있습니다.
M: 좌석이 어디 있는지 아세요?
W: 알 것 같기는 하지만 확실하게는 모르겠습니다.
M: 좌석이 어디 있는지 안내 받고 싶으세요?
W: 음, 제 친구가 좌석이 어디 있는지 압니다.
M: 죄송합니다만, 가방을 열어 주시겠습니까?
W: 무슨 문제라도 있습니까?

대화를 통해 추론할 수 있는 것은 무엇인가?

(a) 여자의 가방은 도난당했다.
(b) 여자는 무언가를 밀수입했다.
(c) 남자는 위험한 물건이 없는지 보기 위해 여자의 가방을 수색할 것이다.
(d) 남자는 여자가 그녀의 좌석을 찾도록 도와줄 것이다.

| 해설 |
대화의 마지막 부분에서 남자는 여자의 가방을 열어봐 달라고 부탁하고 있다(I'm sorry but can you open up your bag?). 이를 통해 남자가 여자의 가방을 수색할 것임을 추론할 수 있으므로 (c)가 정답이 된다. 가방을 수색하겠다는 것만으로 여자가 뭔가를 밀수입했다고 추론하는 (b)는 확대 해석이므로 적절치 않다.

10.
Tonight at 9 on CBS there will be a special on how to pace yourself while running. Believe it or not, there are running techniques that help you maximize your run. There have been many tests performed on various running techniques in order to find the best running techniques. Tune in to our running special tonight at 9.

Q. What is likely to be shown in the running special?
(a) How running can be dangerous for you
(b) Which parks have the best running paths
(c) What running techniques to use to maximize your exercise
(d) The difference between running and jogging

| 해석 |
오늘 밤 9시 CBS에서는 달리기를 하는 동안 자신에게 맞는 페이스를 지키는 방법에 대한 특집 프로그램을 방송합니다. 믿으시든지 믿지 않으시든지 여러분이 뛰는 것을 극대화하게 돕는 달리기 기술들이 있습니다. 가장 좋은 달리기 기술들을 알아내기 위해 다양한 달리기 기술에 대해 연구를 한 많은 테스트들이 있어왔습니다. 오늘 밤 9시에 방송되는 달리기 특집을 꼭 보세요.

달리기 특집에서는 무엇이 방송될 것인가?
(a) 달리기가 어떻게 당신에게 위험할 수 있는지
(b) 어떤 공원이 가장 좋은 달리기 코스를 가지고 있는지
(c) 당신의 운동을 극대화하는데 사용되는 달리기 기술들
(d) 러닝과 조깅의 차이점

| 해설 |
두 번째 문장을 보면 뛰는 것을 극대화하게 돕는 달리기 기술들이 있다고 말하고 있다(Believe it or not, there are running techniques that help you maximize your run). 이를 통해 방송에서 이 기술들이 소개될 것으로 추론할 수 있으므로 (c)가 정답이 된다. 달리기의 영향에 대해서는 언급된 바가 없으므로 (a)와 같은 내용은 추론이 불가능하다.

| 어휘|
pace oneself (경기에서) 자신에게 맞는 페이스를 지키다
maximize 극대화하다 **tune in** 채널을 맞추다

11.
There is no doubt that our country faces a

widespread problem with illegal drug use. However, many government officials overlook the facts. Statistics show that very few drug users are also violent criminals, yet they are sent to prisons with the violent criminals. This has proven ineffective to solving the problem. Instead of jail, drug users should be placed in mandatory rehabilitation programs.

Q. Which opinion would the speaker most likely share?
(a) Stronger drug enforcement laws are needed.
(b) Drug users should be treated as patients, not criminals.
(c) Crime and drug problems are closely related.
(d) Government action has helped reduce substance abuse.

| 해석 |

우리나라가 불법 약물의 사용으로 광범위한 문제에 직면했다는 것은 피할 수 없는 사실입니다. 그러나 많은 정부 관계자들은 사실들을 제대로 보지 않고 있습니다. 통계는 매우 적은 수의 마약 복용자들이 폭력범들임을 보여주고 있지만 그들은 폭력범들과 함께 감옥에 보내집니다. 이것은 문제를 푸는 데 효과적이지 못하다는 것이 증명되었습니다. 마약 복용자들은 감옥 대신 강제 재활 프로그램에 보내져야 합니다.

화자는 다음 중 어떤 생각을 가지고 있는 것 같은가?
(a) 더 강력한 마약단속법이 필요하다.
(b) 마약 사용자들은 범죄자가 아닌 환자로 취급받아야 한다.
(c) 범죄와 마약 문제는 매우 관련이 있다.
(d) 정부의 조치는 약물 남용을 줄이는데 도움을 주었다.

| 해설 |

마지막 문장을 보면 마약 복용자들은 감옥 대신 강제 재활 프로그램에서 치료를 받아야 한다고 말하고 있다(Instead of jail, drug users should be placed in mandatory rehabilitation programs). 그러므로 화자는 마약 사용자들이 범죄자가 아닌 환자로 대우받아야 한다고 생각한다는 것이 추론 가능하므로 (b)가 정답이 된다.

| 어휘 |

overlook 간과하다 statistics 통계 rehabilitation 갱생, 재활 mandatory 의무의, 강제의 substance abuse 약물 남용

Day 18

Extension
158p

1.
· Really? I hope we do.

2.
· Yes, go down this street and take a left.

3.
· If you are cut somewhere, I can give you a band-aid.
· OK, sure. I'll take one.

4.
· The government will need to prioritize their list of things to do
· no supplies will be able to get to the cities
· they were unable to get those resources into the cities

Build Up
159p

| 1. (b) | 2. (d) | 3. (b) | 4. (b) | 5. (b) | 6. (a) |
| 7. (b) | 8. (c) | 9. (b) | 10. (b) | 11. (d) | |

1.
W: I was accepted into the university and even received scholarships, but I'm not sure if I should attend.
M: ___________________________
(a) Do you go to the college?
(b) I think it would be a great opportunity for you.
(c) Don't take it seriously.
(d) Oh, congratulations. Is this your first job?

| 해석 |

W: 그 대학에 합격하고 장학금까지 받는데 가야 할지 잘 모르겠어.
M: ___________________________
(a) 너 그 대학에 다니니?
(b) 이건 너에게 아주 좋은 기회 같은데.
(c) 너무 심각하게 받아들이지 마.
(d) 오, 축하한다. 이게 너의 첫 번째 일이니?

| 해설 |

여자는 대학에 합격하고 장학금까지 받지만, 그것을 받아들일지 모르겠다고 한다. 이에 대한 남자의 반응을 고르는 문제로 너에게 좋은 기회가 될 것이다라는 (b)가 가장 적절하다. 여자의 상황은 축하받을 상황이므로 심각하게 받아들이지 말라는 (c)는 적절치 않다. (d)는 축하를 해 주는 것까지는 적절한 반응이 되나 추가 답변이 내용과 일치하지 않으므로 정답이 될 수 없다.

2.
M : What country did you visit?
W: ___________________________
(a) Yes, I have been to South America.
(b) No, I'll come back later.

(c) I would like to visit Europe.
(d) I spent some time in the United States.

| 해석 |
M: 어느 나라를 가봤니?
W: ______________
(a) 응, 남아메리카에 가 본 적이 있어.
(b) 아니, 다음에 돌아올게.
(c) 유럽에 가보고 싶어요.
(d) 미국에서 시간을 좀 보냈어.

| 해설 |
남자는 여자에게 어느 나라를 방문했냐고 묻고 있다. 이런 의문사 의문문에는 Yes나 No로 절대 대답할 수 없다. 그러므로 (a)는 정답이 될 수 없다. (c)는 앞으로 유럽을 방문하고 싶다는 미래의 소망이므로 남자의 질문에 대한 답으로는 적절치 않다. 그러므로 (d)가 가장 적절한 대답이 된다.

3.
M: I have a football game tomorrow.
W: ______________
(a) What do you use it for?
(b) I hope you play well and win.
(c) I knew you would win.
(d) It's OK, you can do better next time.

| 해석 |
M: 내일 축구 경기가 있어.
W: ______________
(a) 그것을 어디에 쓸 거니?
(b) 경기 잘 하고 우승하기 바래.
(c) 난 네가 이길 줄 알았어.
(d) 괜찮아, 다음 번에 잘 할 수 있어.

| 해설 |
남자는 내일 축구 경기가 있다고 말한다. 이에 대한 여자의 반응을 고르는 문제로 행운을 빌어주는 (b)가 정답이 된다. (c)는 과거 일에 대한 반응이므로 내일 경기가 있다는 남자의 말에 대한 대답으로는 적절치 않다.

4.
W: Ray didn't look too happy to see you today at the gym.
M: Why would he be? I beat him so bad yesterday during the basketball game.
W: Should I go talk to him?
M: ______________
(a) Want to go to the gym? They're playing basketball again.
(b) No, I would wait a little longer. He is pretty upset at losing.
(c) You can't avoid him for good.
(d) Ray is going to play again.

| 해석 |

W: 레이가 오늘 체육관에서 널 보는 게 그렇게 좋아 보이진 않던데.
M: 왜 그랬을까? 어제 농구 경기 때 그를 너무 심하게 이겼어.
W: 내가 그한테 얘기해 볼까?
M: ______________
(a) 체육관에 올래? 그들은 또 농구 경기를 할 거야.
(b) 아니, 좀 더 기다려 볼 거야. 진 것에 대해 꽤 화나 있거든.
(c) 넌 영원히 그를 피할 수는 없잖아.
(d) 레이가 또 경기를 할 거야.

| 해설 |
남자와 레이의 사이가 야구 경기 때문에 서먹해 있자 여자가 자신이 레이와 이야기를 해 볼지 남자에게 묻고 있다. 이에 대해 조금 더 기다려 보겠다는 (b)가 가장 적절한 답변이 된다. 이 상황에서 (c)와 같은 응답은 남자가 할 수 있는 대답이 아니므로 정답이 아니다. for good은 '영원히'라는 의미가 있다.

5.
M: Did you hear that Ben lost his cellphone?
W: No, where did he last use it?
M: I'm not sure, should we help him look for it?
W: ______________
(a) Maybe he found it.
(b) Yes, I think we should.
(c) It's not very important.
(d) His battery ran low.

| 해석 |
M: 벤이 휴대폰 잃어버렸다는 소식 들었어?
W: 아니, 어디서 마지막으로 사용했대?
M: 잘 모르겠어. 우리가 찾는 거 도와줘야 하지 않을까?
W: ______________
(a) 아마 그거 찾았을 거야.
(b) 응, 그래야 한다고 생각해.
(c) 이건 그렇게 중요치 않아.
(d) 그의 배터리가 거의 없어.

| 해설 |
남자의 마지막 말은 should we~?라는 질문으로 의견을 묻고 있다. 이에 대해 그것은 중요한 게 아니라는 (c)는 성의없는 대답으로 정답이 될 수 없다. 그러므로 그래야 한다고 생각한다는 (b)가 가장 적절한 대답이 된다.

6.
W: Becky always snores during class.
M: You should try to wake her up.
W: I did, but she wouldn't wake up.
M: ______________
(a) Then she's bound to get in trouble.
(b) Just wait until she starts snoring.
(c) She really likes this class.
(d) She is usually very nice.

| 해석 |
W: 베키는 항상 수업 시간에 코를 골아.
M: 걔를 깨우지 그러니.

W: 그랬지, 근데 안 일어나려 해.
M: ________________
(a) 그럼 문제를 겪게 될 텐데.
(b) 그녀가 코를 골기 시작할 때까지 기다려.
(c) 그녀는 정말 이 수업을 좋아해.
(d) 그녀는 보통 매우 착해.

| 해설 |
수업 시간에 코를 고는 베키라는 친구에 대해 남자는 그녀를 깨우라고 얘기하지만 여자는 그녀가 일어나려 하지 않는다고 말한다. 이에 대한 남자의 대답으로 가장 적절한 것은 (a)이다. be bound to~는 '꼭 ~하게 되어 있다' 라는 의미이다.

7.

M: Hey, are you ready to go on the trip?
W: Yes, but can Jenny come with us too?
M: If we do, we have to move the sleeping bags to the trunk.
W: Well the trunk is not full and her luggage is in the other car.
M: Do we really need to take her?
W: Yes, she has no other way of getting there.

Q. What can be inferred from the conversation?
(a) The trunk is too small to fit any more luggage.
(b) The man does not want more passengers.
(c) Jenny can't come with them.
(d) They have too much luggage.

| 해석 |
M: 여행 갈 준비는 됐니?
W: 응, 근데 제니도 우리랑 같이 갈 수 있니?
M: 그렇게 되면 우리 침낭을 트렁크로 옮겨야 해.
W: 트렁크가 다 안 찼어. 그리고 그녀의 짐은 다른 차에 있어.
M: 근데 정말 우리가 그녀를 데려가야 하니?
W: 응. 그것 말고는 그녀는 거기 갈 방법이 없어.

대화를 통해 추론할 수 있는 것은 무엇인가?
(a) 트렁크는 너무 작아서 더 이상 짐을 넣을 수 없다.
(b) 남자는 더 이상의 승객을 원하지 않는다.
(c) 제니는 그들과 같이 갈 수 없다.
(d) 그들은 너무 많은 짐을 가지고 있다.

| 해설 |
여자는 남자에게 제니가 그들과 같이 갈 수 있도록 부탁하고 남자는 그녀를 꼭 데려가야 하는지 묻고 있다(Do we really need to take her?). 이를 통해 남자가 더 이상의 승객을 원하지 않음을 알 수 있으므로 (b)가 정답이 된다. 여자가 트렁크가 꽉 차지 않았다고 말하는 부분으로 보아 (the trunk is not full) 그들의 짐이 너무 많다는 것은 추론하기 힘들므로 (d)는 정답이 될 수 없다.

8.

W: Joel, what was it you had to ask me?
M: I have a meeting to attend and it is too far to walk, so I need to borrow your car.
W: Oh, isn't there anybody else you can ask?
M: No, there isn't. Are you using your car?
W: Maybe. Is there some other way you can get there?
M: The train has just left and the taxis are too expensive.

Q. What could be inferred from the conversation?
(a) The man doesn't want to take a train.
(b) The woman needs to go somewhere.
(c) The man needs a car for a meeting.
(d) The woman doesn't want to give him a ride.

| 해석 |
W: 조엘, 나한테 부탁할 게 뭐였어?
M: 참석해야 할 회의가 있는데 걷기엔 너무 멀어. 그래서 네 차를 빌리고 싶은데.
W: 부탁할 다른 사람은 없어?
M: 없어. 네 차를 사용할 거니?
W: 아마도. 거기 갈 다른 방법은 없어?
M: 기차는 막 떠났고 택시는 너무 비싸.

대화를 통해 추론할 수 있는 것은 무엇인가?
(a) 남자는 기차를 타고 싶어 하지 않는다.
(b) 여자는 어딘가를 가야 한다.
(c) 남자는 회의를 위해 차가 필요하다.
(d) 여자는 남자를 태워다 주길 원치 않는다.

| 해설 |
남자는 여자에게 회의 때문에 타고 갈 차를 빌려 달라고 부탁하고 있다(I have a meeting to attend and it is too far to walk, so I need to borrow your car). 이를 통해 회의 때문에 차가 필요하다는 것을 추론할 수 있으므로 (c)가 정답이 된다. 남자는 기차가 떠나서 못 타는 것이므로 (a)는 틀린 답이 된다. 또한 여자는 어딘가를 '갈지도 모른' 고 했기 때문에(Are you using your car? / Maybe.) 여자가 어딘가를 '가야 한다' 는 (b)는 틀린 대답이다.

9.

W: Hi, is this Leawood grocery store?
M: Yes, how may I help you?
W: I lost my wallet and was wondering if you found it.
M: Yes, we found a wallet. Is it leather and black?
W: Yes! What time do you close today?
M: We close at 9 o'clock every night.
W: OK, thank you. I will come by later to pick it up.
M: OK, we will see you then.

Q. What can be inferred from the telephone conversation?
(a) The store will close in a few hours.
(b) The woman will stop by the store.

(c) The grocery store employee lied about the closing time.

(d) The man lost his wallet.

| 해석 |

W: 안녕하세요? 거기가 리우드 식품점입니까?
M: 네, 무엇을 도와드릴까요?
W: 지갑을 잃어 버렸는데 그것을 찾으셨는지 궁금해서요.
M: 네, 지갑을 하나 찾았어요. 가죽에 검정색입니까?
W: 네, 거기 오늘 언제 닫습니까?
M: 저희는 매일 밤 9시에 닫습니다.
W: 네, 감사합니다. 제가 나중에 찾으러 가겠습니다.
M: 알겠습니다. 그럼 그때 뵙겠습니다.

전화 내용으로 추론할 수 있는 것은 무엇인가?
(a) 가게는 몇 시간 후에 닫을 것이다.
(b) 여자는 그 가게에 들를 것이다.
(c) 식료품 직원은 가게를 닫는 시간에 대해 거짓말을 했다.
(d) 남자는 지갑을 잃어버렸다.

| 해설 |

대화의 마지막 부분에서 여자는 나중에 지갑을 찾으러 그 가게에 가겠다고 말한다(OK, thank you. I will come by later to pick it up). 이 부분을 통해 여자가 가게에 들를 것임을 추론할 수 있으므로 (b)가 정답이 된다. 대화를 나누는 시간대를 알 수 없기 때문에 (a)와 같은 내용은 추론이 불가능하므로 정답이 아니다.

10.

Last week, when we played East High school, we were evenly matched. We were as fast as they were and as strong as they were. The reason why we lost was because we got tired at the end of the game, and we just could not run anymore. So, we will work very hard on our physical stamina so that we do not get tired during games anymore. It will be important for our team to sustain a high level of energy throughout the entire game in order to win.

Q. What will the coach most likely do next?
(a) Make the players watch other teams' games.
(b) Make the players work on their endurance.
(c) Let the players get water after every exercise.
(d) Let the players analyze why they get easily tired.

| 해석 |

지난주에 우리는 이스트 고등학교와 시합했을 때 대등하게 경기했습니다. 우리는 그들만큼 빨랐고 그들만큼 강했습니다. 우리가 진 이유는 경기의 마지막에 지쳤고 더 이상 뛸 수 없었기 때문입니다. 그래서 더 이상 경기 때 지치지 않도록 체력을 기르는 훈련을 할 것입니다. 이 훈련은 우리 팀이 이길 수 있도록 전 게임 내내 높은 상태의 에너지를 유지할 수 있는 중요한 요소가 될 것입니다.

코치가 다음에 할 일은 무엇일 것인가?

(a) 선수들이 다른 팀의 경기를 보도록 할 것이다.
(b) 선수들이 지구력을 기르도록 할 것이다.
(c) 선수들이 매 경기 후에 물을 마시도록 할 것이다.
(d) 선수들이 왜 쉽게 지치는지 분석하게 할 것이다.

| 해설 |

네 번째와 마지막 문장에서 화자인 코치는 체력을 기르는 훈련을 하고 이는 경기 내내 높은 상태의 힘을 유지하는데 도움을 줄 것이라고 말하고 있다(So, we will work very hard on our physical stamina so that we do not get tired during games anymore. It will be important for our team to sustain a high level of energy throughout the entire game in order to win). 이 부분을 통해서 코치가 지구력을 기르도록 할 것임을 추론할 수 있으므로 (b)가 정답이 된다.

| 어휘 |

evenly 대등하게 **physical stamina** 체력 **endurance** 지구력, 참을성

11.

In ancient Greece, the Persians attacked the Spartans. The Spartans made their stand in a place called Thermopylae. The evil Persian Empire sent in all their troops, however, the Persian soldiers were far less skilled than the superior fighting tactics of the Spartans. Thus, the mighty Spartan army was able to fight off the evil Persian Empire for quite sometime. Yet, the malicious Persian army outnumbered the small fleet of Spartan soldiers and eventually was able to overcome them.

Q. What would the lecturer agree with most?
(a) The Spartan army eventually won the war.
(b) Sparta did not have a good army.
(c) The Persian army was able to defeat the Spartan with their superior fighting skills.
(d) The Persians were the villains and the Spartans were the heroes.

| 해석 |

고대 그리스에서는 페르시아인들이 스파르타인들을 침공했습니다. 스파르타인들은 테르모필레라 불리우는 곳에 그들의 근거지를 만들었습니다. 사악한 페르시아 제국은 그들의 전 군대를 보냈습니다. 그러나 페르시아 군인들은 전술에서 우위를 차지하고 있는 스파르타인들에 비해 훨씬 덜 숙련이 되었습니다. 그래서 강력한 스파르타 군대는 사악한 페르시아 제국에 맞서 얼마 동안은 격퇴시킬 수 있었습니다. 그러나 악의적인 페르시아군은 스파르타 군대의 소규모 함대를 수적으로 압도했고 결국 그들을 정복할 수 있었습니다.

강의자는 무엇에 가장 동의할 것 같은가?
(a) 스파르타 군대는 결국 그 전쟁을 이겼다.
(b) 스파르타는 좋은 군대를 가지고 있지 않았다.
(c) 페르시아 군대는 그들의 뛰어난 전투 기술로 스파르타를 이길 수 있었다.
(d) 페르시아인들은 악당이고 스파르타인들은 영웅이었다.

강의자가 페르시아 군대를 표현하는 수식어구를 보면 the evil Persian Empire, the malicious Persian 등 부정적으로 표현하고 있음을 알 수 있다. 또한 스파르타 군대에 대해서는 the mighty Spartan이라는 표현으로 긍정적으로 표현하고, 페르시아보다 훨씬 훌륭한 전술을 사용했다고 말하고 있다(the Persian soldiers were far less skilled than the superior fighting tactics of the Spartans). 그러므로 페르시아인들은 악당이고 스파르타인들은 영웅이었다는 말에 화자가 동의할 것이라는 사실이 추론 가능하기 때문에 (d)가 정답이 된다. 이렇듯 전체 글의 어조를 파악하여 추론하는 문제의 유형도 익혀두도록 한다.

| 어휘 |

tactics 전술 outnumber ~보다 수적으로 우세하다 defeat 패배시키다 villain 악당, 악인 mighty 거대한, 굉장한 malicious 악의 있는

Day 19

Extension   166p

1.
· I'll find a place to fill up.

2.
· You can go buy the CD's? at the record store.

3.
· well I'm just reminding you that it started 10 minutes ago.
· I'll just keep on waiting for you

4.
· go safe and try not to offend anybody
· target one specific group of people
· they decided on the latter and all the ads

Build Up   167p

| 1. (b) | 2. (a) | 3. (a) | 4. (d) | 5. (d) | 6. (d) |
| 7. (a) | 8. (d) | 9. (a) | 10. (b) | 11. (a) | |

1.

W: I would like a room on the top floor please.
M: ＿＿＿＿＿＿＿＿＿＿＿＿＿＿＿＿＿
(a) The kitchen is in the basement.
(b) That shouldn't be a problem.
(c) We also have a gym.
(d) The fifth floor is our most popular floor.

| 해석 |

W: 꼭대기 층의 방을 원하는데요.
M: ＿＿＿＿＿＿＿＿＿＿＿
(a) 주방은 지하에 있습니다.
(b) 문제될 게 없습니다.
(c) 우린 체육관도 있어요.
(d) 5층이 가장 인기있는 층입니다.

| 해설 |

여자와 남자의 관계는 방을 구하는 손님과 숙박시설 업체의 직원으로 보인다. 여자는 가장 위층의 방을 구하고 있으며 이에 대한 남자의 대답을 고르는 문제이다. 문제될 게 없다고 대답하는 (b)가 정답이 된다. 특정 층의 방을 구하는 손님에게 5층이 가장 인기있는 층이라는 (d)는 불필요한 말로 논리적으로 맞는 대답으로 보기 힘들다.

2.

M: Did you get the job for this summer?
W: ＿＿＿＿＿＿＿＿＿＿＿＿＿＿＿＿＿
(a) They said they would get back to me.
(b) The job pays very well.
(c) I'm applying for a job as soon as I get out of school.
(d) I plan on going to law school after I graduate.

| 해석 |

W: 이번 여름에 일할 직장은 구했니?
M: ＿＿＿＿＿＿＿＿＿＿＿
(a) 그쪽에서 연락을 해주겠다고 했어.
(b) 그 직업은 급여가 꽤 좋아.
(c) 나는 학교를 졸업하자마자 직장을 구할 거야.
(d) 나는 졸업 후에 로스쿨에 갈 거야.

| 해설 |

여자는 남자에게 직장을 구하게 됐는지에 대해 묻고 있다. 이에 대한 답으로는 그들이 연락을 주기로 했다는 (a)가 가장 적절하다. 직장을 구했냐는 질문에 그 직장의 급여에 대해 말하는 것은 논리적으로 맞지 않으므로 (b)는 정답과 거리가 멀다.

3.

M: What are the chances of winning the lottery?
W: ＿＿＿＿＿＿＿＿＿＿＿＿＿＿＿＿＿
(a) One in a million!
(b) Do your best!
(c) You can do it if you try!
(d) It starts tomorrow.

| 해석 |

M: 복권에 당첨될 확률이 얼마야?
W: ＿＿＿＿＿＿＿＿＿＿＿
(a) 극히 드물지!
(b) 최선을 다해!

(c) 네가 시도하면 할 수 있어!
(d) 내일 시작해.

| **| 해설 |**
복권 당첨의 확률을 물어보는 남자에 대한 여자의 대답을 고르는 문제이
다. one in a million은 '100만 중에 하나'라는 뜻으로 극히 드물다는
의미가 있다. very slim도 비슷한 의미이다. 확률과 최선을 다하는 것은
연관성이 없으므로 (b)는 정답이 아니다.

4.

M: Have you ever read this book?
W: No, was it any good?
M: It is my favorite book, you should read it.
W: ______________________
(a) When does it start?
(b) Yes, I really liked it.
(c) What flavor is it?
(d) I'll give it a try.

| **| 해석 |**
M: 이 책 읽어 봤어?
W: 아니, 좋니?
M: 내가 좋아하는 책이야. 너도 읽어봐야 해.
W: ______________________
(a) 언제 시작하니?
(b) 응, 난 정말 좋아해.
(c) 이건 어떤 맛이니?
(d) 시도해 볼게.

| **| 해설 |**
책을 읽어보라고 권하는 남자의 말에 대한 여자의 반응을 고르는 문제이
다. 이에 대해 시도해 보겠다고 말하는 (d)가 가장 적절한 응답이 된다.
any good은 '조금이라도 도움이 되는'이란 의미이고 give it a try는
'시도하다'라는 의미이다.

5.

W: The dance routine is not ready yet.
M: Is the performance coming up soon?
W: Yes, it is next week.
M: I think you should start practicing harder.
W: ______________________
(a) Good! I can't wait.
(b) OK, see you there.
(c) I think a dance will be a good idea.
(d) Yes, it's time to take this seriously.

| **| 해석 |**
W: 댄스 스텝이 아직 준비되지 않았어.
M: 공연이 곧 다가오지?
W: 응. 다음주야.
M: 연습을 더 열심히 해야겠구나.
W: ______________________
(a) 좋아! 기대된다.
(b) 좋아, 거기서 보자.

(c) 댄스가 좋을 것 같은데.
(d) 응. 정말 진지하게 임해야 돼.

| **| 해설 |**
공연 일정을 일주일 앞둔 여자에게 더 열심히 해야겠다는 남자의 조언에
대한 여자의 반응을 고르는 문제이다. 이에 동의를 하면서 진지하게 임해
야 될 때라고 한 (d)가 여기서는 가장 적절한 응답이 된다. (a)는 Good
이라는 반응이 적절치 않다.

| **| 어휘 |**
routine 일과, 일련의 댄스 스텝

6.

W: Hey Dan, what sports do you like to play?
M: I really like football, how about you?
W: I like basketball. We'll be playing soon. Want
   to come?
M: ______________________
(a) I think it's a good thing too.
(b) OK, I prefer football to basketball.
(c) Sure, I've always wanted to see it.
(d) Sure, where are we playing?

| **| 해석 |**
W: 저기 댄, 넌 어떤 종류의 스포츠를 좋아하니?
M: 난 축구를 정말 좋아해. 넌?
W: 난 농구가 좋아. 우린 곧 경기를 할 거야. 같이 할래?
M: ______________________
(a) 나도 그게 좋다고 생각해.
(b) 알았어, 난 농구보다 축구를 더 좋아해.
(c) 그럼, 난 항상 그게 보고 싶었어.
(d) 좋지, 어디서 하는데?

| **| 해설 |**
여자는 농구 경기에 남자를 초대하고 있다. 이에 대한 남자의 대답을 고
르는 문제로 여기서는 (d)가 가장 적절하다. 농구를 같이 하자는 여자의
말에 축구가 농구보다 더 좋기 때문에 그렇게 하겠다는 (b)는 논리적으
로 맞지 않다. prefer A to B는 'B보다 A를 더 좋아한다'는 의미로, 들
을 때 주의하여 헷갈리지 않도록 한다.

7.

W: On Sundays we go to church.
M: Oh, that's nice. What do you do afterwards?
W: We usually just have lunch together.
M: Oh, I see. Well, we have service on Satur
   days.
W: Do you do anything after your service?
M: We usually just go our separate ways.

Q. What could be inferred from the conversation?
(a) They have different schedules.
(b) They go to different restaurants.
(c) The woman has church tomorrow.
(d) The man wants to join the woman's religion.

론 가능하지만 그렇기 때문에 이 레스토랑이 이러한 음식들만 제공한다는 (c)는 억측이므로 정답이 될 수 없다. most likely는 '아마도'란 의미이다.

9.

M: I need to call an ambulance.
W: What happened?
M: The driver of the car in front of me could be seriously injured.
W: Does that person need immediate attention?
M: Yes, it looks really serious.
W: Okay, I'll call them right away.
M: Thank you.

Q. What can be inferred from the conversation?
(a) The man is showing concern.
(b) The man got a ticket.
(c) The woman called an ambulance.
(d) The woman had a car accident.

| 해석 |
M: 구급차를 불러야겠어요.
W: 무슨 일이에요?
M: 제 앞에 있는 차 운전자가 심하게 부상당한 거 같아요.
W: 그 사람이 응급조치가 필요한가요?
M: 네, 정말 심각해 보여요.
W: 알겠습니다. 바로 전화를 할게요.
M: 고맙습니다.

대화를 통해 추론할 수 있는 것은 무엇인가?
(a) 남자는 걱정을 하고 있다.
(b) 남자는 위반 딱지를 받았다.
(c) 여자는 앰뷸런스를 불렀다.
(d) 여자는 교통사고를 당했다.

| 해설 |
남자는 앞차의 운전자가 부상을 당한 것을 보고 여자에게 구급차를 불러달라고 말하는 등 부상당한 사람에 대한 염려를 보이고 있다. 그러므로 여기서는 남자가 걱정을 하고 있다는 (a)가 추론 가능하다. 여자는 대화 마지막에서 전화를 하겠다고 했으므로 '전화를 했다'는 (c)는 내용과 틀리고, 이 대화의 정황만으로는 여자가 교통사고를 당한 것인지는 추론하기 힘들기 때문에 (d)도 정답이 될 수 없다.

10.

Winter is coming up so we are going to discuss how to gear up against icy roads. First, you should rotate your old tires out and get snow tires. These provide better traction built for icy conditions. Second, you should put sand bags in your trunk to avoid fish tailing while you try to accelerate or try to brake. However, there is also a concern with trying to get in and out of your house, so try shoveling around your garage. This

---

| 해석 |
W: 일요일마다 우리는 교회에 가.
M: 멋지구나. 그 다음엔 뭘 하니?
W: 보통 점심을 같이 먹지.
M: 그렇구나. 우린 토요일에 예배를 드려.
W: 예배 후에 뭔가를 하니?
M: 우린 보통 각자 할 일을 해.

대화를 통해 추론할 수 있는 것은 무엇인가?
(a) 그들은 다른 일정을 가지고 있다.
(b) 그들은 다른 레스토랑에 간다.
(c) 여자는 내일 교회에 간다.
(d) 남자는 여자의 종교에 참여하고 싶어한다.

| 해설 |
여자는 일요일마다 교회에 가고 그 후엔 보통 가족과 점심을 먹는다. 그러나 남자는 토요일에 예배를 드리고 예배 후에 그의 가족은 각자 흩어진다고 한다. 그러므로 이를 통해 이들이 서로 다른 스케줄을 가지고 있음을 추론할 수 있으므로 (a)가 정답이 된다. service라는 단어가 여기서는 '예배'라는 뜻으로 쓰였음을 알아두자.

8.

M: What is your favorite food?
W: I like many different types of food.
M: Do you like Asian food?
W: Some, but I don't like seafood or spicy foods.
M: Oh, so you would probably not like this dish.
W: Yea, most likely not.

Q. What could be inferred from the conversation?
(a) The woman does not feel like eating.
(b) The man likes seafood most.
(c) The restaurant provides spicy or seafood dishes only.
(d) The presented dish was either hot or seafood.

| 해석 |
M: 가장 좋아하는 음식이 뭐니?
W: 다양한 종류의 음식을 좋아해
M: 아시아 음식을 좋아하니?
W: 몇 개는. 그런데 해산물이나 매운 음식은 좋아하지 않아.
M: 그렇다면 이 음식을 좋아하지 않겠구나
W: 응, 그럴 것 같아.

대화를 통해 추론할 수 있는 것은 무엇인가?
(a) 여자는 음식을 먹을 기분이 아니다.
(b) 남자는 해산물을 가장 좋아한다.
(c) 그 레스토랑은 매운 음식과 해산물만을 제공한다.
(d) 차려진 음식은 맵거나 해산물이다.

| 해설 |
여자는 해산물이나 매운 음식을 좋아하지 않는다고 말하고(I don't like seafood or spicy foods), 이에 대해 남자는 그렇다면 여자가 이 음식을 좋아하지 않을 거라고 말한다(so you would probably not like this dish). 이를 통해 지금 제시된 음식이 맵거나 해산물인 것을 추론할 수 있으므로 (d)가 정답이 된다. 제시된 음식이 맵거나 해산물인 것은 추

Q. What is the speaker most likely to talk about next?
(a) How to break in the snow.
(b) Other ways to prepare for icy road conditions.
(c) How to defrost your car
(d) What kinds of snow tires are best

| 해석 |

겨울이 다가오고 있습니다. 그러므로 우리는 빙판길을 어떻게 준비해야 하는지를 논의할 것입니다. 첫째로는 당신의 오래된 타이어를 갈아 끼우고 스노타이어를 준비해야 합니다. 이러한 것들은 빙판길에서 더 나은 정지 마찰력을 제공합니다. 둘째로는 속력을 내거나 브레이크를 밟을 때 피쉬 테일링을 피하기 위해 트렁크에 모래주머니를 넣고 다니셔야 합니다. 그러나 집으로 들어가거나 나갈 때도 또한 사고가 있을 수 있으므로 차고 주변을 삽으로 파놓으십시오. 이것이 미끄러짐을 완벽하게 예방하지는 않을 것입니다. 그러므로 다음과 같이 여러분께서 하실 수 있는 다른 방법들이 있습니다.

화자는 다음에 무엇에 대해 말할 것인가?
(a) 눈 속에서 어떻게 브레이크를 밟아야 하는지
(b) 빙판길 상태에 준비하는 다른 방법들
(c) 얼어 붙은 차를 어떻게 녹이는지
(d) 어떤 스노타이어가 좋은지

| 해설 |

화자가 다음에 무엇에 대해 말할 것인지를 묻는 질문은 마지막 부분을 주의해서 들어야 한다. 마지막 문장에서 앞에서 말한 방법들이 완벽하게 미끄러짐을 예방할 수는 없으므로 다른 방법들이 또 있다고 말하고 있다 (This won't completely prevent sliding so there are some other things you can do as follows). 그러므로 빙판길을 준비하는 다른 방법들에 대해서 이야기할 것이라는 점을 추론할 수 있으므로 (b)가 정답이 된다.

| 어휘 |

gear up 준비를 갖추다 **rotate** 교대시키다 **traction** 정지 마찰 **accelerate** 속력을 내다 **shovel** 삽으로 파다 **fish tailing** 피쉬 테일링(빙판길 등에서 차의 뒷부분이 양쪽으로 미끄러지는 것)

11.

The last book we will discuss today is *Gates of Fire* written by Steven Pressfield. This book goes into in deep details about the kind of training soldiers of Ancient Sparta had to endure. Much of the training we do today is inspired from the training explained in this book. It can be seen that these ancient techniques are still effective in training modern-day soldiers as they were in the old days.

Q. What could be inferred from the lecture?
(a) Modern training is influenced by ancient methods.
(b) Spartans were better soldiers than any other soldiers at that time.
(c) Steven Pressfield is a trainer.
(d) The soldiers like the book *Gates of Fire*.

| 해석 |

오늘 논의할 마지막 책은 스티븐 프레스필드의 작품 '불의 문' 입니다. 이 책은 고대 스파르타 군인들이 참아내야 했던 훈련 방법에 대해서 깊이 다루고 있습니다. 우리가 하는 훈련의 많은 부분들이 이 책에서 설명된 훈련에서 영감을 얻었습니다. 이러한 고대 기술들은 예전에 그랬던 것처럼 현대 군인들의 훈련에 여전히 효과가 있다는 것을 볼 수 있습니다.

이 강의에서 추론할 수 있는 것은 무엇인가?
(a) 현대의 훈련은 고대의 방법에 영향을 받았다.
(b) 스파르타인들은 그 당시 다른 어떤 군인들보다 나았다.
(c) 스티븐 프레스필드는 훈련자이다.
(d) 군인들은 '불의 문' 이라는 책을 좋아한다.

| 해설 |

세 번째 문장을 보면 우리가 하는 훈련의 많은 부분들이 이 책에서 설명된 훈련에서 영감을 얻었다고 말하고 있다(Much of the training we do today is inspired from the training explained in this book). 이 문장을 통해 현대의 훈련이 고대의 방법에서 영향을 받았음을 추론할 수 있으므로 (a)가 정답이 된다. 스티븐 프레스필드는 책의 작가이므로 (c)는 틀린 내용이 된다.

Day 20.

Extension 174p

1.
· That would put a smile on his face.

2.
· OK, then it's up to you.

3.
· That's in five minutes!
· Yeah, I have to hurry.

4.
· The Super Bowl will be held in Miami, Florida this year
· thousands of football fans in attendance
· Super Bowl will be very crowded and loud

Build Up

---

1. (a) **2.** (a) **3.** (a) **4.** (c) **5.** (b) **6.** (a)
7. (b) **8.** (d) **9.** (b) **10.** (d) **11.** (d)

1.

M: Once you get a job, you should get married.
W: ______________________________
(a) Why is that?
(b) I wish I didn't.
(c) What is that?
(d) You'd better file for divorce.

| 해석 |
M: 일단 직장을 구하면 결혼을 해야 해.
W: ______________________
(a) 왜 그래야 하는데?
(b) 하지 않았으면 좋았을 텐데.
(c) 그게 무엇인데?
(d) 이혼 소송을 하도록 해.

| 해설 |
남자는 일단 직장을 구하면 결혼을 하라고 조언하고 있다. 이에 That would be ideal.(그것 이상적이다)라고 동의하는 표현이 나올 수도 있지만 남자의 말에 왜 그래야 하는지를 도리어 물어 볼 수도 있으므로 여기서는 (a)가 가장 적절한 응답이 된다. (b)는 현재 사실의 반대되는 상황을 소망하는 표현이지만 didn't이 무엇을 의미하는지 알기 어렵고 여자의 반응으로도 적절하지 않다.

2.

W: I'm so overwhelmed with all my exams.
M: ______________________________
(a) I guess you'll be studying very hard for them.
(b) You need to retake the exams.
(c) I'm not sure if I passed.
(d) You'd better control yourself

| 해석 |
W: 난 시험 때문에 부담을 느껴.
M: ______________________
(a) 열심히 공부해야겠구나.
(b) 넌 시험을 다시 치러야 해.
(c) 통과했는지 모르겠네.
(d) 자제해라.

| 해설 |
여자는 시험에 압도당했다고 말한다. 즉 시험에 부담을 느끼고 있다는 뜻이다. 이에 대한 남자의 적절한 반응을 고르는 문제이다. 시험이 다 끝난 상황도 아닌데 시험을 다시 치러야 한다고 하는 (b)는 적절치 않다. 또한 자제하라는 (d)의 응답도 논리적으로 맞지 않다. 그러므로 (a)의 반응이 가장 적절한 답이 된다.

3.

M: I brought you this gift to show my appreciation.
W: ______________________________
(a) How thoughtful of you!
(b) It doesn't belong here.
(c) You'd better not.
(d) It seems very little.

| 해석 |
M: 감사를 표현하기 위해서 당신을 위해 이 선물을 샀어요.
W: ______________________.
(a) 정말 사려깊으시군요.
(b) 이건 여기 것이 아니에요.
(c) 그러지 말아야 합니다.
(d) 적어 보이는군요.

| 해설 |
남자는 여자를 위해 선물을 샀다. 이에 대한 반응으로 가장 적절한 것을 고르는 문제로 여기서는 (a)가 가장 적절한 반응이다. thoughtful은 '사려깊은'이란 의미로 How thoughtful of you!는 You're very thoughtful.과 같은 의미이다. 이러한 상황에 You shouldn't have(이러지 않아도 되는데요).'로 답할 수도 있다. (c)는 You shouldn't(그러면 안 된다).'란 의미와 비슷하므로 You shouldn't have.와 착각하지 않도록 한다. had better는 should만큼이나 강한 제안이나 충고의 의미가 있음을 알아두자.

4.

M: Your hair looks different today.
W: I colored my hair red.
M: It makes you look much prettier.
W: ______________________________
(a) How is my hair?
(b) That was a good thing.
(c) You just made my day.
(d) All I wanted was a haircut.

| 해석 |
M: 헤어스타일이 오늘 달라 보인다.
W: 빨간색으로 염색했어.
M: 훨씬 예뻐 보여.
W: ______________________
(a) 내 머리 어때?
(b) 그건 잘한 일이었어.
(c) 네 덕에 기분이 좋아졌는걸.
(d) 내가 원한 건 머리를 자르는 일 이었어.

| 해설 |
빨간색으로 머리를 염색한 여자에게 남자가 예쁘다고 칭찬하고 있다. 칭찬에 대한 가장 적절한 응답을 고르는 문제인데 여기서는 (c)가 가장 적절하다. You made my day.는 '당신 덕분에 기분이 좋아졌다'라는 의미로 고마움을 표시하는 말이다. 여자는 염색을 한 것이기 때문에 (d)와 같은 응답은 적절치 않다.

5.

W: Guess what? I'm going to California for

vacation!

M: Really? Did you buy your plane ticket?

W: No, not yet. But I was about to purchase them today.

M: ___________________________

(a) That's true. The airline tickets are really expensive during vacation.

(b) If I were you, I'd purchase them as soon as possible.

(c) I heard it's a really nice plane.

(d) That's what your mom said, so it must be true.

| 해석 |

W: 있잖아. 나 방학 때 캘리포니아에 가.

M: 정말? 비행기 표 샀니?

W: 아니 아직. 근데 오늘 표를 사려고 했어.

M: ___________

(a) 맞아. 휴가철에 비행기 표는 정말 비싸.

(b) 내가 너라면 가능한 빨리 사겠어.

(c) 그건 정말 좋은 비행기라고 들었어.

(d) 엄마가 그렇게 말씀하셨어. 그러니까 그건 사실임에 틀림없어.

| 해설 |

여자는 마지막 말에서 오늘 표를 살 계획이라고 말한다. 이에 가능하면 빨리 사라는 의미를 담고 있는 (b)가 가장 적절한 응답이 된다. 여자의 마지막 말에 That's true.라는 응답은 적절치 않으므로 (a)는 적절한 응답이 될 수 없다.

6.

W: Didn't the doctor tell you not to play basketball?

M: I know, but my ankle is feeling a lot better.

W: So you just can't resist basketball, huh?

M: ___________________________

(a) I can't help myself.

(b) It's less painful than other parts of my body.

(c) But I never play football.

(d) I think I'm a good shooter.

| 해석 |

W: 의사가 농구하지 말라고 얘기 안 했니?

M: 알아, 그런데 발목이 훨씬 나아지고 있어.

W: 그래서 농구를 계속 하겠다고?

M: ___________

(a) 어쩔 수 없어.

(b) 다른 부분보다 덜 아파.

(c) 그런데 난 축구를 안 해.

(d) 난 슛을 잘 쏘는 것 같아.

| 해설 |

발목이 점점 나아진다는 변명을 하면서 남자가 농구를 하자 여자는 계속 하겠냐고 물어 본다. 이에 대한 반응으로는 어쩔 수 없다고 대답한 (a)가 가장 적절하다. can't help -ing는 '~하지 않을 수 없다, 하는 것을 피할 수 없다' 라는 의미이다.

7.

M: Are you excited to go to France?

W: Very. I've been waiting for this opportunity for a long time.

M: But aren't you worried about the language barrier?

W: No, not at all. I studied French for 3 years at university.

M: That should be helpful.

W: I just hope I can remember everything I learned.

Q. What can be inferred from the conversation?

(a) The woman has been to France multiple times.

(b) The woman looks forward to using her knowledge of French.

(c) The woman majored in French at university.

(d) The man and the woman were in the same French class at university.

| 해석 |

M: 프랑스 가는 거 좋니?

W: 응. 아주 많이. 이 기회를 오랫동안 기다려왔어.

M: 그런데 언어 장벽은 걱정 안 돼?

W: 아니, 전혀. 대학에서 3년 동안 불어를 배웠거든.

M: 그거 도움이 되겠구나.

W: 배운 것이 모두 기억나길 바랄 뿐이야.

대화를 통해서 추론할 수 있는 것은 무엇인가?

(a) 여자는 프랑스에 여러 번 가 본 적이 있다.

(b) 여자는 자신이 알고 있는 불어를 사용하기를 기대한다.

(c) 여자는 대학에서 불어를 전공했다.

(d) 남자와 여자는 대학에서 같은 불어 수업을 들었다.

| 해설 |

여자는 프랑스에 가게 됐고 남자는 여자가 언어 장벽에 대해서 걱정을 하지 않는지 묻고 있다. 이에 여자는 전혀 걱정하지 않는다며 자신이 배운 것이 다 기억나길 바란다고 말하고 있다(I just hope I can remember everything I learned). 이를 통해서 여자는 자신이 배운 불어에 대한 지식들을 사용하는 것에 기대를 하고 있음을 추론할 수 있으므로 (b)가 정답이 된다. 여자가 대학에서 불어를 공부했다는 사실로 그것을 전공했다라고 단정하여 추론할 수는 없으므로 (c)는 정답이 될 수 없다.

8.

W: Could you hand me the sledgehammer?

M: The what?

W: The sledgehammer on the counter.

M: This tool with a long handle?

W: No, that's a normal hammer. Do you think that would do the job also?

M: I don't know much about tools.

W: That's OK then. The sledgehammer is the tool

right next to it.
M: That would have been my next guess.

Q. What can be inferred from the conversation?
(a) The man knows about tools.
(b) The woman does not know what a
    sledgehammer is.
(c) The sledgehammer has a long handle.
(d) The sledgehammer is the right tool for the job.

| 해석 |
W: 큰 쇠망치 좀 줄래?
M: 뭘 달라고?
W: 계산대에 있는 큰 쇠망치.
M: 긴 손잡이가 있는 도구 말이야?
W: 아니, 그건 그냥 보통 망친데. 그걸로 이 일을 할 수 있을 것 같아?
M: 난 도구에 대해서 잘 몰라.
W: 알았어. 큰 쇠망치는 그거 바로 옆에 있어.
M: 내가 다음 번에 집으려던 거네.

대화를 통해 추론할 수 있는 것은 무엇인가?
(a) 남자는 연장에 대해서 안다.
(b) 여자는 큰 쇠망치가 뭔지 모른다.
(c) 큰 쇠망치는 긴 손잡이가 있다.
(d) 큰 쇠망치가 그 일에 맞는 도구이다.

| 해설 |
여자는 남자에게 큰 쇠망치(sledgehammer)를 달라고 하지만 남자는
sledgehammer가 뭔지 모른다. 이에 여자가 큰 쇠망치의 위치를 설명
하면서 보통 망치 옆에 있다고 가르쳐 주고 있다. 이를 통해 여자가 하려
는 일에 필요한 도구는 큰 쇠망치 즉, sledgehammer임을 추론할 수 있
으므로 (d)가 정답이 된다. 긴 손잡이가 있는 것은 보통 망치이므로 (c)
는 틀린 내용으로 정답이 될 수 없다(M: This tool with a long
handle? W: No, that's a normal hammer).

9.
W: Jim, you're not going to drive in the rain, are
   you?
M: Well, I really have to go to the mall.
W: The streets are very slippery.
M: Yes, but I know how to drive in the rain.
W: But it's dangerous for even good drivers.
M: Fine, I guess I can go tomorrow if you're that
   worried.

Q. What can be inferred from the conversation?
(a) The woman does not enjoy driving in the rain.
(b) The man will reschedule his trip to the mall.
(c) The man will not care about what the woman
    said.
(d) The woman wishes it was summer.

| 해석 |
W: 짐, 이 빗속에 운전할 거 아니지, 그렇지?

M: 근데 쇼핑몰에 정말 가야 돼.
W: 길이 많이 미끄러워.
M: 알아, 근데 빗속에서 어떻게 운전하는지 알아.
W: 운전을 잘 하는 사람에게도 위험한 거야.
M: 좋아, 네가 그렇게 걱정하면 내일 갈게.

이 대화를 통해 추론할 수 있는 것은 무엇인가?
(a) 여자는 빗속에 운전하는 것을 즐겨 하지 않는다.
(b) 남자는 쇼핑몰에 가는 날짜를 다시 조정할 것이다.
(c) 남자는 여자가 한 말을 신경 쓰지 않을 것이다.
(d) 여자는 여름이었으면 하고 바란다.

| 해설 |
남자가 빗속에서 운전을 하려 하자 여자가 위험하다고 충고하고 있다. 이
에 남자가 쇼핑몰 가는 것을 내일로 미룬다. 이를 통해 남자가 쇼핑몰 가
는 날짜를 다시 조정할 것임을 추론할 수 있으므로 (b)가 정답이 된다.
여자가 빗속에 운전하는 것을 즐겨 하지 않는다는 것은 그녀의 기호를 나
타내는 말로 여기서 여자가 운전을 하는 사람인지도 추론하기 힘들기 때
문에 (a)는 정답이 아니다.

10.
Most of you at the computer lesson might think
you will only gain knowledge about computers.
However, you will also learn how to use many
different programs on the computer. Computers
will be a very important part of our lives in the
future. By gaining this skill, you will open up your
opportunities in almost any career you choose.
These days, computer skills are an important
asset for employees to have.

Q. What can be inferred from the talk?
(a) Computers will not be in use in the future.
(b) People need to learn about computers to surf
    the internet.
(c) Computer lessons only teach you about
    computers.
(d) Computer lessons will be valuable for your
    future.

| 해석 |
컴퓨터 수업을 듣는 여러분 대부분은 컴퓨터에 대한 지식만 얻을 것이라
고 생각할 것입니다. 그러나 컴퓨터의 다양한 프로그램을 어떻게 사용하
는지도 배울 것입니다. 컴퓨터는 미래에 우리 삶에 중요한 부분이 될 것
입니다. 이러한 기술을 습득함으로써 당신이 선택하는 거의 모든 직업에
서 기회를 얻을 것입니다. 오늘날 컴퓨터 기술은 직원들이 가져야 하는
중요한 자산입니다.

이 강연에서 추론할 수 있는 것은 무엇인가?
(a) 컴퓨터는 미래에 사용되지 않을 것이다.
(b) 사람들은 인터넷을 하기 위해 컴퓨터를 배워야 한다.
(c) 컴퓨터 수업은 컴퓨터에 대해서만 가르친다.
(d) 컴퓨터 수업은 당신의 미래를 위해 귀중한 것이 될 것이다.

| 해설 |
세 번째 문장에서 컴퓨터는 미래에 우리 삶의 중요한 부분이 될 것이라고

말하고 있다(Computers will be a very important part of our lives in the future). 이 부분을 통해서 컴퓨터 수업이 미래를 위해 소중한 것이 될 것이라는 (d)가 추론 가능하므로 정답이 된다. 컴퓨터 수업은 컴퓨터뿐만 아니라 컴퓨터 프로그램에 대해서도 가르칠 수 있다고 말하고 있으므로 (c)는 정답이 될 수 없다(However, you will also learn how to use many different programs on the computer).

11.

Good afternoon, welcome to our very first soccer practice. Today we will be learning the fundamental rules about soccer. We will learn the basic rules of soccer, and practice basic drills on the soccer field. It's important for you to know all of the basics so you can all become good soccer players. It would be very helpful to understand how the game is played before actually trying the game itself.

Q. What can be inferred from the speech?
(a) The coach should know the basics of soccer.
(b) Most of the practice will focus on advanced drills.
(c) Practice is the best way to start playing soccer.
(d) Learning the basics will be the focus of practice.

| 해석 |
안녕하세요, 저희 첫 번째 축구 연습에 오신 것을 환영합니다. 오늘 우리는 축구의 기본 규칙에 대해서 배울 것입니다. 우리는 축구의 기본 규칙을 배우고 축구 경기장에서 기본 훈련을 연습할 것입니다. 축구의 모든 기본을 배우는 것은 중요합니다. 그래서야 여러분 모두가 훌륭한 축구 선수가 될 수 있기 때문입니다. 실제로 게임을 시작하기 전에 게임이 어떻게 진행되는지 이해하는 것은 매우 도움이 될 것입니다.

이 담화에서 추론할 수 있는 것은 무엇인가?
(a) 코치는 축구의 기본을 알아야만 한다.
(b) 연습 대부분은 고급 훈련에 초점을 맞출 것이다.
(c) 연습은 축구를 시작하기 위한 가장 좋은 방법이다.
(d) 기본을 배우는 것이 연습의 핵심이 될 것이다.

| 해설 |
네 번째와 마지막 문장에서 축구의 기본을 배우는 것이 축구를 시작하는 데 도움이 되고 이것이 훌륭한 선수를 만들 것이라고 말하고 있다(It's important for you to know all of the basics so you can all become good soccer players. It would be very helpful to understand how the game is played before actually trying the game itself). 이 부분을 통해서 기본을 배우는 것이 연습의 핵심이 될 것이라는 점이 추론 가능하므로 (d)가 정답이 된다. 이 담화에서는 축구 연습에서 있어서 기본을 배우는 것에 초점을 맞추고 있으므로 연습이 축구를 시작하기 가장 좋은 방법이라는 것은 추론하기 힘들어 (c)는 정답이 될 수 없다.

Final Check

178p

1. (d)	2. (c)	3. (a)	4. (c)	5. (c)	6. (d)
7. (d)	8. (b)	9. (a)	10. (c)	11. (b)	12. (d)
13. (c)	14. (a)	15. (b)	16. (b)	17. (c)	18. (c)
19. (d)	20. (a)	21. (b)	22. (d)	23. (d)	24. (a)
25. (c)	26. (d)	27. (c)	28. (a)	29. (d)	30. (a)
31. (c)	32. (b)	33. (d)	34. (b)	35. (c)	36. (b)
37. (d)	38. (b)	39. (c)	40. (a)	41. (c)	42. (c)
43. (b)	44. (a)	45. (c)	46. (b)	47. (d)	48. (b)
49. (c)	50. (c)	51. (c)	52. (c)	53. (a)	54. (d)
55. (b)	56. (d)	57. (c)	58. (c)	59. (b)	60. (d)

Part I

1.
W: Have you been to the museum?
M: _______________
(a) I'll be there soon.
(b) I have seen them twice.
(c) Yes, the museum is far from here.
(d) I haven't, but I would like to go.

| 해석 |
W: 그 박물관에 가 본 적 있니?
M: _______________
(a) 거기 곧 갈 거야.
(b) 그들을 두 번 봤어.
(c) 네, 박물관은 여기서 멉니다.
(d) 아직 안 갔어. 그런데 가보고 싶어.

| 해설 |
박물관에 가본 적이 있는지를 묻는 여자의 질문에 대한 응답을 고르는 문제이다. 의문사가 없는 의문문으로 Yes나 No로 대답할 수 있다. 그러나 Yes나 No는 생략이 가능하므로 Yes나 No로 대답한 선택지만 기다려서는 안 된다. 여기서도 No는 생략된 답변이 정답으로 나왔다. (c)에서처럼 동일한 단어(museum)를 사용한 선택지에 혼동되지 않도록 주의한다.

2.
W: Hello, it's nice to see you again.
M: _______________
(a) Hi, my name is Terry.
(b) Yes, I will have one.
(c) Yes, it's been too long since we last met.
(d) You're quite welcome.

| 해석 |
W: 안녕하세요, 다시 만나게 돼서 반갑습니다.

M: _______________

(a) 안녕하세요, 제 이름은 테리입니다.
(b) 네, 하나 가질 것입니다.
(c) 네, 마지막으로 보고 오랜만이죠.
(d) 천만에요.

| 해설 |

여자는 남자에게 다시 만나게 돼서 반갑다는 인사를 하고 있다. 이에 대한 응답으로 (c)가 가장 적절하다. 이에 Hi, how've you been?(안녕하세요, 어떻게 지내셨어요?)로 인사할 수도 있다. (a)의 응답은 처음 만나서 하는 인사이기 때문에 여기서는 적절치 않은 응답이 된다. (d)는 고맙다는 인사에 대한 응답으로 역시 정답이 될 수 없다.

3.

M: We will be on vacation for three weeks.
W: _______________________

(a) I hope you have a good time.
(b) There will not be enough time.
(c) Do you know what time it is?
(d) I had a wonderful time in Mexico.

| 해석 |

M: 우리는 3주간 여행을 갈 거야.
W: _______________
(a) 좋은 시간을 보내기 바래.
(b) 충분한 시간이 없을 거야.
(c) 몇 시인지 알아?
(d) 멕시코에서 좋은 시간 보냈어.

| 해설 |

3주간 여행을 떠난다는 남자의 말에 대한 응답을 고르는 문제이다. 이에 즐거운 시간을 보내기 바란다는 (a)가 가장 적절한 응답이 된다. 자신이 멕시코에서 즐거운 시간을 보냈다는 (d)는 논리적인 대화라고 볼 수 없으므로 정답과 거리가 멀다.

4.

M: I haven't been able to reach Joy for a week.
W: _____________________________

(a) You should've called her.
(b) It has been a week since I last saw you.
(c) She might be out of town.
(d) She couldn't reach the office on time.

| 해석 |

M: 조이한테 일주일 동안 연락을 취할 수가 없었어.
W: _______________
(a) 그녀에게 전화를 했어야 했어.
(b) 너를 마지막으로 보고 일주일이 됐어.
(c) 그녀는 아마 출타 중일거야.
(d) 그녀는 사무실에 정시에 도착할 수 없었다.

| 해설 |

일주일 동안 조이에게 연락이 닿지 않았다는 남자의 말에 대한 응답을 고르는 문제이다. 여기서 reach는 '연락을 하다' 라는 의미로 쓰였다. 이에 출타 중(out of town)일 수도 있다고 말하는 (c)가 가장 적절한 응답이라 하겠다. (a)에서 should have p.p.는 '~했었어야 했다' 는 과

거 일에 대한 유감을 나타내는 말로 여기서는 논리상 적절치 않은 응답이 된다. (d)에서 reach는 '도착하다' 라는 의미로 쓰였고 그녀가 정시에 사무실에 도착할 수 없다는 내용은 남자의 말에 대한 응답으로 알맞지 않다.

5.

W: Can you direct us to the swimming pool?
M: _______________________

(a) You'll have to wait a while.
(b) Your direction was not clear enough.
(c) Sure, it's right down this hall.
(d) I don't like swimming at all.

| 해석 |

W: 수영장으로 가는 길 좀 알려주시겠어요?
M: _______________
(a) 잠깐만 기다리셔야 할 겁니다.
(b) 당신이 가르쳐 준 방향은 정확하지 않았어요.
(c) 물론이죠, 이 홀 바로 아래에 있어요.
(d) 나는 수영을 전혀 좋아하지 않습니다.

| 해설 |

여자는 남자에게 수영장 가는 방향을 묻고 있다. 이에 대한 대답으로는 길을 가르쳐 주는 (c)와 같은 답이 나오거나 Sorry, I'm new here.와 같이 '모른다' 는 대답들이 나올 수 있다. (b)와 (d)는 direction과 swimming이란 단어들을 사용함으로써 발음상 혼동을 초래하는 오답으로 주의해야 한다.

6.

M: Wow! How did you learn to type so fast?
W: _______________________

(a) Typing is not so easy.
(b) I've never been able to apply the skill to anything.
(c) It's been years since I last used a computer.
(d) Oh, that happened after years of hard work and practice.

| 해석 |

M: 와! 어떻게 그렇게 빨리 타이핑하는 것을 배웠니?
W: _______________.
(a) 타이핑은 그리 쉬운 게 아니야.
(b) 그 기술은 어디에도 적용할 수가 없었어.
(c) 컴퓨터를 마지막으로 사용한지 오래됐어.
(d) 오랜 연습과 노력으로 이뤄낸 거야.

| 해설 |

남자는 여자의 타이핑하는 속도에 놀라며 어떻게 그렇게 빨리 할 수 있는지 묻고 있다. 이에 대해 오랜 연습과 노력의 결과라고 답한 (d)가 가장 적절한 응답이라 할 수 있겠다. (b)에서 〈apply+목적어+to+명사〉는 '~을 …에 적용/응용하다' 라는 의미가 있다. (c)는 computer라는 단어를 사용하여 typing과의 연관성을 이용한 오답이니 주의하도록 한다.

7.

W: I like your new car. Was it expensive?

M: _______________________________

(a) There were four different styles to choose from.

(b) I didn't have enough money to buy it.

(c) They were way too expensive.

(d) It did cost a lot, but I think I can afford it.

| 해석 |

W: 네 새 차 맘에 든다. 비쌌니?

M: _______________________.

(a) 선택할 수 있는 서로 다른 4가지의 스타일이 있어.

(b) 그것을 살 충분한 돈이 없었어.

(c) 그것들은 너무 비쌌어.

(d) 비싸긴 했지만 지불할 여유는 있는 것 같아.

| 해설 |

여자는 남자의 새 차가 비쌌는지의 여부를 묻고 있다. 이는 Yes or No question으로 Yes나 No로 대답할 수 있다. 여기서는 비싸기는 했지만 그것을 지불할 여유가 있다는 (d)가 가장 적절한 대답이 된다. (c)가 답이 되지 않는 이유는 주어가 they로 '차' 를 지칭해야 하는 대명사로는 수가 일치하지 않아 적절치 않다. 여기서 way는 부사로 too를 수식하여 '훨씬' 이라는 의미로 쓰였다.

8.

W: Have you ever seen so many ducks in this pond before?

M: _______________________________

(a) I think I saw one over by the beach.

(b) Yes, these ducks come here every spring.

(c) The ducks look like they're having fun.

(d) There are no ducks where I come from.

| 해석 |

W: 이 연못에서 이렇게 많은 오리를 본 적 있니?

M: _______________________.

(a) 해변가에서 하나 본 적 있는 것 같아.

(b) 응, 이 오리들은 매년 봄마다 이리로 와.

(c) 오리들이 재미있게 노는 것 같다.

(d) 내 고향엔 오리가 없어.

| 해설 |

조동사의 의문문으로 Yes나 No로 대답할 수 있는 유형의 의문문이다. 이 연못에서 이렇게 많은 오리들을 본 적이 있냐는 질문에 대해 '매년마다 온다' 고 말하는 (b)가 정답이 된다. (a)가 정답이 아닌 이유는 연못에서 오리들을 본 적이 있냐는 질문에 '해변가' 에서 하나 본 적이 있다고 말했기 때문이다. 또한 (c)와 같은 응답도 주의해야 한다. 여자는 남자가 이렇게 많은 오리들을 이 연못에서 본 적이 있는지에 대해서 묻고 있으므로 이에 대한 대답을 한 후 추가 답변으로 (c)와 같은 응답이 나올 수 있다. 그러므로 여기서는 질문에 대한 대답을 하지 않았기 때문에 정답과 거리가 멀다.

9.

M: Kelly, will you ask the people in the lobby to wait outside?

W: _______________________________

(a) Yes, but I don't think they're going to like it.

(b) Yes, but there are too many people in the building.

(c) Sure, I'll send them right in.

(d) Sure, I'll run out and get them right away.

| 해석 |

M: 켈리, 로비에 있는 사람들에게 밖에서 기다리라고 해줄래요?

W: _______________________.

(a) 네, 그런데 그들이 싫어할 거예요.

(b) 네, 그런데 건물에 사람이 너무 많아요.

(c) 물론이죠, 그들을 바로 들여보내겠습니다.

(d) 물론이죠, 뛰어 가서 바로 데리고 오겠습니다.

| 해설 |

남자는 여자에게 로비에 있는 사람들을 밖에서 기다리도록 부탁을 하고 있는 상황이다. 부탁의 질문에는 거절을 할 수도 있지만 여기서는 수락을 하고 있는 (a)가 가장 적절한 답변이다. (b)에서는 응답 이후의 추가 답변 내용이 남자의 질문에 대한 대답으로 논리적으로 맞지 않다. (c)와 (d)는 추가 답변의 내용이 남자의 부탁 내용과 반대되는 상황이므로 맞지 않다.

10.

W: Sally's new puppy is so adorable.

M: _______________________________

(a) You're right. There are too many dogs.

(b) When will she be back?

(c) I think it's very cute as well.

(d) Right, the puppy is too sick.

| 해석 |

W: 샐리의 새 강아지가 너무 예쁘다.

M: _______________________.

(a) 맞아. 너무 많은 개들이 있어.

(b) 그녀가 언제 돌아와?

(c) 너무 귀여운 것 같아.

(d) 맞아, 그 강아지는 너무 아파.

| 해설 |

여자는 샐리의 강아지에 대해 예쁘다는 의견을 말하고 있고, 이에 그런 것 같다고 하는 (c)가 가장 적절한 대답이 된다. (a)와 (d)는 응답은 적절하였으나 응답 이후의 내용이 여자의 말에 대한 반응으로 적절치 않기 때문에 정답이 될 수 없다.

11.

W: Are you coming to the party after work tomorrow?

M: _______________________________

(a) Absolutely, the party was great.

(b) I'm planning on it, but I might be late.

(c) Sure, he will come to the party.

(d) I will be back in a couple of days.

| 해석 |

W: 내일 끝나고 파티에 올 거니?
M: _______________
(a) 물론이지, 파티는 멋졌어.
(b) 그럴 계획인데, 늦을 것 같아.
(c) 물론이지, 그는 파티에 올 거야.
(d) 이틀 후에 돌아올 거야.

| 해설 |

내일 파티에 올 것인지 묻는 여자의 질문에 대한 대답을 고르는 문제이다. 이에 가긴 하지만 늦을 것 같다는 (b)가 가장 적절한 대답이 된다. 미래의 일에 대한 질문에 (a)는 과거시제로 대답했으므로 정답과 거리가 멀다. (c)는 주어가 질문에 대한 응답과 일치하지 않기 때문에 정답이 될 수 없다. 또한 (d)는 여자의 질문에 대한 대답으로 보기엔 논리적으로 거리가 있다.

12.

M: Can you have this package delivered by Monday?

W: _______________
(a) I hope the mailman hurries.
(b) We are getting a new shipment on Monday.
(c) I'll have it to you by Monday.
(d) Monday is in a week so that shouldn't be a problem.

| 해석 |

M: 이 소포를 월요일까지 배달시켜 줄 수 있어요?
W: _______________
(a) 우편배달부가 서둘러 주길 바래요.
(b) 우리는 새 선적을 월요일에 받을 거예요.
(c) 월요일까지 당신에게 배달하게끔 할게요.
(d) 월요일은 일주일 후니까 문제없어.

| 해설 |

남자는 여자에게 월요일까지 소포를 배달시켜 줄 것을 부탁하고 있다. 이에 대해 월요일까지는 충분한 시간이 있어서 문제 될 것이 없다는 (d)가 정답이 된다. 배달이 되는 것은 우편배달부의 능력 권한 밖의 일이므로 (a)와 같은 답변은 논리적으로 맞지 않다. 또한 (c)는 남자에게 월요일까지 배달되게끔 해 주겠다는 것인데 남자가 배달을 받는 사람이라면 처음부터 이러한 부탁을 할 이유가 없으므로 이것도 내용상 논리적으로 맞지 않다.

13.

W: I've never seen the band perform as well as they did tonight.

M: _______________
(a) When is the band going to start?
(b) I didn't see anything either.
(c) Yeah, they were much better than last time.
(d) I'm feeling pretty bored myself.

| 해석 |

W: 그 밴드가 오늘밤 공연을 한 것만큼 잘하는 것을 본 적이 없어.
M: _______________
(a) 밴드는 언제 시작할 거야?

(b) 나도 역시 아무것도 보지 못 했어.
(c) 맞아. 지난 번 보다 훨씬 좋아진 것 같아.
(d) 나도 꽤 지루해.

| 해설 |

밴드가 오늘밤 만큼 잘하는 것을 본 적이 없다는 여자의 말에 대한 남자의 반응을 고르는 문제이다. 이 문장에서 as well as는 〈as ~ as …〉의 구조로 '… 만큼 ~한' 이라는 의미이며, well은 동사 did를 수식하는 부사로 쓰였다. 나머지 선택지들은 내용상 논리적으로 맞지 않으므로 '지난번 보다 훨씬 좋았다' 는 (c)가 정답이 된다.

14.

M: Can you come to the office a bit early tomorrow?

W: _______________
(a) I can't, I have an appointment in the morning.
(b) I don't see why we can't.
(c) No one ever mentioned it to me before.
(d) There must be a better time to finish it.

| 해석 |

M: 내일 사무실에 좀 일찍 와 줄 수 있니?
W: _______________
(a) 내일 아침에 약속이 있어서 그럴 수 없어.
(b) 그럴게.
(c) 아무도 나에게 그것을 말해 준 적이 없어.
(d) 그것을 끝내기 위해 더 좋은 시간이 있어.

| 해설 |

내일 사무실에 일찍 나와줄 수 있겠냐는 남자의 질문에 약속이 있어서 그럴 수 없다는 (a)가 가장 적절한 대답이 된다. Yes or No question이긴 하지만 Yes나 No의 대답은 생략될 수도 있음을 알아두자. (b)의 답변이 한국말 해석으로 볼 땐 맞는 것처럼 보이지만 이것이 정답이 될 수 없는 이유는 주어가 we이기 때문이다. (b)는 '우리가 왜 그럴 수 없는지 이유를 알지 못한다' 즉, '알겠다' 라는 의미이지만 주어가 I 아닌 we이기 때문에 여자의 답변으로 알맞지 않다. 만약 I don't see why not.이라고 대답했다면 부탁을 수락하는 응답으로 적절할 수도 있다.

15.

W: Has anyone changed the light bulb in the hall?

M: _______________
(a) The light has been off all day.
(b) I think Fred did it last night.
(c) It's a good thing you did that.
(d) No one has been there in a long time.

| 해석 |

W: 누가 홀에 있는 전구를 갈았니?
M: _______________
(a) 그 등은 하루 종일 꺼져 있었어.
(b) 프레드가 어젯밤에 한 것 같은데.
(c) 네가 그것을 한 것은 참 잘한 일이야.
(d) 아무도 거기에 오랫동안 간 적이 없어.

| 해설 |

여자는 누가 홀에 있는 전구를 갈았는지에 대해 남자에게 묻고 있다. 이에 대해 '프레드가 한 것 같다' 는 (b)의 응답이 여기서는 가장 적절하다.

여자가 남자에게 누가 전구를 갈아 끼웠는지를 묻고 있으므로 여자가 갈아 끼웠다는 전제 아래 할 수 있는 (c)와 같은 답변은 논리적으로 맞지 않다.

16.

M: How was your summer?
W: It's been really busy.
M: Really? What have you been up to?
W: ____________________
(a) I have seen a lot of them.
(b) I've been involved with a volunteer group.
(c) There hasn't been enough time for that.
(d) I've been keeping well.

M: 여름 어떻게 보냈니?
W: 정말 바빴어.
M: 정말? 뭘 했는데?
W: ____________________
(a) 그것들을 많이 봤어.
(b) 자원 봉사 활동을 했어.
(c) 그것을 위해 시간이 충분이 없었어.
(d) 잘 지냈어.

| 해설 |
여름 동안 바빴다는 여자에게 남자는 무슨 일로 바빴는지 묻고 있다. 이에 대해 자원 봉사 활동을 했다는 (b)가 가장 적절한 대답이 된다. 무엇 때문에 바빴냐는 질문에 그것들을 많이 봤다는 (a)의 대답은 논리적으로 맞지 않다. 또한 잘 지냈다는 (d)와 같은 대답은 How have you been?과 같은 질문에 대한 대답으로 적절하므로 정답과 거리가 멀다.

17.

W: Have you heard if Amanda had her baby yet?
M: Yes, she had it last Wednesday.
W: That's good news. She's had a rough pregnancy.
M: ____________________
(a) Yes, her daughter is turning five soon.
(b) No, it was too difficult.
(c) Yes, and now she has a beautiful daughter.
(d) No, the doctor wouldn't see her.

| 해석 |
W: 아만다가 아기 낳았다는 소식 아직 못 들었니?
M: 응, 지난주 수요일에 낳았대.
W: 잘됐다. 그녀는 힘든 임신 기간을 가졌잖아.
M: ____________________
(a) 응, 그녀의 딸이 곧 5살이 될 거야.
(b) 아니, 그건 너무 힘들었어.
(c) 맞아. 지금은 아름다운 딸이 생겼지.
(d) 아니, 의사는 그녀를 보지 않을 거야.

| 해설 |
아만다의 출산 소식을 묻는 여자에게 남자는 지난주 수요일에 아만다가 출산을 했다고 말한다. 이에 그녀가 힘든 임신기간을 가졌기 때문에 잘된 일이라고 하는 여자의 말에 대한 남자의 반응을 고르는 문제이다. 여

자의 말에 대해 No라고 부정한 후 동의하는 내용을 말하는 것은 논리적으로 맞지 않기 때문에 (b)는 정답과 거리가 멀다. 그러므로 여자의 말에 동의한 후 예쁜 딸이 생겼다고 말하는 (c)가 정답이 된다.

18.

M: Are you going out to dinner with the rest of us tomorrow?
W: Yes, I am, only I don't know how to get to the restaurant.
M: Oh, that's okay. You can just follow me.
W: ____________________
(a) I don't think I can make it tomorrow.
(b) Yes, the restaurant is near my office.
(c) Thanks, I'll meet you here tomorrow then.
(d) Thanks for the ride.

| 해석 |
M: 내일 우리 모두랑 저녁 먹으러 갈 거니?
W: 응. 근데 레스토랑에 어떻게 가야 하는지 모르겠어.
M: 괜찮아. 나만 따라오면 돼.
W: ____________________
(a) 내일 갈 수 있을 거 같지 않어.
(b) 응, 레스토랑이 내 사무실 근처에 있어.
(c) 고마워. 그럼 내일 여기서 보자.
(d) 태워줘서 고마워.

| 해설 |
여자가 남자의 일행과 만날 레스토랑을 모른다고 하자 남자는 자신을 따라오라고 한다. 이에 대한 여자의 반응을 묻는 문제로 (c)가 가장 적절하다. 내일 못 갈 것 같다는 (a)의 대답은 대화의 흐름상 맞지 않다. (d)는 '태워줘서 고맙다' 는 뜻으로 Thanks for the lift.라고 말하기도 한다. 여기서는 차를 태워준 상황이 아니므로 적절치 않다.

19.

W: What will you and your wife do on your anniversary?
M: I'm taking her on a cruise to Hawaii.
W: That should be fun. When are you leaving?
M: ____________________
(a) It was a lot of fun.
(b) There isn't enough time for that in July.
(c) My wife couldn't get off work, we will go next time.
(d) The first weekend of July.

| 해석 |
W: 너희 부부는 결혼기념일에 무엇을 할거니?
M: 하와이로 크루즈 여행을 할 거야.
W: 재미있겠다. 언제 떠날 거니?
M: ____________________
(a) 재미있었겠다.
(b) 7월에는 그럴 시간이 충분치 않아.

(c) 아내가 직장에서 휴가를 낼 수가 없어서 다음 번에 갈 거야.

(d) 7월 첫 번째 주말에.

| 해설 |

아내와 함께 하와이로 언제 떠날 것인지를 묻고 있는 질문에 대한 답변을
고르는 문제이다. 대화 흐름의 논리상 날짜에 대한 대답이 나와야 한다.
그러므로 여기서는 (d)가 가장 적절한 대답이 된다. (b)에서는 July가
언급되긴 했지만 내용과 일치하지 않아 정답과 거리가 멀다. 이렇듯 의문
사 의문문은 의문문만 제대로 들으면 정답을 쉽게 고를 수 있기 때문에
의문사를 놓치지 않도록 주의한다.

20.

M: Have you ever driven a boat before?

W: No, I never have, but it looks easy.

M: It is, but you need to be careful. It's not like
    driving a car.

W: _______________________________

(a) I'll take it slow until I get the hang of it.

(b) Don't worry, there's nothing to it.

(c) I don't like to drive cars after the accident.

(d) I like to go fast.

| 해석 |

M: 배를 운전해 본 적 있니?

W: 아니 없어. 근데 쉬워 보이는데.

M: 그렇긴 해. 그렇지만 조심해야 돼. 이건 차를 운전하는 것과 달라.

W: _______________

(a) 사용법이 익숙해질 때까지 천천히 할게.

(b) 걱정하지마, 그건 정말 쉬워.

(c) 사고 후에는 차 운전하는 것을 싫어해.

(d) 빨리 가고 싶어.

| 해설 |

마지막 남자의 말은 배를 운전하는 것은 차를 운전하는 것과 다르니 조심
하라는 충고이다. 이에 알맞은 응답을 고르는 문제인데 사용법을 파악할
때까지 천천히 다루겠다는 (a)가 가장 적절한 응답이라고 하겠다. 여기
서 the hang은 '다루는 법, 요령, 취지' 등의 의미가 있다. 조심하라는
남자의 충고에 '쉬우니까 걱정 말라' 고 말하는 (b)의 반응은 배 운전을
해본 적이 없는 사람의 응답으로는 경솔하므로 정답과 거리가 멀다고 볼
수 있다. 여기서 there's nothing to it은 It's easy to do.와 같은 의미로
'정말로 쉽다' 라는 뜻이다.

21.

W: Do you think we could just walk to the art
    museum?

M: Well, we could, but it's kind of far away.

W: I know, but it's such a beautiful day out and
    we have plenty of time.

M: _______________________________

(a) We were supposed to be there thirty minutes
    ago.

**(b) You're right. We should walk on a day like
    this.**

(c) I have enough of them for today.

(d) No, there are two buses that go to the
    museum.

| 해석 |

W: 미술관까지 걸어갈 수 있을 것 같니?

M: 그럴 수는 있는데 약간 멀어.

W: 알아, 그런데 날씨가 너무 좋고 시간도 많이 있잖아.

M: _______________________.

(a) 우린 30분 전에 거기 도착하기로 되어 있었어.

(b) 맞아. 이런 날에는 걸어야 돼.

(c) 오늘을 위해 충분히 그걸 가지고 있어.

(d) 아니야, 그 박물관에 가는 버스가 두 대 있어.

| 해설 |

여자는 날씨도 좋고 시간도 여유로우니 걸어서 미술관에 갈 것을 남자에
게 제안하고 있다. 이에 대해 동의를 하며 걸어가자는 (b)가 가장 적절한
응답이라고 볼 수 있다. 걸어서 미술관에 가자는 여자의 제안에 30분 전
에 도착하기로 돼 있었다는 (a)의 대답은 논리성이 부족하다. 왜냐하면
이러한 대답은 처음 여자가 미술관에 걸어갈 수 있냐는 질문에서 나왔어
야 하기 때문이다.

22.

M: I would like to make an appointment for next
    week.

W: I'm sorry, sir. We are booked up until the end
    of the month.

M: Oh, really? Can you give me the soonest
    available date?

W: _______________________________

(a) No, there's nothing I can do about it.

(b) There is only one available next week.

(c) You'll have to come in early next week.

**(d) Sure, just tell me what sort of time slot you
    would like.**

| 해석 |

M: 다음 주에 예약을 하고 싶은데요.

W: 죄송합니다. 이달 말까지 예약이 다 찼어요.

M: 아, 정말이요? 그럼 가능한 가장 빠른 날짜는 언제인지 말씀해 주시
    겠어요?

W: _______________

(a) 아뇨, 제가 할 수 있는 일이 없습니다.

(b) 다음 주에 가능한 방이 하나 있습니다.

(c) 다음 주에 일찍 오셔야 합니다.

(d) 그럼요, 어떤 시간대를 원하시는지 말씀해 주세요.

| 해설 |

남자는 다음 주로 예약을 하고 싶어하지만 여자는 이달 말까지 예약이 다
찼다는 말을 한다. 이에 대해 이용 가능한 가장 빠른 날짜를 알려달라고
하는 남자의 질문에 대한 응답을 고르는 문제이다. 원하는 시간대를 알려
달라는 (d)가 가장 적절하다. 시간대에 따라 이용 가능한 날짜를 말해줄
수 있기 때문이다. 아무것도 할 수 없다는 여자의 답변은 논리적으로 맞
지 않아 (a)는 정답이 될 수 없고, 다음 주에 이용 가능한 방이 하나 있다
는 (b)도 논리적으로 맞지 않다. 왜냐하면 대화에서 이미 이달 말까지 예

약이 다 찼다고 말했기 때문이다.

23.

W: I had to stay home from work today.

M: Again? You must really be sick.

W: I am, and it just keeps getting worse.

M: _______________________________

(a) At least you're showing signs of improvement.

(b) Then maybe I'll treat you to lunch.

(c) Do you know when it will end?

(d) I suggest you go to the doctor.

| 해석 |

W: 오늘은 집에 있어야 했어.

M: 또? 너 정말 아픈가 보다.

W: 맞아. 점점 악화되고 있어.

M: _______________________________

(a) 적어도 나아진다는 증세는 있잖아.

(b) 그렇다면 내가 점심 사 줄게.

(c) 언제 끝날 것 같니?

(d) 병원에 가봐.

| 해설 |

아파서 집에 있어야 했고 점점 악화가 되고 있다는 남자의 말에 대한 여자의 반응을 고르는 문제이다. 남자의 증세가 심각해 보이는데 이에 점심을 사겠다는 여자의 말은 논리성이 부족하므로 정답과 거리가 멀다. 또한 '증상'이 끝난다는 표현은 논리적으로 맞지 않기 때문에 (c)도 적절치 않다. 그러므로 의사를 찾아가 보라는 조언을 하는 (d)가 정답이 된다.

24.

M: Did you have a good time in Miami last month?

W: It was a lot of fun, except one thing ruined the beginning of the trip.

M: What was that?

W: _______________________________

(a) Well, the airline lost all of our luggage.

(b) The trip got cancelled at the last minute.

(c) I forgot all about that.

(d) I've never even been to Miami before last month.

| 해석 |

M: 지난 달에 마이애미에서 좋은 시간을 보냈니?

W: 재미있었어. 다만 한 가지가 여행의 시작을 망쳤지.

M: 그게 뭐였는데?

W: _______________________________

(a) 비행기가 우리의 모든 짐을 잃어버렸어.

(b) 여행이 마지막에 취소됐어.

(c) 그것을 다 잊었어.

(d) 지난 달 전까지는 마이애미에 가본 적이 없었어.

| 해설 |

여자는 마이애미로 여행을 갔었는데 한 가지가 여행의 시작을 망쳤다고 말한다. 이에 대해 무슨 일이었냐는 남자의 질문에 대한 대답을 고르는

문제이다. (b)와 같이 여행이 마지막 순간에 취소되었다는 것은 논리적으로 맞지 않다. 여행이 취소가 되었다면 남자의 첫 번째 질문에 못 갔었다는 대답을 먼저 했을 것이기 때문이다. 그러므로 항공기가 수하물을 잃어버렸었다는 (a)가 가장 적절한 대답이 된다.

25.

W: I don't know if I can make it to the book club meeting tomorrow.

M: Why not? Did something come up tomorrow night?

W: No, but I haven't even had a chance to get the book yet.

M: _______________________________

(a) You shouldn't have thought of that earlier.

(b) That's okay. I've done it already for you.

(c) Maybe you shouldn't. I wouldn't come either.

(d) We can just do it again sometime.

| 해석 |

W: 내일 독서 클럽에 갈 수 있을지 모르겠어.

M: 왜? 내일 밤에 무슨 일이라도 생겼어?

W: 아니, 근데 그 책을 아직 사지도 못했어.

M: _______________________________

(a) 그것에 대해 미리 생각지 말았어야 했어

(b) 괜찮아. 널 위해 이미 했어.

(c) 안 가는 게 좋을 거야. 나도 역시 못 갈 거야.

(d) 다음 번에 우리는 또 할 수 있어.

| 해설 |

여자는 내일 독서클럽에 오느냐는 남자의 질문에 책도 아직 구입하지 못해서 못 갈 것 같다고 말한다. 이에 대한 남자의 응답을 고르는 문제로 자신도 못 갈 수 있다는 (c)가 가장 적절한 응답이 된다. (b)의 응답 (That's okay.)은 적절하나, 추가 답변 내용이 내용과 거리가 있다. 책을 구입하지 못한 여자에게 자신이 이미 했다는 것은 논리적으로 맞지 않다. 또한 독서클럽에 이 둘만 있는 것이라고 보기에는 내용상 무리가 있으므로 다음 기회에 할 수 있다는 (d)도 논리성이 부족하다.

26.

M: Jane, have you been to Mexico before?

W: No, I have never been there.

M: You should come with us next month.

W: _______________________________

(a) Sorry, but I can't make it tonight.

(b) I've gone too many times already.

(c) I'm sorry that happened to you.

(d) That sounds great, I'd love to.

| 해석 |

M: 제인, 너 멕시코에 가 본적 있어?

W: 아니, 한 번도 간 적이 없는데.

M: 다음 달에 우리랑 같이 가자.

W: _______________________________

(a) 미안하지만 오늘밤엔 갈 수 없을 것 같아.

(b) 나는 이미 너무 여러 번 가봤어.

(c) 그런 일이 네게 생기다니 유감이다.
(d) 좋은 생각이다. 그러고 싶어.

멕시코에 한번도 가본 적이 없다는 여자에게 남자는 다음 번에 같이 가자고 초대하고 있다. 이에 대한 여자의 반응을 고르는 문제로 그렇게 하고 싶다는 (d)가 가장 적절한 응답이 된다. (a)처럼 거절할 수도 있지만 여기서는 날짜(tonight)가 내용과 일치하지 않아서 답이 될 수 없다. 다음 달에 같이 가자고 했는데 '오늘밤' 에 대한 응답을 했기 때문이다.

27.

W: David, I haven't seen you in months. Where have you been?
M: My wife and I just moved to a new house.
W: That explains it. Where are you living now?
M: ____________________________.
(a) New York, that's where I come from.
(b) There are many nice houses in the area.
(c) It's on the other side of town.
(d) The house isn't finished being built yet.

| 해석 |

W: 데이비드, 몇 달 동안 보지 못했구나. 어디에 있었니?
M: 아내와 나는 새 집으로 이사를 했어.
W: 그랬었구나. 지금은 어디에 사니?
M: ____________
(a) 뉴욕이 내 고향이야.
(b) 그 지역에는 좋은 집들이 많아.
(c) 마을 반대편 쪽에.
(d) 그 집은 아직 완공되지 않았어.

| 해설 |

오랜만에 본 남자는 최근에 이사를 했다고 말하고, 현재 어디에 살고 있느냐는 여자의 질문에 대한 남자의 대답을 고르는 문제이다. 의문사 의문문으로 의문사 where를 제대로 들었다면 어렵지 않게 답을 고를 수 있는 문제이다. 여기서는 마을 반대편이라고 말하는 (c)가 가장 적절한 대답이 된다. (a)에서 장소에 대한 대답이 나와 혼동이 될 수는 있으나 New York은 남자의 고향으로 대답한 것이므로 정답과 거리가 멀다.

28.

M: Have you returned the movies you rented last week?
W: Not yet. They're not due till Thursday.
M: I know, but I don't want you to forget about them.
W: ____________________________
(a) I will take them back tomorrow morning before work.
(b) They are already past due.
(c) Don't worry. They have never been late before.
(d) I didn't like the movie very much. It was too scary.

| 해석 |

M: 지난주에 빌린 영화 반납했니?
W: 아니 아직. 목요일까지잖아.
M: 알아, 그냥 네가 그것을 잊지 않길 바랬을 뿐이야.
W: ____________
(a) 내일 아침 출근 전에 가져다 줄 거야.
(b) 그것들은 이미 기한이 지났어.
(c) 걱정하지마. 그들은 늦어본 적이 없어.
(d) 나는 그 영화 너무 싫었어. 너무 무섭더라.

| 해설 |

남자는 여자가 빌려온 영화에 대해서 잊지 않게 하기 위해 상기시키고 있다. 이에 대한 여자의 반응을 고르는 문제로 '내일 아침에 반납할 것' 이라는 (a)가 가장 적절한 대답이 된다. (c)에서 Don't worry.까지는 적절한 응답이었으나 추가 답변(They have never been late before.)이 내용과 일치하지 않아 정답이 될 수 없다. 또한 이미 기한이 지났다는 (b)는 여자의 말(They're not due till Thursday.)과 일치하지 않으므로 정답이 될 수 없다.

29.

W: Have you ever seen such pretty pictures in your life?
M: No, I haven't. Where were these taken?
W: I'm not sure. I found them in a box in my grand-mother's attic.
M: ____________________________
(a) I have never liked photos of this sort.
(b) I was going to, but I didn't have a camera at the time.
(c) No, I've never been in the attic.
(d) That's a lucky find! Let's frame some of them.

| 해석 |

W: 이렇게 예쁜 사진들을 본 적 있니?
M: 아니. 이거 어디서 찍었니?
W: 모르겠어. 할머니의 다락방에 있는 상자에서 찾았어.
M: ____________
(a) 난 이런 종류의 사진들을 좋아해본 적이 없어.
(b) 그러려고 했었어. 근데 그때 사진기가 없었어.
(c) 아니, 나는 다락방에 가본 적이 없어.
(d) 잘 찾았다. 몇 장은 액자에 끼우자.

| 해설 |

할머니의 다락방에서 사진을 찾아냈다는 여자의 말에 대한 남자의 반응을 고르는 문제이다. 이에 대해 사진 몇 장을 액자에 끼우자고 제안하는 (d)가 가장 적절하다. frame은 '(그림 등을) 틀에 끼우다, 액자를 끼우다' 라는 의미가 있다. 또한 이런 종류의 사진을 싫어한다는 (a)의 반응은 그렇게 예쁜 사진들은 본 적이 없다는 남자의 첫 번째 반응(No, I haven't.)과 일치하지 않으므로 정답과 거리가 멀다.

30.

M: The city seems empty today. I wonder why?
W: Oh, it's like this every weekend in August.
M: I know it's the end of summer, but where does

everyone go?

W: ___________________________

(a) Most families around here go camping on the weekends.
(b) This is such a big city, but the camp ground is hard to miss.
(c) Maybe we should have gone for a walk in the park.
(d) I think we should go camping this weekend.

| 해석 |

M: 도시가 텅 빈 것 같아. 무슨 일이지?
W: 8월달은 주말마다 이래.
M: 나도 여름의 마지막인 거 알아. 근데 다들 어디로 가지?
W: ___________________________
(a) 여기 대부분의 가족들은 주말마다 캠핑을 가.
(b) 이 도시는 꽤 큰 도시지만 캠핑 장소는 찾기 쉬워.
(c) 공원으로 산책을 갔었어야 했어.
(d) 이번 주말에 캠핑을 가는 게 좋을 것 같아.

| 해설 |

도시에 사람들이 없어 너무 조용한 것이 궁금한 남자는 사람들이 다 어디로 갔는지 여자에게 묻고 있다. 이에 대한 여자의 응답을 고르는 문제로 이 도시 사람들은 대부분 주말마다 캠핑을 간다고 말한 (a)가 가장 적절한 답이 된다. (c)에서 should have p.p.는 과거의 일에 대한 유감을 나타내는 표현으로 '~했었어야 했다' 는 의미이다. 그러나 남자의 질문은 과거의 일에 대한 것이 아니므로 정답과 거리가 멀다.

31.

M: Hello, Ma'am. I'm here to set up your new internet connection.
W: Oh, great! I was hoping you'd be here before noon.
M: Where would you like me to put it?
W: In the living room, please.
M: Do you need to be leaving anytime soon?
W: No, you can take your time.

Q. What is the man mainly doing in the conversation?
(a) Fixing the internet connection
(b) Redecorating the living room
(c) Installing an internet connection
(d) Choosing a good cable

| 해석 |

M: 안녕하세요, 인터넷을 연결하려고 왔는데요.
W: 잘 됐군요. 정오 전에 오셨으면 했거든요.
M: 어디다가 설치를 해드릴까요?
W: 거실에다 해 주세요.
M: 곧 나가 보셔야 하나요?
W: 아니요, 천천히 하세요.

대화에서 남자가 주로 하고 있는 것은 무엇인가?

(a) 인터넷 연결을 고치는 것
(b) 거실을 다시 단장하는 것
(c) 인터넷을 연결하는 것
(d) 좋은 케이블을 고르는 것

| 해설 |

대화의 첫 번째 문장을 보면 남자의 방문 목적을 말하고 있다. 그는 여자의 집에 새로운 인터넷을 설치하러 왔으므로 (c)가 정답이 된다(I'm here to set up your new internet connection). 남자는 인터넷을 설치하러 온 것이기 때문에 인터넷 연결을 고친다는 (a)와 착각하지 않도록 주의한다.

32.

M: Have you ever flown in an airplane before?
W: No, I haven't. I'm really nervous.
M: There's no reason to be nervous. I find airplanes quite relaxing.
W: I guess I'll just have to trust you.
M: Don't worry. I'll be right next to you in case you get scared.

Q. What are the man and woman mainly talking about?
(a) Why the man doesn't feel nervous about traveling on a plane
(b) The woman being nervous about her first plane ride
(c) Where they should go for vacation
(d) The woman being nervous to fly alone

| 해석 |

M: 비행기로 여행해 본 적 있니?
W: 아니. 그래서 매우 긴장돼.
M: 긴장할 필요 없어. 비행기가 얼마나 편안한데.
W: 너를 믿어야 할 것 같다.
M: 걱정하지마. 네가 무서워할 경우를 대비해서 바로 옆에 있을게.

남자와 여자는 주로 무엇에 대해서 이야기를 하는가?
(a) 왜 남자가 비행기 여행을 하면서 긴장하지 않는지
(b) 첫 번째 비행기 여행에 긴장하는 여자
(c) 그들이 방학을 맞아 어디로 갈지
(d) 혼자 비행기를 타는 것에 긴장하는 여자

| 해설 |

비행기를 타본 적이 없는 여자가 첫 번째 비행기 여행에 긴장된다는 말을 한다(W: No, I haven't. I'm really nervous). 남자와 여자가 이에 대해 이야기 하고 있으므로 (b)가 가장 적절한 정답이 된다. 남자가 비행기 여행에서 긴장하지 않는 것은 사실이지만(I find airplanes quite relaxing.) 이것의 이유에 대해서는 언급한 바가 없으므로 (a)는 정답이 아니다. 또한 여자는 전에 비행기를 타본 적이 없어서 긴장하는 것이지 혼자 비행기를 타서가 아니므로 (d)도 정답이 될 수 없다.

33.

W: Have you heard Paul's new band yet?

M: Yes, I have. They sound great.
W: Cool. I can't wait to hear them.
M: Paul gave me a copy of their latest recording.
W: You have to let me borrow it.
M: Sure. Why don't you come pick it up tonight?

Q. What are the man and woman mainly talking about?
(a) Their friend's concert they are planning to attend
(b) A television show about music
(c) The type of music that both of them like
(d) Their friend's new band

| 해석 |
W: 폴의 새 밴드 연주 들어 봤니?
M: 응. 정말 잘 하더라.
W: 잘됐다. 빨리 듣고 싶네.
M: 폴이 그가 최근에 한 녹음 한 부를 줬어.
W: 나 좀 빌려줘.
M: 물론이지. 오늘밤에 와서 가져가.

남자와 여자는 무엇에 대해서 주로 이야기 하고 있는가?
(a) 그들이 참석하려고 하는 친구의 콘서트
(b) 음악에 관한 텔레비전 쇼
(c) 그들이 둘 다 좋아하는 음악의 종류
(d) 그들 친구의 새 밴드

| 해설 |
여자는 남자에게 그들의 친구 폴의 새 밴드 연주에 대해서 묻고 남자는
이에 대한 대답을 하고 있다. 그러므로 그들은 친구 폴의 새 밴드에 대해
서 이야기하고 있으므로 (d)가 정답이 된다. 폴의 새 밴드의 콘서트에서
는 언급된 바 없으므로 (a)는 답이 될 수 없다. 또한 그들의 음악 취향에
대해서 이야기하는 것이 아니므로 (c)와 같은 오답도 주의 하도록 한다.

34.
W: Is everything alright with your meal, sir?
M: Not exactly. I ordered this pasta without the chicken.
W: Did they put the chicken in it?
M: Yes, there are a few pieces in here, and I'm a vegetarian.
W: I'm terribly sorry, sir. I'll have the chef prepare a new plate.
M: Thank you. Please be sure he leaves out all meat products.

Q. What is the main topic of the conversation?
(a) The man is changing his original order.
(b) The man requests his meal made without meat.
(c) The man is complaining about his pasta having vegetables.
(d) The man would like to put more vegetables in his meal.

| 해석 |
W: 식사가 괜찮으신가요?
M: 아니요. 전 치킨을 빼고 파스타를 시켰었습니다.
W: 그런데 치킨이 들어갔나요?
M: 네, 약간 있습니다. 전 채식주의자거든요.
W: 정말 죄송합니다. 새 음식으로 가져다 드릴게요
M: 고맙습니다. 모든 고기류를 빼도록 확인해 주세요.

이 대화의 주요 화제는 무엇인가?
(a) 남자는 원래 주문을 바꾸고 있다.
(b) 남자는 자신의 음식에 고기를 빼달라고 요청하고 있다.
(c) 남자는 야채가 들어간 음식에 대해서 불평하고 있다.
(d) 남자는 자신의 음식에 더 많은 채소를 넣길 원하고 있다.

| 해설 |
채식주의자인 남자는 치킨이 들어간 자신의 음식에 대해서 불평을 하고
있다. 그러므로 고기류를 빼달라고 요청을 하고 있는 (b)가 정답이 된다.
남자가 처음 주문 때부터 치킨을 빼달라고 부탁했으므로(I ordered this
pasta without the chicken.) 주문을 바꾸고 있다는 (a)는 정답이 될
수 없다.

35.
M: Hi, Karen. How do you like your new apartment?
W: It's great, but kind of empty. Do you know any stores around here where I can get some furniture?
M: There's a really nice shop near the mall call Modern Tastes.
W: How are their prices?
M: Most of the prices are reasonable, and the craftsmanship is outstanding.
W: Thanks for the tip. I'll check it out.

Q. What is the woman mainly doing in the conversation?
(a) Looking for a nice grocery store near her apartment
(b) Trying to get rid of some old furniture
(c) Wanting to purchase some affordable furniture
(d) Asking the man to help her move some furniture

| 해석 |
M: 안녕, 캐런. 새 아파트 어때?
W: 좋아, 근데 약간 비었어. 이 근처에 가구를 살 만한 가게 아는 데 있니?
M: Modern Tastes라는 가게가 쇼핑센터 근처에 있어.
W: 가격대는 어때?
M: 가격은 적당하고 솜씨는 뛰어나.

W: 알려줘서 고마워. 확인해 볼게.

이 대화에서 여자는 주로 무엇을 이야기 하고 있는가?
(a) 그녀의 아파트 근처에서 좋은 식료품 가게를 찾고 있다.
(b) 오래된 가구를 없애려고 한다.
(c) 알맞은 가격의 가구를 사기를 원한다.
(d) 남자에게 자신의 가구를 옮기는 것을 도와달라고 부탁하고 있다.

| 해설 |
새로 이사한 아파트가 어떤지 묻자 여자는 가구가 없어서 비어 있다며 가구를 파는 가게를 남자에게 묻고 있다(It's great, but kind of empty. Do you know any stores around here where I can get some furniture?). 이에 대해 남자는 Modern Tastes라 불리는 가구점을 알려주는 내용이 나오고 있다. 그러므로 여자가 '알맞은 가격의 가구를 사기를 원한다'는 (c)가 가장 적절한 정답이다. affordable은 reasonable과 비슷한 뜻으로 '(가격대가) 알맞은'이라는 의미로 쓰였다.

36.

W: I am going to take a vacation next month.
M: It will be a busy month here at the office, can't you put it off?
W: No, I can't. It's my mother's fiftieth birthday.
M: I'm going to need you here for the holiday weekend.
W: I know. I'm planning to leave right after that.
M: Okay, I think we'll be able to work that out.

Q. What is the conversation mainly about?
(a) The woman wants to leave work early.
(b) The woman needs time off from work next month.
(c) The woman's boss needs her to work late.
(d) There are not enough employees at the office.

| 해석 |
W: 다음 달에 휴가를 갈 계획입니다.
M: 다음 달에 사무실이 바쁠 텐데. 연기할 수 없나요?
W: 그럴 수 없어요. 어머님의 50번째 생신입니다.
M: 연휴 주말에 당신이 필요할 거예요.
W: 알아요. 그 이후에 떠날 겁니다.
M: 알았어요. 그렇게는 할 수 있을 것 같네요.

이 대화는 무엇에 관한 것인가?
(a) 여자는 일찍 퇴근하길 원한다.
(b) 여자는 다음 달에 휴가를 가야 한다.
(c) 여자의 사장은 여자가 늦게까지 일하길 원한다.
(d) 사무실에는 직원이 충분히 없다.

| 해설 |
여자는 대화 첫 부분에서 다음 달에 휴가를 내기를 원하고 있다(I am going to take a vacation next month). 이에 남자는 처음에 여자가 계획을 바꿔 줄 것을 부탁했지만 결국엔 그렇게 할 수 있을 것 같다는 답변을 주고 있다(Okay, I think we'll be able to work that out). 이를 통해 여자가 '다음 달에 휴가를 가야 한다'는 것이 이 대화의 주된 화제가 됨을 알 수 있으므로 (b)가 정답이 된다. 여자가 이 사무실에 필요하다는 사실만으로 그 사무실에 직원이 충분치 않다는 (d)를 추론할 수는

없으며 더욱이 추론을 묻는 문제가 아닌 사실을 묻는 문제이기 때문에 (d)는 답이 될 수 없다.

37.

M: Have you read any good books lately?
W: I just finished a book called *Cathing the Rain*, and I loved it.
M: Oh, I read that book last summer.
W: What did you think of it?
M: I wasn't impressed. I thought the characters were too dry.
W: I didn't think that at all. The author developed the characters nicely.

Q. What is mainly happening in the conversation?
(a) The man is recommending a book to the woman.
(b) They are shopping for books.
(c) They are discussing the book they read last summer.
(d) They are disagreeing over the quality of a book.

| 해석 |
M: 최근에 읽은 책 있니?
W: 'Catching the Rain'이라는 책을 막 끝냈는데 너무 좋았어.
M: 오, 나도 지난 여름에 그 책을 읽었어.
W: 그 책에 대해서 어떻게 생각해?
M: 감명받지는 않았어. 내 생각엔 등장인물들이 너무 무미건조했어.
W: 나는 전혀 그렇게 생각하지 않았는데. 작가가 인물들을 잘 그려냈어.

이 대화에서 주로 벌어지고 있는 일은 무엇인가?
(a) 남자가 여자에게 책을 추천하고 있다.
(b) 책 쇼핑을 하고 있다.
(c) 그들이 지난 여름에 읽은 책에 대해 논의하고 있다.
(d) 그들은 책의 질에 대해서 동의하고 있지 않다.

| 해설 |
남자와 여자는 *Catching the Rain*이라는 책에 대해서 이야기하고 있다. 남자는 그 책의 등장인물들이 너무 무미건조해서 감명을 받지 못했다고 말하는 반면(I wasn't impressed. I thought the characters were too dry.) 여자는 작가가 등장인물들을 잘 그려냈다고 한다(I didn't think that at all. The author developed the characters nicely). 이렇게 책에 대한 상반된 의견을 말하고 있으므로 책의 질에 대해서 동의하고 있지 않다는 (d)가 가장 적절한 대답이 된다. 또한 남자와 여자는 둘 다 이 책을 읽었지만 시기가 틀리므로 (c)는 정답이 될 수 없다.

38.

W: Hello, I'm having trouble finding the gate where my flight takes off.
M: What is your flight number and destination?
W: I'm flying to Philadelphia, and my flight number is…uh…AC-451.

M: Oh, yes. The gate for your flight has been moved.

W: I guess I must have missed the announcement.

M: That's easy to do. Your new gate is gate 40, at the end of this hall.

Q. Which is correct about the woman?

(a) She wants to purchase a plane ticket to Philadelphia.

(b) She can't find the gate where she will board her plane.

(c) She wants to change to a different seat on the plane.

(d) She needs directions to the airport.

| 해석 |

W: 안녕하세요. 제 비행기가 이륙하는 게이트를 찾지 못하겠어요.

M: 비행기 번호와 목적지가 어디세요?

W: 필라델피아로 가고요, 번호는 AC 451입니다

M: 그렇군요. 게이트 번호가 바뀌었어요.

W: 안내방송을 놓쳤군요.

M: 많이들 그러십니다. 새 게이트 번호는 40번이에요. 이 홀의 마지막에 있습니다.

여자에 대해 맞는 것은 무엇인가?

(a) 필라델피아로 가는 비행기 표를 사고 싶어한다.

(b) 자신이 탑승할 비행기 게이트를 찾을 수 없다.

(c) 비행기의 좌석을 바꾸고 싶어한다.

(d) 공항으로 가는 길을 알아야 한다.

| 해설 |

여자의 첫 번째 대화 부분을 보면 자신의 비행기 게이트를 찾지 못하고 있다고 말하고 있다(I'm having trouble finding the gate where my flight takes off). have trouble -ing는 '~하는데 어려움을 겪다' 라는 의미가 있다. 그러므로 여자는 자신의 비행기 게이트를 찾을 수 없다는 것이 여자에 대해 일치하는 부분이므로 (b)가 정답이 된다. 또한 이 대화는 공항 안 터미널에서 벌어지는 대화이기 대문에 필라델피아로 가는 비행기 표는 이미 구입했음을 알 수 있으므로 (a)는 정답이 될 수 없다.

39.

M: Alice, I know we can't afford it, but I found a great bargain on a boat.

W: We really can't afford a boat right now, Jeff.

M: We won't be able to find a deal this good on a new boat either.

W: Well, we'll have to take a closer look at our summer budget.

M: I think we'll be fine if we cancel our winter vacation to Florida.

W: We will have to do that, and we'll have to spend less during summer.

Q. What do the man and woman decide to do?

(a) Going on vacation to Florida

(b) Saving their money for a winter vacation

(c) Purchasing a boat

(d) Moving to Florida

| 해석 |

M: 앨리스, 우리가 배를 살 수 없는지는 알지만, 정말 싼 보트를 찾았어.

W: 제프, 우리 지금은 정말 그것을 살 형편이 안돼.

M: 그렇지만 새 배를 이렇게 좋은 가격으로 살 기회 역시 없을 거야.

W: 그렇다면 여름 예산을 한 번 보자.

M: 플로리다로 가는 겨울 휴가 계획을 취소하면 괜찮을 거야.

W: 그렇게 해야 되겠다. 그리고 여름에도 지출을 좀 줄여야 할 거야.

남자와 여자는 무엇을 하기로 결정하였는가?

(a) 플로리다로 여행 가기

(b) 겨울 휴가를 위해 돈을 모으기

(c) 배를 사기

(d) 플로리다로 이사 가기

| 해설 |

남자는 여자에게 배를 사자고 제안하고 여자는 그럴 형편이 아니라고 말한다. 이에 플로리다로 가는 겨울 휴가 계획을 취소하면 될 거라고 제안하자 여자는 그렇게 하겠다고 말한다(M: I think we'll be fine if we cancel our winter vacation to Florida. W: We will have to do that, and we'll have to spend less during summer). 그러므로 남자와 여자는 배를 사기로 결정했음을 알 수 있으므로 (c)가 정답이 된다.

40.

W: My car needs an oil change. Do you know any good places around here?

M: Yes, I know a couple, but……．

W: Do you think they are too expensive?

M: They're not that expensive, but I could do it myself for cheaper.

W: Oh, that would be great! When do you have some free time?

M: I could come over and do it this weekend.

Q. Which is correct according to the conversation?

(a) The man will change the oil himself.

(b) The woman can't find anyone to change her oil.

(c) The man will change the oil for free.

(d) The woman's car is leaking oil.

| 해석 |

W: 차 오일을 바꿔야 돼. 이 근처에 괜찮은 곳 알고 있니?

M: 응. 한 두 곳이 있기는 한데……．

W: 그곳들이 비싸니?

M: 그렇게 비싸진 않아. 근데 내가 더 싸게 해 줄 수 있어.

W: 오. 잘됐다. 언제 시간 있니?

M: 이번 주말에 가서 해 줄게.

대화에 따르면 맞는 것은 무엇인가?

(a) 남자는 직접 오일을 교환할 것이다.
(b) 여자는 오일을 교환해 줄 사람을 찾을 수가 없다.
(c) 남자는 오일을 무료로 교환해 줄 것이다.
(d) 여자의 차는 오일이 새고 있다.

여자는 그녀의 차에서 오일을 교환해야 하고 이를 할 적당한 장소를 찾고 있다. 이에 남자는 자신이 더 싸게 해줄 수 있다고 말하고 주말에 가서 해주기로 약속한다(I could come over and do it this weekend). 이 부분을 통해 남자가 오일을 직접 교환해 줄 것이라는 사실을 알 수 있으므로 (a)가 정답이 된다. 또한 남자는 자신이 더 싸게 해 오일을 갈아 끼울 수 있다고 말했으므로 무료로 하는 것은 아니다(but I could do it myself for cheaper). 따라서 (c)는 정답이 될 수 없다.

41.

W: I have an extra ticket for the symphony on Saturday.

M: Why do you have an extra one?

W: My sister was going to go with me, but she has to go out of town this weekend.

M: Well, I love the symphony. Would you mind if I took her place?

W: No, that would be wonderful.

M: Then I'll meet you at your place around seven o'clock.

Q. Which is correct according to the conversation?

(a) The woman's sister is leaving the town this weekend for good.

(b) The man has never been to the symphony.

(c) The woman's sister had to cancel her plans for the symphony.

(d) The man is able to attend the symphony with her sister.

| 해석 |
W: 토요일 연주회에 남는 티켓이 있어.
M: 왜 남는 티켓이 있니?
W: 내 여동생이 나랑 같이 가기로 했었는데 이번 주말에 출장을 가야 돼서.
M: 나 연주회 좋아하는데. 내가 그녀 대신 가면 안 될까?
W: 물론 네가 가면 좋지.
M: 7시 정도에 너희 집으로 갈게.

대화에 따르면 맞는 것은 무엇인가?
(a) 여자의 여동생은 이번 주말에 그 마을을 영원히 떠난다.
(b) 남자는 연주회에 가 본 적이 없다.
(c) 여자의 여동생은 연주회를 위한 계획을 취소해야만 했다.
(d) 남자는 여자의 여동생과 함께 연주회에 참석할 수 있다.

| 해설 |
여자의 여동생이 여자와 함께 연주회에 가기로 돼 있었으나 주말에 출장을 가야해서 못 가게 되었다고 말하고 있다(she has to go out of town this weekend). 이 부분을 통해서 여자의 여동생이 연주회를 가기로 한 계획을 취소해야만 했음이 대화와 일치하므로 (c)가 정답이 된

다. 여자의 여동생이 주말에 출장을 간다는 것이 영원히(for good) 떠난다는 의미는 아니므로 (a)는 정답이 될 수 없다. 또한 남자가 연주회를 좋아한다고 말하는 부분을 통해 연주회에 가 본 적이 없다는 말은 내용과 틀린 것으로 (b)는 답이 될 수 없다.

42.

M: Do you have big plans for the weekend?

W: I am going to start planting my garden.

M: You've never had a garden before.

W: No. This will be my first attempt, so I know it will be a lot of work.

M: My mother knows a lot about gardening. You should ask her for some pointers.

W: I will do that. Thanks.

Q. Which is correct according to the conversation?

(a) Her mother was once a gardener.

(b) The woman has a flourishing garden.

(c) The woman is going to raise her first garden.

(d) It is too late for the woman to begin planting a garden.

| 해석 |
M: 주말에 계획 있니?
W: 정원에 식물을 심을 거야.
M: 넌 정원을 가져본 적이 없잖아.
W: 없어. 이번이 첫 번째 시도가 될 거야. 그래서 일이 꽤 많을 거야.
M: 우리 엄마가 정원을 가꾸는 것에 대해 많이 아서. 그녀한테 조언을 구해봐.
W: 그렇게 할게. 고마워.

대화에 따르면 맞는 것은 무엇인가?
(a) 여자의 엄마는 한때 정원사였다.
(b) 여자는 잘 자란 정원을 가지고 있다.
(c) 여자는 그녀의 첫 번째 정원을 가꾸게 될 것이다.
(d) 여자는 정원 가꾸는 것을 시작하기에는 너무 늦었다.

| 해설 |
여자는 정원을 가꾸기 시작할 것이라고 하면서 이는 그녀의 첫 번째 시도라고 말한다(This will be my first attempt). 그러므로 여자가 그녀의 첫 번째 정원을 가꾸게 될 것이라는 점이 대화의 내용과 일치하므로 (c)가 정답이 된다. 남자의 엄마가 정원에 대해서 많이 아는 것이지 여자의 엄마가 아니므로 '여자의 엄마가 한때 정원사였다' 는 추론은 불가능하기 때문에 (a)는 정답이 될 수 없다.

43.

W: Now that my ankle is healed, I can't wait to play volleyball.

M: You should rest so that it heals completely.

W: But my ankle is fine. I think it healed completely.

M: It took me over a month to heal when I hurt my ankle.

W: Why did it take so long to heal?
M: That's the average amount of time to heal an ankle sprain.
W: I guess I should wait a little longer.

Q. What can be inferred about the woman?
(a) Her ankle is healed completely.
(b) She will reconsider her plans.
(c) Her ankle will hurt for a lot longer.
(d) She will go to the doctor for a check-up.

| 해석 |
W: 이제 발목이 나았어. 어서 배구를 하고 싶어.
M: 좀 쉬어야 돼. 그래야 완전히 다 나아.
W: 그렇지만 내 발목은 괜찮아. 이제 완전히 나은 것 같아.
M: 내가 발목을 다쳤을 땐 다 낫기까지 한 달이 넘게 걸렸어.
W: 왜 그리 오래 걸렸어?
M: 그게 보통 발목이 삐었을 때 낫는 데 걸리는 기간이야.
W: 그렇다면 좀 더 기다려 봐야겠네.

여자에 대해서 추론할 수 있는 것은 무엇인가?
(a) 그녀의 발목은 완전히 나았다.
(b) 그녀는 그녀의 계획을 재검토 할 것이다.
(c) 그녀의 발목은 좀 더 오래 아플 것이다.
(d) 그녀는 정기검진을 위해서 병원에 갈 것이다.

| 해설 |
여자는 자신의 다친 발목이 다 나았다고 생각하고 배구를 하겠다고 한다. 이에 남자가 좀 더 쉬라고 충고를 하자 그렇게 하겠다고 대답한다(I guess I should wait a little longer). 이를 통해 여자가 자신의 계획을 다시 생각할 것임을 추론할 수 있으므로 (b)가 정답이 된다. 또한 완전히 치료되는 것을 위해 좀 더 쉬겠다는 것이므로 그녀의 발목이 더 오래 아플 것이라는 추론은 맞지 않아 (c)는 정답이 될 수 없다.

44.

M: Hello, Linda. Is that your little girl?
W: Yes, she is. She just turned three years old.
M: She is adorable. What is her name?
W: She's named Madelyn.
M: I like that name. Is there any significance behind it?
W: She is named after my husband's grandmother.

Q. What can be inferred from the conversation?
(a) The man and woman haven't seen each other in a few years.
(b) The name, Madelyn, has a secret behind it.
(c) Her husband's grandmother passed away a long time ago.
(d) The man likes the woman's name.

| 해석 |
M: 안녕, 린다. 이 애가 네 작은 딸이니?
W: 응. 이제 3살이 됐어
M: 너무 예쁘다. 이름이 뭐야?

W: 메들린이야.
M: 이름이 좋구나. 무슨 의미가 있니?
W: 남편 할머니의 이름을 따서 지었어.

대화를 통해 추론 가능한 것은 무엇인가?
(a) 남자와 여자는 몇 년 동안 보지 못했다.
(b) 메들린이란 이름은 비밀을 가지고 있다.
(c) 그녀의 남편의 할머니는 오래 전에 돌아가셨다.
(d) 남자는 그녀의 이름을 좋아한다.

| 해설 |
남자는 여자의 작은 아이를 보고 이름을 묻는다. 그 아이는 지금 3살이 되었고 남자가 그때까지 아이의 이름을 모르는 것으로 보아 이들이 몇 년 동안 보지 못했음을 추론할 수 있다. 그러므로 (a)의 내용이 추론 가능한 정답이 된다. 메들린이란 이름은 여자 남편의 할머니 이름을 따라 지은 것으로 그것에 숨겨진 비밀이 있다고 추론하기는 힘들므로 (b)는 정답이 될 수 없다. 또한 남자는 여자의 아이 이름이 맘에 든 것이므로 (d)도 추론이 불가능하다.

45.

M: How was your Christmas this year?
W: It was kind of depressing this year, actually.
M: Why is that? You're usually so cheerful at Christmas time.
W: None of my brothers or sisters could make it because of the snow storm.
M: Oh no. Were the roads that bad?
W: Well, the airport had to shut down, so my siblings had to return to their places.

Q. What can be inferred from the conversation?
(a) The woman dislikes the Christmas holiday.
(b) The man had a wonderful Christmas.
(c) A violent winter storm took place over the holiday.
(d) The family had a pleasant Christmas this year.

| 해석 |
M: 올해 크리스마스는 어땠니?
W: 사실 우울했어.
M: 왜? 넌 보통 크리스마스 때 신나있잖아.
W: 눈보라 때문에 형제자매가 아무도 오지 못했어.
M: 이런. 길 상태가 그렇게 나빴니?
W: 공항이 폐쇄되어서 그들은 집으로 돌아가야만 했어.

대화를 통해 추론할 수 있는 것은 무엇인가?
(a) 여자는 크리스마스 휴일을 싫어한다.
(b) 남자는 즐거운 크리스마스를 보냈다.
(c) 한겨울의 심한 폭풍이 휴일 동안에 생겼다.
(d) 그 가족은 올해에 즐거운 크리스마스를 보냈다.

| 해설 |
여자는 눈보라 때문에 자신의 형제자매가 집에 올 수 없었다고 말한다 (None of my brothers or sisters could make it because of the snow storm). 이 부분을 통해서 휴일 동안에 한겨울의 심한 폭풍이 일어났다는 것을 추론할 수 있으므로 (c)가 정답이 된다. 여자가 이번 크리

스마스를 우울하게 보냈지만 평소에 크리스마스를 싫어한 것은 아니므로
(a)는 정답이 될 수 없다.

46.

Looking for beautiful white beaches and year-round sunshine? Thailand is the vacation destination for you. Have your pick from one of multiple exotic, tourist friendly islands in either the Gulf of Thailand or the Andaman Sea. With the option between modern luxury and beachside bungalows you can create the perfect vacation for you. Also, as a country with one of the highest concentrations of faithful Buddhists, let Thailand be your introduction to Eastern Spirituality at one of its many beautiful Buddhist Temples.

Q. What is mainly being advertised?
(a) Thailand as a concentration of faithful Buddhists
(b) Thailand as a vacation destination
(c) Thailand's large Buddhist population
(d) The modern architecture on Thailand's coasts

| 해석 |
아름다운 백사장과 일년 내내 태양이 빛나는 곳을 찾고 계십니까? 태국이 당신의 여행 목적지가 됩니다. 태국만과 안다만해 중에서 다양하고 이국적이며 관광하기에 좋은 섬들 중의 하나를 고르십시오. 현대적이고 고급스런 숙소와 해변가 방갈로 사이의 선택과 함께 당신을 위한 완벽한 휴가를 만드십시오. 또한 신실한 불교신자들이 가장 집중되어 있는 국가 중의 하나로서 태국은 여러분께 아름다운 불교 사원들 중 한 곳에서 동양의 영성을 소개할 것입니다.

무엇에 대해 광고가 되고 있는가?
(a) 신실한 불교신자들이 모여있는 국가로서의 태국
(b) 휴양지로서의 태국
(c) 태국의 큰 불교 인구
(d) 태국 해안가의 현대 건축물들

| 해설 |
두 번째 문장에 보면 아름다운 백사장과 일년 내내 태양이 빛나는 곳으로 '태국이 여행의 목적지가 된다'라고 말하고 있다 (Thailand is the vacation destination for you). 그 후엔 태국의 섬들, 숙박 시설, 불교 사원 등 휴양지로서의 태국이 광고되고 있다. 그러므로 (b)가 정답이 된다. 신실한 불교신자들의 국가로서의 태국도 언급은 돼 있지만(a country with one of the highest concentrations of faithful Buddhists) 이것이 주된 광고 내용은 아니므로 (a)는 정답이 될 수 없다.

| 어휘 |
destination 목적지 **year-round** 일년 내내 **exotic** 이국적인
bungalow 방갈로(베란다가 붙은 간단한 목조 단층집)

47.

In today's biology lecture I will be discussing cephalopods. The two most common types are the octopus and the squid, but these two species differ from the less recognizable nautilus. One of the defining differences of the nautilus is the exterior shell surrounding the boneless body structure. All other cephalopods, such as squid and octopi, contain either an interior bone structure or no bone structure at all. This distinguishing difference may help to trace the evolutionary path of cephalopods.

Q. What is the main idea of the lecture?
(a) The bone structures of octopi and squid
(b) The evolution of fish and other marine life
(c) The lifespan on cephalopods
(d) The differences between different species of cephalopods

| 해석 |
오늘 생물 시간에는 두족류 동물에 대해서 이야기해 보도록 하겠습니다. 가장 흔한 종류로는 문어와 오징어가 있습니다. 그러나 이 두 종은 인지하기가 힘든 노틸러스와는 다릅니다. 노틸러스의 가장 큰 차이점 중의 하나는 뼈없는 몸의 구조를 감싸는 외부 껍질입니다. 오징어나 낙지와 같은 다른 모든 두족류 동물들은 내부의 뼈 구조를 갖거나 아니면 뼈 구조가 하나도 없습니다. 이러한 차이점은 두족류의 진화를 규명하는데 도움을 줄 수도 있습니다.

이 강의의 주제는 무엇인가?
(a) 문어와 오징어의 뼈 구조
(b) 물고기와 다른 해양 생물의 진화
(c) 두족류의 수명
(d) 두족류 동물의 서로 다른 종들의 차이점

| 해설 |
첫 번째 문장과 두 번째 문장에서 이 강의는 가장 흔한 두족류 동물인 문어와 오징어를 노틸러스와 비교하여 그 차이점을 이야기하고 있다(In today's biology lecture I will be discussing cephalopods. The two most common types are the octopus and the squid, but these two species differ from the less recognizable nautilus). 그러므로 두족류 동물의 서로 다른 종들의 차이점에 대해서 이야기하고 있다는 (d)가 정답이 된다. 또한 문어와 오징어의 뼈 구조에 대해서는 잠깐 언급이 되기는 했으나(All other cephalopods, such as squid and octopi, contain either an interior bone structure or no bone structure at all.) 이것은 이 강의의 주제가 아닌 지엽적인 내용의 세부사항이므로 (a)는 정답이 될 수 없다.

| 어휘 |
cephalopod 두족류의 동물 **nautilus** 노틸러스(앵무 조개속)
shell 외피, 껍질 **trace** 규명하다 **lifespan** 수명

48.

Many people believe music to be a gift of heredity. However, like all other crafts, music can be learned and perfected by anyone willing to practice. The perfection of a musical instrument is nothing more than a skill acquired through repetition, similar to the way we all learned how to walk and speak as children. On the other hand, mastering a musical instrument requires a more precise form of coordination that can take years of practice. With dedication and commitment anyone can become a musician.

Q. What is the speaker mainly talking about?
(a) Some people do not have a gift for music.
(b) Musical talent is gained through practice.
(c) Musical talent is purely a hereditary trait.
(d) Music provides a pleasant leisure activity.

| 해석 |

많은 사람들이 음악은 타고난 선물이라고 생각합니다. 그러나 다른 재주와 마찬가지로 음악은 기꺼이 연습을 함으로서 완벽하게 배울 수 있습니다. 악기 다루는 법을 완전히 익히는 것은 우리가 아이 때 걷고 말하는 것을 배우는 것처럼 반복을 통해서 습득하는 것에 지나지 않습니다. 다른 한편으로 악기를 완벽하게 연주하는 것은 수년이 걸릴 수 있는 더 정확한 유기적 형태를 필요로 합니다. 헌신과 전념을 함으로써 누구든지 음악가가 될 수 있습니다.

화자는 주로 무엇에 대해서 말하고 있는가?
(a) 어떤 사람들은 음악에 대한 재능이 없다.
(b) 음악적 재능은 연습을 통해서 얻어진다.
(c) 음악적 재능은 완전히 타고난 재능이다.
(d) 음악은 즐거운 여가 활동이다.

| 해설 |

두 번째 문장을 보면 음악은 다른 재능과 마찬가지로 연습을 통해서 완벽하게 배울 수 있는 것이라고 말하고 있다(However, like all other crafts, music can be learned and perfected by anyone willing to practice). 또한 마지막 문장에서도 열심히 전념하고 헌신함으로써 누구든지 음악가가 될 수 있다고 말하고 있다(With dedication and commitment anyone can become a musician). 이를 통해 화자는 음악적 재능은 타고난 재능이라기 보다 연습을 통해 얻을 수 있다는 주제를 이야기하고 있음을 알 수 있으므로 (b)가 정답이 된다. 첫 번째 문장에서 보면 음악은 타고난 재능이라고 많은 사람들이 생각하지만 실은 그게 아니라고 주장하고 있으므로 (c)는 이 담화문의 주제가 될 수 없다.

| 어휘 |

heredity 유전 **craft** 재주, 재능 **nothing more than** ~에 지나지 않다 **coordination** 공동작용 **dedication** 헌신 **commitment** 전념

49.

The government should change its focus. The so-called big industries nowadays are producing a lot of pollution, and yet the government is taking a back seat doing nothing about it. They should be encouraging people and industries to use more green energy like solar and hydro power. It also needs to sponsor companies that are environmentally friendly.

Q. What is the speaker's main point?
(a) People should start conserving energy.
(b) People should know more about nature.
(c) The government should take action about the environment.
(d) The government should put pressure on the big industries.

| 해석 |

정부는 그들의 관심을 바꿔야만 한다. 이른바 거대 기업들은 많은 공해를 일으키고 있지만 정부는 아무 일도 하지 않은 채 물러서 있다. 정부는 사람들과 기업들이 태양열이나 수력 전기 같은 그린 에너지를 사용하게끔 권장해야 한다. 또한 환경친화적인 회사들을 후원해야 한다.

화자의 주제는 무엇인가?
(a) 사람들은 에너지를 절약하기 시작해야 한다.
(b) 사람들은 자연에 대해 더 알아야 한다.
(c) 정부는 환경에 대하여 조치를 취해야 한다.
(d) 정부는 거대 기업들에 대해 압력을 가해야 한다.

| 해설 |

마지막 부분에서 화자는 정부는 사람들과 기업들이 태양열이나 수력전기 같은 그린 에너지를 사용하게끔 장려해야 하며, 환경친화적인 회사들을 후원해야 한다고 말하고 있다(They should be encouraging people and industries to use more green energy like solar and hydro power. It also needs to sponsor companies that are environmentally friendly). 이 부분을 통해 정부가 환경에 대한 조치를 취해야 한다는 것을 주장하고 있음을 알 수 있으므로 (c)가 정답이 된다. (d)에서 정부가 거대 기업들에 압력을 가해야 한다는 것은 너무 범위가 확대된 주장이므로 본문의 주제로는 적합하지 않다.

| 어휘 |

hydro power 수력 전기 **conserve** 보존하다, 절약하다 **take action** 조치를 취하다

50.

Just as some people are affected by motion sickness on boats, the small confined cabin of an airplane sometimes affects people negatively. However, there are things that can be done to make your flight more comfortable. First, bring something along to keep yourself occupied. Also, both before and during the flight, be sure to eat nutritiously and drink plenty of liquids. During the flight, get up and stretch your body every other hour to keep the blood flowing.

Q. What is the main topic of the talk?
(a) Exercise options on long plane rides
(b) Staying in shape while on vacation
(c) Making plane rides more comfortable

(d) Ways to entertain your children on long flights

| 해석 |

몇몇 사람들이 배에서 멀미가 나는 것처럼 작고 폐쇄된 비행기의 객실은 때때로 사람들에게 부정적으로 영향을 미친다. 그러나 당신의 비행을 더욱 안락하게 할 몇 가지 방안들이 있다. 첫 번째, 당신이 즐길 수 있는 무언가를 가져가라. 또한 비행 전과 비행을 하는 동안 영양가 있는 식사를 하고 물이나 음료수를 많이 마셔라. 비행을 하는 동안 피가 통하게 하기 위해서 한 시간마다 일어나서 스트레칭을 하라.

이 담화문의 주제는 무엇인가?
(a) 긴 비행에서 선택할 수 있는 운동들
(b) 휴가 동안 몸매를 유지하는 것
(c) 비행을 더 안락하게 하는 것
(d) 긴 비행에서 아이들을 즐겁게 하는 방법들

| 해설 |

비행은 배를 타고 멀미가 나는 것처럼 사람에게 부정적인 영향을 미칠 수 있다고 한다. 그러나 두 번째 문장에서 보면 이러한 비행을 더욱 안락하게 할 방법들이 있다고 하고 세부적인 방법들을 열거하고 있다 (However, there are things that can be done to make your flight more comfortable). 그러므로 이 담화문의 주제는 비행을 더 안락하게 하는 것에 대해서 이야기하고 있으므로 (c)가 정답이 된다. 마지막 문장에서 비행을 하는 동안 피가 통하게 하기 위해서 일어나서 스트레칭을 하라고 조언하고는 있지만 이것이 전체 주제는 아니므로 (a)는 정답이 될 수 없다.

| 어휘 |

motion sickness 멀미 confined 갇힌 cabin 객실 nutritiously 영양이 되게

51.

A lot of us are concerned about avian flu without really knowing what it is. We don't know how to deal with it, either. In other words, we haven't found the cure for the potentially dangerous disease yet, but we do know that we can prevent it by exercising cautiously. The more we know about the disease, the more we can help prevent the disease. On a personal level, we should all do our part to help prevent the spread of this disease.

Q. What is the main idea of the talk?
(a) Efforts to deal with avian flu in the past
(b) How dangerous avian flu could be
(c) It is important to prevent the disease.
(d) People should try to find a cure on a personal level.

| 해석|

우리 대부분은 조류 독감이 무엇인지 모르고 그것에 대해 걱정을 합니다. 또한 그것을 어떻게 다루어야 할지도 모릅니다. 다시 말하자면, 우리는 아직 그 잠재적인 위험인 병에 대한 치료법을 찾지 못했습니다. 그렇지만 신중하게 처신함으로써 예방할 수 있다는 것도 알고 있습니다. 우리가 그 병에 대해 더 알면 알수록, 우리는 그 병을 더 예방할 수 있습니다. 개인

적 수준에서 우리는 그 병의 확산을 예방하기 위해서 최선을 다해야만 합니다.

이 담화문의 주제는 무엇인가?
(a) 과거의 조류 독감을 다루기 위한 노력
(b) 조류 독감이 얼마나 위험할 수 있는지
(c) 그 병을 예방하는 것이 중요하다.
(d) 사람들은 개인적인 수준에서 치료법을 찾도록 노력해야 한다.

| 해설 |

조류 독감이 무엇인지 잘 모르고 아직 그 치료법을 찾지 못했지만 병을 예방할 수 있다고 이야기하고 있다(but we do know that we can prevent it by exercising cautiously). 네 번째 문장에서 그 병에 대해 더 알면 알수록, 그 병을 예방할 수 있다고 강조하면서(The more we know about the disease, the more we can help prevent the disease.) 개인적인 수준에서 그 병의 확산을 예방하기 위해 최선을 다해야 한다고 말하고 있다. 이와 같이 조류 독감 예방의 중요성을 강조하고 있음을 알 수 있으므로 (c)가 정답이 된다.

| 어휘 |

avian flu 조류 독감 exercise (맡은 일을) 수행하다, 완수하다 cautiously 조심스럽게

52.

While many film directors adopt a large amount of freedom when dealing with scripts, stage directors do not have such freedom. The stage play has always been considered complete literary work, and therefore may not be altered by either performers or by the production team. Though the style of production can be interpreted, the scripted parts are unalterable. Film directors, on the other hand, are responsible for the final and complete interpretation of their films. This has allowed them to take more liberties with scripts, sometimes ignoring the script altogether.

Q. What is the main point of the lecture?
(a) The difficulties of film production
(b) The similarities between film and stage directing
(c) The differences between film and stage directing
(d) The freedoms of stage directors

| 해석 |

많은 영화 감독이 대본을 다룰 때 많이 자유로운 반면 연극 연출가들은 그렇지 못하다. 연극 공연은 항상 완벽한 문학적인 일로 여겨져 왔다. 그래서 그것은 연기자들이나 제작팀에 의해 변경되지 않는다. 그 제작 스타일이 연출될 수는 있지만 대본화된 부분들은 바뀔 수 없다. 반면 영화 감독들은 그들 영화의 마지막으로 완성된 연출에 책임이 있다. 이 점이 그들이 대본에 좀 더 자유로울 수 있고 때로는 대본을 무시할 수 있도록 한다.

이 강의의 주제는 무엇인가?

(a) 영화 제작의 어려움
(b) 영화를 감독하는 것과 연극을 감독하는 것의 비슷한 점들
(c) 영화를 감독하는 것과 연극을 감독하는 것의 차이점
(d) 연극 연출가들의 자유

| 해설 |

첫 번째 문장을 보면 많은 영화 감독이 대본에 있어서 자유로운 반면 연극 연출가들은 그렇지 못하다고 말하고 있다(While many film directors adopt a large amount of freedom when dealing with scripts, stage directors do not have such freedom). while이 문두에 오면 양보절이 되어 '반면에, ~할지라도'로 해석된다. 이 강의는 대본에 있어서 영화를 감독하는 것과 연극을 감독하는 것의 차이점에 대해서 이야기하고 있으므로 (c)가 정답이 된다. 연극 연출가가 대본에 있어서 자유로움이 없다고 언급되기는 했지만 이는 지엽적인 내용으로 주제가 될 수 없다. 그러므로 (d)는 정답이 아니다.

| 어휘 |

literary 문학적인 interpret 연출하다 film production 영화 제작

53.

The importance of relieving your body stress cannot be overstated. Physical stress often leads to mental stress, which, in turn, could endanger one's overall health. Dealing with body stress means nothing more than simply dealing with the evident symptoms seen in the body. When you notice shallow breathing, you counter that with relaxed breathing techniques. If your legs are sore, you relax the tight muscles by stretching them out slowly.

Q. What is the main idea of body stress in the report?
(a) You can reduce it by countering symptoms.
(b) It usually comes from mental stress.
(c) You can deal with it by consulting your doctor.
(d) Shallow breathing is the first symptom of body stress.

| 해석 |

당신의 몸이 받은 스트레스를 경감하는 것의 중요성은 아무리 과장해도 지나치지 않다. 육체적인 스트레스는 종종 정신적 스트레스를 초래하고 그것이 전체 건강을 위험하게 만들 수도 있다. 몸이 받은 스트레스를 다룬다는 것은 단순히 당신의 몸에 보여지는 명백한 증상을 다룬다는 것을 의미한다. 당신의 호흡이 얕다는 것을 알게 되었다면 느긋하게 숨을 쉬는 방법으로 대처해야 한다. 당신의 다리가 아프다면 천천히 다리를 폄으로써 꽉 조인 근육들을 풀어 주어야 한다.

이 보고서에서 몸이 받은 스트레스에 관한 주제는 무엇인가?
(a) 증상들에 대처함으로써 그 스트레스를 줄일 수 있다.
(b) 그것은 보통 정신적 스트레스에서 온다.
(c) 의사와 상담을 통해서 그것을 다룰 수 있다.
(d) 얕은 숨은 몸이 받는 스트레스의 첫 번째 증상이다.

| 해설 |

세 번째 문장에 보면 몸이 받는 스트레스를 다루는 것은 몸에 나타난 증상을 다루는 것이라고 말한다(Dealing with body stress means nothing more than simply dealing with the evident symptoms seen in the body). 그러므로 몸이 받는 스트레스는 증상들에 하나씩 대처함으로써 줄어들 수 있다는 (a)가 정답이 된다. 몸이 받는 스트레스가 정신적 스트레스가 될 수 있다고 했으므로(Physical stress often leads to mental stress) (b)는 정답과 거리가 멀다. (c)와 (d)는 본문에 언급된 바가 없으므로 정답이 아니다.

| 어휘 |

overstate 과장하다 in turn 번갈아, 교대로 endanger 위험에 처하게 하다 shallow 얕은 counter 맞서다 evident 명백한

54.

Local wildlife experts have noted the dramatic increase in seagull populations along near McKinley Beach, and are becoming concerned. During the summer months, the steady population of gulls has increased nearly twenty percent in the last three years. Though the birds themselves present no immediate health concerns, experts point to the rising levels of trash in and around the lake as a cause for the high gull population. Scientists say that the birds are only a warning sign of the growing unsanitary conditions in our city.

Q. What is the speaker mainly talking about?
(a) The dangers of swimming at McKinley Beach
(b) Ways to stabilize the rising seagull population
(c) Reasons for the rise in trash near the lakeshore
(d) Connections between bird population and trash levels

| 해석 |

지역 야생동물 전문가들은 맥킨리 해변의 바다갈매기의 수가 급격히 늘어난 것에 주목하면서 우려를 표하고 있다. 여름 동안 바다갈매기의 변하지 않는 수는 지난 3년 동안 거의 20퍼센트 늘어났다. 갈매기들 자체의 즉각적인 건강 문제는 보이지 않지만 전문가들은 갈매기의 급격한 증가의 원인으로 호수 안과 주변의 많아진 쓰레기를 지적했다. 과학자들은 이 갈매기들이 우리 시의 높아지는 비위생적인 상태의 경고라고 말한다.

화자는 주로 무엇에 대해서 말하고 있는가?
(a) 맥킨리 해변에서 수영하는 것의 위험성
(b) 늘어나는 바다갈매기 수를 안정시키는 방법
(c) 호숫가 주변에 쓰레기가 많아진 이유
(d) 새의 숫자와 쓰레기 양과의 관계

| 해설 |

주제를 고르는 문제에서는 지엽적인 내용의 선택지를 주의해야 한다. 여기서는 야생동물 전문가들이 맥킨리 해변의 늘어나는 바다갈매기에 대해서 우려하고 있고 이는 이 도시의 쓰레기의 양과 관련이 있다고 지적하고 있다(Scientists say that the birds are only a warning sign of the growing unsanitary conditions in our city). 그렇기 때문에 새의 숫

자와 쓰레기의 양의 관계에 대해서 이야기하고 있다는 (d)가 정답이 된다. (c)는 호숫가 주변에 쓰레기가 많아진 이유가 바다갈매기라는 전제가 되므로 바다갈매기의 증가는 호수 주변의 쓰레기량 증가 때문이라는 본문의 내용과 어긋나게 되어 정답이 될 수 없다.

| 어휘 |
unsanitary 비위생적인 stabilize 안정시키다

55.

The parents of twenty-two year old Wesley Turner would like your help. Advances in cancer treatment at St. Francis Medical Center in East Wilms, Connecticut, have helped to extend, and possibly save, their son's life. The Turners are starting a campaign to raise donations for the hospital's cancer center, in hopes that they can build one of the strongest treatment centers in the country. They deeply desire the facilities that help their son to consistently provide positive results for cancer patients.

Q. What is correct according to the speech?
(a) The Turner family is donating a large sum of money to the hospital.
(b) The Turners want to raise money for the hospital.
(c) Wesley Turner has helped improve the hospital.
(d) The Turners want to thank all families that made donations.

| 해석 |
22세 웨슬리 터너의 부모님은 여러분의 도움을 필요로 하고 있습니다. 커네티컷 이스트 윌스의 성 프랜시스 병원에서 암 치료의 발전은 그들의 아들의 삶을 연장하고 살리도록 도왔습니다. 터너 부부는 나라에 가장 강력한 치료 센터 중의 하나를 짓고자 하는 희망을 가지고 성 프랜시스 병원의 암 센터를 위한 모금 활동을 시작했습니다. 그들은 그들의 아들이 암환자들을 위해 긍정적인 결과를 계속적으로 가져오도록 도움이 되는 시설들을 간절히 원합니다.

이 연설에 따르면 맞는 것은 무엇인가?
(a) 터너 가족은 그 병원에 많은 돈을 기부하고 있다.
(b) 터너 부부는 그 병원을 위해 모금하기를 원한다.
(c) 웨슬리 터너는 병원이 향상되도록 도왔다.
(d) 터너 부부는 기부를 한 모든 가족에게 감사하길 원한다.

| 해설 |
세 번째 문장을 보면 터너 부부가 나라에서 가장 좋은 치료 센터 중의 하나를 짓고자 하는 희망으로 성 프랜시스 병원의 암 센터에 기부를 하는 캠페인을 시작했다고 말하고 있다(The Turners are starting a campaign to raise donations for the hospital's cancer center, in hopes that can build one of the strongest treatment centers in the country). 그러므로 이 부부가 그 병원을 위해 모금하기를 원한다는 (b)가 본문의 내용에 일치하는 정답이 된다.

56.

To all investors seeking strong partnerships, we at Global Connections want you to know that international investing presents the future of business partnerships. With connections to small businesses all over the world, we are sure to find a partnership that suits your needs. Constant advances in technology are making it impossible to ignore the international market. Helping these successful local companies expand on an international scale will promote the expansion of our global economy.

Q. Which is correct about Global Connections according to the advertisement?
(a) They help to expand small businesses from around the world.
(b) They would like to expand to an international scale.
(c) They have helped create many small businesses.
(d) They help investors make international connections.

| 해석 |
강력한 제휴를 원하는 모든 투자자들에게 우리 글로벌 커넥션은 여러분들이 국제 투자를 하는 것이 미래의 사업 제휴를 보여주는 것임을 알기 바랍니다. 전 세계의 소규모 사업 연고를 가진 저희는 여러분의 필요에 맞는 제휴를 확실히 찾아 드립니다. 계속적인 기술 발달로 국제 시장을 무시하는 것은 불가능하게 되었습니다. 지역 사업이 국제 수준으로 팽창하는 것을 돕는 것은 우리 글로벌 경제 성장을 증진시킬 것입니다.

이 광고에 따르면 글로벌 커넥션에 대해 맞는 것은 무엇인가?
(a) 그들은 전 세계의 소규모 사업체들이 확장하는 것을 돕는다.
(b) 그들은 국제적인 규모로 성장하기를 원한다.
(c) 그들은 많은 소규모 업체가 생기도록 도왔다.
(d) 그들은 투자자들이 국제적인 거래를 할 수 있도록 돕는다.

| 해설 |
두 번째 문장을 보면 글로벌 커넥션은 전 세계의 소규모 사업 연결 고리를 가지고 투자자에게 맞는 파트너를 찾아준다고 말하고 있다(With connections to small business all over the world, we are sure to find a partnership that suits your needs). 그러므로 그들이 국제 거래를 하게끔 돕는다는 (d)의 내용이 광고의 내용과 일치하므로 정답이 된다. 또한 그들이 투자자들을 전 세계의 소규모 사업체와 연결시키는 것이지 소규모 사업체들을 팽창시키는 데 도움을 주는 것이 아니기 때문에 (a)는 정답이 아니다.

57.

The diabetes research council today named Ireland as the country with the highest rate of diabetes in the world. A spokesperson for the council said that one out of three Irish get diabetes and that three hundred thousand Irish receive treatment to prevent outbreaks. There is concern that this rate may increase in the future, and that awareness around the country should be alerted. Most people in Ireland are unaware of the situation, and don't take any preventative measures.

Q. Which is correct according to the report?
(a) Ireland has three hundred thousand people.
(b) Ireland's rate of diabetes is expected to decrease.
(c) Diabetes afflicts one out of every three Irish.
(d) Ireland has the highest population.

| 해석 |
당뇨 연구 협회는 오늘 아일랜드를 세계에서 당뇨병 치수가 가장 높은 나라로 명하였다. 협회 대변인은 아일랜드인 세 명 중 한 명이 당뇨병을 앓고 있으며 삼십만 명이 발병을 예방하기 위해 치료를 받는다고 말하였다. 이러한 확률은 미래에 높아질 수도 있으며 전국적으로 그 경각심이 깨우쳐져야 한다는 우려가 있다. 대부분의 아일랜드 사람들은 그 상황을 깨닫지 못하고 있으며 어떠한 예방책도 받고 있지 않다.

이 보고서에 따르면 맞는 것은 무엇인가?
(a) 아일랜드에는 삼십만 명의 인구가 있다.
(b) 아일랜드의 당뇨병 발병률은 줄어들게 되어 있다.
(c) 아일랜드인 세 명 중에 한 명은 당뇨병을 앓고 있다.
(d) 아일랜드는 가장 높은 인구율을 가지고 있다.

| 해설 |
두 번째 문장을 보면 아일랜드인 세 명 중 한 명이 당뇨병을 앓고 있다고 말하고 있다(A spokesperson for the council said that one out of three Irish get diabetes). 그러므로 아일랜드인 세 명 중에 한 명은 당뇨병을 앓고 있다는 (c)가 내용과 일치하는 정답이 된다. 300,000이라는 숫자는 당뇨병 예방 치료를 받는 아일랜드인의 숫자이므로 아일랜드 전체 인구라고 한 (a)는 틀린 내용이다. 또한 당뇨병 확률은 증가할 수도 있다고 했으므로(this rate may increase in the future) (b)는 틀린 내용이 된다.

| 어휘 |
diabetes 당뇨병 outbreak 발발, 출현 alert 주의하다
preventative measures 예방책 afflict 괴롭히다

58.

Before we begin, I would just like to welcome everyone aboard the boat. Today's tour of the Florida Keys will take approximately three hours, and we hope to give you an exciting view into the exotic wildlife of the islands. We have a beautiful day ahead of us, so sit back and relax while we make our way out to the first island. I would like to remind you to remain in your seats at all times, as we will be cruising at high speeds between the islands in order to conserve time. Thank you.

Q. What can be inferred from the speech?
(a) The tourists will travel to three islands.
(b) The tourists will be returned to their hotel soon.
(c) The boat tour has just begun.
(d) It will take three hours to get to the island.

| 해석 |
먼저 출발하기 전에 이 배에 타신 모든 분들을 환영합니다. Florida Keys의 오늘 투어는 약 3시간 정도 걸릴 것이며 이 섬의 이국적인 야생 생물의 흥미로운 광경들을 보여드리고 싶습니다. 아름다운 날씨가 주어졌으니 첫 번째 섬을 도는 동안 뒤로 앉으셔서 편안히 쉬시기 바랍니다. 시간을 절약하기 위해 섬들 사이를 빠른 속도로 운항할 것이기 때문에 항상 여러분들의 자리에 앉아 계시기를 당부드리고 싶습니다.

이 안내 방송을 통해서 추론할 수 있는 것은 무엇인가?
(a) 관광객들은 3개의 섬을 여행할 것이다.
(b) 관광객들은 그들의 호텔로 곧 돌아올 것이다.
(c) 배 여행은 막 시작했다.
(d) 섬에 도착하는 데 3시간이 걸릴 것이다.

| 해설 |
첫 번째 문장을 보면 먼저 출발하기 전에 이 배에 타신 모든 분들을 환영한다는 인사말을 하고 있다(Before we begin, I would just like to welcome everyone aboard the boat). 이를 통해 이 보트 여행이 막 시작했음을 추론할 수 있으므로 (c)가 정답이 된다. 섬들을 여행한다는 말이 언급됐을 뿐 그 숫자에 대해서는 말하지 않기 때문에 (a)는 추론이 불가능하다. 또한 이 투어의 총 시간이 3시간이 걸리는 것이지 섬에 도착하는 시간이 아니므로 (d)도 정답이 될 수 없다(Today's tour of the Florida Keys will take approximately three hours).

59.

As we learned in our last practice, the most important part of basketball is teamwork. As the season goes on, our team unity is what is going to help us win games. Even though some players are more skilled than others, without the rest of the team, individual players can't do anything by themselves. A team needs to mesh together to form one body so that we learn to trust each other just as we trust our own body.

Q. What could be inferred from the practice?
(a) Better players have better teams.
(b) Teams with good chemistry will be the best teams.
(c) Teams that don't interact well can be good.
(d) The team with the best player is the best team.

| 해석 |
우리가 지난 연습에서 배웠듯이 농구에서 가장 중요한 것은 팀워크입니다. 시즌이 계속되면 우리 팀의 화합이 우리를 이기도록 돕는 원동력입니다. 몇몇 선수들은 다른 선수들보다 훨씬 능력이 있다 해도 그 팀의 나머지 선수들 없이 개개인의 선수들만으로는 아무것도 할 수가 없습니다. 팀

은 하나의 몸을 형성하기 위해서 서로 맞물려야 하며 그래서 우리는 우리 자신의 몸을 믿듯이 서로를 믿는 법을 배우게 되는 것입니다.

연습을 통해 추론할 수 있는 것은 무엇인가?
(a) 더 좋은 선수가 많으면 더 좋은 팀이 된다.
(b) 좋은 공감대를 형성한 팀이 좋은 팀이 될 것이다.
(c) 서로 잘 화합하지 않은 팀이 좋을 수도 있다.
(d) 최고의 선수가 있는 팀이 가장 좋은 팀이다.

| 해설 |
첫 번째 문장을 보면 농구에서 가장 중요한 것은 팀워크라고 말하고 있다 (the most important part of basketball is teamwork). 그리고 아무리 훌륭한 선수들이라도 나머지 팀원들 없이는 아무것도 할 수 없다고 하면서 팀의 화합을 강조하고 있다(Even though some players are more skilled than others, without the rest of the team, individual players can't do anything by themselves). 이를 통해 이 본문의 내용은 팀의 화합, 팀 워크를 강조하고 있음을 알 수 있으므로 '좋은 공감대를 형성한 팀이 좋은 팀이 될 것'이라는 (b)가 추론이 가능하므로 정답이 된다.

| 어휘 |
mesh 맞물리다 chemistry 화학, (다른 사람과의) 공감대

60.

Our economy has benefited greatly in recent years, resulting from a number of smart decisions by our government officials. The forced increase on internal spending has allowed small businesses to grow by promoting competition and increasing consumer spending. However, governmental involvement must now begin a gradual reduction process to allow the strong market to flourish on its own. Further control by the government will only strangle the economy's expansion.

Q. What would the speaker most likely agree to?
(a) Government involvement is necessary for further growth.
(b) The government's aid has caused a gradual decline in the economy.
(c) It is the government's duty to control the economy.
(d) Continued success will come from reduced government involvement.

| 해석 |
우리 경제는 정부 관계자들의 많은 현명한 결정으로 최근 큰 성장을 이루어 냈습니다. 국내 소비의 강제적인 증진은 경쟁 촉진과 소비자 소비 증가로 소규모 산업들의 성장을 가능하게 했습니다. 그러나 강력한 시장이 그들 스스로 성장하기 위해서는 정부 간섭이 점차적으로 줄어져야만 합니다. 더 이상의 정부 통제는 경제 팽창을 억압할 것입니다

화자는 무엇에 가장 동의할 것 같은가?
(a) 정부 간섭은 앞으로의 성장에 꼭 필요하다.

(b) 정부의 도움이 경제의 계속적인 감퇴를 일으켰다.
(c) 경제를 통제하는 것이 정부의 의무이다.
(d) 계속적인 성장은 정부 간섭이 줄어들어야 가능할 것이다.

| 해설 |
마지막 문장을 보면 계속해서 정부가 경제를 통제한다면 경제 성장을 억압하게 할 것이라고 말하고 있다(Further control by the government will only strangle the economy's expansion). 이 부분을 통해서 계속적인 성장은 줄어든 정부 간섭으로부터 올 것이라는 점이 추론 가능하기 때문에 (d)가 정답이 된다. 또한 정부의 도움이 지금까지는 경제의 성장을 가져왔지만 앞으로는 반대 결과를 가져올 것이라는 내용이기 때문에 (b)는 정답이 될 수 없다.

| 어휘 |
internal 내부의 strangle 억압하다

Test of English Proficiency
Seoul National University

수험번호

성 한글

명 한자

좌 석 번 호

Ⓐ Ⓑ Ⓒ Ⓓ Ⓔ

① ② ③ ④ ⑤ ⑥ ⑦

청 해
Listening Comprehension

문 법
Grammar

어 휘
Vocabulary

독 해
Reading Comprehension

고사실란

감독관 만족도

100, 90, 80, 70, 60, 50, 40, 30, 20, 10

문제지번호

답안수정개수

감독관확인란

〈답안작성시 유의사항〉

1. 답안지 작성은 반드시 **컴퓨터용 싸인펜**만을 사용 하셔야 합니다.

2. 답안을 정정할 경우 수정테이프(수정액불가)를 사용하셔야 합니다.

3. 본 답안지는 컴퓨터로 처리되므로 훼손하시면 안되며, 답안지 하단의 타이밍마크(Ⅲ)를 찢거나, 낙서 등을 하시면 본인에게 불이익이 발생할 수 있습니다.

4. 답안은 문항당 정답을 1개만 골라 ● 와 같이 정확히 기재하여야 하며, 필기구 오류나 본인의 부주의로 잘못 표기한 경우에는 당 관리위원회의 OMR판독기의 판독결과에 따르며, 그 결과는 본인이 책임집니다.

Good ●   Bad ◖ ⊙ ◗ ✕ ✔

5. 감독관의 확인이 없는 답안지는 무효처리됩니다.

〈부정행위 처리규정〉

1. 모든 부정행위 적발 및 이에 대한 조치는 TEPS 관리위원회의 처리규정에 따라 이루어집니다.

2. 부정행위 현장적발 뿐만 아니라 사후에도 적발될 수 있으며 모두 동일한 조치가 취해집니다.

3. 부정행위 적발 시 당해 성적은 무효화되며 사안에 따라 최대 5년까지 TEPS 관리위원회에서 주관하는 모든 시험의 응시자격이 제한됩니다.

4. 문제지 이외에 메모를 하는 행위와 시험문제의 일부 또는 전부를 유출하거나 공개하는 경우 부정행위로 처리됩니다.

5. 각 파트별 시간을 준수하지 않거나, 시험 종료 후 답안 작성을 계속할 경우 부정행위로 처리됩니다.

서 약 | 본인은 필기구 및 기재오류와 답안지 훼손으로 인한 책임을 지고, 부정행위 처리규정을 준수할 것을 서약합니다.

TEPS

성	영문	
명	서명	

응시일자 : 20   년   월   일

수 험 번 호 / PASSWORD

주 민 등 록 번 호

성   명 (성·이름순으로 기재)

EX H O N G   G I L   D O N G

단 체 구 분

학생	일반
○	○

질 문 란

1. 귀하의 TEPS 응시목적은?
   ⓐ 입사지원   ⓑ 인사정책
   ⓒ 개인실력측정   ⓓ 입시
   ⓔ 국가고시지원   ⓕ 기타

2. 귀하의 영어권 체류 경험은?
   ⓐ 없다   ⓑ 6개월미만
   ⓒ 6개월이상1년미만   ⓓ 1년이상3년미만
   ⓔ 3년이상5년미만   ⓕ 5년이상

3. 귀하께서 응시하고 계신 고사장에 대한 만족도는?
   ⓐ 0점   ⓑ 1점
   ⓒ 2점   ⓓ 3점
   ⓔ 4점   ⓕ 5점

4. 최근 2년내 TEPS 응시횟수는?
   ⓐ 없다   ⓑ 1회
   ⓒ 2회   ⓓ 3회
   ⓔ 4회   ⓕ 5회이상

학 력

학력	재학	졸업
초등학교	○	○
중 학 교	○	○
고등학교	○	○
전문대학	○	○
대 학 교	○	○
대 학 원	○	○

계 열

인 문 학 ○
사회과학 · 법학 ○
경제학 · 경영학 ○
자 연 과 학 ○
의학 · 약학 · 간호학 ○
공   학 ○
교 육 학 ○
음악 · 미술 · 체육 ○
기   타 ○

직 업

공 무 원 ○
고시준비 ○
교   사 ○
군   인 ○
의 료 인 ○
자 영 업 ○
학   생 ○
회 사 원 ○
무   직 ○
기   타 ○

직 종

고 위 임 직 원 ○
전 문 직(과학,공학) ○
전 문 직(교육) ○
전문직(법률,회계,금융) ○
기 술 직 ○
영 업 직 ○
홍   보 ○
총   무 ○
인   사 ○
경   리 ○
기   획 ○
구   매 ○

무   역 ○
외   환 ○
자   금 ○
공   무 ○
업   무 ○
품질관리 ○
전   산 ○
행 정 직 ○
생산관리 ○
서 비 스 ○
기   타 ○

직 책

임   원 ○
부   장 ○
차   장 ○
과   장 ○
대   리 ○
계 장 원 ○
사   원 ○
인   턴 ○
기   타 ○

ALL ABOUT THE TEPS
TEPS 달인이 되는 법 시리즈

다하지 마라! 이것만 하면 된다!

TEPS 달인이 되는 법-BASIC

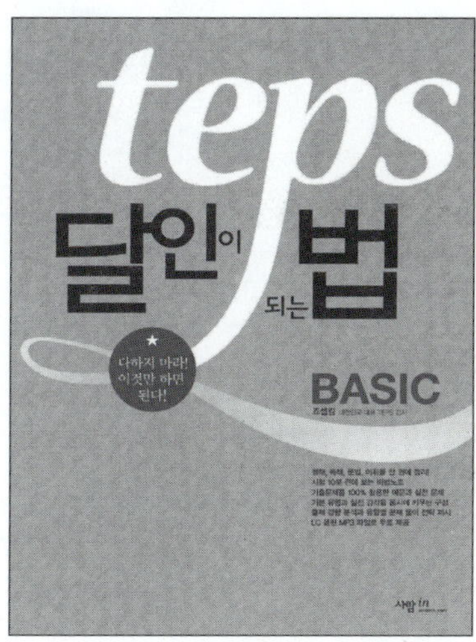

텝스를 처음 준비하는 학습자를 위한 필수 지침서

- 청해, 독해, 문법, 어휘를 20개 Unit로 한 권에 마스터
- 이익훈어학원 TEPS 전문 강사 죠셉킴 선생님의 노하우 공개
- 초급자에게 가장 필요한 유형 파악과 실전 감각 훈련
- 기출 문제를 바탕으로 출제 경향과 유형별 문제 풀이 전략 제시

청해 '출제문의 종류별 유형'과 '토픽별 유형'에 대한 기본 설명과 '죠셉킴 발음 특강'으로 청해에 필요한 집중력을 키울 수 있습니다.

문법 시험에 출제되는 핵심 내용만 다뤄 실전에 바로 적용할 수 있는 skill foundation을 키울 수 있습니다.

독해 '독해 실력 향상을 위한 문장 보는 법'으로 구문의 핵심을 빠르게 파악할 수 있는 Reading Skill을 연습할 수 있습니다.

어휘 기본 어휘를 충실하게 학습해 청취나 독해에 필요한 어휘와 표현을 자연스럽게 학습할 수 있습니다.

죠셉킴/384쪽/CD 2/비법노트 제공/17,600원

한 권으로 TEPS를 끝낸다.

TEPS 달인이 되는 법-기본종합

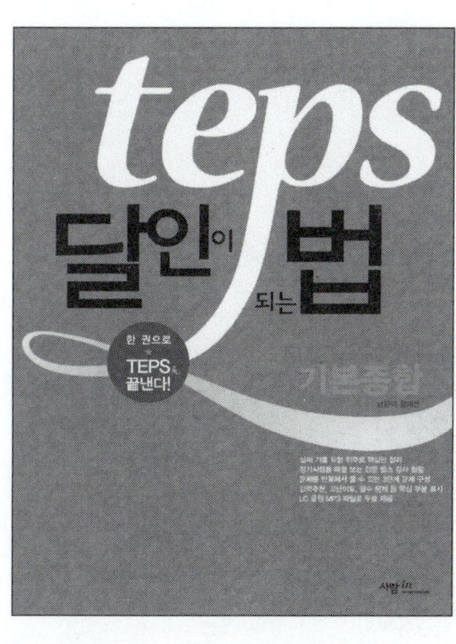

TEPS 초급자를 위해서 각 영역의 핵심을 한 권에 담았습니다

- 실제 기출 유형 위주로 핵심만 정리
- 정기시험을 매월 보는 전문 텝스 강사 집필
- 문제를 반복해서 풀 수 있는 3단계 문제 구성
- 텝스 강력추천, 고난이도 문제, 필수 문제 구분 등 핵심 부분 표시
- LC 음원 MP3 파일로 사람in 홈페이지에서 무료 제공

청해 최근 기출 문제들을 토대로 알짜배기 구문 및 표현만 담았다.
딕테이션으로 리스닝 할 때 핵심 단어나 표현을 캐취하는 훈련을 할 수 있다.

문법 문법의 기초를 같이 배우기 위해 각 영역마다 상세하게 설명했다.
빈도수가 높은 유형에 관한 설명을 '텝스 강력 추천'으로 따로 정리했다.

독해 이해를 돕기 위해 모든 어휘에 예문을 넣었다.
최근 3년간 빈출어휘가 빠짐없이 정리되어 있다.

어휘 초급자들의 독해 실력 향상을 위해 구문 분석을 넣었다.
각 파트별로 묶인 구성을 통해 실전 감각 익힐 수 있다.

남윤이·황혜선/본책(468쪽)+해설집(100쪽)/CD 2/음원 무료 제공/22,800원

⟨TEPS 달인이 되는 법-Final-청해⟩ Handy Book 활용법

귀로 듣고 눈으로 본다!

청해 고득점은 힘들고 어렵다. 그러나 TEPS 고득점의 관건은 청취 실력에 달려 있기 때문에 등한시할 수도 없다.

청취, 많이 듣는 것이 중요하다. 그러나 의미를 챙기지 않고 패턴을 무시한 TEPS 청취는 아무 소용이 없다. 무작정 듣기보다는 TEPS에 맞는, TEPS의 새로운 경향을 반영한 의식적인 학습이 절실하다.

본 청해 Handy Book은 시험에 자주 나오는 대화문의 유형을 그대로 살렸다. 시험 준비는 물론 일상 대화 연습으로도 활용할 수 있다. 본문 전체 음원은 사람in 홈페이지(www.saramin.com)에서 다운로드 받을 수 있다.

1. 중요 구문을 챙겨라

지문과 유사한 발음이나 관련 어휘가 들리면 오답이라는 걸 알면서도 실제 시험에서 정답으로 고르기 쉽다. 이러한 함정에 빠지지 않으려면 무엇보다 주요 의미를 담고 있는 Keyword를 집중적으로 듣는 훈련이 필요하다.

2. 전체 문장 받아쓰기를 하라

의미를 챙기지 않는 받아쓰기는 안 하느니만 못하다. 주요 구문에 익숙해졌으면 이제 책을 보지 않고 CD만 들으면서 전체 문장 받아쓰기를 한다. 이때 의미를 중심으로 받아쓰면서 전체적인 문장의 구조를 살펴야 한다. 그렇게 해야만 놓치는 부분을 채워서 들을 수 있다.

3. 스크립트를 활용하라

전체 문장 받아쓰기가 끝나면 스크립트를 보면서 잘 들리지 않았거나 놓친 부분을 형광펜으로 진하게 표시해 둔다. 그리고 왜 들리지 않았는지 스크립트에 간단하게 메모해 두면 자신의 약점을 파악할 수 있고 다시 들을 때 적절하게 활용할 수 있다.

4. 전략을 세워 다시 들어라

스크립트 확인이 끝나면 다시 음원만 듣는다. 들으면서 마치 자막처럼 청취한 내용이 뇌리를 스쳐 지나갈 정도까지 반복한다. 그럼 다음 들은 내용이 영화의 한 장면처럼 시각적으로 눈앞에 펼쳐져야 한다. 이때 역시 무조건 듣기만 해서는 안 된다. 질문 유형에 맞춰 청취 포인트를 바꿔 들어보면 정답 찾기에 상당히 도움이 된다.

5. 입을 쉬지 마라

발음해 보지 않는 단어는 결코 들리지 않는다. 완전히 귀에, 입에, 눈에 전달될 때까지 큰소리로 읽는 연습을 해서 개별 음가에 익숙해져야 한다. 아울러 스크립트 읽기를 게을리 하지 마라. 질문에 빠른 속도로 다양하게 반응해야 하기 때문에 큰소리로 묻고 답하는 연습을 하면 표현력과 순발력이 눈에 띄게 향상된다. 더 나가서 Role Play를 하면 귀로 듣고 눈으로 보는 것 이상의 효과가 있다.

Day 1
Extension

1.

M: What are you so excited about?
W: It's my birthday today.

2.

W: Hi, may I speak to Steve?
M: May I ask who's calling?
W: His classmate, Jessica Lamb.
M: Ok, I'll go and get him for you.

Build Up

1.

W: They say the seats are all reserved.
M: We could try a different place then.

2.

M: Are all these books here yours?
W: You bet they are.

3.

W: Can I rent roller skates here?

M: Sorry, I'm not sure.

4.

M: Hello, Ms. Fox. I appreciate you coming in so early.

W: Not a problem. After all, it's my first day at work.

M: Did you have any trouble finding the building?

W: No, it was very easy to spot.

5.

W: What's the matter? Is there something wrong?

M: I just got a speeding ticket on the way here.

W: I told you. You drive too fast.

M: I know. I should slow down a bit.

6.

M: Rumor has it that you're the best tennis player in the
office.

W: No, I'm just an average player. I just enjoy playing.

M: Me, too. Would you like to play sometime?

W: Sure, how about tomorrow evening?

Day 2

EXTENSION

1.

W: Peter got into Harvard Law School.
M: That's good news.

2.

W: Would you like a ride home?
M: Certainly. Thanks.
W: You usually take a bus to get home, right?
W: I used to. How did you know that?

Build Up

1.

M: Hi, Jennifer. How have you been doing?
W: I've been quite busy lately. Thanks.

2.

W: Why don't you invest some money in real estate?
M: I wish I could.

3.

M: Jane, is that really you? You look fantastic.

W: I know. I've lost 50 pounds.

4.

M: Do you have a minute?

W: Yes. What's up?

M: Would you like to take a walk with me?

W: I'd like that.

5.

W: Excuse me, where should I transfer?

M: To which subway line?

W: To the green line.

M: You need to go upstairs.

6.

M: Darwin's Loans. How may I help you?

W: Yes. This is Jessica from J&C Corp. May I speak to Mr. Plowman?

M: I'm sorry, he's not in right now. Would you like him to call you back?

W: No, I'll call later. Thanks.

Day 3.

EXTENSION

1.

M: How much is a round-trip ticket to New York City?
W: That will be $47.

2.

M: Why the long face?
W: I just found out that I failed the test.
M: That's too bad.
W: It's okay, there's always next time.

Build Up

1.

M: My brother became a father today.
W: Wow, you must be thrilled.

2.

M: Could you explain what the manager just said?
W: Sure. No problem.

3.

M: Oh no! I forgot to bring my passport with me.

W: Should we take a taxi back home then?

4.

W: My mom is not going to be so happy when she sees
   my grades.

M: You shouldn't worry.

W: What do you mean?

M: After all, it's not the end of the world.

5.

M: Are you going to be busy today?

W: Yes, I'm afraid I'll be on the go all day.

M: That's too bad. I was going to ask you to join us for
   fishing.

W: Oh no, maybe next time.

6.

W: Excuse me, could you direct me to the nearest
    subway station?

M: Go straight for three blocks, and turn left on Green
   Street.

W: Thanks. Are the trains still running?

M: I'm not sure, but you'd better hurry.

Day 4.

EXTENSION

1.

M: Bye Joshua, it was nice talking to you.

W: The pleasure was all mine.

2.

M: Did you have fun in Mexico?

W: Not really. I felt so out of place.

M: Why, what happened?

W: No one understood me.

Build Up

1.

M: I got accepted into all the schools I applied to.

W: Wow, that's amazing.

2.

W: Could you be a little more considerate and turn down the volume?

M: Sorry, I thought I was here alone.

3.

M: Do you have the same shirt in red?
W: I'm afraid we don't.

4.

M: Can I be of help?
W: Sure, you can help set the table.
M: Okay, how many people are coming?
W: Probably twelve.

5.

W: It's sweltering hot, today.
M: You can say that again.
W: What do you say we go for a drive?
M: That's a great idea.

6.

M: Hello. May I speak to Jayme?
W: This is she. Who is this?
M: Hey, how are you? It's Joel.
W: Wow. It's so nice to hear from you.

Day 5.

EXTENSION

number 1.
M: Cathy, I didn't expect to see you here.
W: Me, neither. How have you been?

2.
M: May I ask what you do for a living now?
W: Certainly. I'm a bartender.
M: That's nice. How do you like your job?
W: It's not too bad.

Build Up

1.
W: Is this shirt only in blue?
M: No, there are plenty of other colors.

2.
M: You didn't leave any food for me?
W: Sorry, I couldn't help myself.

3.

W: That was a very inspiring speech!
M: I'm glad you thought so.

4.

W: Excuse me, could you direct me to the nearest
   subway station?
M: Just go straight. There's one on the corner.
W: Thank you so much.
M: Not a problem.

5.

M: The man at the check-in counter said I couldn't
   check-in three bags.
W: Why did he say that?
M: He said that all passengers can only check-in a
   maximum of two bags.
W: Then you'll have to repack.

6.

W: How did your concert go last night?
M It was fantastic.
W Did it go well with the audience too?
M: Absolutely. We had a standing ovation at the end.

Day 6.

EXTENSION

number 1.
M: These jeans are a little too snug.
W: Try another size.

2.

M: What are you doing there?
W: Nothing much. I was just listening to some music.
M: What kind?
W: It's called rock.

Build Up

1.

W: What do you like to do in your free time?
M: I love playing tennis.

2.

M: I love your new house.
W: I'm glad to hear that.

3.

W: Sorry, but I didn't catch your name.
M: It's Jeremy Bloom.

4.

W: Zen Travel, how may I help you?
M: Yes, I'd like to know how much a flight ticket to Paris
    is.
W: When would you like to leave?
M: The day after tomorrow.

5.

M: Hey, Dawn. Long time no see.
W: Oh, hey, how are you?
M: I'm just fine. How about you?
W: Me, too. I'm doing okay.

6.

W: Are you going to Sue's wedding this Saturday?
M: Probably not. I'll be going away for business.
W: Too bad. When are you leaving?
M: Sometime this week.

Day 7.

EXTENSION

number 1.
M: You're an amazing singer.
W: Thank you. I practice everyday.
　　That's not so amazing.
　　I apologize.
　　I have two more songs.

2.
W: Excuse me, is it okay if I take pictures in here?
M: Sorry, you can't.
W: Even if I don't use flash?
M: I'm afraid not.

Build Up

1.
W: When is the paper due?
M: This Friday.

2.
M: I'm sorry I yelled at you for nothing.
W: It's ok. Don't worry about it

3.

W: May I have your reservation number?
M: Sure. I have it down on paper.

4.

M: Can you give me a ride home?
W: I thought you brought your car today.
M: No, I'm having it repaired.
W: Okay, I'll give a call when I leave.

5.

W: Have you ever been overseas?
M: Yes, I've been to many countries.
W: Which country is your favorite?
M: I have too many. I can't just pick one.

6.

M: Would you like to join me for dinner?
W: Ok, what time are we going?
M: Right now. I'm starving.
W: Alright. I'll be back in no time then.

Day 8.

EXTENSION

number 1.

W: Excuse me, could you direct me to the nearest subway station?

M: It's on the corner of the next block.

2.

W: It's a nice party, isn't it?

M: It sure is. I especially like the music.

W: I didn't know you were into this kind of music.

M: I've always been.

Build Up

1.

M: Kim, are you on the way?

W: You bet, I left 10 minutes ago.

2.

W: Professor Blake, when do we get the test results?

M: They're already on the board.

3.

M: This exercise will help the pain in your back.

W: I'll do anything to feel better.

4.

M: Can we meet this Friday?

W: Sorry, I can't. I'm going to a baseball game with my
    friends.

M: Then how about the next day?

W: I think I'll be available then.

5.

W: What city has the most serious air pollution?

M Probably Los Angeles.

W: Have you been there before?

M: No, but I think I read it in the newspaper.

6.

W: How would you like your hair cut?

M: Just like this picture, please.

W: Would you like a shave, too?

M: No, thank you. Just a cut.

Day 9.

EXTENSION

number 1.

W: Are you coming to Ron's birthday party this Saturday?

M: I sure am.

2.

M: Hello, may I speak to Mr. Jones please?

W: I'm afraid he just stepped out. Would you care to leave a message?

M: Yes, please. Tell him Mario called. He'll know what's up.

W: I'll make sure he gets the message.

Build Up

1.

W: Don't I know you from somewhere?

M: Sorry, you must have me mixed up with someone else.

2.

W: Your grades are a little disappointing to see.

M: I'll work harder to redeem myself.

3.

M: What made you come back here?

W: I forgot to tell you something.

4.

W: Is your cell phone dead?

M: Oh, that's right. I need to recharge it.

W: I tried to get a hold of you the whole day.

W: Sorry, I just forgot about my cell phone.

5.

M: Hurry up, Diane. We're going to be late.

W: Sorry, I had to go back and get my purse.

M: Do you have the tickets with you?

W: Yes, they are right here.

6.

M: What did you think of the play?

W: Honestly, it wasn't the best performance.

M: Why is that?

W: The story line wasn't convincing enough.

Day 10.

EXTENSION

number 1.
W: Why am I the only one who is cleaning up?
M: You're the one who made the mess.

2.
W: What are you doing this weekend?
M: My friends and I are thinking about going to a beach.
W: The weather forecast said it might rain the whole weekend.
M: We might have to change our plan then.

Buide Up

1.
W: I really like your new shoes.
M: Thanks, I got them as a present.

2.
M: How much do they charge you for the service?
W: I have to pay $45 a month.

3.

W: Can you help me figure this out?
M: Okay, let me see.

4.

W: Did you know it's Patrick's birthday tomorrow?
M: Is it? I had no idea.
W: We'd better go out and get something for him.
M: Sounds like a good idea

5.

W: When do you want to go to the concert?
M: I'm afraid I'll be on the go all this week.
W: How does next Monday sound then?
M: Sounds perfect.

6.

W: It's freezing inside.
M: Yeah, let's check out the fireplace first.
W: Do you know how to light a fire?
M: I'll give it a shot.

Day 11.

EXTENSION

number 1.
M: How is your headache?
W: It's gone now, thanks.

2.

M: You look all hot under the collar.
W: It's because someone stole my mp3 player.
M: You forgot to take it with you?
W: I accidentally left it at the gym.

Buide Up

1.
W: Hi, this is Debbie. Is Jenna home?
M: Sorry, she just left.

2.
M: Wow, your car is very dirty.
W: It's time I give it a wash.

3.

W: It's too bad your flight was late.
M: There were delays.

4.

W: Smells good. What are you baking?
M Sugar cookies. Have you ever made it?
W: No, I'm not a good baker.
M: I can teach you if you'd like.

5.

M: So, what brings you to the pharmacy today?
W: I need some medicine.
M: What seems to be the problem?
W: I have stomach aches.

6.

W: Ray, is that you? I didn't recognize you.
M Yeah, I grew a little taller since we've last met.
W: Wow, you are so tall now.
M: Thanks, I've been eating my vegetables.

Day 12.

EXTENSION

number 1.
M: Why do you have to sleep late these days?
W: I get home from work really late.

2.
M: What will you do this summer?
W: I want to go traveling around the world.
M: Where to?
W: I will tour Europe this summer.

Buide Up

1.
M: Hello, Mrs. Parker? Thank you for waiting.
W: No problem. I'm in no hurry.

2.
M: I'm going outside to have a barbecue.
W: The weather's nice for a barbecue.

3.

W: Honey, our power went out.

M: We need to call maintenance.

4.

W: Jerry, haven't I told you to clean up your room?

M: Sorry, I forgot. I'll clean up right now.

W: You keep on forgetting.

M: I won't forget next time.

5.

M: Ugh, this fruit is old.

W: Are you sure? How do you know?

M: It's really soft and discolored.

W: I'll throw it out.

6.

M: I don't have a date for the party tonight.

W: Why don't you ask Jesse?

M: I think she's busy.

W: I'm sure someone else will go with you.

Day 13.

EXTENSION

1

M: How's the new student doing?

W: He is adjusting very well.

2.

W : Pardon me, how can I get to Central Park?

M : You can take either a taxi or the train?

W : Which one is faster?

M : I suggest going by train.

Build Up

1.

W: How did Sharon get so good at basketball?

M: She played in high school.

2.

W: Hi Jake! What have you been up to these days?

M: Not much. I just visited my hometown last month.

3.

W: Oh no! Esther forgot to bring the money.

M: It's ok, she won't need it.

4.

M: What are we playing tonight?

W: I don't know, it's your turn to decide.

M: Wait, I chose poker last night.

W: Oh yeah, I completely forgot.

5.

W: Wow, it's starting to snow really hard.

M: Oh no! What about our football game?

W: We can still play.

M: We should dress warm.

6.

M: Sarah, have you seen my car?

W: Isn't it over there?

M: No, my car is black.

W: Try to remember where you parked.

Day 14.

EXTENSION

1.

W: Hello, I'd like to sign up for a credit card.
M: I will get you the application.

2.

W: How was the movie?
M Awful, I had a terrible stomach ache.
W: F Oh no! What did you do?
M: I left early to get some rest.

Build Up

1.

W: Where can we confirm that the package has been
delivered?
M: Go to customer service.

2.

M: Jason and I are going to the batting cages after
work. Want to come with?
W: I'm afraid I'll have to pass this time.

3.

W: What do you think of my poem?
M: It was written well.

4.

M: Where's our group going to go swimming?
W: Somewhere in Kentucky.
M: I don't know how to get there.
W: Directions are in the e-mail.

5.

W: Could you check my computer?
M: What seems to be the problem?
W: The monitor won't turn on.
M: I think I can fix it.

6.

M: How are the rookies this year?
W: Not as good as we'd like them to be
M: Do you think any of them are ready to play?
W: It is too early to tell.

Day 15.

EXTENSION

1.

M: Hey, look at that elephant!
W: I don't see it.

2.

W: Excuse me, but is that mountain bike yours?
M: Yes, why do you ask?
W: I think the bike lock is broken.
M: Oh thanks, I'll get a new one.

Build Up

1.

M: Do you dislike running?
W: No, it is my hobby.

2.

W: Do you think it's worth exchanging the battery on
   my old phone?
M: You should just buy a new phone.

3.

M. Would you like anything in your coffee?

W: It's fine the way it is.

4.

W: I think Randy is still throwing up.

M: Did you give him some water?

W: I tried, but he isn't listening to me.

M: Keep on trying, he needs to drink it.

5.

M: I think you're asking too much from Carol.

W: Really? You think I should give her some help?

M: Maybe give her one less task.

W: Ok, I'll lessen her load.

6.

M: How is your garage sale going?

W: Not good because of the weather.

M: Are you going to have the sale tomorrow?

W: Yes, until we run out of items.

Day 16.

EXTENSION

number 1.
W: This steak isn't cooked properly. How is your steak?
M: I think mine is ok.

2.
W: Have you heard any news about the t-shirt design competition?
M: My design made it to the final round.
W: Wow! That's great! Congratulations!
M: Thanks, but I haven°Øt won yet.*

Build Up

1.
M: What's the price of gas these days?
W: It's way too high.

2.
W: I heard that my license is expired.
M: Yes, you can renew it here.

3.

M: How come you don't like soccer?

W: I'm not good at it.

4.

W: How long does it take to bake cookies?

M: About 30 minutes.

W: How many can you make at once?

M: About fifteen at a time.

5.

W: Honey, what time will you get off work?

M: The usual, unless there's an emergency.

W: Well, I'll be late. Can you pick up Arthur from Grace's house?

M: That's fine, I'll take him home.

6.

W: Could you stop by my office after work?

M: I guess so, but I'd rather not.

W: Are you kidding? It will only take a few minutes.

M: I'm sorry. I have places to go.

Day 17.

EXTENSION

1

M : You should make an appointment with a doctor.
W : My cold is not that bad.

2

M: I wish my mom would stop nagging me about my
   room.
W: She just wants you to clean your room.
M But when she nags me, it annoys me.
W: That annoys me at times too.

Build Up

1.

W: Do you have time to finish your essay today?
M: I'm busy today, but I'll try to write it.

2.

M: Did anyone call the house while I was out?
W: Your friend Brian called.

3.

W: Did you see the new movie that just came out in the theaters?

M: No, but I heard it was good.

4.

W: We need a new car.

M: I don't see anything wrong with our car right now.

W: The mileage on the car is too high.

M: It still drives well.

5.

M: When does your school end for summer vacation?

W: In two weeks.

M Do you have any plans for the summer?

W: I'm planning on going to Paris.

6.

W: How was your birthday?

M: It was really fun. I did so many things.

W: How were your gifts?

M: I really liked my gifts.

Day 18.

EXTENSION

1.

M : I heard we are getting new uniforms

W : Really? I hope we do.

2.

M : Excuse me, I have a question. Can you help me?

W : Yes I can. What do you need?

M : I am looking for the mall, can you give me directions?

W: Yes, go down this street and take a left.

Build Up

1.

W: I was accepted into the university and even received scholarships, but im not sure if I should attend.

M: I think it would be a great opportunity for you.

2.

M: What country did you visit?

W: I spent some time in the United States.

3.

M: I have a football game tomorrow.

W: I hope you play well and win.

4.

W: Ray didn't look too happy to see you today at the gym.

M: Why would he be? I beat him so bad yesterday during the basketball game.

W: Should I go talk to him?

M: No, I would wait a little longer; he is pretty upset at losing.

5.

M: Did you hear that Ben lost his cellphone?

W: No, where did he last use it?

M: I'm not sure, should we help him look for it?

W: Yes I think we should.

6.

W: Becky always snores during class.

M: You should try to wake her up.

W: I did, but she wouldn't wake up.

M: Then she's bound to get in trouble.

Day 19.

EXTENSION

1.

M You should stop soon; you are running low on gas.

W: I'll find a place to fill up.

2.

W : I get all my songs by downloading them.

M : But isn't that illegal?

W : Yes, but how else can I get them?

M : You can go by the CD's at the record store.

Build Up

1.

W: I would like a room on the top floor please.

M: That shouldn't be a problem.

2.

M: Did you get the job for this summer?

W: They said they would get back to me.

3.

M: What are the chances of winning the lottery?
W: One in a million!

4.

M: Have you ever read this book?
W: No, was it any good?
M: It is my favorite book, you should read it.
W: I'll give it a try.

5.

W: The dance routine is not ready yet.
M: Is the performance coming up soon?
W: Yes it is next week.
M: I think you should start practicing harder.
W: Yes, it's time to take this seriously.

6.

W: Hey Dan, what sports do you like to play?
M: I really like football, how about you?
W: I like basketball. We'll be playing soon. Want to
   come?
M: Sure, where are we playing?

Day 20.

EXTENSION

1.

W: I think I better get a gift for my brother°Øs birthday.
M: That would put a smile on his face.*

2.

W: Do you want to watch a movie tonight?
M: Sure, we could watch a horror movie.
W: Actually, I'd like to watch something different.
M: Ok, then it's up to you.*

Build Up

1.

M: Once you get a job, you should get married.
W: Why is that?

2.

W: I'm so overwhelmed with all my exams.
M: I guess you'll be studying very hard for them.

3.

M: I brought you this gift to show my appreciation.
W: How thoughtful of you.

4.

M: Your hair looks different today
W: I colored my hair red.
M: It makes you look much prettier.
W: You just made my day.

5.

W: Guess what? I'm going to California for vacation!
M: Really? Did you buy your plane ticket?
W: No, not yet. But I was about to purchase them today.
M: If I were you, I'd purchase them as soon as possible.

6.

W: Didn't the doctor tell you not to play basketball?
M: I know, but my ankle is feeling a lot better.
W: So you just can't resist basketball, huh?
M: I can't help myself.

Final Check

1.

W: Have you been to the museum?

M: I haven't, but I would like to go.

2.

W: Hello, it's nice to see you again.

M: Yes, it's been too long since we last met.

3.

M: We will be on vacation for three weeks.

W: I hope you have a good time.

4.

M: I haven't been able to reach Joy for a week.

W: She might be out of town.

5.

W: Can you direct us to the swimming pool?

M: Sure, it's right down this hall.

6.

M: Wow! How did you learn to type so fast?

W: Oh, that happened after years of hard work and
   practice.

7.

W: I like your new car. Was it expensive?

M: It did cost a lot, but I think I can afford it.

8.

W: Have you ever seen so many ducks in this pond before?

M: Yes, these ducks come here every spring.

9.

M: Kelly, will you ask the people in the lobby to wait outside?

W: Yes, but I don't think they're going to like it.

10.

W: Sally's new puppy is so adorable.

M: I think it's very cute as well.

11.

W: Are you coming to the party after work tomorrow?

M: I'm planning on it, but I might be late.

12.

M: Can you have this package delivered by Monday?

W: Monday is in a week so that shouldn't be a problem.

13.

W: I've never seen the band perform as well as they did
   tonight.
M: Yeah, they were much better than last time.

14.

M: Can you come to the office a bit early tomorrow?
W: I can't, I have an appointment in the morning.

15.

W: Has anyone changed the light bulb in the hall?
M: I think Fred did it last night.

16.

M: How was your summer?
W: It's been really busy.
M: Really? What have you been up to?
W: I've been involved with a volunteer group.

17.

W: Have you heard if Amanda had her baby yet?
M: Yes, she had it last Wednesday.
W: That's good news. She's had a rough pregnancy.
M: Yes, and now she has a beautiful daughter.

18.

M: Are you going out to dinner with the rest of us tomorrow?

W: Yes, I am, only I don't know how to get to the restaurant.

M: Oh, that's okay. You can just follow me.

W: Thanks, I'll meet you here tomorrow then.

19.

W: What will you and your wife do on your anniversary?

M: I'm taking her on a cruise to Hawaii.

W: That should be fun. When are you leaving?

M: The first weekend of July.

20.

M: Have you ever driven a boat before?

W: No, I never have, but it looks easy.

M: It is, but you need to be careful. It's not like driving a car.

W: I'll take it slow until I get the hang of it.

21.

W: Do you think we could just walk to the art museum?

M: Well, we could, but it's kind of far away.

W: I know, but it's such a beautiful day out and we have plenty of time.

M: You're right. We should walk on a day like this.

22.

M: I would like to make an appointment for next week.

W: I'm sorry, sir. We are booked up until the end of the month.

M: Oh, really? Can you give me the soonest available date?

W: Sure, just tell me what sort of time slot you would like.

23.

W: I had to stay home from work today.

M: Again? You must really be sick.

W: I am, and it just keeps getting worse.

M: I suggest you go to the doctor.

24.

M: Did you have a good time in Miami last month?

W: It was a lot of fun, except one thing ruined the beginning of the trip.

M: What was that?

W: Well, the airline lost all of our luggage.

25.

W: I don't know if I can make it to the book club meeting tomorrow.

M: Why not? Did something come up tomorrow night?

W: No, but I haven't even had a chance to get the book yet.

M: May be you shouldn't, I wouldn't come either.

26.

M: Jane, have you been to Mexico before?

W: No, I have never been there.

M: You should come with us next month.

W: That sounds great, I'd love to.

27.

W: David, I haven't seen you in months. Where have you been?

M: My wife and I just moved to a new house.

W: That explains it. Where are you living now?

M: It's on the other side of town.

28.

M: Have you returned the movies you rented last week?

W: Not yet. They're not due till Thursday.

M: I know, but I don't want you to forget about them.

W: I will take them back tomorrow morning before work.

29.

W: Have you ever seen such pretty pictures in your life?

M: No, I haven't. Where were these taken?

W: I'm not sure. I found them in a box in my grandmother's attic.

M: That's a lucky find! Let's frame some of them.

30.

M: The city seems empty today. I wonder why?

W: Oh, it's like this every weekend in August.

M: I know it's the end of summer, but where does everyone go?

W: Most families around here go camping on the weekends.